孔子文化奖学术精粹丛书

安乐哲卷

杨朝明 ◎ 主编
田辰山 ◎ 编选

华夏出版社

《孔子文化奖学术精粹丛书》编委会

顾　问◎马平昌　梅永红

策　划◎傅明先　吴霁雯

主　任◎李大友　杨朝明

委　员◎刘续兵　田辰山　冯建国　段海宝　王　正

主　编◎杨朝明

第六届世界儒学大会暨 2013 年度孔子文化奖颁奖典礼现场

安乐哲先生出席山东大学建校 110 周年庆典

出席尼山世界文明论坛

和学生们在一起

2013年度孔子文化奖颁奖辞

中国文化的传播者、阐释者——安乐哲

他是当代西方著名哲学家、汉学家,中西比较哲学研究的领军人物。

他钟情于东方文化,倾心于中国哲学,涵泳于儒道各家,贯通古今中西,举手投足间尽显谦谦君子风范。

多年来,他不遗余力地向西方推广中国典籍,翻译了《论语》《老子》《中庸》《孙子兵法》等多部经典,他对中华元典的新诠释、新解读,成就非凡,独步当代,有力推动了中华文化走向世界。

他尊重孔子,精通儒学,他将儒学与西方文化进行对等、互动式研究。他深入孔子的思想世界,追本溯源,深剖精析,总结儒家文化特征。他提出"儒家角色伦理学""儒家民主主义"等新理论,对儒学做出创造性阐释。他积极探讨中国儒学的现代价值,为谋求多元文化共存互动而努力。

他主张会通中西,全面诠释中国哲学的内涵,构建了独到的中西比较哲学方法论体系,消解了以往西方学者对中国哲学的一些误读与隔阂,为中西哲学的互相理解与深层对话开辟了新的道路。

他致力于文化的沟通与交流,周游世界,讲学不辍,广泛联合中西方学者展开对话,参与主持"世界文明论坛",主讲"中华文化与跨文化传播师资班",以其个人的学术魅力构架东西文化交流的桥梁。

他好学深思,真积力久,以其丰富的著述、精深的见解,驰骋学坛,享誉全球,为推动中华文化传播与中西哲学交流做出了卓越贡献。

他是中国文化的传播者、阐释者。

获奖感言

今年,世界儒学大会把殊荣独特的"孔子文化奖"颁发给我,我感到非常荣幸。我们与许多同道,献身于孔子儒学的传统历史与当代价值,对我们来说,没有比这项大奖再高荣誉。

在学术圈内,对我们来说,没有比获得同行承认价值更高的礼品了;没有比敏感地意识到,自己有限的奉献,却换来如此巨大的慷慨,使我感到更需要谦卑的了。

其实,这个大奖不是颁给我一个人的。是儒家思想教导我们的,与人的关系是首位的;我们存在,从根本上说,并非是以个体,而是以与他人不分的关系!

所以,我接受这份殊荣,代表许多人;我个人的生命,也带有他们的生命。他们曾是我的良师益友,他们曾造就我的生命;很多很多年,他们是我本人美好故事的主人。我们每向前走一步,我们之中的每一个,都身处一个与许多其他人不分的场。

首先,他们——我的恩师:刘殿爵、杨有熊、劳思光、唐君毅、方东美和葛瑞汉,他们之中的每一个,都曾做出值得这份殊荣的贡献。温故而知新,可以为师矣!

我接受这份殊荣,还代表很多世界级的学术同仁与前辈。与他们,我享受非凡情趣的友谊与情感,我自己多年探寻的志同道合。其中已有数位几年前就已经获得这一殊荣:庞朴、汤一介、杜维明和牟钟鉴。里仁为美,择不处仁,焉得知?

我接受这份殊荣,还要代表我满腹才华的学生们。多年来,他们教了我很多。学生的日显头角,也为他们老师赢得成功、自豪和卓越。后生可畏:焉知来者之不如今也!

人是人的关系造就而成,这是孔子哲学一个根本思想。一直与启迪精神的人群同处,这样度过生命的诸多年华,我感到自己有很大福分。想起20世纪60年代,十八岁的我踏上香港的土地,机会就那样开始:我在这个称作"大中华"之地的一些最有声望的学府,先是做学生,然后做起先生;开始是香港和台湾,后来则是全中国各地的许多大学。

在中国大学谋面的教授与学生,构成我学术的家庭。人之造就而成,实为"合多而一",天事人事皆为"一多不分";这是我从儒家哲学获得的两个深刻启示——接受孔子文化奖的殊荣,我要代表的就是这个学术家庭,我是作为它的延续。我自己,将把孔子文化奖视作无穷无尽的激励与动力源泉,持久流淌。我将竭尽全力做这个家庭代表,不辜负这份厚重的荣誉。

我们处在重要转折时代。中国仅用一代人时间,便奇迹般崛起,确实令人刮目;我们正目睹,世界经济、政治秩序在发生重大转变。世界文化秩序也会变吗?中国文化是不是也将改变世界?

数十年间,中国国内,几乎每所重要大学校园,都悄然出现国学院。在国际上,四百多孔子学院已遍布世界各地;仅在美国,就多达九十余所。今天的世界需要儒家的传统智慧和价值;注重家庭、和谐、道德,是作为人、社会、国家关系不可缺少的生长条件,它有利于建设世界的新兴文化秩序。

儒家思想固然是一种古老文化,根基深厚、稳固,但同时也是生气勃勃、充满活力的传统。她召唤我们:投身、贡献!人能弘道,非道弘人。

儒家思想发源山东,曲阜为策源地,堪称儒家之"耶路撒冷"圣地。而今天,儒家思想所到之处,其影响、其责任,已延伸至全球,成为整个人类共享的文化资源。我们在当今,须笃行《大学》倡导:修身、齐家、治国、平天下。

值世界儒学大会开幕之际,在世界承认与拥抱儒家思想国际价值场合,将这份荣誉赋予我,对我充满深刻意义。我,现生活在一个亟需儒家思想哺育的世界,真诚祝愿:本次大会精心计划的议程,及其在对儒学历史贡献方面,获得圆满成功!

安乐哲

2013 年 9 月 27 日

弁　言

2013年11月26日，是中国当代文化史上值得永远记取的日子。这一天，中共中央总书记、国家主席习近平来到孔子故里，在孔子研究院召开座谈会，发出了大力弘扬传统文化的重要信息。这里，正是历届世界儒学大会的举办地。

习近平主席视察孔子研究院并作重要讲话，这是具有标志性意义的重大事件，中国由此进一步坚定而自信地立足于中华优秀传统文化，培育和弘扬社会主义核心价值观，加快了构建时代新文化的步伐。

在视察曲阜之后，习近平主席又多次就传统文化发表讲话，并站在世界文明与国际关系的高度，深刻论述了"思想"对于世界和平与发展的意义，他指出，中国传统的爱好和平的思想直到今天依然是中国处理国际关系的基本理念。习近平主席不止一次地谈到联合国教科文组织总部大楼前石碑上的那句话："战争起源于人之思想，故务需于人之思想中筑起保卫和平之屏障。"此言正深度契合孔子儒学思想的精髓。

中国先人早就看到"人心惟危"，人不能"好恶无节"，要明理修身，推衍亲情，放大善性，"允执厥中"。孔子说："凡夫之为奸邪、窃盗、靡法、妄行者，生于不足，不足生于无度。"又说："人藏其心，不可测度，美、恶皆在其心，不见其色。"既然"有度"与"无度"全在"人之思想"，那么，中华文明"以礼制中"的意义便不言而喻。

中国儒学是在继承孔子以前数千年文化传统的基础上产生的，具有突出的包容性气质与特征。春秋时期就有人说"和实生物，同则不继"，孔子儒家集古代文化之大成，形成了"和而不同"的主张，虽不苟同，但相互尊重，和平共处。世界文明多姿多样，不同文明之间应当平等与相互尊重、互鉴而

相互包容，只有这样，人类文明才能不断发展和进步，也只有这样才有可能参透其他文明的奥妙，进而求同存异，互相涵摄，和谐相处，共同前行。所以，大力宣传孔子儒学，弘扬中华传统文化，不仅是中国建立民众共同价值信仰体系的需要，而且正符合世界的需要与时代主题。如果能将孔子儒学精髓更好地传承下去进而传播出去，这将是中国献给世界的最伟大礼物。

在两千多年的发展中，中国儒学可以大致分为三个阶段：一是先秦时期，即通常所谓"原始儒学阶段"，这是儒学创立时期；二是秦汉以来至近代以前，这是"帝制中国时代"，是儒学与社会历史文化密切结合的时期，可概略称为"儒学发展阶段"；三是近代以来，尤其甲午中日战争以来，这可称为"儒学反思阶段"或者"儒学反省阶段"。

对中国儒学进行这样的划分，有助于对儒学价值的认识。作为思想文化，孔子儒学的影响之大可以说罕有匹敌，而对其价值认识的分歧之大竟然也无与伦比。这已被视为中国特有的"历史文化景观"。然而，正如一位西方学者所言，因为有了孔子的学说，"伟大的中华民族比世界上别的民族更和睦和平地共同生活了几千年"，这是一个客观的历史事实。时间虽然过去两千多年，社会发生了巨大变化，而人们仍然必须立足于孔子所确立和阐述的那些价值观念。

人们之所以对儒学认识存在分歧，原因很多。近代中国社会特殊的历史变动，促使人们反思自己的民族文化。在帝制时代，孔子被尊崇到极高地位，儒学是统治学说，新文化运动的矛头自然直指孔子，借以打倒儒学和传统文化。这种"全盘性反传统主义"运动，其思维方式上存在着偏颇是显而易见的。不过，这场"思想启蒙运动"以鲜明的反传统形式出现，但仍然有人看到孔子与后儒的不同，明确指出不能完全否定孔子和传统，主张分清"真""假"孔子。如李大钊说："余抨击孔子，非抨击孔子本身，乃抨击孔子为历代君主所雕塑之偶像的权威也；非抨击孔子，乃抨击专制政治灵魂也。"

随着学术的进步，人们对儒学的变化看得更清楚了。在儒学"创立"时期，儒家思想带有明显的"德性色彩"，早期儒家强调"正名"，主张"修己安人"和"仁政""德治"；汉代以后则有不同，适应专制政治制度的需要，逐渐强调君权、父权和夫权，儒学慢慢蜕变，染上了显著的"威权色彩"，呈现出为后世所诟病的"缺乏平等意识和自由理念",也与现代社会格格不入。

了解这一点十分重要!原来,强烈"保守"传统的人多看到了原始儒学的真精神,而对孔子儒学持"激进"立场的人则更多看到了作为"专制政治灵魂"的那个"偶像的权威"。难怪"新启蒙运动时期"有学者提出要"打倒孔家店,救出孔夫子",我们确实更应该关注原始儒学,分清"真孔子"和"假孔子",澄清误解,明辨是非,正确对待我国优秀的传统文化。

我们应当感谢世界儒学大会,感谢"孔子文化奖"的设立,她对于推动孔子儒学与中国传统文化研究起到了积极作用,做出了重要贡献。自2007年举办发起国际会议以来,世界儒学大会已成功举办了六届七次。先后有二十七个国家和地区的近一千一百名专家学者参加了会议,提交论文八百余篇,出版了六部学术论文集。经过八年多的建设,世界儒学大会在国内、国际上都产生了积极而广泛的影响,成为汇聚海内外儒学研究权威机构、知名学者以及各界人士的全球性儒学盛会,搭建了跨地域、跨学科、跨行业的国际儒学研究与文化交流的高端平台,并成长为中华文化走向世界的重要载体。

从2009年开始,每届世界儒学大会期间,还有一个重要的盛典,这就是颁发"孔子文化奖"。该奖项是由中华人民共和国文化部和山东省人民政府共同设立的我国儒学研究和推广领域的最高奖,旨在表彰鼓励世界各地为儒学研究和孔子文化传播做出贡献的团体、个人和非政府组织。获得"孔子文化奖"的学者和机构,2009年度为杜维明先生和孔子基金会,2010年度为庞朴先生和国际儒学联合会,2011年度为汤一介先生和汤恩佳先生,2012年度为牟钟鉴先生和韩国成均馆,2013年度为李学勤先生和安乐哲先生。

为保证"孔子文化奖"的公正性、神圣性,"孔子文化奖"组织委员会制定了科学严密的推选程序。从推选委员会的专家组成,到具体的推选实施方案;从推选委员独立匿名提名,到汇总后再次提请推选委员进行选举,都十分严谨、公正、细致,这是对"孔子文化奖"的尊重,更是对"孔子文化"的敬重。因此,每一次"孔子文化奖"颁奖,都成为人们讨论最热烈的话题,得到学术界的高度认可,受到社会的广泛赞同。

可以说,每一位"孔子文化奖"获奖学者都立足于学术前沿,深刻思考中国传统文化问题。在他们之中,有的着力阐发儒家传统的内在体验,显扬

儒学的现代生命力；有的致力于解读中华文化密码，阐发中华智慧；有的用心考察儒、释、道三家，以独到的见解丰富深化儒学认知；有的笃行儒道，胸怀天下，在弘扬孔子文化和推广儒道上不遗余力；有的探源古代文明，解读早期中华文化的高度与深度，彰显孔子思想与儒家学说形成的广阔舞台；也有毕生钟情于中国文化的西方儒者，以比较的视野阐发儒学的价值，向全世界介绍儒家学说。这些获奖学者的贡献有目共睹，他们获得孔子文化奖乃众望所归。

为了更好地展示"孔子文化奖"获奖学者的风采与成就，回顾和宣传他们的学术贡献，在孔子文化奖组织委员会的领导下，世界儒学大会秘书处组织选编了这套"孔子文化奖学术精粹丛书"，这同时也是为了让更多的人了解世界儒学大会，了解"孔子文化奖"。

本次出版的是前五届获奖学者的学术文粹。以后随着世界儒学大会的继续举行，随着新的"孔子文化奖"获奖者的产生，该"文粹"还会继续编辑下去。

世界儒学大会执行秘书长
中国孔子研究院院长　　杨朝明

2015年8月5日

自序

活着的中国哲学

我对中国哲学和文化的学习要从很多年前说起。写作永远是我们家庭生活的一部分，先父曾创作过一些推理故事，我兄长则终生教授英语文学，我在年轻的时候也写了很多诗。为了能与我们这代人中的精英们一起学习，我离开了温哥华舒适的家，远赴美国南加州雷德兰兹（Redlands）大学的文理学院求学。我的写作激情得到了很好的激发。雷德兰兹的学习对我来说是一段美妙的人生经历，至今，我仍非常感激雷德兰兹大学通过交换生项目把我送到了香港学习。

1966年夏天的一个闷热的傍晚，十八岁的我孤身一人来到了香港，周围的一切是那样的陌生，不同的景色，不同的肤色，不一样的味道。初到中国的这个夜晚，从尖沙咀弥顿道上小旅店的窗户向外望，我清楚地意识到自己短暂的生命已经发生了不可逆转的变化。

那时，年轻的我追求强烈情感和极度冒险，想借此书写充满生命力的诗歌。我在雷德兰兹大学研修西方哲学，与数个世纪以来无数的学生一样，很快从苏格拉底的真诚及其"认识你自己"的哲学探索中得到了启发。到香港之后，我又学习了儒家哲学，它与苏格拉底的自我发现之旅形成了鲜明对比，但也可能是对后者的一种补充。我开始痴迷于儒家的美学观念——"修身""弘道"，最后"平天下"。那年夏天，我在九龙的新亚书院学习中文，从而有机会聆听几位中国现当代杰出哲学家的教诲，特别是唐君毅先生（1909—1978）和牟宗三先生（1909—1995），他们坚信中华传统文化在饱受西方帝国主义的屈辱和磨难后，依然有持久的力量。夏末的新学年，我转入新界沙田的崇基学院，有幸跟随劳思光教授（1927—2012）学习孟子。劳教授对研究的全心投入和对哲学的热爱,让我们这些年轻人印象深刻。

当时香港非常贫穷。对我们学生来说,米饭中常常有砂子,粥里的米又少得可怜。但那时仍有年轻的教授开设令人兴奋的课程;也在那时我与同窗师友结下长达几十年的友谊。后来,香港发生了排外骚乱,我和年轻的朋友们好几夜困在同学家里,担心走到街上会有危险,他们对我关怀备至。如果说我从课堂和书本上学到了一点中国哲学,那么我从一群与我当时熟悉的世界完全不同的人身上学到了更多。不断增进的关爱之情,让我真实体会到中国传统文化的智慧。

1967年夏天,我这个"年轻"人更成熟了,站在"克利夫兰总统号"的甲板上,手捧着刘殿爵(1921—2010)翻译的《道德经》,回望渐渐远去的香港灯火,开始了回乡的旅程,经过旧金山,最后回到加拿大。此时我已经是一名研究中国哲学的学生了。

从进入雷德兰兹大学算起,我花了整整十三年的时间完成博士学位。为什么要用这么长的时间?因为当时西方哲学系不开设中国哲学课程,时至今日,多半西方大学的哲学系依然如此。作为一门专业学科,西方哲学仍援引地缘标准而非哲学标准,试图让自己和全世界相信哲学是盎格鲁—欧洲的"专利"。这种"盎格鲁—欧洲圈之外的文化不热衷寻求智慧"的隐性假设是违背常理的。在香港生活和学习的经历,让我意识到这种假设既狭隘又拙劣,此后更加致力于挑战这种带有深厚民族优越感的西方哲学传统。

为了能在加拿大英属哥伦比亚大学学习中国哲学,我必须在五年内拿到中文和哲学两个学士学位。攻读硕士学位时,情况也是如此。我来到台湾大学哲学系,花了两年时间做课程论文,也因此有机会受教于方东美先生(1899—1977)。1972年,我从台湾返回英属哥伦比亚大学完成三年硕士课程,但是在亚洲研究系,而不是哲学系。

在台大,我震惊地认识到哲学的世界地位。以欧洲哲学为主导的西方哲学长期占据世界各地高等教育的主流课程。这一现状不能简单地归咎于西方的傲慢,其他地区文化的自我殖民化也是其中重要的因素。这种对哲学专业的自我理解,无论在东方的台北、东京、首尔、北京、德里,还是在西方的波士顿、牛津、法兰克福、巴黎一样都是真实的。亚洲本土的哲学家在国际上遭受冷遇，在其本国文化中同样被严重边缘化。美国哲学家、心理学家威廉·詹姆斯（William James，1842—1910）在苏格兰爱丁堡做吉福德讲座（Gifford Lectures）时是这样开场的："欧洲人说，我们（美国人）听，这似乎是一件很自然的事情。"① 如果他在美国人后面再加上亚洲哲学家一起作为英国和欧洲哲学的听众也是没错的。这种状况在1901年以来的一个多世纪中，没有丝毫改变。

我在日本的亚洲研究系又学习了两年中国哲学后，终于进入伦敦大学跟随哲学家研修中国哲学。正是在伦敦大学，我有机会受业于当时最著名的中国哲学经典翻译家刘殿爵先生（D. C. Lau）。刘教授坚信我们必须回到原典中去，从文本出发进行研究。这对我的中国哲学研究产生了最大影响。刘教授自始至终反对那种漂浮在哲学文献上的二手学术讨论。在我上课的第一天，他问我的第一个问题就是："你看了几遍《淮南子》？"我的回答显然不能让他满意，他失望地说："一共就这些？"苦笑着指了指图书馆。博士毕业后的很多个夏天，我都会来到香港刘教授堆满书籍的书房，与他一起研读《淮南子》。从他身上，我学到了怎样当好老师。多年来，我们一起潜心研究《淮南子》的首卷，也是其中最重要篇章之一的《原道》。我们合作翻译了当时新发现的有"第二部《孙子兵法》"之称的《孙膑兵法》。②

在伦敦亚非学院图书馆我结识了葛瑞汉（Angus Graham，1919—1991），随后的几年里，他到我供职的夏威夷大学做客座教授，使我还有机会向他请教。葛瑞汉坚持葛兰言（Marcel Granet，1884—1940）和李约瑟（Joseph Needham，1900—1995）所提倡的"关联式思维"是中国哲学的标志性特征。

1978年完成伦敦大学的学业后，幸得刘殿爵先生推荐，我来到夏威夷大学哲学系任教。夏威夷大学是当时西方国家中仅有开设中国、日本、印度、佛教和伊斯兰教哲学课程的大学。无论在过去还是现在，夏威夷大学哲学系都是独一无二的。20世纪30年代，陈荣捷（1901—1994）担任该系的第一任

---

① 威廉·詹姆斯：《宗教经验种种：对人性的研究》（*The Varieties of Religious Experience: A Study in Human Nature*），马里兰州罗克韦尔：马诺（Manor）图书，2008年，第11页。
② 《孙膑兵法》（*Sun Bin: The Art of Warfare*），刘殿爵、安乐哲译，阿尔巴尼：纽约州立大学出版社，2003年。

系主任。他和研究南亚哲学的查尔斯·摩尔（Charles Moore，1901—1994）共同创立了一个关于世界哲学的综合项目。该项目认为，在西方哲学系研究非西方哲学的学生，要比那些仅限于宗教或亚洲研究领域的学生更具有优势。接受过西方哲学训练的学生通常会从另一全新的角度理解中国传统文化。

这种比较训练对学生来说是一种优势，并不是因为西方哲学具有中国传统缺少的优秀哲学思维所需或必需的"精确性"，而是因为比较哲学的集成性和扩张性很有用，能够提供另一种有利视角。中国哲学的宏大又能让学生超越西方技术和观念，开阔他们的视野。中国有这样的说法："不识庐山真面目，只缘身在此山中。"这句话与鲁德亚德·吉卜林（1865—1936）的看法不谋而合："只知英国者不知英国。"

比较哲学的优势是双向的，但很多西方哲学家没有认识到这点。运用非西方文化中的不同语言和不同范畴来研究那些长期存在的问题，可以大大提高我们对西方哲学的研究水平。举例来说，在怀特海（A. N. Whitehead，1861—1947）、亨利·柏格森（Henri Bergson，1859—1941）、威廉·詹姆斯和杜威（John Dewey，1859—1952）的西方哲学脉络中，"过程思考"（process thinking）还是相对比较新的概念。而中国的第一部哲学经典《易经》就记载了中国传统的"气宇宙学"（qi-cosmology）所表现的"过程世界观"。过去一个世纪以来，作为对"物质本体论"内部批评的一种主要方向，西方学界对"过程哲学"逐渐感兴趣。这种兴趣随着对中国成熟的过程感知理论的不断深入研究而进一步提高。当我徘徊于中国思想研究之门时，遇到了我的第一个学术研究伙伴郝大维（David Hall，1937—2001）。郝大维当时正努力超越怀特海对永恒客体及上帝原初本性的认识，希望在过程思考中探求更多一致性。对所谓"另类"文化的更准确表述应该是补充和互补资源。事实上，如果我们的西方哲学仍然排外，就将抱残守缺。

供职夏威夷大学不久，我就开始与郝大维进行专业合作，先后共同出版了六本著作，先出版了阐释性研究论著，然后又推出了几部经典的哲学翻译作品。虽然不那么完美，但这持续了差不多四分之一个世纪之久的"郝安合作"仍不失为一种快乐持久的尝试。我们综合运用文献学和哲学的研究方法，对中国古典哲学进行阐释研究，然后再把这一阐释背景应用到原典的哲学翻译中去。

不幸的是,"郝安合作"持续多年后发生了变故。2001年春,郝大维在家人和朋友的陪伴下离开了我们。作为经过芝加哥神学院和耶鲁大学系统学术训练的西方哲学家,郝大维给我们的作品带来了丰富的想象力和新颖的"观点"。而我带给合作的则是对中国古代哲学的掌握,使我们的研究更加可信。加上我在中国学术圈生活多年,能够正确把握中国思想文化的背景和内涵。对我而言,研究中国哲学绝不仅仅是学术追求,更是一种深入的个人精神的转化和诉求,这又得益于多少年来我与中国大学的师长和同事保持的亲密关系。

与郝大维和刘殿爵教授的合作对我的个人成长和职业发展有着巨大帮助。此后,我又找到了现在的合作伙伴罗思文(Henry Rosemont, Jr., 1934—)。他是一位分析哲学家,师从非常严格的世界一流的语言学家诺姆·乔姆斯基(Noam Chomsky, 1928—)。与结识郝大维一样,我是在自己的书中使用罗思文关于中文语言的著作时,开始了解他的。

还是研究生时,我从比较哲学杂志《东西方哲学》的文章中了解到罗思文(结识大维也是通过这种方式)。那时他跟随乔姆斯基在麻省理工学院刚做完博士后研究,写了一篇题为《论上古中文的表达抽象》①的文章。这篇文章的观点很有独创性且历久弥坚。几十年后,我与罗思文合译《论语》,其中的"前言"和"附录"部分就是以此文为基础的②。该文最根本的观点可能是罗思文的"独特命题",它挑战了大多数语言学家在研究中普遍奉行"关注话语形式,排斥书面形式"的观念。书面语言绝不是从口头语言派生出来,或偶然出现的。恰恰相反,一直到20世纪,汉语的书写和口语形式在语义、句法和语音方面都有很大的区别,因此在关于中国思想本质的哲学思辨中,必须考虑到这两个方面。

罗思文认为,解读古代汉语文献时语境和语义信息应优先于句法和语音。在中国教育中,传统的语言学习方法是死记硬背指定的范文,熟知规范的语言特征。这些范文是文人共用的语言应用宝库,他们可以通过类比从中得出

---

① 罗思文:《论上古中文的表达抽象》(*On Representing Abstractions in Archaic Chinese*),《东西方哲学》(*Philosophy East and West*)总第24卷1974年第1期,第71—88页。
② 《论语》(*The Analects of Confucius: A Philosophical Translation*),安乐哲、罗思文译,纽约:巴兰坦图书公司,1998年,第1—70、271—317页。

自己的创造性表达。罗思文对此的理解是：中国人的世界观无论体现在语言还是个人方面，都始于本体论的平等性和具体语境的独特性。

罗思文关于早期中国语言和哲学的本质的所有观点有一条主线：广义而言，中国人注重的不是本体论或认识论，而是把动态关系放在首位。这种动态关系要存在于事物之间，而且还在这些事物中发挥着过渡作用。换言之，在汉语世界中，最好将自然的宇宙秩序理解为人类事件相互关联互为情境的一门学问。意义通过有效协调语音与语义、语义与句法、视觉与口语、隐喻与直白、特定与语境，以及形式与非形式（或确定与不定）来产生文化。

罗思文反对通过自上而下的、全盘的、集权式的策略来实现伦理、社会、政治和宗教秩序，无论是斯大林式、教皇式，或毛泽东式；也不管是资本主义大企业的霸权主义，还是美国联邦政府傲慢的单边主义。罗思文主张去中心化的、参与性的、有包容性的秩序观，这种秩序观的形成则需要引起本地原居民的参与兴趣。

中文资料库中有一些深刻的"哲学"文献，如《易经》《论语》《中庸》《道德经》《孙子兵法》等，但这类文献并没有被当作哲学来对待。这是向西方学界介绍中国哲学过程中的严重缺陷，这也是推动我与他人合作的动力源。翻译和阐释这些文献的，起初是传教士，后来是汉学家。反而，哲学家们只是偶然或浅显地接触中国哲学资料。我们不是要指责传教士的良苦用心，也不认为有什么可以替代优秀汉学对语言、历史、文学以及文化的精通和识别力。但对中国文献的非哲学解读无法引起哲学受众的关注，他们不会用哲学的方式来研究中国文化，如此反复形成恶性循环。

面对其他哲学类别的边缘化，哲学这门学科其实是不作为的。哲学研究者的一项职责就是识别和描述人类社会发展的一般规律，从而在尽可能宽泛范围内定位问题。当我们穿梭于不同文化和不同时代，会发现各种文化的特征和差异是非常明显的。哲学家有责任去寻找并理解那些不常见的设想。文化不但是解决哲学问题的资源，还可以预防文化简化论和种族优越论导致的错误想法。所以，缺少哲学家向西方受众阐释中国哲学是一种损失。

西方人文主义者在试着解读中国经典哲学文献的过程中，不经意间植入了他们的臆断，使表述中国哲学的词汇带有特定的色彩，这已经是司空见惯的现象。西方读者所熟知的中国哲学,首先经过"基督教化"的洗礼,然后又被渲染了"东方化"玄妙神秘的色彩,这与我们所追求的理性启蒙是相悖的。就这个意义来说,即便中国哲学成了西方哲学界感兴趣的话题,也通常不是放在中国哲学的框架或哲学问题的范畴中来理解和分析的。

新近的考古发现了一些已有文献的新版本,还发现了许多失传已久的文献,这掀起了英语世界对很多中国哲学经典的重新翻译浪潮,同时也为西方哲学家反思和调整对中国哲学的阅读标准提供了有利的契机。更重要的是,这让我们有机会发挥想象力,通过文献原有的术语和思想背景对其进行重新定位和解读。

我和合作伙伴提出了新的哲学翻译策略,我们搭建一个框架,包括解读背景的前言、更新了关键词条的哲学术语表、自觉性阐释的翻译方法以及重要语句提供中文原文。我们称这种翻译为"自觉性阐释"(self-consciously interpretive),并不意味着只要我们愿意就无须像其他译者那样忠于原文,而是我们觉得所谓直译法不但幼稚,且带有文化偏见。

我们认为,目标语英语带有一种哲学臆断——如果没有大量的介绍和术语,中文文本的哲学内涵就会大打折扣。此外,如果译者无法自觉公正地克服自己的"偏见",却找借口说参照了一些"客观的"词典(事实上该词典本身就带有严重的文化偏见),那么译者其实是欺骗了读者两次。

每一代人都会选择一些思想先驱,按照自己的想象对其进行重新塑造。每一代人也会根据自己的需要重新建构世界哲学经典。我们也不可避免地处于特定的时空。就算是对中国哲学原典的谱系式、历史主义理解,我们也得承认受到了时空的限制。所以,我们的自觉性阐释,并非草率行事或忽视学术语库,而是认可其基础作用的。

我们挑战对原典的现有阐释,既要有解构主义的精神,又要有计划性。也就是说,我们一开始就认为,这些哲学术语的常见翻译,没有充分尊重西方常识与早期中国古代文本蕴含的生活思维方式之间的差异。那些看起来最舒服的语言或译者乍看下认为最靠谱的目标语词汇,可能人为地把我们原来并不了解的事物,一下子变得很熟悉的样子。传统翻译中把"道"翻成 the Way,"天"译作 Heaven,"礼"译为 ritual,就是对中文改写太多的明显例

子。令人遗憾的是，我们的标准汉英词典和术语表事实上用的正是此类翻译方式。

如此翻译让使用这些参考书的人不加批判地认为，这种方式是对文本"忠实"且"保守"的转换，其实这是与一直以来文化模棱两可的态度保持一致。我们的观点是这种持续存在的翻译模式其实是有意或者无意地把文本从其历史和思想土壤中移植到完全不同的哲学情景中去，是对该文本的任意歪曲，会彻底损害其根本含义。尽管我们的协力合作还不够完美，把这些文本回归到其所处历史文化的背景中，才是忠于原文。

但我们的目标并不是用另一套不当的程式来替换目前不当的中国哲学术语翻译方法。在对关键术语进行翻译时，我们只想让它发挥提示性"占位符"的作用，让读者回顾术语表，探寻其含义，并希望他们可以自己去理解中文术语。维特根斯坦（Wittgenstein）认为，语言的局限就是世界的局限。同样，我们主张研究者需要学习语言来理解中国哲学。就像阅读古希腊文献时，我们会认知宇宙（kosmos）、理性（logos）、精神（nous），研究中国哲学的学者在研读中文文本时，对"道""天"和"礼"也要有一种精微的理解。这样，我们才可以在中文术语的基础上逐渐走进中文世界。

我想再说说这些合作关系，它们标记着我的职业生涯。首先，我一直把这种工作方式看作是我从儒家哲学中学到并付诸实施的经验。联合是不争的事实，没有谁仅靠自己就能成事，在个人成长和知识生产中尤其如此。我在与刘殿爵先生、郝大维先生和罗思文先生合作著书的过程中获益良多，不仅在各位优秀而风格各异的学者身上找到了知识分子间的亲密感，还与他们合二为一成为了他们的一部分。我必须对我们整个合作成果有所掌握。比如在专业会议上被问及某个哲学主张，我不能装模作样地说自己不懂，这是合作者的想法。合作不但要求掌握内容，还要全部认可其中观点。我最新的专著是2011年出版的《儒家角色伦理之语汇》(*Confucian Role Ethics: A Vocabulary*)，[①] 阐述了2008年我在香港中文大学"钱穆讲座"上所讲的内容。出

[①] 安乐哲：《儒家角色伦理之语汇》(*Confucian Role Ethics: A Vocabulary*)，香港、火奴鲁鲁：香港中文大学、夏威夷大学出版社，2011年。

版时我被当作该书的唯一作者，但事实上，这本书融汇了我们所有人的智慧，应该把每个合作者的名字都写在封面上。

随后的几年，我继续对儒家学说保持浓厚的兴趣，也继续着个人的故事。① 我研究儒家哲学已有半个多世纪，心中产生了两个问题：一是研究中国哲学对我个人有什么影响？另一个也是更重要的是，这几十年儒家化中国的崛起将如何在更大范围影响世界？

对于第一个问题——研究儒学对我个人有什么影响，人们也许会问，如果研究哲学的中国朋友可以自称为康德主义者、海德格尔派，那么像我这样的外国人能成为一名儒者吗？一些具有排他性的文化反对接纳儒学，可能是由于该文化不愿以另一种文化的价值为参照来重新自我定义。然而 Confucianism 不过是对儒学思想的西式翻译。儒学其实更具包容性，它指的是一个社会阶级和世代对文化的传承，并非专指孔子这个人的生活和精神遗产。虽说文化典籍把儒学实践的"目标"确定为求"道"，事实上，"道"似乎更意味着一种有明确"方向"的世代传承转化的旅程，而不是某个"终点"。儒学之路强调旅行的风景而非预定目标，明显要优于羁旅客栈，而我们同路而行的愉悦要比寻求确定的目标更加重要。

"儒风"（Ruism）就是温雅之士的精致生活。他们致力于个人成长和实践智慧的转化，才让这样的生活成为可能。儒风是文人间延续不断的友谊。文人的文化素养被当作后人生活哲学的范本，给日常生活和活动带来提升和快乐。有谁不想融入或不渴望这样欢欣鼓舞的生活呢？

就算我们出于各种原因拒绝成为儒者，也必须承认孔子本人会对是否成为儒者问题持肯定态度。《论语》开篇就记载："子曰：'……有朋自远方来，不亦乐乎？'"在孔子生活的春秋时代，对他这个鲁国人而言，来自远方的"外国人"指的可能是楚国或晋国的人。又有一次，孔子告诉弟子他想去东夷的九个部落生活，《论语·子罕》记载："子欲居九夷。或曰：'陋，如之何？'子曰：'君子居之，何陋之有？'"事实上，孔子年纪越来越大，在本国仍不得

---

① 请参见安乐哲《活着的中国哲学》（*Living Chinese Philosophy*），这是一部两小时的纪录片（Insight Media, 2007）。

志，于是带着得意门生周游列国，在"外国人"当中生活了十多年，尝试在其他诸侯国中实施在鲁国无法实现的文化变革。韩国、日本和越南这些"东夷"也在不断示范儒学如何深刻持久地转化外国文化，同时也被外国文化所转化。

对于第二个问题——儒家中国如何在更大范围内影响世界，我们必须承认，仅仅用了一代人的时间，亚洲（特别是中国）的崛起给当今世界经济和政治秩序带来了巨大的变化。在1989年以来的二十五年间，亚太经合组织已经发展至二十一个亚太国家，占世界人口的40%；亚太地区的GDP增长了两倍多；地区间及对外贸易增加了四倍多。中国经济的年增长率是两位数，已经超越日本成为世界第二大经济体。据预测，到2020年，中国将成为世界第一大经济体。

亚洲的总体发展以及中国增长的全球影响，给世界经济秩序和国际关系带来了翻天覆地的变化。目前，这些变化主要还是体现在新兴的经济和政治领域。但随着政治经济主导地位的重构，必然会要求文化变革，挑战一直以来被强大的自由主义掌控的世界文化秩序。在全球困境和影响21世纪进程的公平问题上，这种自由主义显然是无能为力的。比如，挑战可能来自本土民族，也可能来自基督教、伊斯兰教和佛教等宗教传统。这时，我们更推荐罗伯特·贝拉（Robert Bella，1927—2013）所指"世俗宗教"（如儒学）提供的文化资源。

寻求应对当前全球困境所必需的文化资源，首先应考虑一种能够加强国家、种族和宗教间协作的多选手合作模式，取代常见的追求自身利益的单一选手竞争模式。有证据表明，亚洲很多人已经认识到儒家文化能为明确世界文化新秩序提供有力的贡献。中国及亚洲文化圈的其他地区投入了大量资源来恢复传统儒学，将其作为自己应对当代动态变化的价值观和思想的宝库。儒家文化宣扬的是尊重与互相依赖的关联价值，这一点已得到广泛认可。也就是说，由关系构成的个人处于并成长于一个独特的相互作用的关系模式。这种关于人的观念，与常见的独立自主的自由民主主义范畴的个人形成了鲜明的对比。当代儒家伦理将道德行为定位于更深厚丰富的家庭、社区和自然关系中，对于挑战并改变国际文化秩序难道不是一种动力吗？

目 录

第一编 中西哲学阐释方法

做负责任的文化比较 / 3
 一、"归纳概括"在比较文化研究中的必要性 / 3
 二、比较文化研究离不开"类比法" / 19
 三、做中西语义环境的类比比较 / 21
 四、注重文化差异的重要性 / 23
 五、宇宙观、历史叙述差别 / 25

扫清通向中国之路的障碍 / 26
 一、中国文化缘起与西方没什么关系 / 26
 二、想看到兔,中国人画了一只鸭 / 27
 三、圆和方的差别 / 28
 四、通向理解中国之路的十二道障碍 / 29
 五、关于路障的几点结论启示 / 38
 六、第一问题思维与第二问题思维 / 43

第二编 孔子儒学与"一多不分"

孔子儒学的"一多不分"阐释视域 / 47
 一、"一多不分"是唐君毅首先提出的 / 47
 二、"一多不分观"与《易经》的宇宙论 / 53

中国的宇宙观 / 60
　　一、中国的生态宇宙观 / 60
　　二、"气"：中国道德宇宙观 / 64
　　三、"生生不息"：性命宇宙观 / 66
　　四、孔子天道观：吾道一以贯之 / 71
　　五、"情景化"宇宙论内涵 / 75
　　六、儒学的强"审美感" / 77
　　七、孔子儒学的不寻常宇宙观念 / 79
　　八、"心场"宇宙观与历史观 / 87
　　九、孔子儒学历史观 / 94

孔子儒学的"一多不分"互系思维语言 / 100
　　一、"形而上学"与语言 / 100
　　二、古汉语的"形而上" / 106
　　三、"心场（焦点/场域）"语言 / 108
　　四、宇宙论对汉语语法的影响 / 109
　　五、相对于陈述本体，儒学为过程性语言 / 110
　　六、"求道叙事"的行进式语言 / 112
　　七、汉语是阐发"如何"的语言 / 114
　　八、儒学为类推话语 / 117
　　九、古汉语为审美性语言 / 121
　　十、中国哲学的西方语言翻译问题 / 123

第三编　以人为中心与以关系为本

孔子儒学中"人"的观念 / 135
　　一、人是创造者 / 135
　　二、人性观 / 148

三、孔子儒学的个性观 / 159

　　四、"焦点/场域"视野的"人"观念 / 169

　　五、孔子儒学与西方鲜明反差的"人" / 178

孔子儒学的关系观与是非观 / 189

　　一、儒学的关系观 / 189

　　二、子为父隐：非抽象是非观 / 196

　　三、儒家人生观——对"仁"的成就 / 202

　　四、做人、成仁：人生"角色"的圆成 / 203

　　五、德：善天地人万物之道 / 207

　　六、儒家社会组织的艺术感 / 210

第四编　中西比较阐释的儒学语汇

本、诚、耻 / 215

　　一、非西方式超验的"本""源" / 215

　　二、诚：创造性 / 216

　　三、耻：以"关系"为条件 / 220

道与德 / 223

　　一、人道 / 223

　　二、"道"是智慧，不是知识 / 224

　　三、德 / 233

　　四、非"形而上学"之"德"（virtue） / 241

和、理与君子 / 244

　　一、"和"是最高文化成就 / 244

　　二、理 / 249

三、君子 / 253

　　四、君子："仁"的典范含义 / 259

礼 / 264

　　一、关系与角色之体现 / 264

　　二、非强制性参与 / 266

　　三、"礼"的互为性 / 269

　　四、由"神性中心"向"人为中心"的过渡 / 270

　　五、"礼"与"教" / 274

　　六、"礼"与"身" / 277

　　七、"礼"与"义" / 278

　　八、"礼化之我" / 281

　　九、礼：不是西方的 rights / 282

仁、忠、恕 / 287

　　一、"仁"是滋养关系 / 287

　　二、对"仁"不可做心理分析式解读 / 289

　　三、"仁"是宇宙观 / 291

　　四、忠 / 293

　　五、"恕"由己出 / 295

圣人 / 304

　　一、博施于民而能济众 / 304

　　二、圣人行，彰显宇宙意义 / 306

　　三、独见前睹，与神通精 / 307

　　四、乐大师："神人以和" / 310

学、思、知（智）/ 315

一、"学"与"知"/ 315

二、学而不思则罔 / 317

三、"学"与"思"相辅相成 / 319

四、填平"知识"与"智慧"之间的沟壑 / 320

五、"知"不是心理学 / 320

六、"知"与"仁"/ 321

七、知：先言而后当 / 323

天 / 328

一、"天"译为 Nature 不可取 / 328

二、"天"谓"自己然也"/ 329

三、"天"观念的历史演进 / 331

四、"天"与"超验"/ 333

五、天道 / 336

六、天命：天地之中以生 / 340

七、"天人"场域观 / 345

性别观、孝和谏 / 348

一、"阴阳"的动态平衡 / 348

二、孝：德之本也 / 353

三、谏：儒家社会批判性参与 / 358

信、心、性和义 / 361

一、信 / 361

二、心 / 366

三、性 / 368

四、义 / 374

正名与政 / 389
    一、正名：名分设立 / 389
    二、"政"，正也 / 393

编选参考文献 / 401
安乐哲先生学术年谱 / 404
编选后记 / 408

第一编

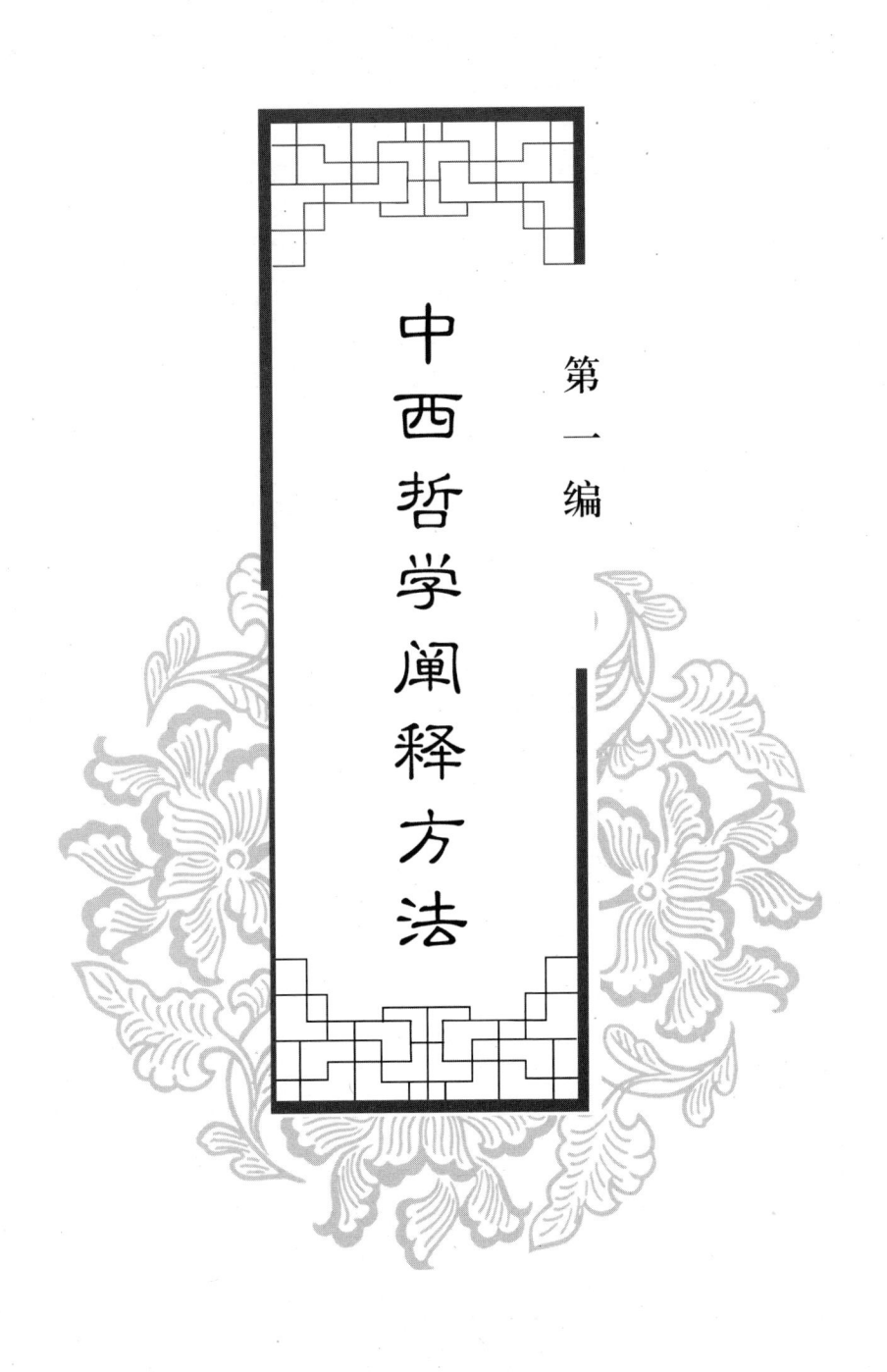

中西哲学阐释方法

做负责任的文化比较

我们是哲学家,不是汉学家。我们的看法与汉学家们的看法不一样,他们不是哲学家,不支持我们的看法。记得在1972年,有位学者名叫赫伯特·芬格莱特(Herbert Fingarette),他写了一部书,题为《即凡而圣》(*Confucius: The Secular as Sacred*),讲述孔子之道。20世纪70年代是汉学家的时代,人们批评他,说他的书有问题,因为他的中文不好。可是我的老师是刘殿爵,所以谁也不敢这样批评我,因为他们知道我能读中文古籍。但是我们是哲学家,不要把自己混同于汉学家,因为我们承认中国传统思想的核心是哲学。如果谈到文字、版本等问题,应该承认汉学家们具有权威,但是一谈到形上实在论(metaphysical realism)或超越(transcendence)等等问题,他们就完全不知所云,他们根本不知道柏拉图与怀特海有什么区别。其实,汉学家们在字词的翻译上也有不少问题,例如他们将"天"译作大写的Heaven,这往往引起西方读者的误解;又如将"义"译作 righteousness,那是《圣经》中的用语,其本义是"按照上帝的意志行动"(obey the will of God),常人一辈子也不会用这个词。所以,我将"义"译作 appropriateness,也就是"适宜"的意思,"义者,宜也"。

(节选自《辩异观同论中西:安乐哲教授访谈录》)

一、"归纳概括"在比较文化研究中的必要性

今天,儒家思想进一步面临自身价值受损,它的原因却来自本不该来的

地方——也即来自对儒家传统本来做严肃诠释的人们，有些人甚至跟钱穆一样，是致力于弘扬儒学传统价值的，但却在根本上不同意钱穆所提的"文化翻译之难题"观点。我想对在这个难题上持不以为然态度的当代一些学者，讲点不同看法；我对莱布尼茨与钱穆都做过的、我们今天能看到他们对文化研究的厚重归纳概括，表示赞同；我感到，如果我们对不同传统之间呈现的深刻差异是尊重的，如果我们怀有意愿，要尽最大努力避免贫乏无力的文化简化主义，那么应该承认，他们做的是十分必要的。

一些汉学家认为，我们不可把中国历史和文化弄在一起搞归纳概括。其实，金鹏程（Paul Goldin）对20世纪不少最杰出汉学家加以指责，说他们是"现代版东方主义"，为了理解中国文化，他们特意提供一个阐释背景。在他眼里，这些学者的错误在于"把物化的中国视作物化西方的陪衬去对待，一种正反对立的视域，以此作为思想习惯（中国）与思想模式（西方）的反论性的例证"。作为另一种方法，他说：

> 如果有一种对中国有效的归纳概括的话，那就是中国是概括归纳不了的。中华文明干脆就是太大、太复杂、太古老了，根本就没有什么能对它施以归纳概括的确凿基准。

而我认为，这个方法，追究的也是确定的阐释客观性，无非也是提倡天真的实质主义。希拉利·普特南（Hilary Putnam）干脆彻底拒绝这种极端性实质主义，他不仅排斥"我们会达到一种关于思想—独立性的实在"的认识，也排斥"这样的一个认识客体，甚至事实上构成着实在"的想法。他指出：

> 我们称作"语言"或"理智"这种元素，深深地渗入到我们称作的"现实"中去，以致搞得我们要对我们自己进行表述的这件工作，作为对"独立于语言之外"东西的成像者，一开始就是子虚乌有之事。与相对主义差不多，不过形式不太一样，实在主义根本就是白费劲，是提倡一个从"无视角"观察而得的世界。

普特南继续论述，这样一种人对自己环境的渗透和改造，延伸为人的着眼处和人对自己所处世界抱有的价值观，它要求人要接受自己的反身思考力，即：作为"'存在'就不可能没有一个不反映我们自己利益与价值的世界观"。

在下面的讨论中我们会发现，儒家"体"（体现经验）和"礼"（追求与人身份与关系相适宜的礼仪行为），与普特南说法不一样的地方只在于儒家的更彻底，它超过20世纪哲学关注的"语言"和"理智"问题，强调的是整个身心的人都参与到（作为经验的）同化与改造世界的过程。我们进一步指出的是，思维和生活的文化差别对于这一改造过程是很根本的，它关键性地影响着我们在该如何阐释其他文化问题上可能会有的意图。

探讨其他文化传统，应带有什么样的企图，我们是必须要有自我意识的。一些有自我意识、对他们自己伽达默尔式"偏见"保持公平态度的阐释者，还是失败了；他们的申辩是因为他们依靠的是"客观性"词典。但事实是这种字典本身已是带严重文化偏见色彩的，所以不是一次，而是双倍地欺骗它的读者。就是说，字典不仅不能向读者提供词汇在文本中的实际语义，而且更进一步，还要大言不惭地指鹿为马。

诠释工作应有的自我意识，是不要去有意地扭曲中国哲学传统和它的过程宇宙观；而是要恪守它的基本前提。正如每一代人都对早期思想家采取选择继承，重新按照自己需要的样子，塑造他们，每一代人也是按照自己需要，对世界哲学经典进行重新建构。我们也一样，都是逃不脱具体时间、空间的人。

同那种自认为是从"无视角"观察世界的天真实在主义相比，我想指出的是，永远处于呈现、形成状态的文化词汇林冠，它本身是根植、成长在深厚的、相对稳定沃土中的，它是从未被宣布的，世世代代积淀而成，渗透到语言、习惯和动态传统生活形式中去的想法。

我还想进一步说，不承认文化基本特点的差别，将其视作过去那种反对"本质主义"或"相对主义"或"东方主义"原罪的屏障，本身并不是无辜的。其实，颇有讽刺性的是，对文化归纳概括持如此敌意之感，所导致的正是对自己偶然性的文化预测推定，所做的失去批判力的抽象本质化，导致的

也正是使它们暗暗地渗透到自己对其他传统的思维与生活方式的解读中去。①

　　这个道理也可换个方式来说，即我坚持要说，比起对文化努力做负责的归纳概括，唯一更危险的，是没有能做出负责的归纳概括。归纳概括没有必要非是拒绝欣赏生生变化传统文化的丰富性与错综性的。而实际，恰是有归纳概括才可真切辨识具体的文化细节；否则只为笼统的历史发展，是归纳概括为它提供内容的丰厚性。做文化比较工作，除了开放阐释的途径，没有别的选择；也即，随时准备对曾有过的临时性一般判断进行修改，这种修改，是根据在阐释框架之内，越来越多细节获得解读与理解之后的新信息进行的。哲学阐释者必须让研究中国哲学的学人意识到，造成中国哲学叙事与西方很不相同的，那种属于整个气氛的、很不同寻常的思想路径；正是这样的路径提供哲学词汇的喻意，确定其语义特征。

　　路德维希·维特根斯坦（Ludwig Wittgenstein）所言"语言的界限便是我们世界的界限"如果是真知灼见的话，那么或许我们为了准确、深化与促进理解，需要更加强语言，使文化的归纳概括得以运用。举一个人们熟悉的例子，我们都知道如果做到对古希腊词汇有充分细微差别的理解，比如说 logos, nous, physis, kosmos, eidos, alethic 等等，我们能搞懂笛卡尔，而且至少在某种程度上，能对古希腊经典有整体感，对它做到更深谙地阅读。如果能归纳、整理出查阅中国古文献都可运用的一套哲学关键词汇表，我们就很方便，在古文献自己原始的思想视域里，确切辨识这些经典文献的涵义。可以肯定的是，如果想探求和确切了解儒家的身份伦理学，如果确实有意按照它本来观念的意义，接受这样一种人生观，我们就会很需要这样一个词汇表。

　　使我们深化理解儒家身份伦理词汇的特殊思想路径，难道是一成不变的吗？这种说法不符合中国过程宇宙观及对它表述所用语言的基本涵义。最近，特别是在中国古代汉语问题上，葛瑞汉（Angus Graham），一个非常杰出的

---

① Goldin（2008），第2页注6中赞赏普鸣与浦安迪的研究，因为他认为此二位学者同他一样，都避免做归纳概括。下文本人将以浦安迪的《中庸》译文作为适当例证说明，使用文本却对文本的阐释域境没有充分重视，会把自己文化的预设推定误读到文本中去。

汉学家，指出：古代汉语是表述互系不分宇宙观的万物变化状态，"它的句型结构把我们带进一个过程的世界，对于过程，我们问的是'从何处来'，因为过程是动态，也问'什么时间'"。由于这个原因，我一直认为，对中国文化的一种整体性、叙事性理解，会远比分析方法对它深层文化思想路径更具有揭示性；因为单纯分析方法是把分析对象孤立化、去域境化，但是对象本身是脱离不开时间、地点、具体情势的。解读《易经》我们知道，对于"变"和"通"，态度都得是积极的；"变通"即是中国哲学的叙事内涵，不是对它俩搞"二选一"。

在允许中国哲学有它自己的声音的长期努力下，过去一百多年间，一些优秀的中华文化诠释者一直在为阅读中国经典建构一个阐释视域而进行坚持不懈的努力。建立这个阐释视域的第一步，是澄清那些文化预设推定想法，我们常把这些预设想法带到对中国经典的阅读中去；然后是阐明那些不同寻常的中国宇宙观想法，讲述它们如何构成与西方哲学叙事的反差特点与不同。最近一些年，一些严肃学术成果发表出来，提出：人们致力于寻找永远的不完美，但往往又是对同一些人的一般判断论证其有什么价值。

举个例子，在普鸣（Michael Puett）的专著《成神：早期中国的宇宙观、祭祀与自我神化》（*To Become a God：Cosmology, Sacrifice, and Self-Divinization in Early China*）中，详述了一些早期汉学家的努力，然后把他们的努力撇在一边，提出一个关于阐释中国古代文献及导致这些文献所处时空场合的历史事件的文化框架。

普鸣将其中一流中国文化诠释者列为一组，说他们属于"进化论类型"，其中包括马克斯·韦伯（Max Weber）、冯友兰、卡尔·雅斯贝斯（Karl Jaspers），以及现在的罗哲海（Heiner Roetz）。根据普鸣的看法，这组学者的共同特点是将一种普世理性视作"黄金标准"，然后对照着它，来衡量中国文化的发展程度。最后这些诠释者分成两派，一派声称中国的文化发展也显示出是经过从原始理性到理性的阶段转变；另一派则对这种说法表示怀疑。普鸣认为，雅斯贝斯是这个进化论组中影响最大的代表人物，因为他提出，"超越"理念的出现创造出一个意识的普世形式。在《历史的起源与目标》（*The Origin and Goal of History*）一书，他论述"轴心时代"（前800—前200

年），提出在"轴心时代"人类才第一次体会了"自我深处的绝对性与超越的理性"。一些哲学家拥护这一文化见解，将它视作普世性历史。他们声称，不同传统中间是有一个普遍意识出现的，而不是各自生成的思想构成它们的独特性。确实，雅斯贝斯认为，无论历史"源起"还是历史"目的"全是先验决定的，令人奇怪的是，雅氏这一论点，在什么意义上能算是具有"进化"意义的论点？"进化"指的是开放、绵延不断与偶然性的演变过程，其中贯穿着基因漂流，新生物的自发呈现，创生不可预料性的混合形体。而雅斯贝斯论述的不是这个，而是一种普世性历史观教义；讲的是通过一种必然性不可避免的趋同程序，一个意识的普世形式升起。这才是我们所熟悉的目的论必然性，驱动历史意念化。其实，要是我，我会把这组理性主义者的概想称为一种"文化本质主义"；虽然考虑到他们的普世主义招牌，也还是跟种族中心主义脱不了干系。

然而普鸣已选择另一组诠释者，给他们定性为"文化本质主义"，这些人是：葛兰言（Marcel Granet）、牟复礼（Frederick Mote）、李约瑟（Joseph Needham）、葛瑞汉、张光直、郝大维与安乐哲。[①] 这一组诠释者相同的地方是，他们都坚持认为，如果要想理解中国那种整体性的宇宙观，不能忘掉的是那种非同一般的、永远变化着的思维方式。另外，这组人还主张，这个生生不已的中国宇宙观展示的世界是自然主义的、自动生成的、自我赋义的世界，而不是必须依赖一种外在形而上学原则，作为它单向的秩序源头。

葛兰言是最早倡导这一观点的汉学家，我们不妨以他为例。据普鸣所说，

---

① 本杰明·史华兹（Benjamin Schwartz）很著名。他的学生喜欢他，记着他，印了一种体恤衫，正面的字是 on the one hand（一方面），背面的字是 but on the other（另一方面）。的确，普鸣（Puett 2002，11—13 页）也认为史华兹"在两种概想范式之间保持了微妙的平衡"，两个概想范式即"进化主义"与"文化本质主义"。但是因为简化论的理性主义方法否认整体宇宙观可能性，我是把史华兹归到第二组的。史华兹（Schwartz 1975）认可雅斯贝斯"超验"这一概念，但后来对这一词的含义进行彻底修正，使它适合于中国整体性宇宙观。史华兹把超验定义为"这一时间的"，这样就可以最好地与"内在的、宇宙的与社会的秩序"联系在一块。史华兹接受把中国宇宙观也说成"理性主义"特点的，但他强调"这种理性主义与古希腊各种不同的理性主义还是有根本区别的。我们的理性主义是一个意象，一种包罗万象的秩序，它不否认、也不会简化还原为一个什么终极的原理，作为一种预设推定的存在。……它是一种综合而非分析的秩序概念"（Schwartz 1975，59 页）。史华兹强调，远不是什么外在化的多神和魂灵，"区分神与人的界限不是一刀切地划分的，似乎人是具有神性特征的"（Schwartz 1985，25 页）。

葛兰言努力维护中国哲学，说它是切实可行的对人的经验做出梳理与解释的方法。葛兰言认为"论据是作为这一哲学基础的，是一个与在西方占据统治地位的宇宙观迥然而异却又同样重要的宇宙观"。葛兰言分析、阐述了早期中国宇宙观的条件特点，他强调"人世范畴之外，不存在什么超越原则的世界"。普鸣进一步认识到，葛兰言并不是把这些宇宙观意义只解读为是汉朝时代的一种特殊历史发展，而是将它们视作中国人思维的总体特征。然后，葛兰言用了《中国文明》(La Pensee Chinoise)的最后四分之一部分，从孔子开始，逐一对思想家进行分析。他的分析显示，每一思想家为建构"这一中国"宇宙观，都完成了自己那一特殊的方面。换句话说，葛兰言没有把宇宙观理解为是对早期孔子这样人物的继承或者反动的一种后来发展，而是把互系性思维解读为一切中国思想的主导原则。

这里，普鸣还有一种意思在说，互系的中国宇宙观只是特殊地发生在汉代，那么他是否还认为这个宇宙观突然就"无中生有"地出现了——汉代以前思想家本来并没有一个世界观对汉时期形成的深奥互系性宇宙观起过继往开来的作用？在下文，我会引用吉德炜（David Keightley）与普鸣相反的观点。吉德炜详尽阐述了从商代（前1600—前1046）到中国哲学成形时期的周代（前1045—前256）再到汉代（前206—220)[①]之间于思维方法上的延续性。还是那个问题，如果把"互系性的思维"说成"运用原则"，就把它变成一种理性主义了。但是互系思维在不同语境里的意思是不同的。要是对争论的分歧问题做出判断，我们得在理性或逻辑思维（分析的、追求固定规则性模式的封闭性）的超历史性含意与互系思维的历史蕴含意（综合的、追求以特殊细节构成具体统一的开放、美学揭示性）之间保持一个清晰界限。在怀特海定义逻辑秩序与审美秩序的时候，他抓到了这个界限，说清了它们的差别：逻辑秩序作为封闭行为具有普世性，而审美秩序作为开放行为，是根本的历史性的。逻辑要求严格的本质认同性，作为"本质主义"根据；艺术只

---

① 吉德炜（1978，211—212页）："这篇深入分析性论文的论点是，表现周与汉两代之久远传统的世俗价值与典章制度，在很大程度上反映着商代思想和行为习惯特征，源于至少一千多年之前商代神权与崇拜的宗教逻辑。"

认可具体个别物之间的类比关系。葛兰言以及持同样见解的其他诠释者，在通过中国原典古籍追溯这一直觉常识时，是具有历史感自我意识的，在运用它对方方面面中国经验做出阐述的时候，包括宇宙观在汉代已经清楚地形成，也是具历史感的；即使是这样，但把他们定位于"文化本质主义"，是从何说起的呢？

普鸣这里赘述的理性与审美意识之间的区别，郝大维和安乐哲已将它阐明为第一与第二问题思维的不同，同样也是类比于单一起因（causal）思维的不同。普鸣认为，像葛兰言一样，郝大维与安乐哲所做的是分辨塑造古代中国与西方文化的两种有很大反差的基本观念。说的太对了！而且也像葛瑞汉，郝大维和安乐哲甚至"认为这两种思维方式，在中国和西方文化中不同程度地都存在着，而且……因此提出中国思想是可以充分同化到当代西方思维中来的"。这也是肯定的。但是如果本质主义被理解为是一种归纳概括，申明一个民族具有的特定属性和特征，既是普世的也是这个民族所独具的，申明这些特定属性与特征不依赖于它置身的环境，还申明这些属性与特征是一种相对主义，文化彼此不能兼容的，那么，普鸣怎么能将这些学者归类于倾向"文化本质主义模式"的阐释？相反，这些诠释学者的方法更应是开放、包融的多元主义。由于这些学者对中国文化的认识，已构成重要不同文化叙事彼此积极对话的一个预演，确切地，我称它是"进化的"才是最符合其语义的。

普鸣要批判他眼中的"郝大维与安乐哲那样的对比方法的核心危险性"，宣称"建构这样的对照性构架会要求我们对个别文本做断章取义的处理，将它解读为是正在做对比的整个文化的基本观念"。对普鸣来说，"这些阐释方案的一切——根据学派、对文化做的本质主义式定义、进化论框架等等所做出的解读——结果都是消除特别文本的论点在其当时所具有的特殊力量"。

可是我们要问：享有共同语言、文化和历史的人们，也势必会享有某种共同哲学思想，难道因为这一观点，就否认他们同样地，彼此不仅是有可能而且是一定会存在重要差别？这些差别，在我们解读理解他们经典过程中，就应该是忽略不计和不去做任何评判的？如果主张文本必须是在这些共享的文化思想的氛围之中去解读的，这个主张怎么会去做断章取义的事情，或者阻止我们去理解其本文化思想氛围中形成的那么多不同？

恐怕更重要的问题该是：为了负责的文化比较研究，普鸣到底能为我们提出什么更好的方案来呢？让普鸣用自己的话来说吧：

> 简而言之，我建议上面两个框架都扔掉——比照模式、进化模式统统不要。相反，我们应当采取一种如何更能从细微差别出发的方法；用这种方法，对在单一文本中提出的单一论点，对个人提出论点的意义，不做任何先验预设推定。

普鸣在这里的意思只能是和金鹏程一样，是在提议，我们对文化不要搞归纳概括，文献本来是什么样，就按照什么样子去读它。可是我们赞同普特南的拒绝"无视角实在主义"意见，也就是说，是我们自己利益和价值观对我们有效的文化诠释起到指引作用，它让我们看到只能是我们才会看到的东西。大卫·亨利·梭罗对人经验中获取新知识的不可避免的协作性，有深刻的思考，他说：

> 一个人只接受他准备接受的东西，不管是身体的，知识的，还是道德的。……我们听得见和听得懂的只是我们已经有所了解的东西。……于是，每个人一生都是在跟踪着自己，听、读、观察、旅行，所做一切都是跟踪自己。他的观察是一个系列链。现象或者事实，凡是无论如何与他的其余所见所闻连不上的，他就看不到。

普鸣的关键论点是，互系的宇宙观是"辩证地"产生的——排他性的二分体（即神性祖先的一〔太一〕与人间尘世）合二为一，也即，人的个体存在争相变成一个神。

中国互系思想，准确地说，是一种把感知有差别的元素拉凑到一起的努力，认为有一种延续性形式，对诸多互不相干实体是压倒性的。

普鸣把他的这一方法论使用在研究《太一生水》上。《太一生水》系1993年发掘的残缺郭店《道德经》的一个重要部分。虽然他承认该篇文献中"'太一'是弥漫于一切的，既是万物之母也是万物之齐物者"，普鸣最后还是落在老套的单一起源、"多背后之一"的单极宇宙观；在这样宇宙观之中，太一与水与由祖先生成的其他一切物之间的相系不分关系，并没有被他当作意义重

大要素。普鸣解释说：

> 这一宇宙观，人和鬼神对环境没有影响：宇宙不过是一套互相回应的自然力量。圣人不过是他们正确理解这些过程，知道"太一"，称为"道"。……宇宙有一固有秩序，由"太一"生成、守常，为人提供行为基础。所以，取得力量与知识不是靠把神灵的权力为己所用，而是靠理解和服从宇宙之道。

对普鸣来说，《道德经》思想也是奠基在一个原祖的生成——"道"。《太一生水》与《道德经》的主要思想，明显区别是在对"道"这一独立不居的神力，人类是服从、遵顺，还是阴谋篡夺它的权力。普鸣说：

> 争论于是转到"人跟这个'一'之间到底是什么关系"这样的问题上。人对这个"一"的形态就是简单地服从呢，还是也可通过"一"获得力量？

在普鸣看来，《道德经》的信条与《太一生水》不同的是，圣人被假设为具有吸收"一"的力量的能力，因而他可以做到对人和宇宙的控制，所凭借的是这种普罗米修斯式的狂妄自大：

> 紧紧抓住"道"，得道的人能使万物归附，可利用公然命令管理民众，甚至能教天地和合。在某种意义上，他就变得跟始祖一样：能生秩序且守恒，令万物归服。

不像《太一生水》所说圣人，他单纯地是去领悟和遵从一个先验的宇宙秩序，《道德经》里的圣人则是虚伪地符合——

> 始祖，为的是窃取它的力量与创建他自己所要的秩序……这样他就两个都能控制：自然世界，会像人间世界那样，听命于他，而不是相反……从此之后他就能欺骗人们，让他们相信未来所见现象都是自然的，而实际是他的个人意志。

这种对《道德经》的嘲讽解释一点不奇怪，而且在我看，它并不恰当。早有韩非子，后有赫利·克里尔（Herlee Creel），一直就有人像克里尔那样，持道家"别有用心"论,说道家文献含有宣扬虚伪、个人野心和政治控制之意。① 而我认为,这样的歪曲诠释,真的是对这种经典文献的深邃宇宙观与政治思想的不公平。②

我再引述另外一个名声显赫学者的声音,是又一个对文化归纳概括坚决反对的例子,正是这样的反对声音,构成我们下决心对文化传统独特性进行表述的因素。这个声音来自张隆溪。儒家与基督教文化意识之间的微妙差别,以及这些差别的实际影响,张隆溪当然不会不清楚,他是一个十分博学的比较文学学者,对西方叙事的文化经典,如同熟悉中国的原典文献一样精通。他同意的二者差别是一个这样的程度:

> 中国帝制的后期,儒家思想牢牢禁锢中国人的头脑,传教士成功地改变了中国人信仰的人数微乎其微,如按这种情况判断,没有人可以忽视中西文化传统之间的悬殊差别。

另外,张隆溪还多次指出,比较哲学家对中国语言与文化所做诠释之中那种关于中国语言与文化的激进差别的断言(我认为我是属于这些人的),是"卫道士"态度,是"相对主义",因而认为文化具有不可比性。他确信地说,我们永远不会找到文化与文化之间的严格本质身份性,可我们能找到"等同性":

> 中国与西方的语言和文化区别是显而易见(obvious)的,就是说,在词源意义上,"挡道"(ob viam)如同"障碍"(obstacles),为了理解与交流,扫清道路正是翻译的任务;要在变化的文化差别表层下找到等同性的东西。

对张隆溪来说,造成这样等同东西的存在可能性,是于文化彼此间思维时对等同性的确认:

> 我反对这种对差别以及文化独特性的过度强调……,为了语言与文

---

① 参见《韩非子·解老》《韩非子·喻老》与 Creel(1970)。
② 在郝大维与安乐哲(2003)一书中,我们为自己对《道德经》所做"哲学式"阐释,提供了充分说明。

化的基本可翻译性,我想指出……只有当我们承认不同人民与民族,同样都有思考、表达、交流、创造价值观的能力,我们才能消除自己的种族中心偏见……。

做出这样关于"等同性"问题的争论,张隆溪的愤慨对象其实是芮沃寿(Arthur Wright)以及跟芮沃寿具有大体相同观点的人;我本人与我的同仁是首当其冲被他指责的。张隆溪引述芮沃寿,将他作为直接批评的对象;张隆溪不满意的,是他反对提出文化之间有不同思维和语言模式的观点:

这里,中西方文化的差别被说成是根本差别的思维与语言模式,是作为能力,或没有这个能力,来表达抽象理念。

对张隆溪来说,比芮沃寿夸张文化区别更恶劣的例子是谢和耐(Jacque Gernet)。谢和耐把基督教和中国思想之间的紧张关系,不仅说成是"不同的思想传统,而且还是不同的精神范畴与思想模式的"。又是这样,拿出一个具体词汇作为例子,张隆溪又申明,那些断言中国语言没有合适的等同语用来翻译本质的亚伯拉罕上帝概念,事实上是在说"上帝或神性这个理念是中国人头脑中不可思议的、是中国语言不可表述的"。

张隆溪和我并不是目标不一样。而其实,他提出文化的可翻译性和表明的立场,是我和其他很多张隆溪所批评的对象诚心诚意赞同的,是我们所说所做一切去支持的。我们根本不是什么"纯粹主义"或"相对主义";不管把我们描绘成什么,也不能把我们与像(天主教)方济会神父安东尼奥·德·卡巴列罗(Antonio De Caballero)的反妥协主义者相提并论;张隆溪把他看成文化不可通融论的代表。卡巴列罗趾高气扬,目空一切,张隆溪说他是"顽固的纯粹主义,不妥协地坚持无任何染指的原教旨",凡非原教旨的,皆为"真理效颦版"。我们是把自己称为文化多元主义(而不是"纯粹主义")的;我们认为,把我们与张隆溪分开来的,是张隆溪对文化间如何才是可翻译的几个基本说法,这在我们看来,他的概念涵义是有问题的。

首先,似乎很合理的,张隆溪感到不可接受的是"本质主义"这个怪怪的东西;而就像任何一个"普世主义"(universalism)的严谨哲学概念一样,它本身很大程度就构成一种文化特质性畸变。事实上,"普世主义"是密切地与"超绝谬误假设"（the transcendental pretense）相关的。我们在上面已经论述，"超绝谬误假设"是前达尔文时代非常流行的西方哲学叙事谬误。这一谬误与杜威批评的"顶级哲学谬误"（the philosophical fallacy）直接就是一回事。毕竟，如果我们先有意向，相信是有"essence"（不变本质）这种东西的，我们是只能提出"本质化"（essentialize）（而不是类推论 analogize 的）；作为对事物的一种思想方法，这不是在古代中国形成传统的，是与之不吻合的。"本质主义"这个概念，来源于人们熟悉的古希腊把"本体论"（ontology）假设推定为"存在之科学"（the science of being），还来源于"严格本质认同的运用"（the application of strict identity）——作为"个体化原则"（the principle of individuation）。正是"本质"（essences）这个概念奠定了柏拉图学派的理念主义和亚里士多德学派作为"自然类属"（natural kinds）的"种别说"（doctrine of species）。

还有，张隆溪提出不同民族与文化在思考能力上是"平等的"（equal），这是一种包容、开放、尊重意向；这种信念于一些学者听起来是挺好的，但作为论理认定，是毫无意义的。认为其他传统拥有自己文化特性思维模式，并不是在认为这些传统不知道如何思想，除非我们信仰，事实上是"只有一种思维，即此一思维，也即我们的思维——是唯一的思维"。那种毫无批判意识的臆想，认为"其他文化必须实行与我们同样的思维"，对我来说，恰是"本质主义"与"种族中心主义"的真正定义。我坚决认为，恰恰是认识到文化间存在的差别，认识到它的程度，认识到它是怎样在生存状态与思维构成中出现的，对它进行审时度势的理解——恰是一开始本来就有这样考虑，才要求我们做恰当的文化翻译工作；我坚决相信，最终结果，是"功夫不负有心人"。当然我还要指出，文化上偶然性的思维方式，可以是多元性的而非相对主义的，是互相包容的而非自我中心的。如果比较研究领域向我们提供的是它所承诺的相互吸收发展，我们必须充分发挥想象力，在不同文化的各自视域中看待它们，充分欣赏形成于不同文化之间的差异。①

---

① 参见罗思文、安乐哲（2009）第34—35页提出的概念簇，阐述了其他论理传统中将本传统概念簇作为自己独特语言这种差别——即使那些享有共同沿袭叙事的传统，也有概念簇独特语言的差别。

另外，我赞赏怀特海提出的"抽象化之祸"；我认为，如果我们有能力找到具体性与抽象性之间、特殊细节与生态一致之间的适度点，一种丰富、审美和谐性的实现，则要求我们发挥想象力，去认识和尊重文化之间的差异性。对这些多姿变化的差别，我们如果没有可能去认识，我们须打交道的东西，则只会是一片没有任何生气、味同嚼蜡的"同一性"①。

第三，张隆溪的恼怒很大程度似乎是来自于芮沃寿、谢和耐（我敢说也包括我和我的同仁）这样的文化阐释者，因为这些人同意"思维与言说方式有根本差别"的论点，而且（用张隆溪的话说）还提出，中西文化之间的区别是"是否具有抽象思维表达能力"。② 对他来说，那些人认可思维方式的差别，而思想方式差别是在于对抽象的作用价值给予不同程度的重视，这是错误的，是对中国语言和文化的贬低：

> 从这样的构想看，汉语被说成是一种表达具体东西和特殊对象的语言，一种沉陷于物质层次，无法升华到物质与字面意义层面之上，进入精神高度的语言。这种论断，所讲的不是中文翻译成具体的外国词汇和概念，而是针对整体中国语言的本性与能力。

以我对张隆溪这段文字的理解，他在这里接受了两个古希腊"本体"概念为奠基传统的常识性二元对立预设推定：第一是他否认"有截然不同的思维与言说方式"，他认为文化有差别是在"内容"和"对象"问题上，而不是在主

---

① 为阐述"和而不同"之重要，《左传·昭公二十年》以烹调、音乐及文化演变之延续为例：齐侯至自田，晏子侍于遄台，子犹驰而造焉。公曰："唯据与我和夫！"晏子对曰："据亦同也，焉得为和？"公曰："和与同异乎？"对曰："异。和如羹焉，水火醯醢盐梅以烹鱼肉，燀之以薪。宰夫和之，齐之以味，济其不及，以泄其过。君子食之，以平其心。君臣亦然。君所谓可而有否焉，臣献其否以成其可。君所谓否而有可焉，臣献其可以去其否。是以政平而不干，民无争心。故《诗》曰：'亦有和羹，既戒既平。鬷嘏无言，时靡有争。'先王之济五味，和五声也，以平其心，成其政也。声亦如味，一气，二体，三类，四物，五声，六律，七音，八风，九歌，以相成也。清浊，小大，短长，疾徐，哀乐，刚柔，迟速，高下，出入，周疏，以相济也。君子听之，以平其心。心平，德和。故《诗》曰：'德音不瑕。'今据不然。君所谓可，据亦曰可；君所谓否，据亦曰否。若以水济水，谁能食之？若琴瑟之专一，谁能听之？同之不可也如是。"饮酒乐。公曰："古而无死，其乐若何？"晏子对曰："古而无死，则古之乐也，君何得焉？昔爽鸠氏始居此地，季荝因之，有逢伯陵因之，蒲姑氏因之，而后大公因之。古若无死，爽鸠氏之乐，非君所愿也。"

② 参见张隆溪（1999），第44页。其实，在罗思文（1974）和安乐哲与罗思文（1998），第39—43页及附录二，我们曾阐明，中国书写文言具有一种独特抽象性，即语义的丰富重叠，具有一种产生模糊性趋势，要求读者具有不断消化模糊的能力。

观性的方法上，也即好像"思维"和"对什么的思维"才是有差别的。这里隐含的意思是，思维模式和思维内容可以构成本质上分割的两件事，因为人的思维器官功能是一种前文化性质的，是某种超乎人类经验范畴的东西已决定它的结构的。"内容"与"对象"的差别，还包含一个人们更为熟悉的预设推定，也就是关于人类思维器官的一些定义不仅是包罗万象地普世性的，而且还假设什么是人的最杰出、最具有价值的本质。诸如思想/肉体、理论/实践互为排斥的二元主义，从未对中国互系的阴阳宇宙观造成负面影响。在中国宇宙观中，"身心"与"知行"从来就是人生经验中相辅相成、相连不分、相互兼有的偶对双方。其实，人经验的延续性与整体性是以"体用""变通"这样的观念表述的；这样的宇宙认识，对绝对性二元主义的范畴是具有屏蔽性的。

张隆溪的指责中还隐含着另一个预设假设，还是深刻二元对立的，即由本质化概念的思想器官派生而出的理论与精神意念体，是比人的日常经验实际作用要高贵的；致力于这种抽象活动，会使人升华，与上帝之心更靠近。这种抽象，作为智力性工作，在其理论确定性上，比起具体化实在经验，是更真实、更精致的；它向我们提供不受任何变化世界污染的知识质量；抽象来自世界，在儒家看来，抽象恐怕应是忠实于世界的。实际上，张隆溪是在对一个神性本体论传统的高贵与傲慢表示认同；这一传统自命是执著于抽象的，这一传统进行预设推定，抽象对人经验的阐释比起对实用智慧的追求，比起由实用智慧而出的另种精神与宗教情操，是更高贵、更智慧的。

最后有意思的是，张隆溪维护儒家哲学的理由，恰是一个长期流行、瘸瘸拐拐走到今天的谬论，很多20或21世纪西方哲学家为了叫它在西方的叙事中寿终正寝，一直在做着很大努力。当今西方哲学内部，刮起强烈内部批判之风，当代哲学家，作为批判的角色，正在想办法扭转理论提升的方向，意在恢复曾被丢掉的东西。

不过，这里我还没讲完。第四，张隆溪忽略了一个重要差别，就是我们舶来的索绪尔的langue（语言）和parole（言说）的差别。它们的分别在于，一个（langue）是进化、理论、概念结构的语言系统，它被千年之久积淀知识塑型而成，它带给了人言说的可能性；另一个（parole）是任何自然语言的实

用，是我们的具体个人的言说。① 作为多元论者，我们需要这个区分来传播我们的观点。可以指出，中国语言没有形成、到今天也还没有一个本土观念或术语，可以用来捕捉亚布拉罕概念的"上帝"（God），而我们因此也同时可以说，仍是这个汉语，却又具备着所有必要语义与语法资源，能对这一理念（God）给我们一个恰当叙述。我们在这里所说汉语的缺乏 langue（即西方的进化、理论、概念结构语言系统），其实无异于钱穆所非常准确地讲的"西方语汇讲不了儒学的话"；你在英语和德语里是无法找到"礼"这个概念的，尽管用这两种语言你都可以围绕它讲出一大套话来。

最后，张隆溪在批评我们持的不同文化对抽象思维有不同相对价值的观点时，他无意中在一个我认为是完全恰当的批评上，给儒家思想护了驾。他的辩护对现在和将来、西方与中国很多学者，如比较突出的伯特兰·罗素（Bertrand Russell）、金耀基等，对儒家思想局限性的有益批评，都是一种阻止。在本书里，我要加入这些学者的行列中，指出儒家道德哲学需焕发新的活力，适应现代世界复杂性，以其对家庭情感重视作为道德力量的切入点与本质，放之于更广大的管理理念框架中去，用于防范泛滥不已的不正确对待亲情关系和因而导致的裙带主义、任人唯亲及其他各种形式的社会与政治腐败现象。正像亲情需要正直品质的辅导培养，个人家庭亲情须有更扩展性理念的指引辅导。

总而言之，我和张隆溪可以对文化翻译有彼此不同的思考，这本身或许就是多元主义的健康发展。也可以说，我们相互的对文化可翻译性问题的不同立场，哪怕没有在什么方面出现一些互补性，但肯定也是有启发性。如果超越所处辩证的批判态势，我们很可能都承认，彼此立场，各有所长；如只是一家之言，则无有长进之可能。

（节选自《儒学角色伦理学》页 20—35。）

---

① 我"借用"索绪尔这一区分，是因为我不想支持那种"结构主义"（structuralism）；"结构主义"接受 langue 与 parole 的严格分开。我反而是同意米哈伊尔·巴赫金（Mikhail Bakhtin）的，因为他把语言的这两方面视为相辅相成的、互相进化的，总是辩证关系。说话逐渐变化着语言结构，语言结构也引导、影响着由它而产生的说话。

二、比较文化研究离不开"类比法"

抛弃"我们思维都是差不多的"这种想法（作为开始正面地对待儒学的第一步），是一种尽量努力，做到"以这一传统自己的视角对待该传统"，是想办法给它一个恰当阐述，叙述它自己是如何演变的。但是如上述所说那样，文化简化主义是长期成为向西方学术界引进儒学的障碍，那么我们怎样才能解决这个问题？如果说，跨文化解读确实是如所定义的"合作性"（collaborative）、"共生性"（symbiotic）、"演变性"（transformative）的，那么怎样做才算是"按照儒学自己的视角对待儒学传统"呢？

亚历山大·蒲柏（Alexander Pope）在他《论人》一书中问道："如不从我们所知出发，如何推理？"把这个问题引进到现在的讨论中来，我们可能会同意：我们只能通过"我们到底知道什么"来知道什么是我们不知道的。这就意味着，跨文化理解必须以类比开始，每一传统必须在它自己文化资源中找到一套词汇，这套词汇能使这一传统重申，用总有点不完美的方式，什么是该传统的哲学和文化资源，这也使它更好理解自己。我们不能对其他文化采取直接拿来主义，而是必须类比地对待。

面对大量未加整理、丰富的原始典籍文献，作为阐释者，我们只是位居具体时空的一些人；在这种情况下，任何跨文化接合点本身，都是一个必定避免不了的文化简化主义（cultural reductionism）程式。而且必然地，我们太仓促地建立的阐释策略和企图包揽一切的理论（"哲学的"以及其他的），一旦运用到文化与文献的阐释实践中去之时，不仅帮助不了我们，还会把具体情节置于相当大的风险境地。罗伯特·弗罗斯特（Robert Frost）说："翻译所牺牲的正是诗"，而我认为，作为一个艺术家，十分正常，他关心作为文句交割的翻译：最好效果也要使诗歌变味，翻译不好则是变得诗意全无。

更进一步说，对于我和与我差不多思想的同道人，对于我们所做的对西方学术界阐释儒家思想，一个更为自然的问题是：在我们力求避免从前那种对中国经典总体做假设推定的简化论解读的努力之中，我们在事实上是不是顾此失彼了——避免了一个，却用了另一个仍然是西方哲学的对这些经典文

献的解读？我们是否虽然从希腊或笛卡尔解读之中，又从别有用心的基督教解读之中"解救"出中国传统思想文化，但是又被我们给强加了实用主义、过程思想的体系？

当然，为了使总是令人有不完美遗憾的阐释工作更上一层楼，我们也总得需要有海德格尔（Heidegger）提倡的"解构"（destruktion）精神；即通过分解钙质保护层，通过"抛光工艺"使一些说法脱去外表，现出真正本色，让关键哲学术语恢复其在本视域内的原初喻意。这一过程是"保守"的，如果用考古学意义比喻的话，就是尽最大努力将它恢复到原始视域中的那种情况中去；同时也是"激进的"，因为我们要做的是找出根植在中华文化土壤之中的喻意，这些喻意本身是活的，是与其语义的树木生长在一起的。尽管我们还有实际的阐释性局限，我们必须能够做到何种程度就做到那个程度，符合"逻辑允许原则"（the principle of logical charity），充分发挥想象力，以使属于其他文化叙事的原典文献，显现自己的诗意——那深不可测属于自己的、未经染指的情节与独具的特色。但只是有让原典显示"客观"细节的那种坚决的发掘精神还是不够的。

首先，我们想起包赫斯《博闻强记的富内斯》（*Funes the Memorius*）提供的形象，问我们到底能不能进行真正的对原汁原味实在发生事物特殊性的"思考"，这种思考是对具体情节不加以任何干预的，干预指的是心理先有的阐释法或其他什么。① 不用我们自己的"真实性"（facticity）概念，如果免除我们自己文化意识的影响，用一种清纯与天真烂漫阅读这些文献，是只有某种程度的可能的。也许不去虚构什么不可能的客观性，我们需要的只是一种文化阐释工作中的诠释开放性。可以肯定的，最具有悟性的阐释者是培根蜜蜂，它必须在培根蚂蚁的文本细微性（但是没有办法，在用语和喻意的取之不尽细节中，它丢失了）与培根蜘蛛编织的、域境化概括归纳性的、总是纤细的网二者之间调和。也就是说，除了对文本细微性必要的尊重精神之外，

---

① 在这个故事中，包赫斯刻画了一个具有准确无误记住自己每日生活所有细节能力的人物，二十四小时时段的所有小细节，需要花整整二十四个小时记住它们。这样的具体性完全颠倒古希腊的"抽象化"，排除了超越细节，对自己经验进行思考与主观熟虑的可能性。在柏拉图看来，对特殊性是不能加以思想的。

我们的确需要伽达默尔的阐释敏感。这一阐释敏感性起源于对我们自己主观预先判断倾向的警觉，是它让我们在进行中的、不可避免的文化界限的融合过程中，既对文本细微性也对阐释概括归纳采取开放态度。

当然，我们可以认为"翻译"（interpretation），它字面意思是"二者之间的协商"（go-between negotiation）是类比的呈现，是在建立、聚为一种模式，真正体现于"我们知道什么"与"我们会知道什么"之间促生互系关系。这些互系关系是否有成效，取决于它们在多大程度上成为喻意增加或是减少的来源。而且，如果这种"才智"发挥得有效，当我们能够在个人生活中成功地积蓄、充分地利用这些充满意义的内在联系时，就实际取得了几分真正的智慧。

（节选自《儒学角色伦理学》页35—37。）

三、做中西语义环境的类比比较

当然，如果说类比是我们必须要做的，那么同时我们也必须考虑到，并非所有类比都是合适的。我们上面概述西方学术界对中国哲学研究情况的时候提出，对所做比较如果选择不当，它会变成导致扭曲和文化偏见的顽固来源。"基督教式"或者"海德格尔式"对中国哲学解读都是粗率而且强加性的，乃至"实用主义"或"怀特海式"解读也是接二连三在读者面前显露出在比较中对中国传统与西方类比对象的两方面扭曲。尽管如此，我们没有其他选择，只能对有效的类比加以确认，需要用心、具有想象力，经过时间检验使之成为合格与精练的。到达这一步，就可做到向我们的世界引进文化新思想，以丰富我们自己的思维与生活方式。

如果这样做，我们需要的类比须是如同商品零售性，而非批发性的。[①] 举个例子，拿《中庸》来说，《中庸》把人的作用颂扬为与天地参，对这一点，

---

① 所谓"零售性"，即一些概念当在西方语义环境中找到它原本含义之时，发现在中国传统语义环境中可找到可比性的雷同观念。而"批发性"是指，在西方语义环境整体意义上，发现在中国传统语义环境中找不到可比性雷同观念，主要原因是西方语义环境与其特有本体超绝及二元性虚设前提推定逻辑是分不开的，而中国传统语义环境在此意义上毫无牵涉。——编者注

我们或许在怀特海那里发现有类比性，怀特海提出，要恢复一种可行的"创造力"概念，以其作为一种重要的人的价值。① 在此同时，我们或许还清楚记得，当怀特海对创造力这一解释让人联想到作为本源性的上帝以及上帝心中永不消失的"永恒事物"（Eternal Objects），是阴影不散的亚里士多德目的论给怀特海这一特点的思想设下了与中国古代过程宇宙观不相关联的界限。

还有，从"创造力"词条两个参考来源是出自怀特海这一情况，我们可以看到，类比的有效性既可是关联性，也可是比照性的；我们可从两个方面学习到很多。的确，亚里士多德的目的论，还有他对形式逻辑的依赖，将它作为追求可证性真理的方法，很可能构成一个清晰地对中国哲学的反差点；但同时亚里士多德在提倡一种聚成性实用智慧时对柏拉图抽象的抵制，倒是与古代儒家道德哲学的一个核心思想十分吻合，即对思维与情感习惯的修养精神。在这样的文化阐释工作中，我们做得好，是要对类比选得好，但不挑不选是绝不可能的。

进一步从诠释学角度来说，这样的类比探索与适当使用，不会是被动的。再看弗罗斯特是怎么说的：翻译总是对失去韵味与道理有切实风险，但同时肯定能在翻译中"找回"的，还有一种额外的结合意义与优雅的分寸。我们可以尽情地尝试，但我们避免不了，总是在某种程度上有"臆想编制"解读成分并以它"改造"所读文本。不过同时，这样或那样，总是有一种在翻译中扩展文本喻意可能性，将它变为我们自己的版本。这样一种对文本的"欣赏"（"增值"，appreciate），不仅变得对其视域与深刻性有意识，而且创造性地与之呼应；而且在与之加深亲密感的过程中，加于它特殊价值，使文本变得进一步扩展。例如，20世纪前半叶，阿瑟·韦利（Arthur Waley）翻译了唐诗与日本能剧，得以与"布卢姆茨伯里派"（Bloomsbury Group）名人，如艾略特（T. S. Elliot）、弗吉尼亚·伍尔夫（Virginia Woolf）、福斯特（E. M.

---

① 怀特海提出，把上帝认作本源而非创造性的，这使得正统神学不成体系了。因为一个完美、超越上帝的存在就威胁到创造力本身的可能。因为那里已经有一个完整精美的上帝，这已是一切。有了怀特海对创造力概念的传统含义的挑战，creativity（创造力）一词已经成为1971年《牛津英文词典》补充版的一个单独词条，其中三个参考来源，有两个都是怀特海 Religion in the Making 一书。

Forster)、雷顿·斯特拉奇（Lytton Strachey）、罗杰·弗莱（Roger Fry）等成为齐肩显赫的文学人物。他之所以加入了这些人的行列，是因为他具有用优雅语言为世界读者阐释前现代亚洲文化和让新艺术升华到世界地位的能力。

其实，《中庸》变得意义更丰富了，因为埃兹拉·庞德（Ezra Pound）对它创造性的解读和"翻译"，变成了"不摇摆的枢纽"；我们也让它变得更有意味了。要说明"创造总是在伴随中发生"的观点，还要说，这过程本身是循环的。埃兹拉·庞德与唐诗的特异缘分，激发、鼓舞阿瑟·韦利后来的大胆尝试，带动了20世纪新体自由诗，后来被称为"现代主义"和"意象主义"，还有当代西方诗感特征的"矢量主义"。而且正好，正是这种西方现代主义最近又带动中国现代诗人放弃传统艺术形式，开始用自由体写作当代中国诗歌。正如中国诗人受到西方创造性运用中国自己传统诗词的启发，我们也能够通过更好地理解《中庸》，在另一种不同而且更鲜明的光亮中看到我们的怀特海和我们的亚里士多德。世事就是如此往来反复的。

由于跨文化比较是必然要类比的，相关双方文化在直观地相互"鉴赏"，在持续的对话之中，以彼此创造性的解读对方，带动对方本身意义的增值。深厚、坚实的关系，人际的与文化的，乃是此一世界生生不息之源头。关系丰富着家庭、社会与宇宙的意义，当然，也丰富着儒家文化的意义。

（节选自《儒学角色伦理学》页38—40。）

四、注重文化差异的重要性

科技对世界之无法抵挡的渗透，加上资本主义经济形式的无情入侵，加剧了其他文化在西方文化一统天下的主张面前日益丧失地盘的危险。正是由于这些幽灵般的强大势力的出现，哈维尔提出的警告显得特别及时。尽管如此，在西方学术界连对这些文化差异是否存在也似乎没有一致看法，根本不在意这些文化差异是否有什么真正的重要性。与此同时，倒是存在一种广泛的一致，即科技和资本主义的长足进展对所有人都有益处。

在中国与西方之间差异的问题上，葛瑞汉断然采取了与中国问题研究领

域里权威人物不同的立场。他肯定了文化差异问题的极端重要性。他在 1986 年的《泰晤士报文学增刊》(Times—— Literary Supplement) 上对本杰明·史华兹的《古代中国的思想世界》(The World of Thought in Ancient China) 一书进行了评论。他写道：

> 有些西方研究中国思想的人，喜欢把中国人看成像我们自己一样，而另有一些人却不是这样。有一种倾向是，透过所有的歧象，从一些超越文化与语言差别的见解中，看到在中国人的思想里，一种对宇宙间诸问题的探究。另一种倾向是，透过所有的相似现象，揭示出一些关键词语间的差别。这些差别不是与文化范畴的概念体系相关，就是与汉语和印欧语系之间的结构差别相关。本杰明·史华兹的《古代中国的思想世界》一书是前一种倾向观点的非常突出的代表作。

有些学者相信，在相称性（commensurability）达到最高级程度时，对话也会达到最佳境界。另外一些学者则认为，在"世界文明表象"的背后存在着种种深刻的差异，而这些差异都源于具体文化之不同的思维和生活方式。有些学者认为，看不到共通性的极端重要就是把中国人排除在人类之外。另有一些学者认为，坚持这样一种基本的共通性就否定中国人的文化与众不同。

葛瑞汉坚决地选择了看到差异的一方。本书作者也有意同他站在一起，并且希望论证：至少对中国而论，这些差异的存在既客观又深刻。这些差异可以是障碍，也可以为我们所用，就看我们如何来对待它们了。无论如何，这些差异是无法否定的。

除了直接需要比较准确地叙述中国与西方之间的种种差异之外，非常基本的一点是，要对这些差异的潜在实用主义益处做出分析。中国文化有其鲜明的典章制度与社会组织模式。我们西方人会沾沾自喜地觉得，是我们发现了通往文化的唯一之路。但是，光是中国文化的存在就对这一信条提出了挑战。认识到这一点，可以让我们避免因自鸣得意而造成的过长时间的文化停滞状况。

(节选自《先贤的民主》页 5—7。)

五、宇宙观、历史叙述差别

针对宇宙变化的进行过程，我们必须认识到任何事物和它与周围不断变化的环境之间的关系是不可分割的。这种"事件"（而不是物质）本体论导致了过程及变化相对于形式和状态的重要性。这一强调过程的宇宙观将人类的生命旅程置于一种不断兴起的、充满各种可能的宇宙秩序中来理解；其中，形式本身则意味着生命的节奏或者韵律。显然，这一充满活力的强调过程的宇宙观同古希腊本体论和形而上学传统形成了鲜明对照，后者以先验的、不变的第一原理产生宇宙秩序作为其立论的依据。

这一事实使人们有必要具备某种认识，即一些在西方文化中占支配地位的成分可能与中国人的意识现实是不相干的。特别是，西方的中国解说者们应当尽力避免把建立在狭隘基础之上的种种经济或政治教义强加于人。这类教义外面罩着一件推动中国现代化的外衣。

（节选自《先贤的民主》页 11。）

扫清通向中国之路的障碍

一、中国文化缘起与西方没什么关系

若干年前,卡尔·雅斯贝斯提出了他的"轴心时代"的概念。"轴心时代"大约处于公元前800年到前200年之间。在此期间,所有较重要的文化都得到了最具创造性的发展。雅斯贝斯认为,正是在这个时代,人们开始"通过超越性的高度和主观性的深度体验绝对"。

如果比较哲学对所谓轴心时代的中国文化有所论述,那它一定会说:"绝对""超越"和"主观性"的概念在那里不一定有意义。在中国,很难找到像亚里士多德的神或是柏拉图的形式等绝对、超越的存在物,或是像充足理由律这样的纯粹、超越的原理——就像在中国很难看到对自主、爱思索、主观的个人的颂扬一样,这种人却是西方文化发展中的重要人物。实际上,文化哲学家很可能发现,不止是"绝对""超越"和"主观性"这些观念,其他的一些对西方知识传统的发展十分重要的概念,大体上讲,也与中国文化的缘起和发展没什么关联。

从一个非常重要的意义上说,在中西方文化发展的几个紧要关头,中西方文化似乎走上了不同的道路。其结果是,盎格鲁-欧罗巴的文化的问题框架和中国文化的问题框架十分不同。也就是说,中国和西方的艺术、政治、宗教、科学和道德的感悟方式,以及通过历史体现出来的年代学的意识都是不同的。这就使得用一种文化的语言来翻译另一种文化的问题和含义的任务变得极具挑战性。

其中一个阻碍西方人根据自己主张理解中国文化的障碍就是西方文化所坚持的，罗伯特·所罗门（Robert C. Solomon）十分贴切地称之为"超越地诉求"。某种程度上，这个词语指的是西方种族主义自相矛盾的形式。作为启蒙运动的盎格鲁—欧罗巴的传人，我们的信念是：16 世纪初兴起的科学理性制定了一种通用的标准，以衡量地球上一切文化的价值。比起不那么狂热张扬的岛国心态，我们这种狭隘偏激的表白可能更有害。

(节选自《期望中国》页 xiii—xiv。)

二、想看到兔，中国人画了一只鸭

跨文化翻译的难处可以借路德维希·维特根斯坦的鸭兔形象加以说明。有些情况下，我们期望看到一只兔子，但中国人却画了一只鸭子。如果不能认识到这之间的区别和含义，那么我们就会陷入困窘淆乱之中。于是我们会问，如果我们不顾画家的坚持，把轮廓线说成兔子而不是鸭子，西方主流文化的文化假定是否就存在于中国呢？

如果中西方的对话者，就像知识分子经常做的那样，主要通过文本媒介来了解彼此的世界，那么这个问题会变得更为复杂。语言是个过滤器，经常会把一种很陌生的思维方式变得熟悉。比如说，一个学习中国文化的西方学生看到"天"被译为 Heaven，他们或许很自然地就把 Heaven 这个观念所具有的超越和精神性的内涵加到"天"这个字上去了。而当学习西方文化的中国学生看到 God 被翻译成"天主"，意思是"天的主人"，或译为"上帝"，意思是"祖先老爷"，他们用类似我们家庭结构这样祖传的谱系把这个词语境域化了。在这种情况下，西方人愿意相信，中国人看到的也是一只兔子，就像中国人被劝说，我们大家正看着一只鸭。

(节选自《期望中国》页 xiv。)

三、圆和方的差别

有一种方式可以让人们意识到中西方之间的差异,那就是对圆形物和方形物的形状的不同理解。

比如,两种文化都涉及"环形"意象的原初重要性,但对它的说法截然不同。在西方,人们最终将它定义为存在和永恒,并用圆环的完满性来质疑运动和变化的不完美,存在物被视为一个"圆融的物体"。有限的宇宙也常常被描绘成球形。

某些毕达哥拉斯的继承者哀叹那些表示圆形本性的数学表达方式(例如无理数Ⅱ)不可通约,但是人所共知的圆形的完满性并没有阻止他们的叹息。因此西方人热衷于把圆形理性化,并为它提供某种模式,以便更接近精确表达和必然性的要求。其实,长期以来,西方思想家浪漫念头之一就是使圆方形化。

西方的这种把圆加以方形化的做法,在中国也有相应的表现。中国人力图把方形视同圆形,认为方形也是无边际且不完满的。汉代的那幅井然有序、互相关联图示中(见《期望中国》第三章5.1节图示》),不同地形方位、自然过程、鸟兽种类等都和季候相匹配,却没有显示某种限度和尽头。如圆形那样,这些组织形式是开放的,可以有无穷的延伸。

在中国人看来,圆和方并非由边缘决定,而是受中心支配。在中国人的艺术、文学或哲学中,我们所能见到的并不是有限的圆和方,而是呈辐射状的圆和叠套状的方,他们都是从中心绵延不绝地向外伸展。中国人认为世界是由万物组成,但并未指出万物是有限的,或是一个可以界定的整体。在这种世界中有一个中心,我们所要处理的或许就是目前被视为中心的一系列焦点的关系问题。

和最初的情况相比,中西文化现在对圆和方的不同理解更具启示性。西方传统中,对形式概念的演绎始于苏格拉底式的对"定义"的诘问。它的重要性在于阐明了知识作为某种包围功能的意义。"定义"也就是设置限定的边界。另一方面,中国人大多更愿意借助一些值得效仿的典范和事例来启发理解，而不是严格的定义。知识在这种情况下包含的要素意义丰富却又无限模糊。这与西方的"对确定性的追求"形成反差。

我们将在本书（指《期望中国》）的后一部分对圆和方的这类对比做出详尽阐发，并侧重知识的获取和组织问题。我们在这里提及这种对比，是想借此提供一系列引导性的隐喻，让读者预先了解我们论证的大概特点。

本书实际上从事的是一项跨文化的哲学研究，其最终目的是引发全局性、对策性的思考，以利于跨文化对话。我们同样希望，本书将有助于重新找到我们文化资源中那些与古典时期中国人的感悟方式相似的新要素。只有当我们对那些与重要的中国价值观念和学说发生共鸣的本土要素变得日渐敏感时，我们才有可能把握异域文化的要素，并以此来丰富我们自己的经验。如果做不到这一点，那么至少希望这本书可以对西方概念中的中国解读起到一种补足作用。

总之，我们尽力扫清通往中国的道路，在这条路上，应当鼓励双向来往。

(节选自《期望中国》页 xxi。)

四、通向理解中国之路的十二道障碍

1. 极大障碍：不曾挑明的假设

西方人理解中国哲学和文化有一个极大的障碍，那就是我们心底有个从未挑明的假设，认为中国文化与西方传统是相似的，所以我们能用衍生自西方传统的阐释范畴来理解中国文化的轮廓特征。这一假设常常貌似合理，因为每当套用这些范畴概念，我们就恍然大悟，发现中国文化的涵义与西方传统令人惊异地一致。但这只不过是因为，运用自己最熟悉的阐释概念只能彰显异国文化的某些内容，却埋没了另一部分内容。而被埋没的对我们来说才是更具有异国特质的涵义。

任何把西方话语生搬硬套到中国世界的做法，不论是有意还是无意的，都必然导致对中国文化的曲解。比这种文化简化主义（cultural reductionism）更有价值的方法，就是把一组模糊化的中国范畴引入现有的西方阐释语汇。

如果我们能够清晰地理解到，这些中国范畴所具有的模糊性不是"含混不清""不合逻辑"，而应该等同于"相当复杂"（richly complex），那我们就不必对它们进行严格定义，而能够以更有价值的方式来运用它们。如果我们这样做能够成功，那么在寻找一种内部视角来审视中国经验方面，我们的努力就前进了一大步。

2. 第一障碍：宇宙进化推论

宇宙进化推论是西方文化自我阐述过程的一个根本元素。"有"（Being）和"无"（Not-Being）的概念、作为单一秩序整体的"和谐有序世界"的概念、作为秩序源头的"原理"的概念、以及作为一种重要解释原理的"因果力"的概念——简而言之，"理性"概念的中心组成部分——是基于起源神话，而起源神话正是古希腊和希伯来传统所推崇的。前文曾提到的传统中国文化观发展将说明对西方传统十分重要的宇宙进化推论对中国人来说却无足轻重。当中国汉代有关事物起源出现了规律性时，他们实际上是谱系叙述，这不是关于一个"和谐有序的世界"的诞生，而是"万物"的出现。因此，中国传统是"非和谐有序的"，因为它不是基于事物的全体组成了一个单一秩序的世界这条信念。运用西方宇宙进化推论来解释中国传统只能让人希望中国人的思维和论点也是基于这些宇宙进化推论的。这种诉诸"先验假设"的方法会像过去一样，造成对中国传统的曲解。

3. 第二障碍：偏好静止与永恒

相对于形成和过程，西方人更偏好静止和永恒。中国文化则截然相反。这种颠倒至少有三个原因。首先，作为三种说明方式的神话、逻各斯和历史是相互分离的。作为"理性说明"的逻各斯后来占据了优势，成为解释事物的主要手段。这种思维方式与对 physis 或事物的客观本质的探索结合在一起，推崇对于事物存在的正式的、静态的、结构性的理解。其次，灵肉二元论与毕达哥拉斯/柏拉图传统相联系，为思想的构思和观念性的意义的首要地位提供了额外的支持。不怎么强调二元论的学说，譬如亚里士多德的自然论，也受到了久远的影响。最后，巴门尼德的"唯存在存在着"的主张确立了存在和非存在、存在和生成的辩证法，这种辩证法拥护永恒的观念。

中国传统中不存在这三种发展的对应物。中国人以动态的言语解释"性"（nature）。这种理解偏好过程而非实体。类似"心"这样的术语表达的是"心情""心智"，也表明中国文化不存在灵肉的二元论。这意味着唯心论实际上并不存在。在有固定意义的概念上，强调隐喻性的和意象的语言。这样做又凸显了事物静态的、恒定的意义。最后，中国并没有出现一位巴门尼德，来制定存在、非存在和变易的辩证法。

在最后一点上，我们应该关注这样一个事实：汉语和印欧语系中的动词"是"（to be）的不同含义造成了两种传统的显著区别。显然，除亚里士多德之外，与其他希腊哲学家一样，巴门尼德对"是"的用法混淆了实存性含义和作为谓语词的含义。这是否造成混乱仍有争议。但至少，这种合并，以一种否定的方式，促进了对混沌（作为非存在）的思考的趋向，并赋予混沌以虚无、虚空、乌有的意味。相比较来看，汉语中"有"（being）的含义与"具有"的意思相重叠，而非"存在着"。如果"无"（not to be）仅仅表示"没有"，那么"非存在"则带有较少的神秘和可怕的含义。

4. 第三障碍：理性与感官的二元

巴门尼德和芝诺的思辨在理性和感官经验之间打入了一个楔子，后来的思想家无论如何都无法拔除。这种思辨的影响在西方传统中无与伦比。后来几乎所有前苏格拉底时代的哲学思辨和结构都致力于解决芝诺的矛盾。最为重要的是，芝诺的矛盾使存在领域和变化领域的界限变得复杂多端。

中国传统中实际上没有出现过和巴门尼德或芝诺学说功能上相等的东西，或许部分地出于这个原因：在中国古典文化的发展中不存在这类牢不可破的二元论。缺乏这种历史性决定因素的结果是，"思想"得以摆脱感官经验和理性主张的冲突，不用借助西方特有的问题框架就能获得完美解释。我们将看到，这种和中国式第一问题框架相联系的思想更为接近形象地创造和关联的活动，而非那种为理想和感性的证据提供说明的活动。因此，中国的思想家没有陷于为给运动和变化提供理性说明这样的目标。

5. 第四障碍：对表述"变化""过程"语言弃而不用

西方传统中认为"物质"重于"过程"，这意味着贬低了隐喻和意象性语

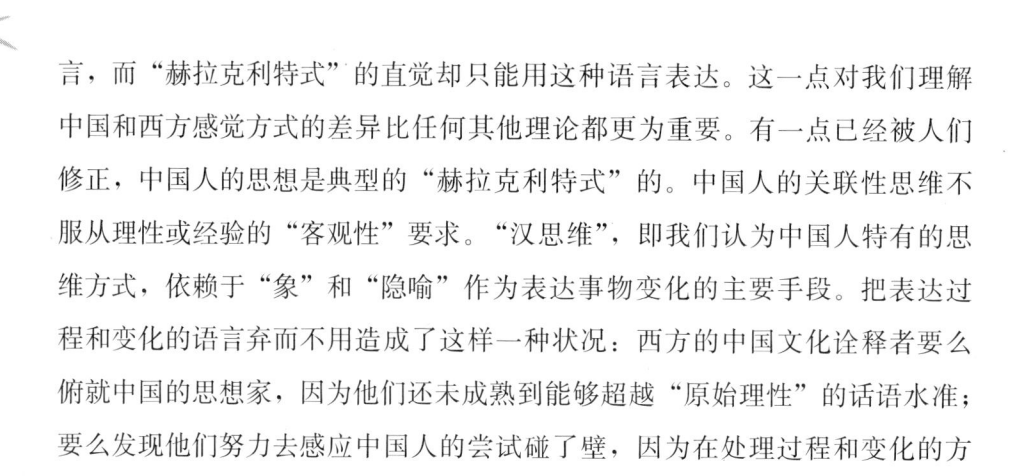

言，而"赫拉克利特式"的直觉却只能用这种语言表达。这一点对我们理解中国和西方感觉方式的差异比任何其他理论都更为重要。有一点已经被人们修正，中国人的思想是典型的"赫拉克利特式"的。中国人的关联性思维不服从理性或经验的"客观性"要求。"汉思维"，即我们认为中国人特有的思维方式，依赖于"象"和"隐喻"作为表达事物变化的主要手段。把表达过程和变化的语言弃而不用造成了这样一种状况：西方的中国文化诠释者要么俯就中国的思想家，因为他们还未成熟到能够超越"原始理性"的话语水准；要么发现他们努力去感应中国人的尝试碰了壁，因为在处理过程和变化的方法方面，西方哲学显得底气严重不足。

6. 第五障碍：对第二问题思维的仰赖

第二问题框架思维的完整表达需要一种脱离神人同形论或人类中心论影响的客观性的假定。这在西方导致了通过自人类领域的类比法形成的起源概念。这实际削弱了类比法本身的运用价值，并且使人们仰赖于分析和辩证的论证方式的特权。哲学家在提出他们的认识时日益倚重其他思想家的思辨，而不是使用自己的直接经验和想象，这也促进了这个脱离类比法的转向，反过来说，这一事实又推动理论在逻辑上和辩论中日趋体系化的发展。从这时起，在众多的旨在获得单一、客观的真理的理论中，古希腊哲学史将在很大程度上为辩证的相互作用所支配。

这与中国古典文化的发展有两个明显的不同之处。首先，儒家和道家都没有谴责源于个人特殊观点的类比法。儒家思想坚持维护人类中心论。道家虽说并非人类中心论者，但也力图避免任何客观真理的观念，因为等于预先假定了"上帝之眼"。他们发现世界上各种各样的事物都提供了构造"万物"的视角。其结果就是第一问题框架的关联性思维要求助于源于认识主体的直接观察，或者是基于被认识的东西的类比法。其次，这种顺应的认识可在一定程度上说明这一事实，不同思想家之间的相互作用更多地强调协调，而不是辩证的驳难。实际上，我们将会看到，在西方，社会和谐是人们依靠从辩证地实现的差别中抽象出来的普遍原则来实现的，而在中国，这一目标却是通过拒绝辩证的论争，赞同对不同观点进行的"审美的"调和而最终实现的。

7. 第六障碍：对理性客观模型的仰赖

赫拉克利特式"历程"传统的反话语行将消亡，直到20世纪又通过诸如柏格森、怀特海的思想家获得重生。与此不同的是，在我们的传统中，智者的反话语自始至今就是自觉存在的一部分。但是，只有它被解释为与理性思维是辩证关系时，这句话才正确。我们传统中经常用到的一些区分，例如理性与修辞、自然与人文，在一定程度上依赖于智者论断的存在。后者注重说服性活动，注重依靠习俗惯例（convention）。坚持把理性的客观当成可依赖的思维模型，使智者被边缘化了。虽然如此，在法律和政治领域，文本分析和促进领域，智者传统却仍占有一席之地。然而，在表现其最显著特征和最真实特色的最实际具体的形式上，最初的智者传统已荡然无存。

在古典中国，对类似于我们所说习俗惯例（convention）的依赖和修辞风格的发展，都成为主要话语的解释。类似我们所说的"逻辑的""理性的"那种论断，则成了反话语。理性实验在古典中国昙花一现。其结果是，在中国传统中不存在实质的自然/人文的反思和理性/修辞的辩证。中国的"人文"观念并没有像在西方那样遭受严峻的挑战。这意味着，类比或联系的论断与我们所讨论的理性、因果的论断之间并没有存在实质的冲突。比喻性思考并不否定直接描述。"个人的"与"客观的"之间，或者"理论的"与"实践的"之间没有决定性的差异。在中国，很大程度上由于不同的观点之间并不存在辩证的关系，人们依赖比喻或意象，求助于类比思维，相信语言和礼数的创造性作用，以本质上的实用主义为哲学思考的目的，运用事例和示范而不是抽象的名词去定义善恶等等。所有这些都未曾受到辩证的另外一方面的实质性挑战。当我们试图用西方智者传统中的概念和原理来理解中国的时候，认识到这一点是十分重要的。否则，我们肯定会引入相关的概念和与其辩证对应的概念，从而倾向于在中国的思维中寻找西方文化中的辩证对立和矛盾。因为，尽管中国的思想传统中更多的是修辞而不是逻辑，但当将它们放回各自的文化域境中去时，就足以辨出以不同形式存在的两种思维方式。

8. 第七障碍：对"质相"与"自然分类"仰赖

苏格拉底给西方的文化感知能力留下了两个明显对立的趋向。首先，他

对概念的关注挑战了那种习惯于以实例做出解释的思维习惯。以苏格拉底的理解，下的定义中应包括我们今天所说的客观内涵，这一看法巩固了对"本质"和"自然属性"的信仰，之后成了自然科学的中心。因此，理性的解读会回避主观性，追求客观内涵，理智会在下定义中以追寻本质意义的方式得到一个闭合的描述。

与此相矛盾的，还是那个要求寻找闭合定义的苏格拉底，在理性思索方面坚持一种开放性，在这明显实现之前任何对结束的宣称都会被推迟。这种拒绝接受未经证实的教条的做法使柏拉图得到启发，提出了"至爱"，一种对完全认知的渴望，这些都给闭合系统相对于开放求索的权威地位加上了现实的限制。西方哲学和科学发展中的不幸之一是柏拉图的一个提法：理性知识只有在经过原理将其语境化后才存在，这类原理可以用来定义最普遍的观念。这一提法使得后来的学者基于他们对自己构建的系统理论的普世性的信仰提出了许多未经证实的观点。

在中国，客观定义的构建并不重要，中国学者们满足于以实例给出解释，而不会去寻求"本质"或"自然属性"。在"主观"和"客观"间没有硬性明确的区分。在传统权威要素中寻求闭合，同时由于对内涵"模糊性"的默认维持了开放性，这使得一个词条会同时具有不同的重要意义。没有了对内涵定义的强调也就不会以理性体系作为主要的思维工具。作为替代，礼仪成了文化意义和实践的主要媒介。

柏拉图将理智、精神和激情这些元素组织在一起的灵魂说，之后在亚里士多德和希伯来—基督神学传统中得到了继承和发展，成为西方思想文化形成的重要决定要素。中国没有这样的三分结构模型和类比，这使得在解释中国感知力和制度时会受到西方这种对知、行、情的理解的限制。

9. 第八障碍：线寓（Divided Line）、原因四重说、心灵三分说

随着柏拉图与亚里士多德的哲学整合的出现，希腊哲学达到了顶峰。将影响随后哲学发展的主要的哲学问题此时已基本形成。柏拉图与亚里士多德对待观念、信仰多元化的独特方法也将形成西方一项传统。一方面，两项广袤的传统提供了综合人们不同感官的不同方法。柯勒律治（Coleridge）称人

们生来要么是柏拉图者，要么就是亚里士多德者。这一论断暗示了这两种体系从某种意义上讲是多种更为原始的觉醒的综合。另一方面，作为第一次序的方法论工具，柏拉图的线寓和亚里士多德的原因四重说的分类学方法，将被视为组织、评判其他哲学立场的形而上学工具。

如果我们把这两种哲学的整合看作是希腊文化特定历史下的偶然产物，那么当我们接触中国文化时就要倍加小心：柏拉图和亚里士多德的广泛传统在中国很难找到与其对应的部分。这就意味着我们应彻底放弃企图在中国找到中式柏拉图或中式亚里士多德的奢望，当我们用其中一种理论范畴来诠释中国思想家时，我们就会感受到这其中有多么大的困难。柏拉图和亚里士多德运用各自的方法所提出的组织知识模式（如线寓、原因四重说、心灵三分说）都同中国的结构全然不同。还有，有的概念，如柏拉图的 eidos 和亚里士多德的 ousia，在中国哲学思想中都没有与其对应的部分。最重要的是，"起因"从亚里士多德那儿得以发端，其意思又从拉丁语中的 causa 得以过滤，特别是动力因之一观念构成了古典科学解释的基本要点。对"原因"的理解诠释中国思想家时常不被用到。

10. 第九障碍：普世主义

虽然古希腊哲学的主题指向普世主义，这种普世主义冲动的有效表达却伴随着诸如帝权和人性观念的运用和奥古斯丁对超验神性的理解出现在希腊和罗马帝国时代。奥古斯丁在对上帝形象说发展的同时整合了灵魂三重性和三位一体论，这把人的意义绝对化并普遍化了。此外，奥古斯丁对意志的"发明"使上帝使然作用的观念最终成型，他把历史意义理解为罪与救赎的相互作用，从而为希腊文化添加了独具特色的元素。

中国文化的形成并不诉诸那些规定人性并建立"人类统一"的普遍范畴，中国人更愿意用像"中心之国的人"或"汉人"等地方性语言来描述自己。因此，不论是在他们对人之为人的意义的表述中，还是对文化历史的理解中，中国古代思想家都不会用超验的原则来为他们的见解寻因作证。过去的榜样或文化英雄，例如三皇五帝和孔子，行使着诸如理性原则、三位一体的上帝等超验结构的功能，为人提供着人何以为人的认识。另外，对中国人来讲，历史并不是由神学或哲学预先设定的故事的展开。历史的运动是内在的,可以通过个人相对的成功或失败来加以说明,以此来在特定环境下达到最大的成功。

11. 第十障碍:四种基本语义环境、五种文化范畴

古典时代之后的西方哲学思辨可以用四种基本的语义语境的框架来表述,在这个语境的框架内,将塑成哲学思辨的关键词汇进行整合和提炼,以及按照这些语境与其制度化的表现形式之间的辩证的相互作用进行表述。作为重要的文化决定因素的五种主要的文化旨趣——艺术、道德、科学、宗教和哲学——的发展方式,具有同等重要的意义。我们曾经概述过的理性精神,虽然在现代被规定为是对真理和客观性的探求,也同样可以被视为是需要处理传统的、互不相让的伦理、语言和社会政治多样性所造成的结果。不同的理论见地以及不同的价值旨趣之间的辩证论争的结果,便塑造了任何一个特定时代的文化特点。

在西方通过不同观点的磨合适应所取得的东西,在中国则通过制度化的"模糊性"取得。中国人不去强调概念的单义性或者假说—演绎以及理论的公理体系,他们也不去对各种文化旨趣进行严格的划分,因此,中国人并没有执意地有意识地审视不同语义语境的存在,也没有像西方那样突出的各种不同理论语境之间的辩证论争。古典时期通过儒家的综合而形成的较大的同质性,如今人们仍能通过它体会到那种尽管不予言明,却丰富而又细微差别的效用的重要性。因此,在解释中国文化性质的时候,很重要的一点就是,不仅要关注各种观点和实践的对照差异,同样也要注意到这些观点和实践的确立和传递方式。

我们必须承认,那些通过松散的结合确立起西方传统的理性精神的线索,只是历史的偶然产物。如果我们认定存在一个由超越于世界的法则和原理形成的单一秩序的世界;或者先入为主地相信,那些为我们提供语义语境,并使我们的语词在其中获得其所规定的意义的理论母体,也同样与译读和解释中国人的感悟方式相关;又或者认为我们对艺术、科学、宗教以及其他文化旨趣的组织同样可以在古代中国的文化中找到映象,从而通过它们来解释中国文化的各种要素,那么我们必定是无法理解这种截然不同的中国文化的。

12. 第十一障碍：西方文化感悟方式

完成了辨识"我们思想通道上无用的堵塞物"的任务后，我们应该能对中国人的感悟方式获得一种全新的理解。我们认为无用的堵塞物就是那些第二问题框架的假设，它们要求人们接受由上述六条文化发展线索织就的那种感悟方式的母体。我们讲述的关于西方文化感悟方式发展过程的故事实际上是为进入讲述在中国发展起来的一种截然不同的语境做准备。我们的任务意义重大，因为至少从尼采以来，界定西方感悟方式的那种理性精神就遭到了严重的抨击。如今，像过程哲学、后现代主义及新实用主义等运动，通过对语言的类比性、关联性根源的发掘，已经开始破坏客观性作为思维主要目标的观念。这些哲学所信奉的变化和过程的优先性、多元性的直觉及秩序的多样性，标志着向第一问题框架的回归。如果我们能从这些目前正在寻求替代第二问题框架的方案的西方思想家身上获得某种启示，我们一定可以更好地理解中国人。

13. 第十二障碍：庞大体系的简约（还原）性

当我们讲到最后一个"障碍"时，再次加深对全书主旨的了解就显得很重要了。我们是通过实用主义的方法去除一些认识障碍的。这些"障碍"实际上都是解释性的构筑。当我们试图了解自身的独特历史时，它们的确有解说价值，但如果我们脱离其文化语境使用它们，就只会混淆妨碍我们的认识。在修建通向中国的桥梁时，我们除了使用这些材料外别无他途，这就说明了跨文化对话的天然局限性，因为我们必须从地方文化出发去认识他者。我们已经开始懂得，一些庞大的体系结构是还原性的，对我们理解中国文化价值有限。我们应当谨慎对待以下区分：如第一和第二问题思维、美学秩序和逻辑秩序、理性思维和关联思维等。这些区分不仅启迪思维，而且解放思想。我们别无选择，只能从可支配的、最富成果的诠释范畴入手，但我们必须意识到：我们是从自身传统出发探讨问题的。当我们直接诠释中国古典思想时，我们必须尽量调整这些范畴和区分，使之更好地适应中国语境。作为实用主义者，我们能够乐观看待"永远无法达到目标"这一事实。我们的任务肯定算不上宏伟，但自信是更为适宜的，即要以最负责的态度"坚持不懈地做下去"。

(节选自《期望中国》。)

五、关于路障的几点结论启示

1. 中国古典哲学中人、社会、政治、自然的内在联系

中国古典哲学的观念是:个人的、社会的、政治的和自然的秩序是内在的、一致的,也是互相支撑的。因此,如果我们理解人类经验的任何一方面秩序,我们就可以熟知其他领域的经验。把一个细目定为焦点也就暗示了它以这样的一种秩序方式内在那个语境中:形成作为领域的整个语境,同时,也被这个语境所塑造。"焦点/场域"模型的观点源于我们理解了它与世界的关系是通过语境化的行为构成,所以,"焦点/场域"的概念和语境化行为在强调这个意义上秩序的基本特征时很有用。

首先,正如我们说的,语境化行为表明了"此—彼"模式,而不是"一—多"模式,它是指由于缺少关于"多后面的一"或诸存在物背后的存在的形而上学假设,秩序产生于多个"此"和多个"彼"的协调运转中。语境化的行为涉及欣赏构成世界万物的和谐关联。

我们相信,反思可以说服人们相信,尽管汉朝的综合法很清楚地解释了秩序的"焦点/场域"概念,但是,这个概念绝非汉代所特有。确切地说,儒家关于礼仪构成家庭和社会的学说中所提到的秩序才是中国文化的核心。基本的礼和伦被传统定义为核心,它不仅要求个人化和参与性,而且,它反映了参与者的素质和独特性。实际上,在传统的语言中,由礼数约束的社会本身的含义由于这样的形象而显得刻板:一群恭敬的人围绕着处在社会中心的神圣轴心。西岛贞夫(Nishijima Sadao)告诉我们:

> 这样以小村庄为基础的社会生活,在供奉地方神灵的祭坛(社)中有它自己的宗教中心。同样,国家作为一个社会单位,也有祭坛,每个国家和地区都有自己的祭坛。在里社举行宗教节日,肉分发给每个参与者,这样的节日有助于强化共同体的精神。

上边我们用汉朝的类比法讲述了中国古典世界秩序观,但是,我们必须承认这个同一朝代的类比法表达了源自礼和伦约束构成的家庭模型在政治层面上的意思。作为各种关系的联结，家庭是分等级的、向心的和谐概念的基本体。社会学家阿姆布鲁斯·金（Ambrose King）有说服力地论证道，在中国人的世界，所有的关系都是家庭式的：

> 五常中有三个属于亲缘关系。剩下的两个关系尽管不是家庭关系，也可以按照家庭的概念来理解。统治者和被统治者的关系也可以按照父与子的关系理解，朋友之间的关系可以以兄和弟的关系来表述。

家庭作为"自己人的团体"，是预定的、有中心性的，但是，随着历时性宗族世系方向的延伸和共时性所形成的叔舅姑姨社会的发展，它变得越来越模糊。按角色的伦来表达，一种振荡于话语领域之中的社会关系礼仪之伦，由此将任何一个人都规定为一个人际之网和种种自我之区域。

金对家庭秩序的这种模型的批判非常有洞见。他观察到：

> 这里所强调的是，儒家伦理学教导个人如何通过正确的伦与其他个别角色联系，而个人如何与群体相联系的问题却没有被仔细地考察。换句话说，个人的行为被认为是指向伦的；但是，有伦指向的角色关系被看作是个人的、具体的、特别的。

金坚持认为，儒家所认为的个人、社会、政治和自然秩序模型是构建在具体的、特殊的和有差别的自我与他人的关系中，虽然这一观点切中要害，但是这个地区秩序充斥着社区意识。传统上，人们不愿意将理论与经验分离，这要求个人对自己的定义必须要具体和直接，就像有差等的爱一样。

但是，金认为一个人社会意识的模糊妨碍了一种更广阔的公民伦理发展的可能性，这个想法也许走得有点偏。他说：

> 对我来说，儒家所倡导的社会伦理不能提供给个人和社群即这个非家庭群体一个有效的关联。儒家问题框架的根本在于自我和群体间的界线还没有得到概念化的阐释。

因为金不能看出这种联系，所以，他和伯特兰·罗素的观点一致，都对中国人的世界中家庭关系的重要性持保留的态度：

> 孝道和一般性的家庭力量可能是儒家伦理学中最薄弱的一点，也正

是在这一点上体系问题严重脱离常识。家庭感情对公共意识有不良的影响，长辈的权威加强了对古老习俗的专政制度……就这点来说，正如在其他某些方面，中国所特有的就是在达到较高程度的文明程度后仍保留古老的习俗。

金和罗素忽视了更普遍联结的模糊性是一个优点而不是缺点，因为特殊的父亲、社会楷模、统治者和历史上的模范，在群体或领域的具体化中会使它成为焦点，把它变得有直接性，尽管作为延伸了的群体或领域，家庭、社会、国家，甚至传统自身，每一个还都是模棱两可的。

群体意义体现为我的特殊的父亲、老师、毛泽东和孔子。作为焦点和对角色模糊场域的表达，每个伦都是全息式的，因为它勾勒出它自己的领域。尽管向心力中心的具体性和直接性被"中国性"的模糊意识所语境化，但是这个概念在曾国潘和康有为的形象概念中又活生生地呈现在我们每个人的面前。整体自身只不过是全部的特殊焦点，每一个都要给自己和自己的独特场域定义。

儒家所直接倡导的人类世界中，这些构成体现在复杂的个人、家庭和共同体的概念中，在这些构成中，社会语法总是由个人化的礼仪实践和社会角色构成。如此定义一种秩序的内在性和独特性，以至于孔子不用诉诸超自然原则就能从"下学而上达"的角度描述学习的过程。孔子的观念从传统上已经说明个人、家庭、社会、政治和自然秩序是联结的、相互支撑的，而且，从个人的角度来说，也是在一个人自我修养和表达的过程中出现的。对于任何一个人，秩序始于此延伸于彼。

（节选自《期望中国》页275—278。）

2. 中国古典文化互系性的思维

否认因果思维在中国古典文化中的重要性，并不是说中国的学者完全没有这样的思维，也不是说中国人不像西方人那么顺从野蛮环境下因果关系的残酷性。同时，中国人用关联式思维构建他们世界秩序的重要性不能被低估。我们的论点是，与中西方情感对比相关联，我们能够假设有两种不同的思维模式——美学的和逻辑的或者说关联的和因果的——在一个给定的语境中强调一种模式必然导致在该语境中对另一个模式的削弱。中国古典哲学家中曾经尝试因果思维的学派，如墨家和法家，只有微弱的影响，这一点就证明关联思维模式占据优势地位。

根据中国的世界观，秩序不是外部强加的，而是与生俱来就存在于存在的过程中，自然的就像树干的年轮，特殊石头的纹理，星期日早晨凯路亚海湾的韵律，罗伯特·内维尔（Robert Neville）家族中的成员和亲属等等。"因果"不是外在的，"引发者"和"被引发者"归根到底是没有区别的。

接下来，我们通过讨论近年来构成众多中西思维比较的三大问题，试着展示中国关联思维的持续性。虽然我们的话题——"自我""真理"和"超自然"——明显来源于西方的哲学思辨，可是，它们给我们提供了两种文化的具体反差，这种反差对于我们自己证明自己的观点是必须的。

人的能动作用的概念是比较哲学家可得到的作为参照点的中国哲学传统的最基本特征之一。正是因为"人"是显示文化差别的试金石，所以，近年来，比较学者热衷于研究这个特殊的话题。有关"自我"在中国传统中意义的预先假定使得自我修养在现存的西方模式和词汇中不合时宜。即使把语言也看作与"心灵""身体"和"意志"一样中立的词汇，它也有掩盖胜于揭示中国文化对于人的概念的危险。我们的论点是："汉代思维"提供了把一个人定义为"焦点自我"的秩序模型，"焦点自我"是指相关角色和礼仪所构成的关系的社会中心，适用于解释一个人的人格及其表现出来的性格。

当然，有很多涉及探索人能动作用的次主题。例如，有汉代思维特点的关联性范畴可以用来调查传统中国社会的性别结构，或揭露有害的但中国特有的男性至上主义。

我们还应探究另一个中西方比较研究的核心主题："真理"的问题。中国思想家相对来说很少关注我们传统中所定义的真理语言学理论，这一点直接证明了关联思维无处不在。因为语义学真理理论涉及论证的分析、辩证和严格类推的方法，所以，传统中国忽略严格意义上关于对与错的思索是不要求有理性客观性的关联思维的结果。

没有评估命题真理的逻辑方法，也就不可能认为因果语言比日常具体的残酷考验更重要。形式理论所说的物理因果律特征化要求蕴涵的逻辑。换言之，如果不关注根据有效因果关系所勾画出的事物之间的关系，蕴涵的逻辑就没有实用性。

最后一点，传统上缺少严格的超自然性对中国的宗教和社会政治经验有深刻的影响。西方宗教生活的所有词汇——上帝、创世、原罪、恩典、永恒、灵魂等等——不适合描述中国宗教核心的无神论精神。根据汉代的思维和生活方式，诸如神秘主义和上帝的创造力等宗教主题都必须被重新思考。

立足于中国传统中的"焦点自我"是人的模型的讨论，我们在以下的段落中不用超自然的原则，说明汉代思维对社会和政治生活构建的作用。为了验证我们的假设，我们将考察当代的一些问题，如中国对人权概念的回答、中国的宪法经验和中国对马克思主义的重新构思。

我们要提出两个重要的观点：第一，在主张汉代思维在中国的经验中占中心地位时，我们的说法是谦逊的，尽管这些看起来华而不实。我们认为，在努力理解当代中国文化的某些特定方面的过程中，我们对汉代思维特殊性假定的思考是求证中国传统差异性的辅助方法，很有意义。

第二，我们在讨论中国古典阶段的过程中，没有考虑中国汉代以后一些可能有重大意义的转化作用。当然，我们提到了第一个千年初佛教的传入。很多学者表明深受佛教理论和情感影响的新儒家哲学戏剧般地改变了中国的知识图景。如果这个观点是正确的，那么一个论点就产生了：在某种程度上，我们所描述的汉代思维在中世纪阶段断层了，一个使人联想起"理性主义试验"的空白期，我们认为这是晚周时代的特点，出现在新儒家学派中。这些是复杂的观点，我们尚未做好准备去思考它们。

但是，我们要指出 17 世纪尤其是 18 世纪清朝考证学派对宋明道学思辨理性长期地进行攻击，刘广京（Kwang-ching Liu）、里查·史密斯（Rich Smith）、本·爱尔曼（Ben Elman）、约翰·亨德尔松（John Henderson）等学者近年来对此攻击有详尽的论述。在辛苦地试验以测定中国当代文化中有持续性的汉代思维解释性力量的过程中，要考虑到清代学者对思辨哲学的攻击及他们转而将文化、文化遗产和训诂作为考据的标准这两点因素。

(节选自《期望中国》页 278—281。)

六、第一问题思维与第二问题思维

　　第二问题框架思维，我们也叫它因果性思维，是古典西方社会占支配地位的思维方式。它的预设有：(1) 用混沌说的虚无、分离和混乱解释万物的起源；(2) 把"宇宙"理解为某种单一秩序的世界；(3) 断言静止比变化和运动更有优先地位（换句话说，就是崇尚"存在"而非"变易"）；(4) 认为宇宙的秩序来自于某个解释性的作用者，例如心灵、造物主、第一推动者、上帝等；(5) 或明或暗地主张世界的千变万化植根于并决定于这些解释性的作用者。

　　除了这种理性的、因果性思维的发展，我们还要考虑我们称之为第一问题框架思维，或叫作类比的、关联性思维的重要性。第一问题框架思维既不带有宇宙演化论的含义，也不带有宇宙论的含义。它没有预设一种初始，也没有认定存在一个单一秩序的世界。这种思维方式认为变化和过程要优于静止和不变，认为并没有一个最终的力量决定着事物的一般秩序，并试着通过关联过程而不是主宰一切的动因或原则来说明事物的状态。

　　我们想证明，中西古典文化的比较实际上是两种可以选择的问题框架形成的语境的对比，这两种问题框架我们刚才已经论述过了。如果做不到这一点，我们所做的比较研究在哲学上就会成为空谈。第一种问题框架虽然在西方不太重要，却主宰着古典中国文化。同样地，我们所说的第二种问题框架，或因果性思维方式，主宰着西方文化，而在古典中国文化中却不明显。

　　类比性和因果性思维是人类用于适应环境而偶然产生的两种策略，它们各自的价值只能从实用性上去衡量。这种主张对启蒙运动有关文化发展解读的有效性是个挑战。根据启蒙运动，从神话到逻各斯，从"哲学到宗教"，或是从类比思维到因果思维的顺序，应该成为人类文明进程的标准。

（节选自《期望中国》页 xvii—xviii。）

第二编

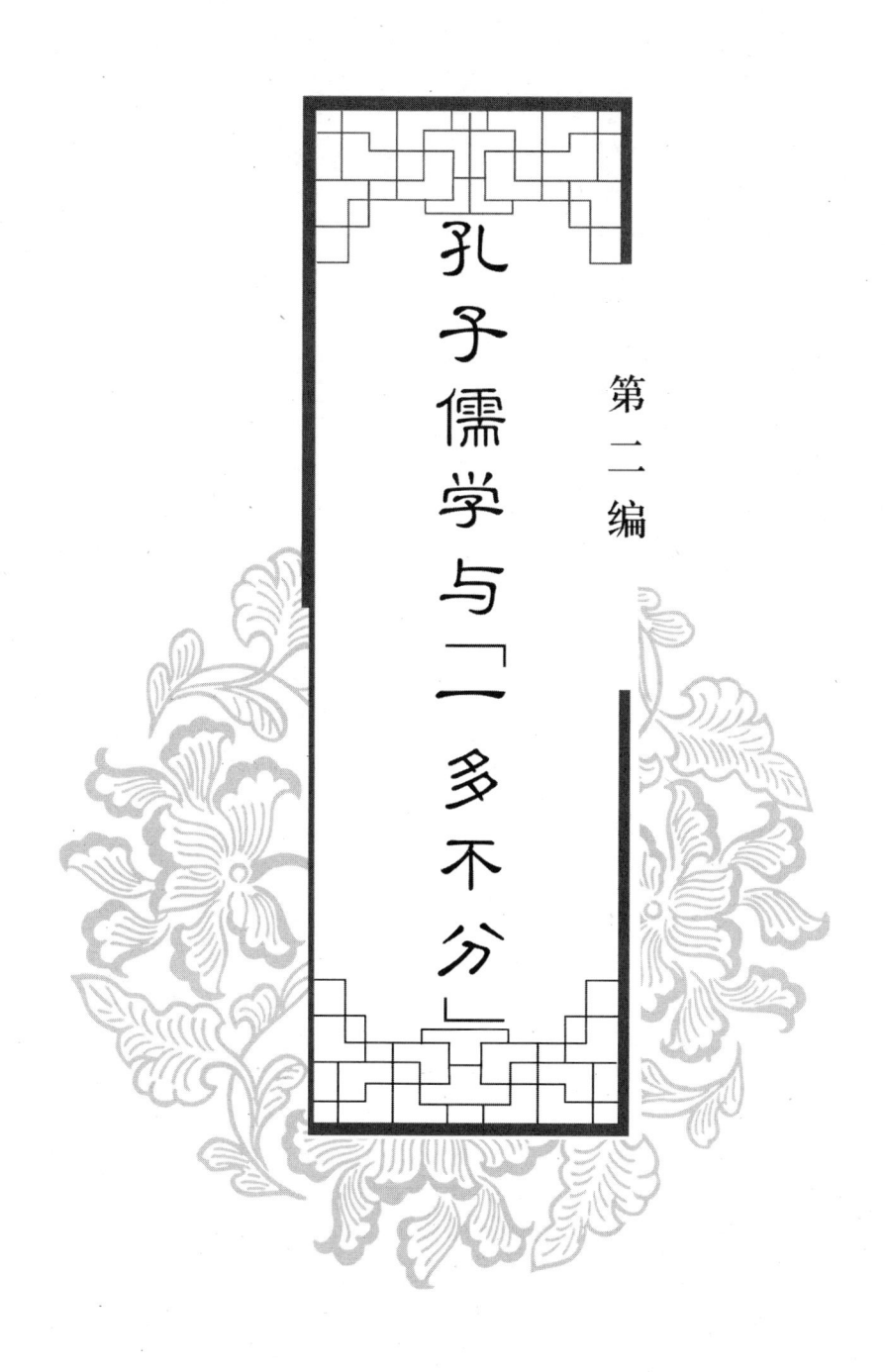

孔子儒学与"一多不分"

孔子儒学的"一多不分"阐释视域

一、"一多不分"是唐君毅首先提出的

　　中国过程宇宙观思想无疑源于中国古代。但是这一思想自始至终以不同形式在历史中一直贯穿着，乃至在当今也一直呈现着。唐君毅是现代中国最杰出的哲学家之一，于20世纪80年代被学界誉为新儒家之中的佼佼者。虽然唐先生已故数十年，但他对"我们应当如何叙说中国宇宙观"这个问题的回答至今令人叹服。在我心目中，唐君毅先生对哲学做出的具有世界意义的巨大贡献，是他在文化哲学领域所做出的高屋建瓴论述。他早期著作显示出研几至深的惊人才华。他以极具穿透力的敏锐，把大多西方哲学话语一直到20世纪仍有着极大影响的形而上学思维，把它的虚设前提推定，同中国自古一以贯之的互系性宇宙认识，进行了鲜明对照，得出了精辟结论。这种宇宙认识至今仍为中国的变化不已世界观的框架。唐先生提出的新观点，揭示了欧洲启蒙运动普世主义导致世界同质化的倾向。如果对这样一种儒家文化话语对世界会有很多独特与重要贡献这点是认可的，我们就不能不重视唐君毅先生提出的这些新观点。

　　本人尝试要建立一个阐释性域境，探讨儒家伦理学，将它建立于唐君毅提出的几个观点之上，这几个观点都被作为一种特殊比较性语汇，用以恢复儒家哲学话语本身逐步形成的宇宙观。这种语汇是一种别开生面、不同凡响的语言，它吸收的是经典思想，重述本书（指《儒学角色伦理学》）前面篇章

讨论过的《易经·大传》曾提出的互系性"气宇宙观"。另外，它也蕴含在传统中医所建之于上的世界观之中。①

在分析儒学传统宇宙观的背景条件时，唐君毅着力对"部分"与"整体"之间的一种全息意义、互相依赖以及和合相生关系进行阐述；中华文化的独具特色之处以及最具生命力的贡献是它的生态关系观念。作为这一传统文化的根本特点，唐君毅给出的是一种哲学的整体观，也即：

> 中国文化之根本精神即将〔部分与全体交融互摄〕之精神：自认识上言之，即不自全体中划出部分之精神（此自中国人之宇宙观中最可见之）；自情意上言之，即努力以部分实现全体之精神（此自中国人之人生态度中可见之）。

为了清晰理解唐先生对"个别"与"整体"两者之间关系的抽象论述，我们或许可把对由家庭关系构成的"这一个人"的实在意义的理解作为一个切入点。也即是，当把唐君毅所说的"个别"与"整体"二者之间的相互关联性与依赖性达到最佳效果状态的这样一种思想转化为人群社会更为具体的社会与政治生机之时，这种思想就会变成相互融合、感同身受及最有效合作的意义，这种意义是自然而然地来自家庭亲情的源泉的。这种共生关系则显现为来自家庭之内与扩延至社会的盎然和合相生状态。

唐先生所用语言，我在英文上将它译成 particulars（个别）与 totality（整体）。但是考虑到这种宇宙观的有机性思想这一根本特点，如果使用一种能表达关系内在性、构成性本质的"焦点/场域"（focus/fields）或者"生态情景事物"与所在"环境"（ecologically situated events and environments），这样的表述"特点"话语会更为贴切，更能把"部分（个别）"与"整体"之

---

① 应当指出的是，唐君毅自己在他的《中国文化之精神价值》（1953）一书《序》中，否定了他早年著作《中西哲学思想之比较研究集》（1943）中提出的一些观点。这些宇宙观思想即是在《中西哲学思想之比较研究集》中提出的。本人认为唐先生晚期著作中确实有超过早期著作的更深刻认识。在下文，我将主要以唐先生的《中西哲学思想之比较研究集》为依据，探讨他关于在中国自然宇宙论框架内"什么叫做人的圆成"的观点。他对自己早期研究做出批评的一个重要因素是，早期著作没有充分考虑不同传统有效结合的可能性。但是，这一批评不是对他以《周易》为根据对中国自然宇宙观进行思考而做出的。

间的关系论述得更清楚。这样，我们就可以抓住事物的互相依存性与人经验的过程性，并可通过唐君毅概括出的中国自然宇宙观的七个特点进行细致阐述。

唐君毅建立了审美整体论，他从儒家实践性经验的真实性与充分性出发，而不是日常事物之外的超自然因素。唐先生关于"中国宇宙观特质"的第一个说明就是"无定体观"，直截了当地摈弃（万物）"以外"有什么"固定之体以为（形而上学的）支持者"。这样，他认可的是"气"的"流行"同事物之间生生不息流动过程的本体偶对性有关。

我们已经知道，这个互系性的"气宇宙观"不是西方简化主义（还原论的）"多背后有绝对一"的那种"一元本体论"。可以肯定的是，活生生的个体与各种关系构成了自己。在"无定体观"看来，没有"作为这种东西，是什么"，而且，没有任何"东西"可以被解析为"不可分的"，都可用分类学中"自然种类"来表述。人的经验是由千变万化的独特性与林林总总形态的气构成，一般被当作总体，称为"万物"。每一个别体的独特性，作为一个具体关系结点，伴随着其本身的潜在可能性；这样排除了它们个体之间存在严格不变本质的概想——没有任何两物是一模一样的。另外，考虑到互相联系的内在性，原以为的"东西"，是由所处的关系而构成的，互相之间对应地存在着，如同一种很特殊、相互条件制约"事物"的流动状态——一种许多层次共生而发的"事件"，在其事物的整体变化上，存在着本体的偶对性。由总是变动不居的关系编织的网，是它构成着任何的"事件"，每一"事件"本身就是作为它所在场域整体的更新不已与自己独特性的构成；也即，正是"这一"个别的"聚焦视点"，它是属于"这一"经验性的具体"环境场域"的。

"聚焦视点"与其所处的"域境场域"总是处于一种充满活力的过程中，这是非常重要的。其实，经验的过程性流动，没有初始与推定的终结，这是唐君毅先生利用《易经》的语言，提出的"生生不已观"。人的经验是延续不已的、历史的、自然的，其意义是自生的、呈现的，不是付诸一个形而上学、超自然的本源，也没有任何先验决定性的终结。古代中国的现象世界是永无休止的流动，"转变形态"即是它的形态特点。

事实上，《易经·大传》讲得很明确："故神无方而易无体。"裴德生

(Willard Peterson)将这句话诠释为:"'无方'是指无法辨别与分成部分的,是划不出来任何概想界限的。"事物的过程性与特殊性使得它们严格地摒弃理性与可预测性。另外,另一种说法是变化无体,是说在一个不断变化的过程中,形态须理解为变化的快慢,而不是具有固定不变的结构。我们看为"东西"的,事实上是无休止、过程性的流变"事件",这些"事件"移转变位之间的空隙,才是一切生命和生长的不尽的源泉。①

唐君毅对"生生不已观"做了进一步的解释,任何确凿性决定主义或者外在推动体与儒家宇宙观都毫不相关——他称之为"非定命观"。生生不已的化育过程具有内在演变的能量,它伴随着构成这一过程的"事件"变化易位而展开。相比之下,宿命论是引进一个关于"必然"的概想,这样它就违反了生生不息化育过程的思想,"创造"和"鼎新"都变为毫无意义的概念。相反,因为没有任何固定不变模式或主宰之手,经验是呈现偶然性世界的无限延展;它所根据的只是它自己内在创造过程的起伏。

唐先生敏锐地意识到,那种目的论的、先决条件意义的宇宙观,对任何时间性的价值概念都是排斥的;而他把时间本身,视为与这个充满特殊性"东西"而呈现出来的世界是不可分的。其实,实实在在的变化与成长,也即生命,它是作为鼎新、自发呈现的,是出现在特殊具体的关系中的,是关系构成了"东西"。所以实实在在的变化与成长,不过是实实在在时间的另一说法。

非决定性的模糊性在变化的宇宙秩序中呈现为不规则的网状,它其实是"东西"的"体用"(形成与作用),是共生性的;这一思想恰恰反映在"变通"和"体用"这样的宇宙观语汇的喻意之中。另外,一切"东西"的形式都随时不断通过调节达到功能的稳定,最终都不得不听从变化过程本身的主宰。虽然一些"东西"的形体比起其他"东西"形体具有更大延续性,但没有任何"东西"能够最终避免转变形态。

---

① 事实上,至少早在明代时,中国已出现"东西"这一词汇。字面上是"东"和"西"两个方向词,强调了中国对现象认知的关系性与情景性认识。这一传统词汇常被解释为与人口密集地方的集市地点相关。

中国宇宙变化观是儒家思想立言之本。对此，唐先生给出两点说明："无往不复观"与"合有无动静观"。他论述中国宇宙观，将它称为"the world as such"（如此世界）——一个特殊、唯此、无垠之世界；作为观世者，总是内省地身处其中的。他说：

> 中国哲人言世界，只想着我们所处的世界。我们所处的世界以外有无其他的世界……不说我们的世界是一世界（a world），亦不说这世界（the world），而只是说世界，天地，world as such，前面不加冠词。

在世界之外，并没有一个外在立脚之处去宣称什么"客观真理"；人总是内省含蓄地身处其中，这样人就能对他的世界进行安排。因而，如果针对这一世界要说点什么，它总是反映有所选择的志趣，总是就自己的理解而言。任何对当时现状的批评，是指向"我们"的，而非指向"他们"："我们必须努力做的更好。"

没有什么终极根据可衡量对这个世界发表的客观声明，这使得事实与价值是互为依赖、互为必要性的；它使诸如客观定义、简单说明这等东西变得难以确立。总有观者自己的志趣价值牵涉其中，喻意在他的观察中，他对自己所观察事物的说明也具有很大倾向性。这样，区分什么是科学，什么是艺术，什么是化学，什么是炼丹术，什么是天文学，什么是星相学，什么是地质学，什么是风水学，什么是心理学，什么是面相学等等之间的界线，一直是不严格的。其实，"说明书"还是"法规"，之间的距离变成了人自己的意识程度问题。

而且，在没有一个造物主的情况下，也就没有一个它的伟大计划或最终目的，因而也就没有了单向的线性因果关系；对立面的相互必然性——昼之于夜、幼之于老、盈之于空、缩之于伸，如此等等——都给予一种对变化的螺旋形阐释；其中，过程虽然是自成一体特殊性的，但总是返回自己。正如《道德经》所说："反者，道之动。"对于一年的四季而言，春转而为夏，夏转而为秋，秋转而为冬，接着又周而复始，又来到一个新的而又熟悉的春季。这种反复循环的形式，也呈现在天干地支的六十年（花甲）循环之中。

唐君毅强调呈现而出的秩序的偶然性，他称其为"非定命观"，即"一切无作者之义"。它有的是一种非决定方面，是以经验参与者的独特性为必然的，是秩序的质性东西，使得任何经验性的路径都是鼎新的、情势具体性的、不可逆转的、内省的，且在某种程度上是不可预测的。人与人具有一定的相似性，可以归纳出一定的确定性。但是由于每个人、每个事物又都是独一无二，它们的形成与发展都具有不确定的因素，因此每一事物的经验轨迹都不可逆转，也不可预料，且都有针对性。人与人之间的相似性可以归纳概括为确定性判断（譬如对人性做出暂定概想）。同时就一种类型而论，每个人又是不一样的。每个人都是由充满变化、众多层次的特殊关系构成的，这种构成决定这个人的人生路径。而正是每个人的这种独特性，让人们无法使用对数模型对人的行为获得理解。任何关于人的定义都只能是开放性、有条件的、不断调整的。

唐君毅关于中国自然宇宙观的另一说明是"合有无动静观"——决定性与非决定性、动与静是不分的。这个说明摒弃了空间存在绝对的"空"、时间存在"永恒"这种可能。只要讲"空"，它必是有固定边界的"空"；任何"静"，都是在"动"之中达到的"平衡"，都是需要进行不断地调整。更宏观地讲，这个说明说的是秩序的互系性与环流性；所以任何对未来事物的预测总要考虑到事物向相反方向转化的倾向。有"实"才能有"虚"，相反亦然。有"动"才有"静"（平衡），相反亦然。

根据以上唐先生所述，他概括的宇宙观是儒学的奠基，具有明显的等级性、历史性、特殊性和自然性。总之，他心目中的孔儒宇宙观带有浓厚的等级制度性、历史循环性、具体性和自然发生性。为了进一步说明中国过程宇宙观的一般特点，唐君毅还有一个蕴义深刻的表述，即"一多不分观"，它表达一与多、独特性与多义性、延续性与多样性、完整性与集成性之间的不分。重要的是，这个内在的关系构成性观念，这个"任何一"之构成都必然含有"多"的思想，是中国自然宇宙观的一个特征，都包含在以上几个讨论过的说明之中。

（节选自《儒学角色伦理学》页77—87。）

二、"一多不分观"与《易经》的宇宙论

1. "一多不分观"的宇宙论

在宇宙论上,"一多不分观"说明的是,在经验场域的任何现象,都可作为一个从许多不同角度去看的聚焦视点,例如,一个人,在自己是"独特的一人",同时,也可是"父母之女儿""丈夫之妻子""孩子之母亲""政治家候选人之一美国选民"等等。

一方面,她是很独特且矜持的一个人,但同时她也是整个宇宙,一切的发生都蕴含在她具有的深厚和广泛的关系网脉之中。这个特殊个人的自我圆成追求,在于修养很多这样的关系,在于使可能性得到充分的实现,使得周围条件所提供的机会,得到最佳利用。

因为秩序是一种常常不固定、自然发生、一定状态的和谐,其偶然性取决于构成秩序的诸多因素;秩序既不是严格直线的,也不是遵守纪律要向什么"既定终结点"而去。"家"的意义不是被预先决定的,而是家庭的常态必须是其成员众人拾柴,它也是成员们关系达到与显现充满意义的状态。所以,儒家的"和"(圆成)虽然可做到,但却不能用"一致""完结""完美""关闭"等等这样语言来表述。而相反,"和"秩序是一种持续不断、场景发挥的审美性成就——使人的角色与关系最佳域境化的艺术。这样努力实现的和谐,最适宜用雅、深、精、稳、洒、灵、正等审美语言来表达。不去诉诸什么"本源原则"及随其而有的"线性目的论",这个世界就没有一个先验的伟大计划。这样这个世界调节作用则是特殊性的、适时的自我适宜性,即参与因素的协同与最适当地对待任何情势,这才是儒家思想的"和"。

唐君毅的第七个说明:"性即天道观",它论述实行修身养性的人与其所处环境的协同关系,以此作为宇宙的意义来源。唐先生这个说明特别指出,人性不过是作为自然与文化过程本身的展开(所谓"性即天道观")。人开始自己的生涯,既作为"一",也作为"多";也即,人之发端,即使是人各有别,但之于人与人之间比较,所差几希。况且,这样的人们在一个充满深厚

文化与价值意义关系模体中出生，文化与价值意义在他们的生命初始阶段，在小小家庭亲情内核的呵护氛围中，就陶冶了他们。这种自然、文化环境滋养了人，人则在长大成熟之后，以他们自己的行动回馈社会；他们是在这个社会成长起来的。重要的一点是，人与环境之间的关系是共生的、相互的，而不是单边的、导引的派生性关系。孔子曰"天生德于予"（即，自然与文化环境赋予我个人之德），我们也可说，孔子对中国文化特质的形成具有伟大的贡献。

运用儒学语汇，我们可以说社会成员的成长生涯，从一开始只不过是"人"，到成为社会上行为具有德风的君子。达到这种地步，是由于做到了与他人关系的最充分的恰如其分状态（仁）。只有少数人能做到与天地参，用自身体现的价值和精神意义，去成就当时那一特殊历史时代的人文风貌，这也是他们最终的能作为"圣人"而脱颖而出；如此这般堪称绵延不绝源泉的宇宙意义。人同自己生长其中的自然、社会及文化场域，于生生不息宇宙之中，必须成为最恰宜、充分的协同者，这才是儒家的哲学期待。

儒家角色伦理精髓之处，在根本上同我们更熟悉的西方伦理"理论"区别开来的，是一个"由关系构成人"的观念，这个人能通过一种道德性的造诣，实现一种高境界人生的愿景。

（节选自《儒学角色伦理学》页83。）

2. 《易经》奠定中国自然宇宙观

道家与儒家经典在体现中国思想，在作为文献证据体现中国早期宇宙观方面，都具有重要地位。在此方面，《易经》享有同样重要的地位；但在经久不衰受人瞩目方面，在一代又一代中国文化人对它满怀奇趣方面，在对中华文化自我意识产生历久弥新的影响方面，儒、道文献却没有任何单一篇章能与《易经》相比。无论从哪方面讲，《易经》迄今仍被尊为"六经之首"。其实，正是这部永远喻意不绝的文献及其历代相传的注疏训诂，为中华宇宙观奠定了综合艺术性的语汇。

在分析《易经》的深刻、变化无常、令人沮丧地晦涩难懂的《大传》时，裴德生指出：这是已有两千多年的一份中国传统的关于宇宙如何运行、人类如何与它运行相联系的最重要论述。尤其从宋至清时期，《大传》几乎为每一次"物质世界与人位置"问题的抽象讨论提供了权威的文献与所用的词汇与概念。

夏含夷（Edward Shaughnessy）在他根据马王堆的材料对《大传》所做新译本中，响应裴德生对《大传》重要性的评价，他说："《易经·系辞》的世界观，利用《易经》的媒介，使人与自然合一，令人信服地说明，它是对互系性思维最到位（当然也是最精妙）的表述；这一思维对中国哲学体系的整个内容是非常具有根本性的。"夏含夷讲道："确实，对这两千多年的中国思想来说，《易经》起到如此一以贯之的作用，以致对《易经》注释传统的历史，与之相配合的必有一个整体的中国思想史。"他如此说，并非是夸大其辞。

《易经》作为文本，其本身就是一堂重在展示世界观的示范课。也就是说，当我们去对特殊"事物"的性质进行在其过程世界观之中的思考时，特别视点与它们视域的关系呈现一种对世界系统的全息性认识。如裴德生所说，《易经》文本本身作为一个特别的焦点，"在天地的大场域之内千差万别的关系与过程之中舞动起来"，这样为那些意在理解《易经》文本的人们提供一扇显示宇宙正在运行的窗户。这是对这些关系与过程的知识的及时运用；它是人的社会范畴采取有效行为的基础。[①] 他接着说："《易经》与宇宙是不分的，《易经》就是宇宙，而且《易经》正是在那种关系意义上运作的。"[②] 这一点恰是《大传》本身明确申明的："《易》之为书也，广大悉备。有天道焉，有人道焉。"[③]

《大传》是围绕一簇关键的哲学词汇构建的。作为直接经验的世界，它为

---

① Peterson (1982)，85页。为了回答"占卜的文本（即《易》）如何能够与整个宇宙'联系'起来"这一问题，裴德生用 duplicated（复制的）这一词来形容它们之间的关系，并说，"用哪个词形容这种关系都不妥，我选的这个词也只不过是抛砖引玉而已"。他接着就阐明宇宙同《易经》之间的关系，也就是笔者所谓焦点/领域关系：它们都是完全一样的"二者之一"，每一个都是另一个的反映，它们是互相"包容"的。(Peterson 1982，91页)。

② Peterson (1982)，91页。

③ 《周易·系辞下》。在翻译《易》片断文字的时候，笔者大量借鉴现存的译本，尤其是 Peterson (1982)，Shaughnessy (1997)，Lynn (1994)。

我们提供似乎无穷尽的二元互系词汇,高低、动静、刚柔、盈虚、大小、明暗、寒暖等等。这些根由在世界的互系、两极、动态张力,为范畴划出界限,而界内发生的是变化的过程。而且正是这样的张力,是从中出现创新的源泉;创新伴随着这些过程。①

早期文本解释世界的常态性中的独特起伏现象,所用的耳熟能详的比喻是"天门":

> 是故,阖户谓之坤,辟户谓之乾,一阖一辟谓之变,往来不穷谓之通;见乃谓之象,形乃谓之器,制而用之谓之法,利用出入,民咸用之谓之神。(《周易·系辞上》)

此段文字,同《大传》中的许多其他文字一样,以观动态自然过程开始,然后以达对世界有效与变化的通变将如何能启发人经验的进言作为结尾:

> 是故,形而上者谓之道,形而下者谓之器,化而裁之谓之变,推而行之谓之通,举而错之天下之民,谓之事业。(《周易·系辞上》)

《易经》核心宗旨是要对动态变化世界与人本身经验之间的关系进行融通,其目的是有基本规范性与处置性地关切人生的紧迫问题:针对一些自然过程,人的行为怎样参与其中,才能在人与自然构成世界的相互不分情况下,使得事情走向最佳状态?

儒家道德本身是宇宙现象,是人与自然合力运行中发生的过程性协同,即:"天地之大德曰生,圣人之大宝曰位。何以守位曰仁,何以聚人曰财。理财正辞,禁民为非曰义。"(《周易·系辞下》)

处众而有神性,源于对变化的透彻领悟(知幾),亦来自此彻悟可激励的最恰当行为。简言之,神生于求生活之高远:知起始于其未发,判断其潜力,有志而用其最利。君子"精神"之作为,做楷模而彰显于众,为众之所望:

> 知幾其神乎?君子上交不谄,下交不渎,其知幾乎。幾者,动之微,

---

① 《周易》历代充当了整顿中国观的启发式文本,为读者提供图像性的比喻和词汇可以思索。其他重要文献也有类似的作用,提供了许多比喻。例如《春秋繁露·正贯》篇用类似的语言和思想声明《春秋经》也有整顿社会与人生的作用,说:"是以必明其统于施之宜,故知其气矣,然后能食其志也;知其声矣,而后能扶其精也;知其行矣,而后能遂其形也。"

吉之先见者也，君子见几而作，不俟终日……君子知微知彰，知柔知刚，万夫之望。(《周易·系辞下》)

事实上，这种常态性"适宜"与能动性作为之间，显现的是"神性"，它是人所追求的最高目标："过此以往，未之或知也；穷神知化，德之盛也。"(《周易·系辞下》)

《大传》叙述自己的由来起源，讲到人相应自己所处环境，如何在过去、现在继续与天地一致。远祖伏羲、神农，近取诸身，远取诸物，始作八卦，类万物之情，通神明之德，知"变通"之道，并认为这是围绕人的世界一以贯之的特点。二祖"是以明于天之道，而察于民之故"，画卦，以效之，象之，则之；举而措之天下之民。需要十分注意，两位古代圣贤并不是脱离价值观地探求客观自然界的科学家，恰恰相反，他们致力的是人自己理解与叙述的事业；即《易》所谓穷则变，变则通，通则久(《周易·系辞下》)。

伏羲、神农所致力的是一种"域境化"做法，即有效地将人类经验与自然界运行过程视作同一域境并使其相合，努力将宇宙的创造性潜能利用到最好的状态——伏羲与神农在构成《易经》的一套深邃卦象中，耕种出"文化"与"自然"之间厚重的不分。这种体悟到的人经验与自然以及文化间对接的和谐性，和谐的出现状态明显地表达在对这一关系特点具描述性的用语之中，如"天人合一"(宗教、自然、文化视域与人经验的不分性)、"天人相应"或"天人感应"(精神视域与人经验的相互照映不分)。这里很值得注意，这样的用语所表示的，是人的经验一些方面延续不分的共生相互性，而不是世界两个原本分立不相联系方面后又产生的结合。人自己的修养，不是把世界与人的经验作为两件分立的东西搞到一起，让它们合一，而是悟及同属经验的两个本身不可分的方面由于生态连续性(也即"我与我的世界")更深度、紧密的和合。

的确，自然与人文(比如岩画与石头自然条纹)之间那种可想而知的不分性，可给予印证的事实是，同样词汇既可用来表达人类也可用来表述自然生态界的创造性。例如："道""气""文""理""阴阳""变通"都既是表述人也是表述自然世界的词汇。

我们与周围世界的协同创造性关系，其中不存在起始性与开创性 logos（逻各斯，理性）。语言及其作用和被人持续言说为存在的世界，是同时显现的。想象力并非想象的，这是说，在经验世界中的意义创造过程，是想象力的灵感，而变成人想象力的，正是生活现实。

基于良好开端，伏羲与神农的后代，即黄帝、尧、舜等继续发明新技术、运输方式、社会机制、风俗习惯，事事都得到特定《易经》卦象启示，每一卦象都提供对一定自然现象的象征："圣人有以见天下之动，而观其会通，以行其典礼。"（《周易·系辞上》）

在这个日渐成就、持续不已的建构与循礼过程中，人的经验作为记忆保留在《大传》之中，也接受它的启发作用——是这样，使这个世界生活充满意境，也是这样，让精神生生不息："黄帝、尧、舜氏作，通其变，使民不倦，神而化之，使民宜之。"（《周易·系辞下》）

人与自然世界之间所取得的生生不息共生关系，是实现充实人生的灵感所在。通晓《易经》揭示的变化与生生不息过程，不仅能让人类的生活是道德的、审美的，而且是在宇宙的神化通幽境地的。我们理解到这一延绵文化的宗教感作用是很重要的，迷人的经验、达到神化的精神境界并不属于另一世界。正相反，这个"神"，是属于这个世界的享之不尽的人的功利的产物，是人神境界的精纯高度：

> 夫《易》，圣人之所以极深而研几也。唯深也，故能通天下之志；唯几也，故能成天下之务；唯神也，故不疾而速，不行而至。（《周易·系辞上》）

随着时间行之久远，此种对人生所持的高度期盼，自然生成一种可称为"准无神论"的"人为中心"宗教感——一种不必去祈求独立超越神灵，以它为宇宙秩序来源的宗教感。人类，不是依靠参照一种局限性的假设预定，去找到宗教的超绝主义与超自然主义，而是自己成为自己所在世界的深刻意义源泉——这是唯一的世界，这是天地人的协同创造力，交织为《中庸》"乐章"。作为朱熹"四书"最后一本的《中庸》，体现着朱熹眼中儒家事业的终极告白：

> 唯天下至诚，为能经纶天下之大经，立天下之大本，知天地之化育。夫焉有所倚？肫肫其仁，渊渊其渊，浩浩其天。苟不固聪明圣知达天德者，其孰能知之？（《中庸》第三十二章）

（节选自《儒学角色伦理学》页 49—55。）

中国的宇宙观

一、中国的生态宇宙观

不过，怎样将中西传统的真知灼见与互系的宇宙观联系在一起，运用它们来理解更概括的"物"的性质？我们如何能将从根本上与所处环境不分、有生命、有反应、充满活力的身体，推及更广阔世界去？

这种持过程宇宙观，不想把有生命时间与无生命物质分开的结果，用亚里士多德的话说，就做不到将主动有效的动因，与被动的物质动因分别开来；这个假设前提就让人无法理解把"气"理解为一元的、构成一切"物"的。其实，像"自然""天地"这样的用语，一般被译为英文 nature 和 the world；其实它们并不是简单的指 a world（一个世界）或者 the world（特指这个世界）；这两个中文词指的是作为身在其中经验的那种运动、不间断、自生的过程。源自这个原因，顺着传统中医生理为本的原则，这种用语的模型、动态（动名词）形式，不是英语语言的不规则语法，而是一种它们推及逻辑的合理表述："自然"是 naturing（"自己然也"），"天地"是 worlding（"天也地也"或"世也界也"）。

"一个生机勃勃的世界"这种理念推演而去的必然逻辑，是在有感觉与无感觉、有生气与无生气、有生命与无生命之间没有最终界限。在传统西方思想中，已是一种常识，要追求一种物质与精神的二分叉，以解释"物"生命的与精神的特性，总是设想赋予生命的"原则"与被它赋予了生命的"东西"是二元分离的。但是就"气"观念来说，"气"就是"气"，是没有什么要赋予生命而分离着的"东西"的。因此,这种互系性"气"宇宙观是"万物有生观";也即,生命与物质是同一实在的不可分方面;是对同一事物的两种看待角度。世间只有"气"场与大量"气"生命化(作为充满"气"场的众多聚集点表现)。"事物"同时既是"一"也是"多":a wife(一个妻子),a mother(一个母亲),a daughter(一个女儿)——更恰当地说,是 wifing(做着妻子)、mothering(做着母亲)、daughtering(做着女儿)——每个阶段都是一个女人自己处于许多不同特点关系所约定身份的变化过程。这样的"事物"是生命能量的延续性也是演变性效应,始终处在不以人意志为转移的流动过程及根本转化过程。

"时"要被理解为量变,因为"时"是被具体事物"度过"的。它是一个抽象化而且一般为量化的描述,用来喻意互相关系之经验的动态、过程和"被度过"的质量(lived quality);一旦从一个或另一个角度看来是处于最佳有效状态,"时"所说的就是"时中",其实对促成事物的众多因素来说,是"适时"。"气"作为生命能量非常关键,意义在于,事物的内在动态过程,与其固定形式相比,是更为首要的;这样就否定了形式与动能、物质与精神、主观与客观,聚集点与其所在场之间的二元分离性。

"气"作为能量激发场,是被表述为独特性的且总是"物"变化的聚集点,这样来构成我们的经验。这些总处于场域,具有决然特殊性的"物"——"万物",它们对"本体形式存在",或理念,或范畴,或原理,或神圣物种都构成屏蔽作用,而正是上述的"形式""理念""范畴"与"神圣物种",提供"自然种类"(natural kinds)学说的论理基础。所以"气"作为聚焦点的"物",是从自己的独特性开始,是根据独特性归类、分组和推类的,如同它们是在可感知性质的共性、在来自具体条件之类比意义上相联系的。对"物"区分是观察与约定俗成归类意义的,这样的区分都是与昼行性和季节变化,与方向、地方神灵、颜色、味道、声音、数字、气味、身体部位等不一而足的这些东西相关联的。葛兰言是这样说的:

> 不是观察现象的顺序,中国人更关注事物不同方面的交替。如果在他们看来两方面是相接的,那不是动因/效果线性关系造成的,而更是一

物正、反面那样的"偶对性";用《易经》里的比喻,就如声与回声,光与影那样的。

这样动态的关系性差异与相互性作用,远非是任何意义的终极性;李约瑟称之为"过程性"和"弥漫性","是出现在广阔力场的共生形态;它的活性结构,我们至今尚未理解。"李约瑟紧接着说,是这些生生不已的相系不分关系让我们做起事情来具有效果:

> 智慧之和,在于向相系不分关系总量中加入更多直观、类比性的往复不已量。

这种往复不已关系例子,如对心理情感与身体健康之间相系不分关系的理解,作为一种智慧,我们就能超越忧郁病的本身,对忧郁症状得出合理解释,将它视作是对人以情感为中心的健康素质的功能性意识。

不将世界划分为(本质性)"类别"的,而是将它看待为"阴阳性"或相系不分的,这种方法是可论证地内涵于上古中国世界观的自然宇宙论的。它最早记载于商代文献中,后来在复杂的汉代宇宙图和阴阳五行说中渐渐形成,有了系统性和明确论述。正如陈荣捷指出的,这种相系不分的"气宇宙论",它的成形结构与功能特点,或者更简单地说,事物将"变成"的"什么"与它们正在做着的"什么",这二者之间的相互依赖与不可分隔,是表述在早期文献典籍里互系不分的"阴阳"这一词汇之中的。这样的关联性是一直延续在传统中的,而且在数百年过程中,逐渐变成阐释性词汇,表达在如"体用""知行"等等这样的互系偶对性的广泛应用之中。

《道德经》第四十二章曰:"万物负阴而抱阳,冲气以为和。"一切事物皆由相对关系而组成;这些关系,通过人的教化想象力与洞察力所激发的互系过程之间展开的开放性联系,实现为最富有成效也即成为健康、强壮的。道家经典中,有如《管子·内业》之类的静修功夫资料,强调以正确的体姿、饮食、气功等修身技巧,进行内外谐调,让体内状态与外在环境达成和合一致,修炼者从而可得健康长寿。

"气"是一种意象,其性如水,可意会不可言传,它是奠定与制约西方人语言与思维的亚里士多德概念范畴无所适从的。可以说,气同时是"一"也是"多";当其聚集时,则具结合性而成形,其形状由其环境所促成,而其环境则既是守持性也是变动不居的。价值论意义上,气属于尊也属于卑。它可利用水的比喻来理解:水赋予生命,也具有净化作用,可灌溉人的世界,洗涤人的身心。同时,水也具有破坏性、污垢性,可通过动物体腔肠顺流而下,进入排污水道,简直是有伤大雅的东西。同样,最为升华事物的最为高尚精神方面,如人本身,也是由最为精华之气构成;而还是这个人,其低级、肉体方面,也是由低级之气构成。正如水可是"一物"(水),可是"一动作"(浇水),可是"一属性"(湿性),可是"一形态"(瀑布),气也是如此,它是不可分解至不同范畴中去的,它的"呈形"与"功能"是分不开的。还有,水非为简单的一种客观现象,而是作为生命与活力,它使人可内在地从中成长出一个世界。气也不仅构成了我们人,而且是深切内在的,激发出我们最精妙审美造诣的生命力量。

公元3世纪,王弼在《道德经注》中,用"体用"表述生生不息的转化理念,"体用"即是"呈形"与"功能"的不分;这一观念从那时起,就成为中国宇宙观的主旨意义。它是由道家扩展,之后进入儒家、释家哲学的阐释性理念,逐渐成为表述互系性宇宙的一个根本用语。"体用"表述一个非二元对立宇宙,一切经验须从它所源自的关系整体之中开始,一切两末之别(如人性与行为、肉体与思想、物质与生命)因而都简单地是从不同角度看待同一件变化着的现实。"呈形"与"功能"(也即"为何"与"如何"两范畴)只是一种阐释性、非分析性语汇,用来表述人经验戏剧性与无休止性的延展节律,既是其外表也是其活力动态的面貌。比如,人认为它"为何",人认为它"如何",只是同一持续过程的两个相连方面。在经验的现象世界与其变化不已的活着的源泉之间,不存在本体性的差异。

重要的是,永无休止、充满活力变化这种思想渗透于传统之中,是理解主流儒家思想家必须参照的背景条件。甚至总显得很实际的孔子,也有思辨性的时候,他以水的永无休止流动,抒发对人生变迁、飘浮的沉思:"子在川上曰:逝者如斯夫!不舍昼夜。"(《论语·子罕》)

(节选自《儒学角色伦理学》页61—65。)

二、"气":中国道德宇宙观

1. "义心"与"气场"

其实,"气"具有宇宙观意义,不是简单因为它是讲人的经验本质的基本假设。"气"的恰宜生态协调,赋予一种深深的内涵性道德,也呈现其心理生理的维度。下文我将根据对儒学经典之作《大学》的分析指出,塑造中国哲学传统整体的一以贯之、深入人心之精义,就是人的内业修养。孟子自己对德行修养提出的观点,是把"气"作为场域对待,将其作为特殊道德的能动理解。他讲到自己的"养浩然之气"能力,认为"浩然之气",至大至刚:

> 孟子曰:……我四十不动心。……
> (公孙丑问)曰:不动心有道乎?……敢问夫子恶乎长?
> 曰:我知言,① 我善养吾浩然之气。
> 敢问何谓浩然之气?
> 曰:难言也。其为气也,至大至刚,以直养而无害,则塞于天地之间。其为气也,配义与道。无是,馁也。是集义所生者,非义袭而取之也。(《孟子·公孙丑上》)

如果以"焦点/场域"(或"心/场")这样的宇宙观语言阐释,孟子等于是在说,如修养得当,"浩然之气"则可在与它所处域境之关系上达到"至大至刚"境界。这一"宏大视域与聚焦视点"语言所说的是,如果人"养气"达到最成功之处,那么在最广大的"气"("道")场域之中,所成就之"义"也最高。这种状态,作为持之以恒之道德,它的取得,则是通过人与其所处最广泛场域因素关系上("道"),达到潜力与效果的最佳发挥("德")。其实,此义于《孟子》下段文字中表达得十分明确:

---

① 这句话出自《论语·尧曰》,强调人的"知言"及其与他人关系上取得最佳状态之间的关系。原话为:"不知言无以知人也。"

> 万物皆备于我矣。反身而诚,乐莫大焉。强恕而行,求仁莫近焉。(《孟子·尽心上》)

(节选自《儒学角色伦理学》页66—67。)

2. "诚"与"仁"

《孟子》上段话中的"诚"字,历来译为 sincerity(诚恳、真挚)或者 integrity(正直)。总体上,在经典文献中最常出现的"诚"字,确实是这个意思;这段《孟子》文字的"诚"也不例外。但是,在一个作为过程性与一切作为相互关系看待的世界,"诚"是纽带,它把人带入与他人的关系之中,这样的状态,使人协同创造活动的过程成为可能。在这样的情形下,"诚"并非是简单地人保持一种个人"拥有"的或者个人本质不变的"是谁";而是人的"做人"与"成人"有效地与家庭和社会和合为一体性的。所以,"诚"是圆成为人的一体性与创造性过程。"诚"不是静止不变本质性的"一体",而是在构成人的特定自然、社会与文化天地多维关系之中的"圆成为一体"过程。[①] 这种"圆成一体"与"创造"的不可分性,在《孟子》文字中通过"仁"的观念被强化;"仁"是一个对"人"互系性、圆成性的表达观念,它表达的是,自己与他人的圆成是互含的。《论语》有"成仁"的如下解释:

> 夫仁者,己欲立而立人,己欲达而达人。能近取譬,可谓仁之方也已。(《论语·雍也》)

从无处不在的"气"角度看,现象世界不仅是过程与变化之所在,而且为互系关系与域境化的事物,有效地提供施展艺术力的生态可能度。在这样的世界里,人生经验构成了一个场域,其中无数的聚焦之点则是构成它的万物。其实,除了广大的"气"场域,《孟子》这段话还同样强调作为"焦点"的"我"(一个特殊性焦点),将它视为处于呈现过程的这一世界的品质与意义的能动参与者。在环流不已的"气"之外,没有什么"外在"视点。生生不已的世界是必然要从某一个特殊视点或其他视点去看待的,所以气的"场

[①] 参见 Ames 与 Hall(2001)一书序言,其中对"诚"的特殊用法有详尽阐述;它首先出现在《孟子》,之后《中庸》有精微论述。

域"总是特殊的，总是不同视角的；这种视角是一种不间断性的"此"或者"彼"，也可以说延续性的"我"或"你"。另外，每一具体视角都是具"全息"性的，也即每个视角都处于它所在一个充满关系的场域，这个场域将这一视角域境化。这一充满关系的场域，由于这一视角的聚焦程度以及解析程度，而产生大小不同的意义。正如此，富有意义的人生，也增加着宇宙意义。

这样，将"气"的意义作为一个相系不分的场域看待，那么上面《孟子》的那句"万物皆备于我矣"，它更白话的表达则可这样说："气场域的视点为我，这一视点就是我的广袤无垠关系网，气皆备于我。"其实，朱熹正是如此解读《孟子》这段话的：

> 此言理之本然也。大则君臣父子，小则事物细微。其当然之理无一不具于性分之内也。（朱熹《孟子集注·尽心上》）

如果用更熟悉的语言叙述这一意思，我们还可以说：人的生命和生活对宇宙发生着影响。我是处于我的生态关系之中的，跟整个可经历的宇宙相系不分的。那就是，通过个人修养，我所达到的能强化、充满意义地理解自己生命生活的能力，能使我让整个宇宙都增加意义。一旦达到这样的理解，就不难发现，儒家的内业修身在人道与天道两方面的超越性宗教色彩。如果把宗教性理解为一种强烈的作为"人"的价值感和趋向关系的归属感，那么人在家庭、社会以及宇宙中获得的充满意义的生命生活，它本身就正是那种深厚与愉悦情感之来源。

（节选自《儒学角色伦理学》页67—69。）

三、"生生不息"：性命宇宙观

中国宇宙论不会提出独立、超绝的世界起源学说。要从具有重要意义的早期中国如何看待宇宙的起源去认识；公元前2世纪的西汉初期哲学文献《淮南子》的《天文训》篇，有这样一段文字：

> 天地未形，冯冯翼翼，洞洞灟灟，故曰太昭。道生于〔太昭，太昭

生〕虚霩，虚霩生宇宙，宇宙生气。

这里谈到的中国的宇宙"起源论"是"世界"自身的展开过程，这和世界外部的形而上学干预恰巧相反。所形容的是由雏型、未发达的生物出生的开始，以家族祖传为基础，不依赖创造性的原则和上帝概念。中国的宇宙论是一个不断发展和成长的过程，每一环节比上一个更具意义，没有命中注定潜在能力的线性实现。牟复礼提过相同论断：

> 正宗中国宇宙论属于一种有机过程，意味着万事万物一起构成宇宙的有机整体，互相影响，互相作用，合而成为一个宏观的自生自发生命过程。

本杰明·史华兹在提出如下问题的时候也注意到了中国宇宙论的重要生成特点：

> 后来的中国高层思想讨论对人类、宇宙等起源的记载的主导比喻乃是生成或"出生"这类过程，而没有制造、创造这一类说法，会不会与占据中心位置的祖先崇拜及其相关的生物比喻有关联？

这样便在形而上学式的古希腊与亚伯拉罕式宇宙论和延续生成式的中国自然宇宙观之间形成了鲜明的对比。

早期中国的过程宇宙论中，延续性、特殊性、变化、域境、鼎新，都是当今正在延续的条件。它的意思是，不管以回溯还是展望的眼光来观看宇宙，凡是我们选用的理性词汇及其解释构架，早晚将让位于永不完结的生殖过程。由此可见，以上《淮南子》短文的具体用语，即"天地"、"道"、"宇宙"（时空）、"虚霩"（空而远）等等，正把此刻存在与宇宙秩序相联系。不过同时，这些术语是对现实的表述，其本身也根据不断变化的现实而"出生"，因此其解释力也必定早晚会过时。这便是说，宇宙的起源、进化论必然包括着"认识起源论"，因为我们对世界秩序的认识与解释亦有自身的改变和进化：有时间性、历史性、阶段性。我们即使对现在拥有较清晰的认识，但这一具体认识并不足以解释所有情况。按照宇宙起源论，古人对宇宙的形成具有一种认识及由此而来的一套具体词汇；而这套词汇，用来形容那时候的认识，肯定

胜过我们今天的哲学语言。宇宙既然变迁，那么用来解释它的语言也不得不随之而变。这生殖过程可以溯源到混沌状态，这种状态无法用现代宇宙论的相关术语表达。我们无法用明确的语言来言说那种终极存在。从这个方面看，中西方起源说正好相反：传统西方宇宙起源学说一般都会把我们领到一个单一的意识，一个单一神，可以战胜紊乱而建立秩序；中国的自然宇宙形成说，追本溯源则越发黑暗、混乱、遥远。

"道"经常用宇宙"来源"之类的语言加以形容，即我们所认识世界的"起源"。但上文已论述过，宇宙的道远远不是独立于万物之外的超绝、形而上学概念，反而是在万物之中的持续力量。道是作为我们人经验的场域，是世界本身生成、总有或然性的谱系性展开。如上所论，假如说秩序果真是固有的又自然发生的，而不是独立原则，那么用以描述此世界的语言也必须反映这一点，必须反映我们对世界的认识，必须运用比喻、类推词汇，必须具备一定的诗意与历史性、偶然性。

在这种宇宙起源记述中，常用"始"字来概括开端、起源的意思——即自出生开始，如同有一个胚胎（胎），继承其祖先所赠送（怡）与遗留（贻）的世界。这种语言带有浓厚的宗传延续与尊老拜祖（宗）的特色，也包含着含混不清的"帝""天"等概念，一直跨越人世与超自然两界。

《淮南子》那段文字所用"虚"字，按照上下文要将虚理解为大无乃是大有：处在固定形状的物体之中的虚才有用途，例如用于接水的空杯子。在宇宙起源的探讨中，那出生活动正是"虚"、未确定性的来源，"虚"充斥于现象世界，宇宙恰是生生不已于此"虚"。这个"虚空"是尚未呈现但是即将形成确定现象的丰饶生命来源。事物一旦形成后，便构成我们彼一时与此一时的不同。可惜，"虚"经常与原始混沌混为一谈，被误解为空荡荡的、一无所有、无边无际、黑黝黝的"无"。但正宗中国宇宙论不支持这一说，没有一个缺乏上下文情境的空虚，因此没有终极空虚。有形无形之物，只不过是处于不同发展阶段，无本质上的不同。正由于中国宇宙论没有超绝性，它屏蔽作为"质相存在"（Being）与作为假设的"非质相存在"（Non-Being 或 Not-Being）之间根本差别的宇宙本体论。

我们再进一步深入阐明这两种起源学说的区别。不少学者主张中国早期宇宙观不存在宇宙起源说，只有汉朝以来的文献才出现。比如葛瑞汉曾指出：

> 孔子所回顾的过去并不是万物的开端；汉以前的文献不见宇宙起源神话，三皇以前的史前史是一片空白，对孔子而言历史从尧舜开始。

另有一些学者持与此相左的意见，例如金鹏程，坚信宇宙起源说在中国不仅仅出现得早，而且很常见，并与西方的起源学说有若干类似之处。可是这种议论颇具所答非所问之嫌。因为古代中国是不是有宇宙起源之说，并非是问题的症结所在。这个问题倒很好回答：中国自然宇宙观以宗谱形成为特点，是生生不已的宇宙起源性的，开始之意是新的出生。因此无论现存早期神话是否有关于宇宙出生活动的说法，这都不是问题。问题的核心在于宗谱形成宇宙起源说与形而上学宇宙起源说，这二者之间的区别巨大。吉瑞德（Norman Girardot）能很精辟地洞察其中的关键：

> 毫无疑问中国古代世界观同其他思想传统存在着极大区别，但千万不宜认为其中宇宙论上的差异在于是否有神话、是否有创世神话、是否有起源说。主要区别不在于中国缺乏创世神话，而是中国对传统、神话中创世故事具有自己的理解与诠释。二者之间的真正分歧在于对神话中混沌状态的看法。……虽然两个传统皆有混沌与创世之说，但中国思想传统的叙述是不同的，即它不是在创世、宇宙论与宗教意义上的把混沌视为仇敌而作出的终极性、永恒性征服。

约翰·梅尔在对《淮南子》的阐释中曾归纳出关于宇宙起源的不同说法。其中一个质疑起初开端的可能性，另一个叙述出生过程的不同阶段的运行与展开。《淮南子》原文引录如下：

> 〔有〕有始者，有未始有有始者，有未始有夫未始有有始者；有有者，有无者，有未始有有无者。

更古老的《庄子》版本看起来非常相似，不过《淮南子》强调有开端的具体现象（"有有始者"），而《庄子》则重点探索"始"这观念本身：

> 有始也者，有未始有始也者，有未始有夫未始有始也者；有有也者，有无也者，有未始有无也者，有未始有夫未始有无也者。

《庄子》这段文字作者意向是想从"概念"和"逻辑"上否认起初开端的可能性，因此只有逃避不了的无穷倒退。与此相异，《淮南子》所说旨在从历史发展角度描述我们对现象世界诞生过程的向后认识的不同阶段，愈往后认识，愈含混。

因此可见，两段文字的主要论点迥然不同，可虽然如此，二者具有一个重要的基本共同处，以区别于西方古典文献中的貌似相近宇宙起源记载，如《圣经》首章《创世记》、《蒂迈欧篇》与《神谱》。就是说我们需要拒绝将宗传延续宇宙起源说与形而上宇宙起源说混为一谈，以为"混沌"必然由某种外在原理所征服。混沌被描述为无形无状而由神的命令（神的意志）所征服（《创世记》）；描述为混乱糊涂而由理性所征服（《蒂迈欧篇》）；描述为分离而由团结所征服（《神谱》）。这段"因果论故事"——即起源记载——都引介一个行为主体的概念，从此引起理性与因果思维方式。用理性思路便等于揭露和解释秩序，也便是用前因后果关系来进行思考。

《庄子》与《淮南子》虽说不尽相同，但在这起源辩证中，都可以被划分到宗传延续的宇宙发生论一边。在诠释二书时，必须辨别清楚两种传统，一是变化中的世界，其出生活动的形成来自于世界自身，在古文献中，它是从历史与宗谱延续角度逐步呈现出来的；二是由西方经典叙述的人们熟悉的某种超绝原理派生而来的世界秩序。

同这个历史性的宇宙起源学说相合，我们会发现甲骨文与早期经书中的"天"与"帝"常拟作人，就是说常被描绘为具有人形或人的特点，导致一部分过去的中国文化诠释者（以及一部分现代学者）有时将拟人的亚伯拉罕式的上帝与中国的天帝、帝观念相混淆。不过对中国思想而言，拟人法是以人为中心的宗教精神的自然表现。崇拜的对象正是宗传延续与祖先本身。的确，中国宇宙观的历史性拟人法赋予祖先对于后代事物的管辖权。这和超绝的先验论是很不同的一种叙述。

依据先验论或形而上学宇宙起源说，具创造力、决定作用的原理，（如亚伯拉罕的上帝或柏拉图的相）独立于其派生物之外，并将混沌秩序化。即使亚里士多德曾把"形"（form）说成"内在"因素，但归根结底，其性质仍是超绝的、固定质相不变的。他的"独立性""原动者"（Prime Mover），假象本身作为它自己思想的内容，保证了它与外在于它的任何事物，保持的独立。自然变化的动力来自直线性的目的论，目的论将我们从原始状态带向设计计划的实现。它有一个固定计划，有开端，有终结。某个非历史性、非文化性的行为主体——某种众多存在（beings）背后的唯一存在（Being），某种被造之物背后的造物者（Creator），必须是作为前提存在的，以便说明为什么事物是"存在"，而不是"非存在"，为什么它们是它们的"质相"。形而上学宇宙起源说的雄心极大：它承诺，只要我们把"多"最后溯源到"一"（One），那么我们就能知道一切。

（节选自《儒学角色伦理学》页 225—231。）

四、孔子天道观：吾道一以贯之

怀特海对现代科学文化在演进中有过堪称经典的分析，他说道：

> 评价一个时代的哲学，不要首先将你的注意力集中在其拥护者感到必须要捍卫的文化阵地。不妨去注意一些根本的假定，这些假定在该时代各种不同体系中都不知不觉有所反映。

要想了解孔子思想的根本的宇宙论观念，我们需要涉及孔子同时代哲学家们的宇宙认识，还要看孔子的弟子根据孔子思想提出的宇宙论观念。另外，我们还须论及可把孔子思想与当代西方哲学论争联系起来的一些主要问题。这样，对孔子思想包含宇宙论的讨论就碰到严重的时代误置问题。原因是，其实我们显然是在用完全不一样的现代观点去挖掘孔子思想；我们企图从孔子思想中抽取的所谓宇宙论思想，是孔子本人几乎完全无兴趣的。

我们避不开时代误置的另一原因还在于，盎格鲁—欧洲读者会带着有意识或无意识的预先设定前提来探讨孔子思想，而许多前提与中国古典哲学思想本身的内在关系有严重错讹。如果孔子思想本身没有类似西方的前提假设，那么是很容易招致根本误读的。

不过其实，就中国语境而言，我们对这样的根本假设提出要特别注意，也同样是必要的。因为至少最早从孟子开始一直到新儒家，无数孔子追随者都从宇宙论层面去阐述孔子的主要思想，形成了不同学派。这种情况反映在对《论语》的诠释上，后来者做诠释皆须声称其观点一脉相承源自孔子的宇宙思想。这样的情况使得我们对孔子思想的新诠释，更有必要把注意力放在其宇宙思想的内在性上。

这实际是一件很棘手的事，因为在宇宙观层面，不像对他思想涉及的个人、社会和政治层面那样容易把握，哪怕我们对有关资料已做了最深入细致的研究。说实在的，如果在西方宇宙论的假设前提范畴中去解读《论语》中孔子对宇宙论问题的态度，如果不说他是敬而远之，也似乎是模棱两可的。

孔子一方面显然是竭力回避任何宇宙论概念讨论的：

夫子之言性与天道，不可得而闻也。（《论语·公冶长》）

子罕言利与命与仁。（《论语·子罕》）

孔子对情况变化和存在新可能性，是保持开放态度的，然而他并不臆测或推想：

子绝四：毋意，毋必，毋固，毋我。（《论语·子罕》）

对鬼神这一不可知领域，孔子的一贯态度是敬而远之：

敬鬼神而远之。（《论语·雍也》）

他明显回避超越经验知识之外的问题，谨慎地将对问题的讨论局限在人的直接经验范围之内：

季路问事鬼神。子曰："未能事人，焉能事鬼？"曰："敢问死。"曰："未知生，焉知死？"（《论语·先进》）

还有：

子不语怪，力，乱，神。（《论语·述而》）

这些地方所展示的作为哲学家孔子的形象，只是个关心通过他个人经验能达到理解并能给予生活方面问题施加影响的人。我们通过孔子对待"天"（通常被译为 Heaven）的态度，就能充分感受到孔子对"人"范畴的特殊关心。而事实上，因为他这样的一种立场，一般会被外人视为暧昧难辨，致使诠释者们根据各自不同的诠释目的，有的将其解读为一个有神论者，又有人将他说成是个无神论者，而且双方彼此对立的论点都能借助明确支持自己的文本。

孔子对宇宙论问题的似乎缄默，并不是不愿表露自己的见解。他明确表示对自己观点是毫不隐瞒，是毫无保留将思想授与学生的：

> 子曰："二三子以我为隐乎？吾无隐乎尔。吾无行而不与二三子者，是丘也。"（《论语·述而》）

似乎与在宇宙论问题上的态度是个鲜明对照，孔子坚持"知命"，并将它看成是作为"君子"首要的条件："不知命，无以为君子也。"（《论语·尧曰》）

否则还有令人不解的地方是，孔子一边说自己"五十而知天命"，另一方面似乎又不愿分享他"知命"的深刻思想，而罕言"命"，这究竟是为什么呢？

对这个问题一般或许可以这么回答：因为孔子重点关心的是社会政治问题，所以他在这方面具有自己最富创见性的洞识。而孔子思想的哲学基础的宇宙论方面，由于这是个源于传统的认识，孔子基本上是原封不动将它拿来用，作为他和学生讨论问题的已预设前提。孔子的贡献不是阐明了一个新的宇宙论，而是将一套既有的叙述运用到自己所处的特定社会和政治环境而已。这些关于宇宙认识的预设前提，在很大程度上已是蕴含在传统的大多数人的哲学思考中。

孔子还有一个值得人们注意的方面，就是他似乎与一些被称为智者或圣人的先哲们拥有一个共同特征——对形式化的抽象语言有一种保留态度。孔子似乎在这方面与释迦牟尼相同，明确回避讨论抽象的形而上学问题；也很像耶稣，耶稣喜欢用寓言表达思想，绕开神学教义的抽象概念，诉诸人的直接、具体经验。先哲们传达意识时都表现出对字面语言的明显不信任，而倾向更为诗性的表述方式。

其实，孔子对超出实际的问题持保留态度，并不等于他从人类经验出发的智慧探求是脱离对宇宙的认识的。虽然孔子不讨论六合之外的问题，但有一种对宇宙的认识是不言而喻、直觉地潜在作为他哲学论述基础的。我们有把握肯定，孔子的学生们也是心照不宣地领会了他思想之中内在蕴含的宇宙

观念。

在这里不能不提出的问题是，今天孔子思想的大多数研究者所持有的，是一种意义相当迥异的宇宙观。我们只有搞清楚孔子思想的产生与表达所处的宇宙论域境特征，才有可能对我们自己正在使用的预设前提产生需要纠正的意识。

我们知道，至少在社会和政治哲学层面，孔子哲学反映了对秩序的实现与和谐的充分内在一致的思考和表述。孔子认为自己的思想是贞于一的，从他称其为"吾道"的描述可充分看到："参乎！吾道一以贯之。"（《论语·里仁》）

西方传统的宇宙论有两种主要含义：其一是"一般本体论"（general ontology），是涉及存在物之"存在"（be-ing of beings）问题。其二是"科学普世性"（science universalism），也即"原理性科学"（science of principles）的意义。海德格尔是"一般本体论"宇宙论代表，他的哲学命题是："为什么是'有物'而不是'虚无'？"怀特海是"科学普世性"代表，问的是："有的是什么样的物？"哲学家们正是由此而做的描绘潜在事物及其彼此关系之下决定性的种种原理。"存在的原理"（the principle of beings）是科学普世性的主题，而"原理的存在"（the being of principles）——即构成存在的原初实体，则是"一般本体论"的主题。

这两种思想形式并非一直都像我们上面所说的这样区分鲜明。大多数思想家一般都同时提出这两种问题（虽然在某一哲学体系占优势的总是其中之一）。问题是要意识到，"一般本体论"和"科学普世性"二者同是一个"神话—逻辑"（mythos-logos）论证的功能。二者依赖的都是宇宙自无序向有序转化，将此设定为理性秩序发展的基础前提。无论是从混沌的"虚无"到有序"存在物"和"存在"，还是从"混乱无序"（confusion）向"秩序原理"（principles of order）转换，西方宇宙论思想在根本上来说都是宇宙发生的叙述。

而古代中国的哲学问题是独具特性的，它不是突出宇宙发生论的传统，也因此而不存在西方基于宇宙发生论的理性化思想，去说明无序到有序的"理性意识"形成。中国哲学也很难出现像"神话—逻辑"这种二元对立的影响。正是这样，传统西方形而上学与宇宙论认识这两个东西，哪一个都不大能成为儒家宇宙论的思想模式或诠释方法。既然如此，是否有一种可从根本上恰当理解儒家思想的方法呢？

我们提出"情景化艺术"（art contextualis）的观念，作为一种整体性审美观，其术语既可用来表述孔子"宇宙论"的内涵，又可阐述他的思想方式的主要结构。

（节选自《通过孔子而思》页 195—200。）

五、"情景化"宇宙论内涵

对"天命""德"与"道"的探讨，需引出这些术语相对新的含义。但如果我们想要获得对孔子宇宙论前后一致的一个总体形象理解，一定要明显看到这几个观念之间的特殊关系。这样说显然可能会有人批评，即是否这样做会扩大这几个观念的一致性，而可能孔子及其学生并不会如此认同。在提出孔子思想的宇宙论意义时，我们已然大胆地代表孔子说了可能比他本人想说的还要多的话。我们甚至还更冒险地说，孔子肯定没有对这些观念之间"体系性"关系的系统性表述。对我们这一说法进行辩护，我们可来思考一下"thinking through"（即通过……而思）的意思——"学"（learning）与"思"（thinking）二者结合奠定了"知"（realizing，成）。我们以说明重要观念包括详细阐述它们之间的关系，来阐明孔子宇宙观，也是在于"知"（realization，成）。

我们曾根据"焦点/场域"模式对"德"与"天"（或"天命"）之间的关系做过说明。"德"志在于"天"。对君子和圣人来说，"志在于"的行为，就是一种"和合"与参与活动；因为越是专心关注个别，就越是意味总体体现与场域的整体性。"德"这一焦点的最精深表达，是在于"天人"关系意义上。

"道"与"天"和"德"之间的特殊关系则是更需要阐述的。"道"作为人类行为结果的意义来说是自然呈现的。"道"是作为文化传统积淀的"成

人"样式。"道"与"德""天"二者都是直接关联的。孔子或颜回因他们的德行作为传统受到尊崇而成为"道",于是有了"道德"。同样,"道"也可用于意指万事万物之整体性——"天",因而涉及社会环境——即涉及"王权"或国家。如果孔子同道家一样关心更大的宇宙问题,那么,"天道"除表述人类生存已成的样式外,还会指涉自然环境及其已呈现的规则性与和谐性的韵律。但由于孔子真正专心关切的是人世事务,"天"所代表的场域,大体上是指人世。整体即是人类社会。正是缘于此,"天道"或许不过是"仁道"(人的文化传统)的另一种说法。

通过"思考"孔子哲学中特定的宇宙论内涵,我们能进一步证明我们关于《论语》一些主要思想提出的可引起争议的观点。我们一直强调孔子哲学以及古代中国哲学思想总体上的审美层面。我们的这个强调,是符合孔子思想的宇宙认识的。孔子的"天""德"与"道"的观念是在审美秩序而不是在理性秩序基础上的。可常常是,如果我们理解不到这个情况,结果给予这几个观念西方传统那种理性的解释,而且力图从预先决定原理方向来理解它们,那样就会严重损害孔子思想视野的全然性。

孔子不是提供"存在的一般理论"或"普世原理科学"的基础。他提供的是一种"情景化艺术"的审美理解;其中的"部分"与"整体"——"焦点"与"场域"的互系性——使得一切事物的彼此依赖,是在社会人群角色和功能所定性的种种特殊域境意义上看待的。"天"是意义的源泉,但不是在纯潜在性的永恒知识库意义上而言的;"天"包括传统的过去,传统过去则是作为人类行为累积的产物。"德"是一个特殊人在自我域境中独特凸现的卓越,它不是"实在论"意义上既定的,而是已获得的看待事物的一个视角,这个视角把这个特殊人置于场域中心,也在同一时刻,聚焦着他(她)所处于的域境。而"道"则是从"自我实现"人们的行为之中呈现出来的。这种"自我实现"在于人们作为意义与价值焦点的特殊集中性,能够提供服务。这样的人们对于"天命"是有一种决定性影响的。

孔子的宇宙认识或许可理解为与"思"和"成人"互相联系最基本过程的归纳概括。"天命""德"和"道"之间的彼此关联就是如同"学""思"和"知"的那样的关联:拥有传统,加以反思,然后成就;或者也如同"礼"

"义"和"仁"之间的关系：确立礼仪，以义行为派生和赋予意义，成就"仁"。孔子宇宙论是一种归纳概括方法的社会学，一种方法的想象力，在这个想象中，人类是呈现于以传统为基础的社会域境中的，与此同时，又对当今环境之"命"所呼唤的新鲜事物保持开放态度。

当然，也许还会有人说，孔子对"思"和"做人"的思想是对上面提到的更为一般的宇宙论概念的具体例证。不过，我们必须对这种说法抱十分谨慎的态度。因为，尽管一种宇宙论概念可以作为一种手段，可突出与理解事物整体性相关联的、一般性与具体性概念之间诠释的相互作用，但是要想充分理解孔子思想，则是需要接受他那种互系性思辨，而不是任凭我们自己（指西方——编者注）那样的思辨习惯。虽然前面的讨论可能看起来好像证明我们接受了孔子的是一般宇宙论概念的说法，其实并不是这样。我们力图重建孔子思想宇宙论的含义，正是针对后来新儒家所做的如此误读，也针对当代盎格鲁—欧洲哲学家们的潜在如此误读。

如果孔子原本是一个西方式的思辨哲学家，那么，我们就此可结束对他思想的探讨了。而事实上，我们顽固守旧的西方读者或许会相信关键的问题我们到此已经解决了。事实当然绝不是如此。孔子是第一个也是最重要的教育家、交流大师。孔子思想崇高之点是在"圣人"这一观念之中。探讨"圣人"的观念需涉及语言的意义和沟通行为，因为它们都是与升华为"圣人"的过程相联系的。对孔子来说沟通是一种协调行动，是在沟通者和参与沟通者之间实现和谐的行为。这一协调行为有助于我们理解所论及的孔子的每一重要观念。

（节选自《通过孔子而思》页 246—252。）

六、儒学的强"审美感"

西方现代社会政治理论很大程度围绕诸如个体与社会的关系、私人领域与公共事务、自然法与成文法的地位、权利与义务的性质、政府（合法权威）的制裁权力、正义的内涵等方面的问题。如果将这些问题引入对孔子哲学的

分析中，不可能不使之被歪曲得面目全非。而孔子"社会""政治"理论有的是另一套很不一样的内容，如修身、礼法、在其位谋其政、名正、学则仕等等。

从上面所列两方各项目的对照一眼就可看出（或可将之解读为）孔子社会政治思想鲜明的民族性。政治秩序与"修身"的关联以及要求统治者"内圣外王"（即是位君子），这使得即便是中国和盎格鲁—欧洲传统主题一致的那些政治理论，也带上了明显不同的色调。

儒家和西方传统所关注的种种问题及首要关注问题的根本差异，可首先根据对主导各自文化传统的秩序的不同理解来说明。西方思想和孔子思想社会政治观念之间的重大区分，不仅体现在实现社会秩序种种程序的设定不同，而且还在于对"秩序"意义的不同理解。因此，我们当下探讨的首要任务就是，理解孔子的"秩序"与西方历史上占主导地位的有关"秩序"的社会政治理论的差异。完成这一任务最有效的途径或许乍一看会相当迂回：对社会秩序不同含义的分析，需要我们首先理解古典西方哲学有关"实践"的问题。

西方传统流行用柏拉图主义和唯心主义的方法诠释实践，它们将实践描述为符合知识诸规范原理的行为。

"审美"在古希腊仅仅意味着"通过感觉感受外部世界"。aesthetics 带有"专注"（being preoccupied）的意思。理论（theoria）和审美的概念与对可感外部世界"专注"到的感觉有关。约翰·拉斯金（John. Ruskin）将"理论"描述为"把感知美作为道德才能"，与之相对应的"审美"则是"纯粹动物快感"，他就此首先建立了理论与审美的特定关联。二者都分别被解释为与感官经验感受世界的某种模式相关的"专注"。对康德来说，美学就是处理感官知觉诸状态的科学。美学将"感觉"或"实体事物"的知觉与功能视为对立于"智力"或"非实体事物"。

审美秩序和逻辑秩序这两个概念是彼此背离的。审美秩序指向特殊性和个性，逻辑秩序则趋向一般性和绝对可替代性。没有特殊性就没有审美秩序。诸成分的联合体会在实现绝对统一的情况下造成最大的审美无序状态。但这是理性"秩序"的最高层次。热力学的第二法则表明，极度的审美无序和极度的理性秩序的出现就是宇宙的终结。

逻辑秩序和审美秩序区分的意义在于会引起对"秩序"创造和保持不同趋向的注意。理性化过程倾向于统一性和模式的规律性；审美倾向则质疑该取向，青睐独特性和非规律性模式。

社会组织秩序为审美秩序和理性秩序相互作用的方式提供了最佳例证。因为，人类社会本身是某种"界乎中间"现象，该现象无法用逻辑或审美任何二者之一进行诠释。社会中的人在被抽除了特性且只关涉其一般或普遍性质的情况下，是从理性意义上被说明的。"人性""人权""法律面前人人平等"等诸概念都是借助逻辑或理性有序秩序的标志。我们也将会看到，甚至连个人主义的种种主要形式亦是理性或逻辑诠释的结果。

一个以对审美有序的热爱为基础的社会将不会广泛运用法则、标准、规范等归纳或例证，因为它们是被设定的人类及其诸聚群模式的主要限定性特征。共识也不会成为社会秩序的客观基础。一个审美规约的社会所表现的一致性和连贯性来源于对一部分个人的特定尊敬，无论何时，这些被尊崇者的视角都汇聚着秩序的多种可能性。

西方文化传统中对单一秩序宇宙的信仰强化了对自然和社会统一性的追求。法则作为秩序的外在决定性根源奠定了理性有序永恒观念的基础。另一方面，如果很少或者不借助于一个已成秩序或一个顺从自然法则的世界概念，就必然会认为此类秩序的存在是偶然的。该偶然性自身不会成为替代理性或逻辑秩序的另一秩序的基础。

社会哲学与西方社会理论对比的大背景下，理性秩序与审美秩序的区分将会使我们更好地理解盎格鲁—欧洲"个体"（the individual）概念的起源和内涵，以及"原理"（principles）和"典范"（models）这两个概念作为实现社会和谐的手段的区别。

（节选自《通过孔子而思》页 131—138。）

七、孔子儒学的不寻常宇宙观念

我们就对孔子思想的一些主要理解与传统诠释方法，在这里提出大胆的

质疑。为此，我们有必要在一些基本理论背景问题上开始探讨。这些理论将有可能对澄清孔子的思想给出适当的诠释语境。大多孔子诠释者，无论是原本就来自盎格鲁—欧洲传统，还是借助西方哲学理论话语从事诠释的中国学者，其诠释缺陷，都在根本上可归因于：一直以来都没能意识到因而也没有办法阐明，对中国文化传统起到主导作用的那些独特的道理观念。

我们现在认识到的中国文化传统的这些道理观念，恰恰不是那些能与我们自己文化传统主流思想家所共识的观念。但如果盎格鲁—欧洲读者乐于将一些重大的文化差异，视作一种可避免在无意识之中将中国儒家思想翻译成与它自己根本不相调和的语言手段，那么，这些重大文化差异就必能为我们提供真正帮助。同时，我们也要告诫深受新儒家思想浸染的中国学者，我们在这里意在诠释一个蕴含于《论语》的孔子形象，而不是孔子的新儒家弟子们所发挥出来的孔子思想，尽管被发挥出来的有些思想的名气是很大的。

我们必须将一些有悖于西方常论假定的观念一开始就讲清楚。这些观念我们指的是，一个知识系统的元素，被用以建构开展哲学对话的基础，它使得沟通与交流成为可能，但又是尚未被揭示的预先叙述。我们强调要重视古代中国与西方文化传统的可进行对照的各自预先叙述，这当然不表示我们是刻意突出一些绝对或不可避免的概念差异。中国和西方文化传统的丰富性与复杂性，某种程度上维系了各自的一套主导文化传统的预先叙述——或许一方的文化传统预先叙述，以某种极为边缘化的形式，同样也会出现在另一方文化的母体中。因此，我们提出的种种悖常于中国，或者从另一方面讲，异于盎格鲁—欧洲文化传统的理路样式，可理解为是对植根于两种文化内部不同价值观的维护。

对所说的"不寻常观念"进行探讨，是通过对盎格鲁—欧洲哲学的方式进行梳理，以寻找可实行对比的概念。但是，这些可对比概念的内涵，是因为要将其运用到把孔子思想和西方传统加以融会这一事实，而塑就的。简单地说，就是我们多少会常借用我们的哲学话语来扩展它的传统意义。就像我们曾对借助"跨文化时代误植"的必要性所做的强调，我们也要尝试通过探讨种种显然不在孔子思想范围内的概念，或者说把孔子当成两种对比性理论当中之一的捍卫者，尽管他对作为此二者理论基础的区分是确然并不知晓的，以此来实现对孔子思想的评价。我们并不避讳这一点，在我们看来，人总是不可避免地从自己所处立场出发思考问题。如果声称能够找到对不同文化感受性进行比较的中立立场，或者认为在两种不同文化之间我们很容易采取客观诠释立场，其实不过是不由自主依附种种所谓客观学术的外在虚饰。这种天真的设想只能导致对外来思想家的最肤浅、扭曲的认识。

1. 内在宇宙观

或许，能使孔子思想获得一致性解释的那些"不寻常观念"，最深邃之处就在于它屏蔽了任何超验事物或原理的存在。此实际正是根本的内在性前提。其实这里，我们的语言还是多少有些误导。因为在严格的意义上，"内在"与"超验"对比，本身是源自我们盎格鲁—欧洲传统。但无论如何，对孔子思想的探讨会越来越清晰地表明，任何借助种种超验事物或原理对孔子的学说实行的阐释，已经对它造成严重的曲解和失真。而运用"超验"和"内在"思维模式对比则为我们阐明超验性诠释的不当，提供着实质性的帮助。

鉴于西方思想发展的过程围绕着"超验"（transcendence）这一概念，以及这一语汇用法的复杂性，是有必要尽可能准确阐明我们将它用于比较哲学阐释的意义。在我们对它的运用中，"超验"在严格意义上应理解为：一种原理。如果说，A是这样的"超验"原理，那么，B就是用它作为原理来验证的事物。B的意义或内涵，如果不借助于A，就不可能获得充分分析与解释，但如果将A与B做次序的颠倒，在逻辑上是绝对不能成立的。盎格鲁—欧洲哲学传统的诸多原理支配意义都需要这种严格意义的"超验"定义。

西方哲学家基本思想原则认识上的超验语言的优先性，诱导孔子思想的盎格鲁—欧洲诠释者在他们对《论语》的解析中也采取的是超验语言优先性原则。这在由基督教传道士们最初主要担负将中国经典引进中国之外世界事业的情况下，尤其如此。他们自然不遗余力地致力于维护超验的理念。当然，对于柏拉图和亚里士多德传统显然必须使用超验原理。在柏拉图的《蒂迈欧篇》（Timaeus）中，理念或形式独立于宇宙并且提供宇宙创造的范型。亚里士多德"不动的原动者"（Unmoved Mover）是第一实体，是万物之永恒不变的非物质之源。它是被用以说明所有运动、变化以及我们对自然界认知的原

理。原理，恰如其定义本身所表含的意义那样，它从来都不是被宇宙或者任何内在于它的要素决定的。

古典唯物主义的各种形式源自德谟克利特（Democritus）和卢克莱修（Lucretius）的哲学。他们用"原子"（atoms）——构成一些物的独立且不可变更的单位——来解释这个世界。古典唯物主义的"原子"在严格的意义上先在于它们构成的世间万物，因为它们是万物的决定者，它们自身是不受它们所决定的事物的制约和影响的。

西方哲学传统中哲学范畴的第四种资源与存在主义或唯意志论思想的主导形式相关。这里，诸多原理以人类行为本身找到了它们的最终根源——"君主"（princes）定"规"，"统治者"（rulers）立"法"。人类世界在最普遍的意义上是一连串人为构造物，个体通过重构和赋值的行为使这个世界成为他自己的世界，就此，每一个体都担负起获取"真实性"（achieving authenticity）的重任。尽管这种对存在主义思想的描述或许看似符合我们认为的与孔子相似的人类中心主义框架的伦理学；但这种"相似"是个假象。因为在盎格鲁—欧洲传统中，存在主义哲学家相较对彼此依存的关注，更倾向于独立实现卓越才能。以此类推，最高地实现自我个体成为超验原则的标准，他们独立于他们所创造的世界。

存在主义思想只有在承认个体与社会的相关性情况下，承认社会对个体存在起决定作用，同时也承认个体对社会决定的决定作用，才可变得与古典儒家思想相近。而且，个体的与社会环境的相互作用不能够以"个体向全体开战"的形式实现，而必须以彼此依存的语境中的相敬关系为基础。

做比较哲学研究，我们只能通过借助自己传统中的范畴和语言去说明其他文化传统。这些范畴和语言，应该是可以依据某些基本的相似性而加以重新塑造、扩展以涵容新思想。对西方读者来说，孔子思想只有通过诉诸其自身文化经验范围内的种种相似结构（尽管不充分但却能够提供一些基本的相似性，以便处理差异性）才会获得理解。差异是不能以笼统附会方式处理的。在古典盎格鲁欧洲哲学传统中我们几乎看不到，秩序与价值的诸多原理本身是依赖于而且是出现于与其具有内在联系的域境的，又没有任何这种充分形成的出发点。全面恰当的对孔子思想的阐释需要一种内在性语言，它是以这样的理念为基础的，即种种法律、规则、原理或者规范，都源自且服务于它们所在的人类与社会域境。

如果说当代比较哲学活动还有可用的、作为切实接近孔子思想的哲学概念和学说的最佳资源的话，那一定是与皮尔士（Peirce）、詹姆士（James）、杜威（Dewey）和米德（Mead）的研究相联系的实用主义哲学，自此可进一步扩展到诸如怀特海的过程哲学。这样说应当不会引起争议。因为，中国和西方文化域境中都有很多声音已经指出实用主义与过程哲学以及二者与古代中国哲学的相近性。

为诠释孔子思想而需要的内在性语言，尤其对说明孔子是道德实践者的"自我"观念时特别重要。因为盎格鲁—欧洲的超验语言与以"实体"（形而上学实体主义）解释世界（人类社会更是如此）是直接联系的。所以，借助超验原理做任何诠释不可避免地都会导向"自我"（self）的"实体"理念。如果只有诉诸超验原理才可获得对行动者或行为的意义，那么，个体和域境的本质必然只能取决于超验原理。理性原则要求理性的"存在"来执行它们。道德原则要求道德"存在"去践行。这样的"存在体"是行动者，是分别以"理性"和"道德"定性的。是这种定性使得行动者成为"实体性存在"（substantial being）——即，一个拥有"质相"、有本质"性"的"存在体"。

而儒学是一种现象本体论，不是实体本体论。理解人类现象不需要借助"质性""属性"或"特质"。因此，儒家讲的不是抽象"德性"的实质，而是更关注对特定域境的特殊人行为的诠释。这不是一种从行动者到其行为的单纯视角转换，因为如果是这样，就还需运用我们认为确然不适当的实体性语言。将一个人的特质作为现象看待，对于任何将行动者与行为割裂孤立的看待方式，是一种屏蔽。行动者既是其行动的原因，又是其结果。

犹太—基督教传统具有"实体性自我"防卫的突出特点，这使得它与古代中国哲学的佛家、道家和儒家学派更有四散性的"自我"话语叙述形成了鲜明对比。因为近来比较哲学发展带动了这两种不同文化传统间的建设性互动，这种情况引发了有关不同文化传统间一些有差异的极为有趣的问题。盎格鲁—欧洲哲学内部对"实体性自我"概念的种种批判有可能肇始于尼采，而突出的表现是在20世纪詹姆士、柏格森和怀特海的过程哲学上。这场运动改变了一直以来对"人"概念理解的基本预设问题。这几乎不可避免地需要

借助外来文化,因为盎格鲁—欧洲思想的理论环境不利于形成对非实体主义思想实现最好的表述。

内在宇宙论的一个最重要含义就是现象本体论作为孔子思想基础。其他也需要强调的两点意义,一个是内在宇宙"秩序",另一个是内在宇宙"创造性"。对秩序的基本理解可分为两种:一种是秩序的取得需要将其运用于相关性的预先模式的既定状态之中。我们可称之为"理性"(rational)秩序或"逻辑"(logical)秩序。第二种秩序的意义在根本上是审美的。审美秩序(aesthetic order)是在新模式的创造中取得的。逻辑秩序涉及封闭性行为;审美秩序则是基于开放性。逻辑秩序可能源自"上帝意志"、超验性的自然法则或既定社会的实在法,或者人良知中的绝对诫命等等原理的强加或实例化。审美秩序则是作用于特定域境的特殊性角度、因素或现象,与该域境相互决定作用的结果。将孔子思想的秩序视作如理性秩序那样的源自于强加于现象的预先既定模式必定是错误的。对那些仍深受我们现有传统濡染和禁锢的人们来说,孔子的思想是怪异的——因为孔子的秩序是实现的,不是实例化的。

孔子的"创造性"也是必须要重点指出的。西方哲学传统深受犹太—基督教"无中生有"(creatio ex nihilo)概念的浸染,以致"创造性"常被理解为是对超验创造行为的模仿。而在孔子思想中,创造行为本身"最初"就存在于自然世界中,而且取决于其对具体社会环境秩序所起的作用。它绝不是以任何超越现实世界之外的意义终结创造行为为范型。儒家世界的创造性,是意义(meaning)的创造,而不是"存在体"(being)的创造。

(节选自《通过孔子而思》页 11—17。)

2. 互系偶对观

西方文化传统中超验概念的无所不在使我们的概念库充满了数不清的二元分离概念——上帝/世界、存在/非存在、主/客、心/身、实在/现象、善/恶、知识/无知,不一而足。这些概念,尽管完全不适合于分析古代中国哲学,却严重染指了我们迄今被迫用来讲述这个哲学的语言。儒家宇宙认识的重要观念——如天、地、人——的相互内在性对使用在它们身上的超验语言具有排斥性,因而任何二元性对比结果都适得其反。一个内在性宇宙认识论的相应理念其实是偶对性。这种偶对性体现的是，（在西方是）对立性的二概念对应地在古代中国这里实际是偶对性互系着的，任何一方的叙述意义都离不开对方。当然，这样认识中国思维是没错的，一般是用"阴阳"观念表明的意思讲的；"阴"对"阳"不是超绝的，反之亦然。"阴"总是"生成阳"，"阳"也总是"生成阴"；黑夜总是"生成白天"，"白天"也总是"生成黑夜"。话虽是这样说，但中国文化的大多数诠释者仅是浅尝辄止。至此，不能确切说出中国古代思维的偶对联系性，偶对二者的相互性内在所基于的意识特质是什么。

"认识意识"（presupposition），是抽象说法，简单地是说：儒家宇宙是一个"域境"，这个"域境"对构成它的成分来说，既构成着其组成成分，又是被它们构成的。但关键性的分析还是必须的。一个有机体一般被理解为是以部分构成的整体；各部分之间是为着一定目的或目标建立联系的。

西方的亚里士多德自然主义是最具代表性的例子，例子表明的是在重要意义上，目的或者体现最高意图的目标，对自然世界都是超越性的。"不动的原动者"是一个无条件限制的目的或目标。我们讲"有机体"对儒家宇宙观是个适用的观念，其相对于亚里士多德自然主义的重要差别，从严格意义上说，是没有任何成分超绝于任何其他成分的。世界每一元素都与每一另外元素是相对的，一切元素都是"互系"的。

如果说甚至连亚里士多德自然主义那样的宇宙观都是缺乏互系性的话，那么受"无中生有"之类宇宙观所影响的哲学体系的缺乏"互系性"，就更毋庸置疑了。西方自希伯来和希腊传统汇聚以来，"无中生有"话语的教义，对促进生成超越的语言和二元论范畴产生了重大影响；二元论范畴产生不可避免地要被用于使这种语言实例化。

二元论生成于"无中生有"教义影响的哲学语言中，是因为这种教义，将一个根本不可知的无条件力量放在决定世界重要意义与秩序的地位上。二元论所喻义的，就是超绝、独立的创造本源同它所创造的依附于它的有限客体之间的根本割裂、分离。因为创造性本源没有必要借助于被它创造的东西讲述自己。二元论的形式是形形色色的，它在西方宇宙衍生论发展中，是一种主导的思想，而且也是个不变的"潘多拉盒子"，释放出对西方形而上学思

辨起到建构作用斑驳多样的二元论。

另外,"偶对性"则一直以来都是中国古代的"形而上"形成之初与演化的主要诠释观念。言"偶对性",我们意在表达的是两种事物之间的关系,每一方都将对方作为自己现实状态的必然条件看待。每一存在都是"自如"(so of itself)的,并不是从任何超绝本源那里衍生出自己的意义与地位。"自如"说法的"己"与"他"之间有一种偶对关系。每一特殊体都受其他特殊体的影响。说每一特殊体既是自我定性又是由每一其他特殊体定性的,这并不矛盾,因为每一现存特殊体也都是在由每个他者建构着的。偶对性的最大的区分特点是,任何一侧都得通过参照另一侧才能讲述自己。"左"需要"右","上"需要"下","己"需要"人"。

以二元对立解释关系,带动的是"质相"主义解释。这样世界元素就被说成是互不联系、独立的。而相比之下,对关系的偶对性诠释则要去对世界做域境化的理解,这样世界现象是严格意义的彼此依赖的。

二元论范畴不仅不适合偶对性形而上认识,而且还可成为误读根源。偶对性需要使用互系性术语去解释生活存在变化不已的循环与过程:分辨/压缩、分散/合并、分散/凝结、盈/亏,等等。另外,因为任何存在的事物都依赖于一个共同连续体,在这个意义上,只是程度上不同而不是类别性的差异;它们之间的区分,只是性质的:清/浊、正/偏、厚/薄、刚/柔、温/暴。

中国古代的偶对性思想特质,对"无中生有"创造性的说法是不予理睬的。历史学家鲁惟一(Michael Loewe)决断地指出,在古代中国域境中,无论"神话"还是"哲学"中都是找不到"无中生有"理念的。《庄子》是个例子,它表现出对(西方那种——编者注)"绝对创始"原理的明显质疑:

> 有始也者,有未始有始也者,有未始有夫未始有始也者。有有也者,有无也者,有未始有无也者,有未始有夫未始有无也者。俄而有无矣,而未知有无之果孰有孰无也。(《庄子·齐物论》)

二元论与偶对性的差异问题,是中国思想家提出和应答种种哲学问题中牵扯出来的。例如,鲁惟一认为,中国文化"没有来自遵从单一源起需要而发展出的那种线性时间观"。生存过程在根本上是循环性的。这一过程没有最初起源也没有最后终结，只有循环的韵律、程序和节奏。

还有，古代传统中当然可发现有那种似乎是目的性、拟人化神的创造者理念，例如道家的"造物者"。但是偶对性的思维不接受"造物者"与"被造之物"的最终分别，使得（西方那种——编者注）"造物者"、目的论思想在中国传统中仍是个不存在的东西。

如果说中国文化传统是以偶对性思维为内涵的，那么，期待它会在作为中国古代思想主要领域的社会政治哲学中体现出来，应该是不会错的。史华兹及另外一些学者已发现情况确实是这样。史华兹找出了植根于古代儒家传统而且相传甚广的几对"相辅相成不可分"的观念：修身/治国、内/外、知/行。

二元论/偶对性差别带来的最大影响之一，表现在对"身/心"二者关系的认识上。一直严重困扰西方文化传统的灵魂（psyche）与肉体（soma）二元对立关系也引发出最不好办的问题。中国古代传统的偶对性形而上思维，对心灵与肉体彼此的互系性关系认识，起到了使（西方式的——编者注）"身/心"对立理念无法形成的作用。这并非是中国思想家具有调和这种对立的能力；而情况是，它在中国从来就没有成为一个问题。因为身心没有被看成是本质类别不同的存在，也没有生成必然要用于去讲述它们的另一套术语。正因此，我们常常用来表述物质的定性修饰词汇在汉语中发挥双重作用，既修饰物质也表意精神。例如"厚"既可表述物体的 thick，也可表述品格"宽厚"（generous）；"薄"可以指物体的 thin，也可形容心灵"浅薄"（frivolous）。还有"圆"和"方"也是既表物，也可表神的特性。其实，这一传统的所谓"成仁"，历来是以"度"区分的：如"大""渊"等等。西方语言中这样的类比恐怕没有这么多，而是有可能令人想起一种出现二元对立以前的时代的对"人"的阐释。这至少反映出西方传统的理论与隐喻、理性和修辞之间值得注意的不一致性。

（节选自《通过孔子而思》页 17—21。）

八、"心场"宇宙观与历史观

1. 传统作为阐释域境

对孔子思想归纳出的最后一个观念，是一个传统特征，即传统作为一个

语义域境，域境之中不断出现的认识意识，得到它的语言与哲学的表述。与前两个认识意识一样，在观念比对意义上概括出孔子思想观点，是有效的方法。

不错，历史是以不同方式被理解与感知的，"主体"（agency）这一概念作为核心是具有广泛一致性的。不管历史是直接以经济或军事为主导根源要素来解释，还是被诠释为观念决定的，"主体"都十分重要。理念是有影响的，如果不是像经济变量那样的同等方式和同样程度。即便如此，似乎是唯心主义与唯物主义历史观都不是将人作为历史主体能够强调到意志论或英雄主义那样的程度。却也无疑，正是唯物主义与唯心主义思想阐释的历史，本身就是建构出伟大的个体。如果说历史人物本人不是，那么，作为文献作者的历史学家和哲学家，也是对历史现象的意义起决定作用的实在主体。我们只要想一想科学史的写法就能明白，它的绝大部分历史，都是根植于唯物主义范式中的，都是对"伟大"科学家的颂扬。

知识史很清楚，也没有什么不同。我们对收录历史仍是很关切，历史收录几乎一律都是以伟大思想家为主线陈述的。理念有发现者、创造者、优胜者与守护者。这些个人有名字、有事迹；他们的故事是能讲述的。

这些都是事实，而且很大意义上成为我们对自己的认知，甚至是没有疑问的。但是，究竟是否还有其他选择话语说法？与英雄史最具有鲜明对比性的其他陈述方法——作为文化经验的确定语境的，则是一种以"传统"为中心的方法。"历史"和"传统"两个术语当然有相互重叠的意思，但一般会是其中一个概念从特定社会域境上说，是更根本的。"历史"是由人物和事迹"制造的"。而"传统"有一种"给予性"，这种"给予性"对"创始者"或"造物者"这种东西，是无视或者说至少是抵制的。任何一历史现象或诸多历史现象，在如果能推理和找出始因对其进行说明的意义上，历史是理性或者说可以理性化的，哪怕历史现象的整个复杂体可能显得还是混乱或非理性的。"传统"却不一样：对某一传统、礼仪或习俗的理性方面进行捍卫，也许是做不到的，但是传统作为一个整个复杂体的理性，一般是可以得到很好的维护的，例如它的说法是维护社会一致性或稳定性。

"历史"的理性与"传统"的理性的差异，充分反映的是二者之间最有维系性的关系的性质。传统的文化是礼仪性的，这种意义是关系到公共和私人事务的礼仪形式，在很大程度上是以最少人为意识干预，维系传统和文化的延续。而那些较少借助传统，更多由历史意图决定的社会，必然在很大程度上依靠制定法规条令。

历史文化与传统文化之间明显且广为人知的差别，是与一个事实分不开的，也即前者倾向于把道德强调为对原则和法律是服从还是抗拒的意义，后者则是看重参与礼仪活动的审美性特点。对历史文化来说，法规是规范性的，是外在起秩序作用原则的意义。而在传统文化中，法规是构成性和内在性的，其意义在于，如礼仪形式一样，它们是在举行礼仪之中构成着"存在"或者"行动主体"的。另外，鉴于礼仪行为必要与确定性的条件是人性化的，这样，较之原理与个体之间的关系来说，礼仪与个人之间的关系更亲密。

与传统相符合的礼仪行为，与出于理性意图或出于审慎个人利益而遵从法规的行为，是很容易分辨出来的。分辨的重点，在于对分辨结果的掌握，也即，是就人的外表反映而言，是就它反映的、给予人所在之社会的基本结构塑造特征的根本原则而言。作为建构性活动，礼仪行动给人提供形式，也给了他（或她）表达自己的手段。而另一方面的情况是，凌驾于个体之上的法规，给人提供行为的方针，因为它是做衡量而用的行为模式和实行标准化的。它们是人要遵守的。这样，个体可能（其实是必须）感到是在法律之"外"的，并多少在一种轻微程度上是异化与隔离于法的。

西方社会的个体感受到其个体性的力量，是种种规范的外在性的功能。如果与社会规范不是对立的，与它不存在紧张关系，也就不会有以自我为中心的存在。人的环境气氛融合着，与审美的、礼仪化的生活相联系，不可能导致使个体性得到强化的形式。通过中西文化的个体性意义的对照，我们很容易认识到这一点。

西方个人主义与儒家"人"的观念的区分在一个事实上可以看出，即在西方社会人的个性差异是作为创造性和独创力标志而受到珍视的；而在中国，人格发展目标是人依存性的成就，而这种成就，是个人之间感同身受的融为一体情感的实现。这样一种精神气质所根植的是对那种虚构特质情感与行为的拒斥，因为虚构特质的个性是无法通过风俗和传统的内在性准则来表达的。

敢于离经叛道、挑战传统的个体行为，儒家会将其解释为是面对正统传承、天理延续，自私自利、厚颜无耻的表现。

"传统"主导，作为实际有效准则之根源，对那些有可能打断历史延续性，确立新思想、新制度的个体新贡献是一种束缚。历史在反叛起义与奇想特质创造家和发明家的行为之中焕发生机。而传统社会将文化延续视为对过去思想、行为的体现与发扬而加以崇尚。中国与欧洲的理论学科史是这一区别的极好说明。在中国哲学中，大功大德的标志是恰当运用过去原创思想家的智慧，使得它与自己所处之地位与时代延伸是相关联的。而在西方，哲学史可被解读为由（例如现代以来）笛卡尔、休谟、康德、黑格尔、马克思、尼采等人提出的一系列革命性美景。

以"传统"为导向的社会，就像构成它的人们那样，并没有发动激烈文化变革的倾向。不过，这不是否定变革。反而是，将孔子作为圣人，从未间断地以他作为权威思想家进行追索的传统，让中国成为发生无数新变革的地方。其实，一直发生的与孔子看起来有很大分歧的学派，都因它的促进传统价值承传的倾向，而被归于孔子思想的传统。例如，虽然孔子在《论语》中似乎一再回避对形而上学问题做出明确的表态，十分深刻、形而上的《中庸》却仍然经由他的孙子子思之手，被"归为"他的思想。而荀子，却是有意打着孔子的旗帜，所做的却是对孔子之学进行根本转换。西汉大儒董仲舒比起孔子，乃至比起先秦儒家学派来，更应被看作汉代调和论的代表，这样的例子，举不胜举。

孔子之学与后来对它的诠解之间的这种关系可从两方面来理解。一方面，不管什么原因，孔子或者一直是被利用为一把大伞，下面涵盖了无数创新思想家个人；另一方面，或许孔子本人实际就是个"集体人"，在文化价值从未间断的传承中，由于后来思想家相继参与而不断需要从新的路向对待他。这样看，"孔子"就是一个社群、一个社会、一个生生不已的传统。

在这个节点上，很值得注意的是，一直以来中国发生的重要历史变革在多大程度上是外力导致的。在19世纪晚期到20世纪初期的所谓"西化"，好像正是这种历史被动性的典型例子。但是，这种历史被动性下面遮掩的恰是中国社会的更新与中断。"五四"运动的最重要理论家之一梁漱溟讲到，西方是"进取意志"（向前面要求），而中国则相对是"调和意志"（自己调和持中）。他暗示许多传统社会都有这一特征。这种"调和"是一种长时间的吸收过程，也是一种转化过程。新思想成分一开始就被赋予了一种传统诠释。梁漱溟有一个观点是，强调要避免陷入从某种严格历史角度而非传统角度诠释孔子思想倾向。不然，孔子就被搞成一个原始者，一个"伟大个体"，就不是他自己称谓的"述而不作"者了。而另外，我们还需要对儒家的"创造性"观念（不是西方超绝性的"创始"——编者注）保有敏感，这样才不会把孔子作为传统的"述而不作"误解为不过是个 transmitter（转述者）而已，而把握不到他确确实实是一位"圣人"。

（节选自《通过孔子而思》页 21—25。）

2. "心场"（焦点/域境）宇宙观

部分/整体关系有几种情况。部分可在作为一更大整体的构成成分意义上，只作为后者中的一份；或者说，部分是构成有机功能体的一个相关成分。前一种情况中，各部分并非本质地相关。第二种情况，各部分在与机体目的一致的功能意义上，彼此内在关联。第三种情况则是，"整体"作为一种全称或原形，部分是具体特殊情况。如果是这样，这个具体特殊情况则是一个种类其中的一个，是整个种类之一个情况实例。而与我们的研究最相关的，还有一种，即：部分的喻意是，它反映或体现的是整体。这是一种全息性部分/整体情况。

在全息观意义上，其实部分与整体关系最好是用"焦点/场域"（focus and field）的说法来表达。一个特殊个别体，它是一个焦点，它既被它所处的场域赋予意义，也反过来赋予场域意义。场域是全息性的，就是说，它的构成特点是它的每一个可作为焦点的部分，都含有整体。可以说在根本上，一个特殊个别的部分同它所在的整体是可以认同为一的，这等于是，场域以一种特别强力的方式聚焦的时候，场域与焦点，是同一的。在这种情况下，"德"则指的是被聚焦的部分（如一个人），是对整体（即其社会环境）做出诠释的特别关注焦点。所以我们说，"天"是"德"（被确定的聚焦点）的万物之场域。

我们用"特殊焦点"（particular focus），是要强调这样一层意思，即，每一焦点都是一个特殊选择性角度的整体性焦点；这个选择性角度整体，都构成着这个焦点的特殊不同的域境。选择性焦点皆是选择性整体的观念。在这种情况中，没有一个首先的、支配一切的整体，也没有单一场域是囊括一切焦点的。个别焦点间的关系是由每一焦点提供的相区别整体性视角确定的。"整体性"本身，是从各种可选择性特征化之中抽象出来的，只是由不同选择视角的焦点所确定的所有有序性，加上去的总和。

"道"（一个整体指称）是一个相当于"天"作用的称谓。儒家和道家都把"存在"理解为明显或者隐含的互补力量，相互作用构成、生成自身运动的变动不已的过程。这一过程是用循环语言叙述的：盛/衰、盈/亏、浓/淡、聚/散。所有存在构成一个连续统一体，据此，每一状态都建构于由它自身推动力和确保它的诸条件基体确定的转化过程中。"德"（the particular focus）不是在互不联系、质相论意义上的"自一性"（self-nature），而要理解为存在过程的一个焦点。当张扬它的独特性和差异性时，它是具体的个别意义的；当在它诸多条件充分的相辅相成性以及影响性意义上考虑时，它是存在事物的场域。

我们的根本观点是，古代儒家与道家很大程度认同的是一个共同"焦点/场域"观的过程宇宙论。这一宇宙论在道家的《道德经》（道与德之经）中，被明确地阐述为道与德的偶对性关系，这种阐述十分充分。可以说，从特殊性的"德"视角获得的、对生存场域过程的整体性和一体融合观被称为"道"。而从诸多个别实体一体性观点看，这一场域又是特殊焦点（德）的组合。

古代儒家传统也有一个相似的、含蓄性叙述的宇宙论，表现在对作为场域的"天"和作为焦点的确定社会关系叙述上。儒家是将其关注重心大体上围绕在人类社会，而道家中作用相同的道/德偶对观，是天—人，即"天"和特殊的人。"天"和特殊的人之间的偶对性关系反映在"天人合一"的基本宇宙观念，即天与特殊人的统一。

当然并不是一定要用诸如焦点和场域这些技术性的词来表述"天"与"德"或天人之间的关系。如果我们想比较谨慎地表述这一特点，还可恰当借用佛教中的一个说法，即法藏的"立镜现像"。

唐代佛教圣僧法藏受武则天之命演说《华严经》六相十玄之义。法藏在一室的四方四角和上下各处都布上镜子，然后在中间置放一尊佛像。法藏手执一晶体照向佛像，演示诸镜所映佛影如何含于晶体，又如何返回镜中，造成光影交织，佛影重重的无限之景。法藏以此为例，说明万物圆融互聚的特征，成为华严宗经典诠释传统教义"法界缘起"（codependent arising）的基础。

我们在这里不是说要把孔子理解为一个佛教徒。我们的说法更简单，也更具戏剧性：法藏"立镜现像"表述的"圆融互聚"现象是古汉语。孔子对社会关系的认识，导致他在礼和社会角色意义上理解人——这恰与汉语本身的功能性特征一致。我们虽然看到孔子似乎不太多谈他的宇宙论思想，不过我们还是认为，一旦他确实谈起来的话，他的观念与道家或华严宗的宇宙论认识也不可能是根本对立的。

这种在宇宙观念上的一致性，我们不应当过分地强调它的重要。孔子选择不对自己的重大观点表现出明显抽象思辨性，这个事实本身是有深刻社会观涵义的。"形而上"思考是要花时间、花精力的事情，孔子思想的解决社会问题的思考成分，强调的是现实具体的人与人和社会环境的自我成仁。孔子不是用抽象思辨实现济世目的。空洞的思辨不仅无用而且实际还会有害，因为它对求"贤"求"圣"的人生目的，起到的是一种妨碍作用。虽然这么说，作为一点表示歉意的考虑，还是需要我们对含蓄在孔子哲学中的宇宙观认识，提起注意。

社会政治问题才是《论语》的关注重点。因而，虽然对部分/整体（焦点/场域）互系关系，它并未给出完整系统清晰的阐明，但对它的含蓄托出，还是强烈的。例如，具备楷模风范的尧，作为"君""仁"的贤德人格，就被誉为"配天"的："大哉，尧之为君也！巍巍乎！唯天为大，唯尧则之。"（《论语·泰伯》）孔子本人也被用以配宇宙的词汇形容："仲尼，日月也，无得而逾焉。人虽欲自绝，其何伤于日月乎？多见其不知量也。"（《论语·子张》）一个可比于"天"的人，也愈加为世所瞩目："君子之过也，如日月之食焉：过也，人皆见之；更也，人皆仰之。"（《论语·子张》）

《中庸》对孔子的描述可能是"天"与"完人"之间暗合关系的最清楚表达。一个人因为有德行且获得社会其他人的尊敬,因而逐渐变得可比于"天";而"天"也相应变成像孔子,因为孔子从自己角度以同样的尊敬形式,诠释的完整性的"天",为人的世界设定了榜样:

> 仲尼祖述尧舜,宪章文武。上律天时,下袭水土。辟如天地之无不持载,无不覆帱。辟如四时之错行,如日月之代明。……唯天下至圣……溥博如天,渊泉如渊……故曰配天。

圣人因与世界合德进而滋养和促动了万物的合一,因而,他叫称之为配天:"大哉圣人之道!洋洋乎,发育万物,峻极于天。"

与另一些观念的情况一样,这里对孔子的诠释与西方存在主义传统有所回应。我们认同这一相似性,但却提请小心,孔子的"存在主义"一旦作为"个人—社会关系"的"焦点/场域"形式来考虑,则会失去它许多(西方——编者注)"存在主义"的典型特质。"天命"作为最富于意义的最概括性表述,是以存在万物场域中的所有互系关联之焦点构成的。尽管"天命"似乎指涉任何个体的焦点,但对孔子来说,他似乎相信,只有对那些已达到"德"的人,以君子之风,起到一个富于意义与价值焦点的作用,才可获得"天命"。获此成就的前提是恪守"道统",这个人才是"天"之"焦点",才是"天人"。

(节选自《通过孔子而思》页237—241。)

九、孔子儒学历史观

孔子认为,一个人于各种场合可达到的仁义程度,来自他自然本能的一种生存因素。在人与人关系行为中,对"义"的修养,在社会与政治秩序之中"义"的实现,人是这样能够参天地之德,与天地合一。这种情况,称为"人道"。如果在政府与社会事务上同样走的是这样的"人道"过程,必须是从上层治理者的尽心实现自我开始。孔子提出的是一种榜样教育,这与他对作为治理者的"德"所能发挥的角色作用采取了信任的态度,是分不开的。

是因为治理者在其影响领域之内的根本地位，孔子作为对"人道"的笃信者，毅然努力说服治理者同意以道德精神与移风易俗来治理的观念。但是，因为有权势、说话算数的人是刚愎自负的，而且当时也是个不行人道的时代，孔子与为数不多的同道之人，被排斥在从政门外，而将自己之修身及向后代传承德治思想作为他们毕生的事业。当后代儒家一旦发现到了多少可利于推行人生道义的时代，当在同时展开的个人、社会、政治开智项目的精力投入确定发生变化之时，以坚持不懈的道德和知识勤勉追求个人开悟，与作为一项事业本身并没有相悖之处。

　　孔子认为，人是性相近而习相远的。换言之，人们在道德成长过程中，虽然于学习和践履方面产生了程度上的差距，但都会是有成果的。由于每个人都合理的具备天赋之德性，因此可以说，至少依据个人的能力，在人们相互之社会关系和时代发展之演进中，就均有达道之同样可能性。譬如，虽然孔子生活的时代被认为距达道之理想社会甚远，但《论语》中显然相信历史上的某些时期确实存在过这样的社会。《论语》认为，人类社会自古代直到西周鼎盛时期，是一直向上发展的，西周以后则进入了一个持续衰退的时期。如果人们向道的天性是始终的，那么他们实践共同道义的可能性也是一直存在的，那么，决定过去时代人们道德程度的东西是什么？孔子认为，它就是"文化传统"。"文化传统"是过去时代一个极重要但又不断变化的东西，是制度化的道德观念。它能够教育并提高人们的体验。[①] 从根本上说，传统以及它提供给后代的内容，是因为人的意愿而不断被具体化、规范化与更替的，这一实质决定了一个社会实施人的进化目标或快或慢的程度。此一目标是无限的，它旨在鼓励人们不断地去超越自我。"人能弘道，非道弘人。"（《论语·卫灵公》）人类之理想是邈远的，然"道"作为实现人类理想之途径，却近在咫尺，人们可以不断地去追求它，当然这一追求亦是永无止境的。

　　远古时代的明君尧舜以道治天下，西周之文武继之，而孔子又宪章文武。

---

① 我用的"文化"一词乃用其广义，指的是人们为了规定他们的相互关系而创造出来的全部的制度、习俗和价值观念。作为某种文明人区别与原始人的价值体系，它在形式上即表现为社会礼仪、音乐、文学、艺术以及其他等等。

在历史之过程中，人类总是不断地复归自己的道德本性，这种本能为古今之所同然。为什么孔子对西周统治者的认同有过于尧舜？这答案仍然在于文化传统。

孔子相信，古代圣君以其个人的品德和尽责于社稷之行为作为弘"道"之表率，并通过教化和文化施设来表达道之意义。因此，他把他们的话奉为圣典，把他们的文化奉为楷模。在这一方面，孔子自认为是怀旧的，并且否定随意变革他所传承的文化传统的做法。他将古代文化看作过去道德认识的某种创造性结构和规范，它总是为个人的发展和社会化进程提供一个指导性模式。故《论语》载："子曰：'兴于诗，立于礼，成于乐。'"（《论语·泰伯》）

由于这个原因，儒家的著作里总是反复强调学习的重要性，而且主张学习主要以古代典范为对象。但是，学习并非只是通过接受某些评判人类行为的外部标准来设置，而且也不能盲目地尊奉这些行为标准。学习首先应是一个制定社会礼仪并吸收消化它的过程。这是一种"规范的"学习。只有在对规范化的道德观念的学习过程中，实践才起到明显的作用。在这之后，人们进一步通过意识反映和内省，去努力理解隐藏在规范下面的道德内容。这一完整过程即是通过教育来传递的。只有当一个人通过直觉把握了行为的道德内容，因而对规定的社会行为有所认识时，他的生活才算是真正与道同一了。而且当人们在观念上深刻认识了社会礼仪的道德内容，以及人们能够通过礼的实践而真正获得生命的成长时，人的"学问"才能够算是在所有的方面都符合道德的。下面一段文字描写了孔子自己在学习过程中的亲身体会：

子曰："吾十有五而志于学，三十而立，四十而不惑，五十而知天命，六十而耳顺，七十而从心所欲不逾矩。"（《论语·为政》）

从这段话我们了解到孔子的学习内涵的重要实践作用。它还有一个意义十分深远的内涵，即恢复传统并为之正名。然而同时，孔子却绝不同意他的时代的一些人生乎今之世而返古之道的做法，如："子曰：'愚而好自用，贱而好自专。生乎今之世，反古之道。如此者，灾及其身者也。'"（《中庸》）

确实，孔子将文明看作是文化从古到今的演成过程。虽则尧舜被颂扬为得道之帝王，然而他们的文化总的说来已无法窥其全貌，因而难以涉足于对现实体验的指导。当然，这一文化的许多方面仍然被保存下来。譬如舜的韶舞即是一例，孔子是非常乐意使其流行当世的。甚至夏商文化，由于缺乏有关其风貌礼仪的资料，因而也不可能直接利用，唯有周代的文化，它不仅保存于孔子生活的鲁国，而且作为夏商的后继者，周从夏商的传统中吸收了许多具有永久价值的东西："子曰：'周监于二代，郁郁乎文哉！吾从周。'"（《论语·八佾》）

或许我们在孔子的这种教育哲学里面首先可以发现这样的重要教育观念，即必须继承的文化传统和那些很好地反映了对传统之理解的东西，都具有示范的作用。孔子的努力是要去发掘一种有活力的社会和政治体系，这一体系不仅能够提升社会使之克服现实的困难，而且可以创造出一种适合于人类道德发展的环境。因此，他从实际出发着手继承一种可使现实社会找到其方向的真正的模式。总之，孔子选择了清楚的周文化模式而没有选择模糊不清的和不使用的古代模式，这是丝毫不奇怪的。

虽然孔子将西周时期描绘成一个中国文明发展史上的黄金时代，但是，他的理想国绝非是西周制度与文化的简单翻版，而毋宁说是一个多种多样因素的合成物："颜渊问为邦。子曰：'行夏之时①，乘殷之辂②，服周之冕，乐则《韶》舞，放郑声，远佞人。郑声淫，佞人殆。'"（《论语·卫灵公》）

不过，孔子真正感兴趣教授的学问是在文化的形式和礼仪等方面，实际上他所努力去理解和传给后代的，是古代制度和人物典范所体现出来的那种道德观念：

> 卫公孙朝问于子贡曰："仲尼焉学？"子贡曰："文武之道，未坠于地，在人。贤者识其大者，不贤者识其小者，莫不有文武之道焉。夫子焉不学，而亦何常师之有？"（《论语·子张》）

---

① 殷、周之历法以阴历之十二或十一月为岁之元月，只有夏历据称是以阴历之初月为元月。
② 殷辂为木制且构造简单。这段话说明，孔子对于车，宁取其简朴，而不取其华丽。可能周时的车是较为精致华丽的。

尽管孔子反复强调必须维护古代的道统①，但孔子却将古代的这一方面同实践的认识融合在一起，主张继承而来的知识必须同现实环境相适应："子曰：'温故而知新，可以为师矣。'"（《论语·为政》）他认为，一个人必须勤奋学习和掌握古代传承下来的知识，但更重要的是，人必须能够进一步将这些知识运用于实际："子曰：'诵《诗》三百，授之以政，不达；使于四方，不能专对；虽多，亦奚以为？'"（《论语·子路》）这一"实用"概念正是孔子用以连接"学"与"思"的一个具有实质性的概念："子曰：'学而不思则罔，思而不学则殆。'"（《论语·为政》）

简言之，孔子确信，文化——作为社会的精华，其首要的发展是鼓励和表达固有的道德感情——是积累和常规的进步②。上古之人虽然有能力发展他们的道德天性，然而他们亦缺乏为增强这一能力所必须的文化制度和规范指导。尧舜虽说能够以其个人行为治国，也即作为楷模来培养这一道德本性，虽然能够对中国早期文明做出独一无二的持久的贡献，但是他们之所以能够做到这一切，主要并非是有适宜的环境，而更多的要归功于他们个人的杰出才能。然而，在西周时期，中国文化的发展就社会交往之形式而言已达到相当成熟的水平——赋予的生活环境有益于体认人类的道德本性。由古代有道之圣人建立起来的文化制度和习俗与社会结构相适应，并且引导当时人们向着较高的人文水准迈进。对孔子来说，西周早期实是代表了中国社会进化所达到的一个高峰。然而遗憾的是，这一高峰好景不长。西周早期建设了一个

---

① 我们从《论语》中可感觉出，它有着维护和承传西周文化的很强烈的道统意识。见《八佾》《述而》《子罕》以及《宪问》等篇。
② 我阐述孔子的历史观差不多完全依据《论语》。《左传》可以说几乎完全没有反应孔子的这一方面的思想，它的历史观有对比的特点。虽然这一特点被归之于孔子，但是却体现出强烈的汉代风格。在《礼记》之《礼运》篇中，孔子将远古乌托邦式的"大同"时代与不够理想但却更切近的"小康"时代做了对比。我们可以将这一对比的要点罗列如下。大同：（1）"三代圣王"之治（或可解释成五帝之治）；（2）无人己之差别——不独亲其亲，子其子；（3）选贤任能；（4）通过讲信修睦，来协调人际关系——自然与血缘的社会关系纽带；（5）财产公有；（6）天下为公；（7）盗窃乱贼不作。小康：（1）禹、汤、文、武、成王及周公之治；（2）各亲其亲，子其子；（3）大人世及；（4）"礼"确立在作为规范人际关系的完整价值体系的"义"的基础上——社会制度和纲纪；（5）财产私有；（6）天下为家；（7）任自然的价值观念沦丧，故盗贼生。孔子在《礼记》中的这一描写与《论语》不符，故而不能认为就是代表了他的历史观。不过，这里介绍的某些内容细节可以用作一个比较的基础。将这差不多是道家的"大同"乌托邦与儒家的"小康"社会调和在一起，其指向的正是西汉的调和主义。

黄金时代后，随着政治斗争的滋长，人们逐渐偏离了"道"。到了西周末年，政治制度已名存实亡，周天子成为野心勃勃的封建诸侯所操纵的傀儡。在这一没落过程中，建立在道德内容之上的西周文化的声望一落千丈，只有名称和礼仪的空壳被完整地保留下来。与此螺旋式的衰退过程相呼应，孔子鼓吹返回周的道统，复兴培育了这一黄金时代的丰富而充实的文化。

人们总是特别注意到孔子的复古，但很少有人谈到他对未来的信念。从他对人类自然潜能发展之信念，以及对作为鼓励人性完善的首要方法的教育之贡献来看，至少可以推断，孔子是承认社会进步的可能性的。而且，我们在《论语》中也已看到有关文化进步和积累的观念之描述。孔子主张回归的西周早期文化，作为历史过程的一个高水准，它并非稍纵即逝的，而是一个可以再次达到甚至超越的高度。①

(节选自《主术》页1—6。)

---

① 《荀子》所阐明的历史观与孔子的有许多相似之处。见《荀子》的《非相》篇中一段讨论，他提出了两个重要观点：(1) 他认为，传之久远的善政则只能见其大略；(2) 他反对古今异情、治乱异道的说法，认为古今的情况是一样的，只是因为相隔时间长短不同，有的简略有的详尽。由于周代的情况较为切近，能够得以详察和清晰地了解，故而它的文化礼俗为今时所采用。

孔子儒学的"一多不分"互系思维语言

一、"形而上学"与语言

为了使读者充分领略《论语》思想内容，作为英译者，我们首先希望能交代出书中所显现的古代中国人的生活世界。不过，这是个令人沮丧的尝试。因为，中文所表述的是一个十分独特的"世界"。我们这么说，重点并不是要说中文是多么离奇的语言：在汉语里，树、鸟、花、山、河以及任何在中国可见到的事物都与我们房前屋后的事物没有什么根本的不同。此外，我们也从未感到古代中国人的信仰和价值观与我们自己的有什么截然不同之处；当然，一些特别的中国人持有特殊的信仰和观点，但是绝大多数中国人则与我们基本相同。

在涉及世界、信仰和价值观的话语背后，存在着一些积淀于产生话语的特定语法之中的先验的预设。在历史文化研究中，唯一一件比进行普世性的文化概括更加危险的事就是文化简化（还原）论。因而，我们必须仔细确认并且精心分析这些预设。为了便于比较研究，我们设定了若干专用词汇：大致说来，英语（以及其他印欧语言）是一种表达"实体性"（substantive）和"质相性"（essentialistic）的语言；中国的文言文则是一种"事件性"（eventful）的语言。

举例来说，庭院中那棵树一年到头都是同一棵树。就是说，尽管它在四季中的面貌各不相同，但是，其表象之下的本质却是一致的。不过，在现实生活中，我们一般很少关注树的同质性、它的本质或质相，而是更多地注意到春花萌动、枝繁叶茂、秋叶瑟瑟、秃枝枯索的四季轮回的现象。不同季节，树木的外观是很不一样的。那么，为什么树木外观就不是"真实的"？我们是参照季节转换、其他自然现象，也出于我们自己主观因素变化地、连续地观察树木；只是夏季，它才有遮天蔽日的绿荫；只是秋季，它才落叶纷纷；只是春季，它才需要修剪枝条。

中国人是在"非本质地体验世界"。不过，不熟悉中国传统思想的人，他会认为上文的例子让他莫名其妙。为什么会这样？并不是中国人的思维没有理性，恰恰相反，他们的思维具有惊人的理性；是因为至少我们讲中国人的思维时，挣不脱英语语法规则。英语的定冠词被用来特指"就是这个东西"。比如 the tree，就是特指"这一棵树"；而如同一句中出现 it，则指的是不分季节的这同一棵树。同样，那个砍倒了樱桃树、主动承认错误的小男孩，就是后来成为美国第一任总统的"那个"乔治·华盛顿。

我们必须知道，古代汉语是没有定冠词的（或者说根本就没有任何冠词）。文言文里的代词，绝不是现代英语中它的功能。从根本上说，"本质论"是构建在英语与其他印欧语言之中的。这个构建方式是：事物、本质和实相（名词）做了什么事（动词），或者也有另外的东西归因属于它们（受助动地）。结果，当我们把以事件性为特征的中文翻译成表达事物本质的英文时，为了更加忠实准确地反映原意，我们不得不对英译文进行适当修改和调整。这也正是我们翻译《论语》时所遵循的原则。

亚里士多德的分类学把经验的东西分解成事物、行动、事物的属性和行动的方式——即名词、动词、形容词和副词。这样，当我们遇到不熟悉的事物时，第一个念头就是照此办理，将其分门别类。翻译"道"时，我们可以将"道"具体化、客观化地译为 the dao，但是，"道"原本既与主观也与客观分不开，也与主观感知经验各个方面的认知素质分不开。可以说，"道"是对亚里士多德分类学的极大挑战。我们对树的体验，就是道的基本要素，也就是众多关于生命的经验中的一个。

中国文言文表达"事件性"的方式在现代普通话中依然存在。例如，"东西"一词意为"事物"，但是由两个方向词组成，完全是非本质性的表述。另

外,从语言学角度看,汉语中的名词表述句也别具一格。请看下例:

The young woman who just entered the room is very bright.
刚才进屋来的小姐非常聪明。

至少在我和罗思文看来,与中文句子中的"小姐"一词相比,英文中对应的 young woman 表述更具实质性,而缺乏不确定性。换句话说,英文是一种表达实在性、本质性的语言,中文则是一种阐述事件性的、联系性的语言。中文句子往往因缺少助动词而强化了其核心意义。

与西方古代及现代思想家不同,对古代中国思想家们来说,探讨事物本质似乎不是他们的问题意识。而是相反,他们似乎认定的是,唯一永恒的东西是变化本身。这一点从《周易》看是明确地阐述的。而西方哲学的核心讲的是本质/现象、永恒/变化、形/实截然分立的二元主义。所以,我们不应该奇怪,中国古代文献没有关于永恒与变化、本质与现象这样的二元对立主义的讨论。应该说,古代的中国人就认为,本质和现象不是分开的两件事情,"本质"就是一切——自然、社会和个人都处于变动不居之中。大多情况的变化都是周而复始的,循环往复的(如树木年年发芽开花),和谐统一的(如春暖花开,鸟儿和蜜蜂飞来)。有些变化是异常的(如花木在某一年突然大量开花),另有一些则纯属意外(如雷电击毁树木)。在充分认识到各种循环变化的层次性、谱系性和不可逆转性(如树木终有一天枯萎死亡,人亦然,不过,我们的子孙将会繁衍生息,世代相传)的同时;我们亦可认识到一些不可逆转性变化有什么影响(如以这种或者那种不一样方式修剪树木)。

如果我们在这点上的理解是有道理的,读者应能从中国古籍中发现的是一种更多地以关系作为关注点的表述:它不阐述事物本质是什么,而是叙述事物在特定时期与其他东西的相对关系。所以,如果世界是永不停止地变化的,那么,这些关系也会是随之永不停止变化的。《论语》很大篇幅阐述人与人的关系,对关系的变化性揭示得很清楚。比如,尽管子女必须终生孝敬父母,但是父子之间的关系并非是一成不变的:孩子年幼时,身受父母养育之恩;孩子长大成人后,父母年老体衰,孩子则要恪守孝道,赡养父母;如此代代相承,循环不息。一般说来,没有一个人永远是施恩者或受益者;一切人与人的关系都是在具体时段和特定人与人之间形成的。

为了避免出现理解性错误，我们有必要讲清"理性"是什么性质。在一个"实体"的世界中，人或物都是由于外来力量才有关联的，所以，当这种外在关系解除时，各个实体依然是毫发无伤保持原样的。这种外在关系可以下图表示：

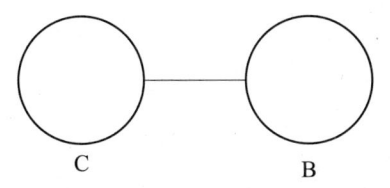

C　　　B

但是，儒家观念的"关系"是事物内在性的。或许，"互系"才是最贴切的表达。我们把这种关系图示如下：

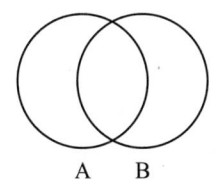

A　B

在这样的关系情形下，解除关系将会造成两败俱伤的局面。各方所受伤害程度与这种特殊关系对各自的重要程度是成正比的。因此，生活于这样世界的人们，对待改变保持谨慎态度，不是随心所欲恣意妄为的。

也许我们可将上述这一理解作进一步概括：万事万物都没有本质，但是任何特殊时刻都可以将它确定为是"互系性"的，另一个时刻又是另种牵在一起的关系了。在不同条件下，我们与相处为朋友、邻居、情人、同事及其他各种人在一起的时候，都既是施恩者也是受益人。这种看待关系的思想，我们看到中国古代哲学文献及其他典籍中是有充分表述的。根据中医理论的叙述，相对于属阳的人体后背（有创造力、坚硬、好斗性）来说，胸部属阴（善于接纳、柔软、顺从）。然而，与下腹相比，胸部又属阳。这些关系都是取决于部位结构条件（受伤的腿、受挤压的神经等等）变化的。也就是说，没有什么东西总是属阴或属阳，所有事物都是在一定的时空条件下，在与其他事物的相对关系中显现出各自的阴阳之性。（我们在此要提示一下，如果事物没有本质的话，那么也就不会有什么个性男体阳刚与个性女体阴柔的本质。

在此，我们必须注意，不能把西方二元对立的性别概念认识强加到中国古代哲人头上，尽管中国社会是那种古典和王权的家长制结构。)

虽然纳森·席文专门研究中国科技史，课题与我们很不一样，但他也早在中医和中国人所从事的科技领域得出与我们类似的观点。我们对这一看法的重要性坚信不移：

> 中国和世界其他地区一样，科技思想也起源于对这样问题的探索：为什么个体事物都有一个发生、成长、衰亡的过程，而自然却亘古不变、和谐完美？在西方，这个问题的最终答案是：永恒的本质和一些基本元素构成了我们身边形态各异的万物。但是，中国自古以来漫长的历史时期，最有影响的解释却是从时间出发。中国人将短暂的事件与自然界的循环律动联系起来，用来诠释其中的真谛。

我们把席文的论断展开来，用来分析中国伦理的话语。科学的西方的基本元素与道德、宗教的西方的永恒自我（或是绝对精神）大体相同；而中国人是在"与自然界的循环律动相联系"中认识自身。在思考"施恩者—受益人"角色时，我们必须虑及许多因素，那么，时间就是其中最重要的。西方中年人经常有这样的感慨："I'm not the person I used to be."（我不是曾经的那个"我"。）从中文角度来看，这个表述完全符合实际情况。

也就是说，乔治·华盛顿与总统华盛顿不一样，他们二者都与那个传说砍倒了樱桃树的男孩没有什么相似之处。

西方科学家们坚信，构成一切存在的基本元素是物质（名词语句），性质即存在于物质之中（助动词），或者说物质是运动的（及物动词和不及物动词）。因此，赫拉克利特提出：既然所有物质（水）都发生了变化，人又怎可能两次踏进同一条河里？笛卡尔要探索万物之源，他认为，物质实体和精神实体的属性完全不同。二者的区别是显而易见的：前者在不断地"广延"，后者则专注于"思维"。但是，笛卡尔对这两种物质能够相互影响所做的解释，受到其后来人的质疑。斯宾诺莎和莱布尼茨都坚信，物质不能相互作用。不过，斯宾诺莎断言，宇宙间只存在一种物质（但有多种形式和性质）；而莱布尼茨却认为世界上有无穷多的物质——虽然，组成万物的不可分的"单子"

不能相互作用、相互影响，但是，它们按照上帝预定的相同节奏在和谐一致地不停律动。

中国古代思想家从未发现有任何永恒不变的事物。人们不难从我们的阐述中发现，中国古代哲人总在探讨的是物与物的关系，关系又随时间的流逝而变化。作为万物总称的"道"，就是一个通过"变"与"通"而获得变化特性的过程。《论语·子罕》第十七章就是对这个过程性质做出描述的一句话：

子在川上曰："逝者如斯夫！不舍昼夜。"

西方思想家，如果不是大多数，至少也有很多，认为我们每一个人自始至终都是那同一个人——不管是作为上帝创造的那颗永恒灵魂的所有者，还是在较为不可知论意义上，作为有记忆、有道德责任的一个"自我"。但是中国古代哲人，尤其是儒家，认为从孩童到成人，个人发生了重要的成长变化；通过关系形成与沟通而长成人，如结婚、做父母等等，塑造出不同的人；随着与他人关系的质量、频率扩散，我们自己也在人世扩展。假如我们可以说是"向经验（尤其是教训）学"，这不应当是很陌生的，那么"向经验学"不是反映在我们改变态度、信仰和行为上的吗？我们难道只是象征性地"改变思想"？还是更应该理解为是名副其实？

但是，变化背后是存在常规性、延续性的。我们的生活绝对不是完全地让变化或异想天开的念头牵着跑。人世有多少儿女，就有多少种做孝子、孝女的方法；但是某些态度和行为，如憎恨、轻蔑，不在此范围之内。新朋友尽管新，友谊对我们是有要求的，因为真朋友必须是这样相互信赖的。我们作为儿女、父母、爱人、朋友等等，是通过创造性的方式对待诸如此类相互性的人与人的关系，来展现我们独特性人格的——但不是个人主义。对待方法是切合每一种人与人关系的特殊意义的，如"父母""爱人""朋友"和"邻居"所意味的各是一种什么样身份的不同内涵。虽然按照礼仪的角色和行为行事要求一种特殊人格化，即每一个女儿都是个别特殊性的"唯此、唯一女儿"，礼仪形式方面的约束性效果使得人成长、成熟成为可能，却不能过分强调。

"君君、臣臣、父父、子子"是四个"名—动词"短语，强调的是人要根据各自不同的身份负其责。此处，我们应当想到注意汉字之间（两个汉字之

间及各自与句中其他字之间）能动且可确定的相互作用。这种作用反映作者与其所经验世界之间能动但又有特殊确定的关系。例如，"子子"这个短语，名词意涵着谓语，谓语也自有宾语。众所周知，文言文经常省略附属名词短语来加强一种能动、事件性的表达；某种程度上，这也是强化一种对世界能动的、事件性的感受。因此，与其煞费苦心地划分名词与动词的种类，不如索性将其视作动名词化的语言。也就是说，这样的语言不是讲"'政府'是什么"，不是"'社会治理'是什么"，更不是"'适当的政府'是什么"，而讲的是"'恰当的社会治理'是怎样的"。

编纂于公元2世纪的《说文解字》是我们探讨汉字背后隐含一个什么世界很好的求教对象。可以明确地说，传统汉语字典与西方词典不一样，不是对汉字本质意义加以定义；而是运用语音与语意联想，在类比隐喻基础上，提供汉字的类似含义。例如，"君"训作同韵同源字"群"。这一寓意联想来自于"群聚一起，臣服于君"。正如《论语·里仁》所说的"德不孤，必有邻"之意。

这种训诂法最为重要的是，它不是给予关于汉字本质的定义，而是在自然展示汉字本身涉及的各种联系。另外，古汉语中动词表述重于名词表达，"事件"重于"事物"，中国人是将事物过程的开端，而不是抽象"形式"，假设为文化传统的基本前提。

如果按照训诂汉字理解中国人的话，无须确认那种使人类成为自然界成员的固有的内在本质，某种自我相同一致构成一切人类的特点，而是要通过探讨构成中国人之间特殊意义关系样式的各种联系来参悟中国人。人不是视作超越个体的——作为行为者，其本身独立于其行动以外——而是要看作是特殊家庭和社会背景所确定的各种角色与关系（即通过遵行礼数）构成的正在进行的"事件"。

（节选自《论语》页 20—35。）

二、古汉语的"形而上"

古代汉语的结构特点是非本质性的。西方传统的实在论、普遍主义、绝对论并不是观察世界、描述世界的唯一方法。我们以为，文言文是一种富有表达与交流能力的手段。当然我们也不赞同那种极端性相对主义倾向。

在比较中西哲学研究中，我们发现，中国传统并不像过去所假设那样，是与西方主流文化完全相反的。没有超验论并不等于有内在论，没有客观论并不就是主观论，没有绝对主义并不等于相对主义，没有原子论的个体意识也并不意味着就是毫无个性观念的集合意识。所以，在理解中国文化的时候，我们需借助超出上面二元思维的想象，应有第三种视角。

提出中国作为一个"他者"，并非是要说这个"他者"就是绝对性的"他者"。如果是这个意思，我们就提不出孔子能对今天的我们有什么重要的话可说。既然相信孔子的确对今天我们会有很多要说的，我们就必须对孔子用以说话的那个语言进行更仔细地研究。

1890年，一位在华传教士表达了这样的沮丧：

> 有什么好方法没有，可用它来解释"三位一体"教义，而携带唯物主义的意味？……用什么语言都行，只要你表达，耶稣复活与超越的意志将会把它理解为转世投生。

《论语》所使用的文言文是一种非常独特的文字，不仅与其他语言迥异，而且与古代及现代中文口语也有很大的不同。

有人认为，中国古代著作基本是言谈演讲的记录。这种观点模糊了口头表达与书面写作的区别，而且会不利于对中国哲学发展脉络的梳理。不少学者仅列出文言文的某一两点特殊语言学限制之后，便下结论，说中国思想家在进行抽象性、逻辑性、准确性等的概念化努力时，得要大量证据的支持，同时这些例证必须有书面语和口语的一致语义、语法或语音特征。这是说，语法规则必须在书面语和口语中一致，不然，就没有理由认为书面语较口语更能反映中国人的智慧。而事实上，所有证据都显示——对所有语言和所有人来说——书面语与口语相悖现象是屡见不鲜的。所以，上述观点是站不住脚的。也因此，它无法得出，中国思想文化是智慧的但不是抽象的这样的结论。此外，书面语和口语的差异，启发我们提出了另外一种决然不同的设想：与其说中国人思维和表达受到语言限制，不如说中国思想家享有得天独厚的

条件，可在书面语和口语两种区别甚大的语言媒介中任意选择一种，用以记录、交流他们关于诗歌、文学、哲学与宗教的观点、视野和原则。

(节选自《论语》页 35—36。)

三、"心场（焦点/场域）"语言

我们要用一种过程性语言，目的是说明《中庸》思想的脉络。这种语言我们也称之为"焦点/场域语言"（the language of focus and field）。这种语言基于一个由各种过程和事件彼此相互作用场域所构成的世界。在那样的场域中，并不存在一个终极因素，只有现象场域中不断变化的焦点，而且每一焦点都从各自的特殊角度出发，来聚焦整个场域。

借助过程语言（process language）会产生这样一个效果，即对那些习惯于用西方哲学资源代表"实体语言"（substantive language）做主导的人们来说，有些翻译和阐释似乎显得非同寻常。对《中庸》诠释的这种看似"另类"，我们没有遗憾。因为我们以前的著作，曾运用这种语言，取得相当的成功。

我们想指出的很简单和直接，即用"实体性语言"来翻译中国人对过程和变化世界的认识，已经导致对中国意识的严重不恰当诠释。翻译《中庸》需要我们从语义语境考虑，选择可以获得恰当阐释的语言。应该说，与西方传统"实体性语言"比较而言，"焦点/场域"语言有几个优势：一、它的那种表述过程和事件相关性的语言取代那种表述个体客观事物的指涉性语言。[①]二、对于必然地将所有关系简约为外在性线性因果关系（linear causality）语言，我们提出的"焦点/场域"语言，可有效表述《中庸》观念的自发、互系的各种复杂关联的场域。三、过程语言没有定义性、单一性与规定性目标，这三种属性在追求"实体"、量性、非连续性语言中是被推崇的。此外，过程

[①] 对于"指涉性"（reference）语言和"相关性"（deference，谦恭）语言的区分，请参见郝大维："从指涉性到相关性"，收入 Norman Girardot 和 Livia Kohn 合编的《道家与生态》（*Taoism and Ecology*. Cambridge: Harvard University Press, 2000）。

语言便于更充分理解中国哲学话语的诗化隐喻。

（节选自《中庸》页 7。）

四、宇宙论对汉语语法的影响

中国对自然宇宙的认识是既延续又永远变化的。我们认为，是这种思考和生活方式塑造了汉语语法及其主要哲学语汇。我们不会错解——以为可提供对《孝经》重要思想的全部翻译，也不把我们的翻译看成是哲学中立的。我们不声称有什么可能存在的客观性。

古代中国宇宙观最重视变化，中国经典表达这一世界观及常识的语言，类似英语的"动名词性"（gerundive），所以，讲述中国概念时，我们如果多考虑用"动词化"名词喻意方式，会更有助于解读清楚。反而对说英语的人来说，这类"动名词性"用法却少得多。汉语不像印欧语系的很多语言，反而像古希伯来语，其句法结构（语义也大体如此）更具表述"现象性"（eventful），而非"实体性"（substantial）。事实上，汉字更具上下文性，在这里是名词，在那里又是形容词、动词或副词；尽管这点几乎是众所周知，但鲜有人意识到，汉语本身是折射动态宇宙的。"事"（events）比"物"（things）更受关注，本来作为表述世界抽象客观化成分的名词，来自而且又回复到动词的感受性。很自然，这个世界的"人"（human being）不可避免地必然是一"〔生〕成〔着的〕人"（human becoming）。

"实体"本体论语言倾向于否认动态思想方式，将"物"（things）先置于"事"（happenings）的最"实体性"的"世界"，先于流动的"世界经验"（experiencing of this world）。

我们并非是说汉语没有"实体"概念，或说印欧语系记不好"事"。但是，英语语法强调"物性"（thingness），这是古汉语不曾也不会有的。

（节选自《孝经——生民之本》页 64—65。）

五、相对于陈述本体，儒学为过程性语言

本体论传统都接受"非延续性"概念。柏拉图和亚里士多德为"非延续性"进行辩护。柏拉图是以数学模式概念（notions of mathematical pattern）及逻辑做出界定（logical definition），而亚里士多德是以对独立有机体各个特定目的的功能性加以界定说明。对事物"非延续性"做出最彻底肯定，是留基伯和德谟克利特的原子形式论。"原子"是数理可分、物理不可分的，是"最小单位"。

面对现象世界的流动和变化，西方人的心理倾向是本体的恒久不变性。这意味着，人只直观经验的世界不被认为是根本真实的。"真实性"必须是作为现象世界根本基础的东西；只作为仅是表象（mere appearances）的现象世界本身，是误导性的，而且（或者）是虚幻的。

中国的古代思想家没有在现象之中寻出一个本体依据的问题意识，而是更注重现象世界内在联系的过程和变化，过程与变化世界被视为"万物"（the thousand things）。他们提出的问题不是"什么创造了这个现实世界"，"为什么事物会存在"，而是更着意在不断变化现象内在的各种复杂关系以及人如何顺应协调自然关系，与万物和合。

西方居于主导地位的古代宇宙论，在变动不居的"现象"之上，让它凌驾存在一个永恒不变的"实在"本体；由此而来的一个直接涵义就是"非延续性"与"数量性"凌驾于延续性与质量性之上。[①]"非延续性"和"数量性"首要保证的就是对静态平衡和恒久不变性的确定，还有"实体"相对于"过

---

① 参见莱丁（Jean-Paul Redding）：《原子的词语与词语的原子：对古希腊原子主义的起源以及古代中国缺乏原子主义的思考》（*Words for Atoms, Atoms for Words: Comparative Consideration on the Origins of Atomism in Ancient Greece and the Absence of Atomism in Ancient China*），提交给"透过比较来思考：古希腊与中国"会议的论文（University of Oregon, 1998）；席文（Nathan Sivin）：《古代中国的医药、哲学与宗教：研究与反省》（*Medicine, Philosophy and Religion in Ancient China: Researches and Reflections*. Aldershot, Hants: Variorum, 1995），第一部分，页2—3；郝大维：《古代中国分析的涵义——一种实用主义的评价》（*The Import of Analysis in Classical China: A Pragmatic Appraisal*），载牟博编：《分析在中国》（*Analysis in China*. LaSalle, Il.: Open Court Press, 2000）。

程"的首要。这自然会造成对形式限定术语确定性的关注和不变性真理的必然性。

在古代西方各种传统中,"存有"(being)是先于"生成"(becoming)的,所以,"生成"根本上不是真实的。无论最后生成什么,所生成者总是在目的实现之中被实现（realized）的。也是说,生成最后总是要成为存有。而在中国传统思想中,"生成"先于"存有"。"存有"是被认识为一种暂时状态（transitory state）的,这种状态又继续进一步变化。在"阴"与"阳"的类比关系中,"阴"总是向着其所互系的"阳"转化,反之亦然。正是《易经》对存在（existence）与经验始终变化的情形提供了认识性的指示。

中国人的世界是个延续、生成、瞬息万变的现象世界。这个世界,没有严格性的断裂。事物（things）是不被理解为客体（objects）的。没有客观性（objectivity）的观念,只有变化各种状况的流动。正是这个原因,事物不是客体,而是变化过程和事件的延续场域（continuous field）内部的各种焦点（foci）。非客体、非实在体的话语就是过程语言（process language）,而且用这种语言讲述与聆听这种讲述,就是去经验事物的流动。

过程语言对"客体为语言学表达的指涉"这个假定是屏蔽的。"表面意义"（denotation）和精确指涉性语言（referential language）要被一种"谦恭"（关系性）语言（language of "deference"）所替代。在这种"谦恭"（关系性）语言中,各种涵义（meanings）是在一个变化、相关意义（significances）的场域中,既彼此喻意也彼此确定的。

我们对《中庸》的诠释运用的"焦点/场域"语言与在西方占主导地位的"实体性"语言截然不同。"实体性"语言表达的是个以"整体"（wholes）与"部分"（parts）为特征的世界,这个世界以非延续性及寻求永恒性为追求。它把"变化"根本上视为只是不变者的重新安排而已。而"焦点/场域"语言表达一个始终处于流动状态的世界,在这个世界中,任何成分都无法最终被固定为"这个"或"那个",而必须被视为各种转瞬即逝的状态,这些状态仍继续成为不同的却又彼此相关的状态。没有什么我们可以称之为"宇宙"（Cosmos）或"世界"（World）的最终整体。世界就是一个彼此互动的场域。世界就是"万物"。

正是由于不存在最终性的整体,也就不存在最终性的"部分"。世界就是一个千差万别事物构成的场域，这些事物不是彼此疏离的客体，而是自己生成的状态。它们是"正在发生着的事物"（happenings）。因此，"万物"这种说法就应当被注解为"万种过程和事件"（the ten thousand process or events）。过程是延续不断"正在发生的事物"；事件就是这些"正在发生着的事物"达到某种意义的"圆满"（culmination），尽管总是转瞬即逝的。

（节选自《中庸》页 9—11。）

六、"求道叙事"的行进式语言

我们发现一个重要推论，即中国古代宇宙观没有上帝一类的造物者作为宇宙起源。那么为了更精确、有效地讨论相关观念——如宇宙起源、意义与价值的来源、创造者本身的性质等等，就需要对所有语言进行大量调整与修改。这不是简简单单词汇变换的问题，而是在更基础意义上对语言表达能力的再思考。我们必须对自身的文化预先设定保持自觉，尤其是在我们理解和传播自己文化传统的同时还要警觉一种危险，就是无视中国自身宇宙观特点，不自觉地套用希腊的本体论概念。

对语言及其功能的忧虑引起一个重要问题：语言中表面意义与隐喻的区分，究竟能否施用于中国自然宇宙论？如果"表面意义"翻译指的是按照其义寻找完全对应的词，不思量语境上下文，不对文化背景进行任何诠释，那我们便会发现一些传统惯用译法，比如以 the Way 为"道"，以 Heaven 为"天"，绝对不是字面上的翻译，而表现的是以一方文化与思想强加于另一方文化与思想。我们毕竟不得不承认 the Way, Heaven 根据西方语言来理解，直接指向或者隐含的是亚伯拉罕的"上帝"概念及其隐含内容。这是一个与中国传统宇宙认识无任何关系的思想框架。

在古希腊哲学思想中，"表面意义"表述"实在"，因此为真。如果要在这层意思上去理解"真理"，就要去追求什么是"真"（即"实在"）与什么是"实在"的表象；什么是"多"中的"一"，什么是"实在"反映于我们心目中的"形"。葛瑞汉提出严重警告，不可将上面这样的思维方法引进中国世界观：

在探寻"多"中的"一"时,如同寻求变化中的不变因素一样,《老子》貌似用的全是与我们哲学相兼容的观念。可是与西方思想传统仍有一个重要的根本不同,那便是中国思想家从来不会把这个"一"或不变因素视为外观后面的"真现实"。……我们有时还把它说成绝对现实,因为纵观西方哲学史,都在追求存在、实在、真理,而中国提出的中心问题则是"道在哪"。中国思想家想要知道如何生活,如何组织社会,快要到汉代的时候,又追问如何达到天与人合一。

如果从中国过程性自然宇宙"什么是首要"的观察角度来对待人生经验,那么清晰定义与精确性的"首要"位置要让位于"如何""怎样"的态度。现象及其本体基础既然无从分开,那么"现实"只不过是世上万事万物之间不停变化关系的复杂常态。同样,知识也不是抽象的,而是选择性的:这是说知识对象是从这个角度看处于变化状态之中的这些具体细节与因素。从此,原来属于被动的知识就转变成智慧,凭借自己的道德高度与创造力判断最有利于多方的解决方法。知识不是被动,而是主动的,知识是积极参与所处情势的智慧,目标是在这个具体情形下达到恰到好处。这样的知识既具适时的恰当性,也是一个决断,更重要的是,这种知识对以全局为考虑做出贡献:为让现时具体情况得到恰到好处的结局而千方百计。这种知识不限于认识论层面,也是实践办法,即含有要达到具体目标,又包括目标实现的行动:我们知道如何发挥自己优势与特点,以更充分应对当前情况的机遇。

以"怎样"为首要的视角对我们正确理解中国互系性思维模式具有很大帮助。从而我们知道进行研究探讨时,须倾向于使用动名形态语言而不用名词、主格形态,因为认知器官与对象都是动态、不停调整与互动的。如唐君毅先生对"天命"(the command or mandate of tian)的阐释充分显示这种以"怎样"而非以"什么"为首要的态度。他的说法是:

> "命"字代表着天与人之间的互动关系。……它不独存于天中,也不独存于人内;反而,它存在于天与人相互间的关系,就是说在于彼此的影响、相互交感的关系。

唐君毅的主要论点在于说明"命"有互相关联的特性,"命令"之发出,是双方向的动作：天"命"针对人君德行而反应。君王知道怎样进行统治，且行之有效，首先与子民建立互信互动关系，进而与天缔造同样的关系。

(节选自《儒学角色伦理学》页 218—221。)

七、汉语是阐发"如何"的语言

英文 classical Chinese 或 literary Chinese 不是指 1919 年"五四运动"之前通行于全中国的语言，也不是指目前所使用的多少可被视为日常口语记录的书面语，而是指历代所使用文言文——典籍、史籍、文学作品、哲学著述以及官府文件均用的文言文，流传至今。人类历史上，我们再没有比文言文使用时间更长的其他语言。文言文雏形出现于公元前 1200 年左右，至今仍时而使用。比如，报刊上不时出现半文半白的文章。毛泽东也作文言文诗词。现代书写语与口语中俯拾即是成语，时常直接采用古语典故，因而保留了文言文形式。但是，文言文不是口语。虽然口语中有时应用谚语、格言式的文言文章句，但这并不等于口语和文言文共用一些基本词汇。同时，我们也无法断定词汇交流在这两种语言形式之间是如何进行的。另外，尽管汉字有四个不同声调，却也拥有大量同音异义字。

中国人明显是按照发音理解口语，但是对于文言文并非如此。因而，口语与文言文是两种迥然相异的语言媒介。

而印欧语言大多数特点在汉语中都没有，比如汉语没有语态和时态，没有词尾变化，也没有复数变化。可能最为重要的一点，是词汇在文言文中不表现有固定词类；只是在特定语言环境下，我们才能判定一个词是名词、形容词、动词还是副词（我们希望读者们不要忘记，上述所有语法分类都是在对表达本质性的印欧语言的研究中建立起来的）。

所以，中西语言之间的差异可谓昭然若揭。它们之间的语法差异使得囫囵吞枣的直译断然不可行。例如，将"君子"一词翻译成 gentleman，不仅会使人将原文片面理解为男性；而且生硬地为"君子"涂抹上一层单数色彩。当然，大多数译者采取这种译法（并用 he 和 him 指代"君子"）的一个原因，是因为他们希望借此反映古代中国的家长制社会结构。但是，性别和数量的误读，使它明显带有一种男性至上主义倾向的表达——而这种偏见在原文中是根本不存在的。（我们在文献中发现，《论语》成书之时及其稍后时代，女子也可被称作"君子"。）

基于对儒家世界的人应作为事件性与互系性的理解，我们采取的是不含西方单数意味的译法。那些浸染在自己各种角色与关系中的中国人，他们体现着自己的群体，或恰当或欠恰当地为人处事。

汉字拥有三千余年连续不断的历史，这是其他文字所没有的情况。直至今日，诸如日、月、弓、人、门等汉字仍然沿用了它们的早期字形。汉字分为几类。第一类是象形字，这类汉字直接描摹了事物的形态。第二类是会意字，它们将象形文字组合起来，表达更为抽象的概念。例如：日、月相加为"明"；双木是"林"；三木为"森"。

在现代汉语中，象形字或会意字占百分之十左右，其余百分之九十都是形声字。形声字由表示意义的意符和指示声音的声符两部分构成。《论语》所用汉字二千二百余个，具重要哲学意义的是象形字和会意字。也就是说，这些字基本是表意的。所以应该根据字形，而不是根据读音达到理解。

我们须想到，《论语》成书之时，一般情况都是象形字与会意字字形与它们所表述的事物极其相似。当然，中国人并不一定非要用日、月相合的字形表达"明"的意义，也用"火"或"白"传达同样的概念。所以，从这个角度看，会意字是约定俗成的。人们根据合体字"明"字的组成部分（这在其最早写法中尤其明显），领悟其含义。而这一点对于仅仅使用视觉符号 bright 的英语文化人们来说，简直是匪夷所思。bright 一词的拼写是奇妙的，但并不直接传达任何语义信息。

文言文除去本身语言的特点，其表意成分还承担其他语言的语音和语法部分的作用。这是文言文作为一种独特语言媒介的新例证。区分古汉语口语和书面语语法结构不同是重要的。现在，我们已开始怀疑那种认为文言文只是早期口语的很有欠缺的记录的观点。

首先，文言文的表意成分所担负的过重语法功能，在语言学上被称作"语义过负"。古代经典文献所用词汇（其中最基本的二千五百多字）语义上

极为丰富，以至于我们很难做出取舍。结果是出现文字意义的含糊不清，表现一种复杂暧昧的表述，等待人为地赋予其特定的解释（这种解释常常是口耳相授，或以注疏形式流传）。这种含糊不清是"通假字"的使用造成的。通假字就是用同声异义字或短语，替代更抽象或更复杂的意念。到汉代中期著录《定州论语》时，通假字仍然到处可见。例如："正"通"政"；"辟"通"譬"；"耳"通"耻"。

很多西方学者都非常关注甚至是特别强调，古汉语中的含糊性与精确性的缺失，并将它视为独特语言现象。这种看法也许在根本上就是偏见。精确性缺失恰好可能是一种既定交流方式，一种"富有有效性的含糊不清"，它需要读者积极参与文本诠释，并在此过程中把握其精髓，理解、消化、吸收它。

中国思想家们用自己语言详细或精确表达的时候，是包括口语的。汉语完全有可能像其他语言那样进行精确的表述。不过，精确的表述未必是最佳的表达。书面语是简洁、得体、优雅的交流方式。很大程度上，一段文字语义内容不但由其所使用的特定词汇来决定，也与词汇的结构及上下文构成有关。文言文读者们会清楚地发现，由于词的细微区别、词汇的丰富含义以及词句的精心推敲，造就了简洁生动、口语无法企及的交流方式。

文言文的每一个字的每一次出现，都包含了它的所有喻意；两个或多个字结合在一起时，其各自涵义不仅有建立的联系，而且有相互制约。这使得文言文的独特表达方式适合于语义情势。那种认为在诵读中会遗漏语义联系的观点，理由不是确凿的。词语的顺序非常重要，但文言文中词语顺序不是一定的。因此读者是在确定一种满意解释之前反复推敲，尝试多种句读的。汉字的图像、美学的特征也对文言文是个有力支持。在两个或多个汉字之间建立联系的最简单的方法，是去注重二者所包含的共同元素。例如：从字形上来看，"德"与"思"都含"心"，所以它们的语义是联系的。常用文言文词典中收录了二千五百多个基本汉字。其中大部分都是象形字和会意字。因此，在字母文字中被视作双关语或因不合文法而被忽略的地方，在表意文言文中承担了重要表达与交流作用。

(节选自《论语》页 37—45。)

八、儒学为类推话语

当代中国哲学家冯契用《论语》的"吾道一以贯之"论证，孔子必须要视作一个建立体系的哲学家。然而这个"一"含有一种模糊性：一（one）还是连贯性（coherence），且"体系的"或"理性的"连贯性是与"审美的"连贯性区别很大的。

一件艺术品既是独一无二的，也被认为是有连贯性的。冯契将孔子理性化，认为最好将对他的解读从历史上加以拓宽，使其沿用至今的"道"的意象中，主张概念高于意象；而我们认为这种观点有待商榷。被确立的这种意象，包括几章中详述的孔子生平形象，是冯契文章的重点。他坚持认为孔子是个有体系的哲学家，却忽略了系统化哲学概念大厦与意象聚焦过程产生的审美连贯性之间的重要差异。这种差异，在很大程度上是理论与叙述之间的差异。

冯契认为应将"体系的连贯性"全部含义都引入到他对孔子的解读中去，这一点是很让人质疑的。这类似戴维·迪尔沃斯（David Dilworth）在对孔子的阐释中，运用了来自亚里士多德哲学的"基本变体"主张，对（孔子）进行理论连贯性假定，导致了（孔子）致力于原理和方法的一系列令人误解的假定。

所以，当我们用这样的外来术语讨论孔子的观点时，必须保持谨慎。人们并不要求《论语》提供什么圣人的道德理论或概念，而是仅限于阐释曾经存在过的特殊经验或以圣人为范例的道德楷模，我们这样也许会做得更好。既然中国古典思维是依赖于构想一种特殊意象，因而我们也许就不能不同意：《论语》提供的秩序恰恰是对孔子细致描述的特殊形象，这来自于参与对话弟子们回忆的细节篇章。当孔子这样的形象，吸引着日益增多的崇尚者，并在他们形成自己独特的形象中发挥重要作用时，便又是作为一个恰当行为的典范出现。这个典范是被视为与概念或原理具有同等功能的。

在从一具体历史情境到被类推地适用于另一个情境的过程中，具有权威的形象逐渐失去了它们的特征与细节；"象"既用来表述"形象"，也被用来

表述"模式",就不足为奇了。通过类推,模式开始承担大量人们期待概念去做的工作,办法是让一般化的概念可组织特殊情境。然而,没有理由能证明这样的假设:一般化形象利用诉诸同一性去组织特殊事物。正如在古典儒家文献中,要是期待将"模式"与"形象"的关系进行恰当描述,是一种把历史存在的模式与特殊情境相联系的语言,而不是将特殊性包含于普遍性范畴和原理中的方法。

葛瑞汉在他的一本书中,曾对翻译忠于原著的说法表示担忧,他把翻译与解说加以对比:

> 即使对如何算是规范翻译有着不同的见解,哲学翻译家还是应尽力接近原文中心概念及其逻辑关系,遵循其思维结构而非对其重建,这种做法是理当坚持的;当然,完全做到是不可能的。所以翻译时,人们往往通过解释来加以补充翻译的不足之处。

然而,在葛瑞汉认为没有超越概念的这个世界,把翻译和解释分离开来可能会有些矛盾。就概念世界所依赖的是单一意义而言,概念性语言本身可能就是问题。在理解中国传统时,葛瑞汉警觉不能把超越作为意义环境,他实际是对客观、因而是单一意义可能性的否认。他一这样做,就对任何形式或技术的概念性语言是一个有效回避。我们知道在古希腊从苏格拉底开始,对抽象定义的强调就是服务于使理性与互系性思维背离的。而中国思想家对这种抽象定义的抵制态度,则是中国文化形态以第一问题框架作为重要性的最有力标志之一。

放弃超越含义,也放弃相伴随的"客观确定性"本身的基础,就是放弃直观经验的语言没有的意识。如果确是如此,葛瑞汉则应该也会同意,如果从中国人世界观出发,西方读者应是读过汉语原文的,否则翻译行为是缺失不全的。这是说,中国人的"秩序连续性"是必须将整体语境包括进去的,甚至要包括读者自己的生平。譬如,将"天"翻译为第一字母大写的 Heaven,这对于生活在犹太教与基督教神学信仰文化中的听众来说,就会是一种曲解。

在《孔子哲学思微》一书中,我们强调孔子的"恕"("己所不欲,勿施于人")在儒家道德意义上"反省"的重要性。刘殿爵提出《论语》的"恕"为决定规范行为提供了明确方法论。这种方法论包括"将自己作为衡量他人愿望的尺度"。刘殿爵关于《论语》的类推思维观点，值得在这里引述一下：

> 如果我们要做到从表面看并无互系性的现象中发现它们的互系性，除去对过去道德观需有反省之外，思维也很重要。这重要性不仅表现于文学领域，也表现在道德领域。在文学上，我们发现《诗经》可激发想象，使人们可在分散现象间发现潜在相似性。在道德上，通过"恕"的方法，人们希望可实践"仁"，而且"恕"，是在于用自己的类推去发现别人的好恶。

孔子的"恕"集中蕴含着道德行为意义：

> 子贡问曰："有一言而可以终身行之者乎？"子曰："其恕乎！己所不欲，勿施于人。"（《论语·卫灵公》）

赫伯特·芬格莱特（Herbert Fingrette）在康德的寻求普遍真理与孔子的追求做出符合道德行为的恰当类推之间进行了区分，他说：

> 这里的关键词是频繁出现于《论语》的"譬"。尽管在英汉双语词典中，"譬"的英文意思是"比较"，我意识到《论语》对它用法的重要特性：首先，《论语》的"譬"，是相似性而不是差异性的"比较"。鉴于此，"类推"是恰当的词汇。另外，"比较"表达的是通过想象化、人格化、情境化或行为特性而非抽象特性的形式。有鉴于此，《论语》的"譬"是典型隐喻性的……"譬"的用法是孔子的教学方式特征……它与抽象分析、理论建构及普世性是个鲜明对比。"恕"，反过来则又是一种特殊的"譬"——可从接近的东西，如人自己，掌握类推其他人，用自己被对待的方式去对待他人，这就是恕。

传统的注释做法本身即是大量特殊、各异、相互矛盾的信息，这种信息通过理解不同学派或解读彼此注释而发生联系。因此，传统本身就是展示类推、呈现秩序的一个例证。通过这样的传统，做出解读的孔子性格被认定是与不同环境及时代相关联的。

中国传统反复出现的一个特性在《论语》中的表现十分明显，即是诉诸历史与非确定性的方法论作为意象主要来源。人们或许从这种现象可看到西方神话与历史之间的分别与中国传统是毫无关系的两种事情。中国神话是历史事件并是事件性的详述，因而神话与历史是密不可分的。虽然有历史人物的神化，但它是从人类上升的特殊神或文化英雄。鉴于此，神话是历史逐渐的"神化"效果，变为一种赋予历史事件之外权威性的手段。它不依赖假设，没有非历史的推定性前提，它其实是比神话解释更真实可靠的，甚至比将历史与神话做了分离的叙述做法更有恰当性。在古代中国思想传统中，将人物传记与圣人传记区别开来并不是一个特征。这与西方的"神话相对历史"不同的是，"神话"和圣人传记阐释，一般是被视为更具效果与恰当性的历史阐释。

孔子是令人敬仰的一个楷模人物。司马迁的《史记》第四十七卷记载了孔子生平。据载孔子当时是个壮志未酬的教书先生，虽有从政晋升，但并未得以释放更大影响，尽管曾官至主管政事的司寇、主管公共事务的司空、相当司法部长的大司寇乃至最终担任鲁国宰相。汉朝武帝时期，孔子被奉为"无冕之王"（素王），意思是其虽未为王而治，却实质是受天命而来改变世界的。

孔子不仅仅享誉人世。正如马伯乐（Henti Maspero）所作研究指出：

> 如所有官方宗教的神，孔子经历了不少等第称谓变更：公元元年被封为"公"，739年被尊为"王"，1075年又被贬至"公"，1106年重又为"帝"……1530年十二月四日，明世宗又剥夺其地位，仅保留至今的"至圣先师"称号。

孔子是否曾为神？马伯乐考虑儒家思想是一种正统意识形态，担心西方式的语义阐释可能会倾向于排除这种可能性，他说：

> 我们（西方）词汇的"神"，可以被用于中国神话中的人，因此很明显的是，至少至目前为止，孔子已是个"神"（国家而非个人的）。人们向他祈祷，期待他保佑"幸福"。

孔子作为传统的文化楷模，其重要性意味着他逝世之后数百年中，人们希望通过效仿孔子事迹，在把他与自己比较之中寻求与孔子的个人关系。

类推在先秦的作用不能被过分夸大。刘殿爵肯定孟子类推方法的论理，而且借助墨家经典，强调要使哲学问题具有条理性，类推是居于中心地位的。先秦哲学的类推思维，作为哲学论证手段的重要性，不排除更多的二元思维存在。然而，它始终是类推，互系性的论证模式占据主导地位。

（节选自《期望中国》页 197—201。）

九、古汉语为审美性语言

人们已把"圣人"视为"沟通大师"。"沟通"可理解为是将人作为聚合的自我，掌握与协调众人的合成之志，进行意义传达的方法。这"所有自我之聚焦点"的内部整合与多样化的程度，反映出个人的素质和精神。这种意义的"圣人"道出了《论语》中孔子赋予语言述行力量的价值。一个人如果不能沟通，他必然是孤立的，他不能将其他自我带入他这个全体性自我的构成中："不知言，无以知人也。"（《论语·尧曰》）

中国的"本体论"是"部分/整体（互系）"（merological）的"本体论"，也即它是基于一种"部分/整体（互系）"语汇，对一物之命名，实为识别与勾勒其边界；它的对一套"物"之不同成分之确认，无异于对同一物的不同部分在"时间/空间"上区分。得到一个物名，是人在对实在之物进行分辨或分析，究其内在联系，将它视为"部分/整体（互系）"的东西，起到一种"命名"效果。

汉语于任何重要意义之上都不做抽象名词使用。人们所说"古代中国缺乏严格超验概念"的观点，其实也是对这种情况的一个反映，属于一种全然内在性的视角，是只能以具体语言来表达的。

我们的观点是，"过程性本体论"更接近孔子以及大多数古代中国思想家所持有的观念。其实，我们更觉得应该根据"焦点/场域"语汇来思考一般视为"部分"与"整体"关系的问题。对这一点，我们已经做了不少讨论和说明。中国"本体论"观念更趋于"全息性"而非"整合性",它体现这样的观念,即"正名"是一种聚焦或协调行为,这样的"部分"至少是以其独特性蕴含着整体。

孔子的过程性倾向观念和语言作为沟通行为具有明显实效性功能,它以"焦点/场域"语汇诠释"名"的作用,表明孔子的语言不是一般所说的指向性语言。孔子语言蕴含的是我们说的"情境性艺术",它意味着语言要放在它本身语言系统的场域去理解,也即这样的语言本身是可用来解释孔子生活与从事教育的社会或社群的。

"正名",并非是作对世界事物的指称,而是一种语言的协调,协调效果是增加行为和谐性。

像"事情如果不是那样的话……就会是如此这般"这样的表述,于古代中国哲学来看,并不很具说服力而常常出现。还有像"你若当初做得恰当,你是会受到赞扬的"这样的表述,在汉语中是可行的,但是(对西方学者来说)令人十分惊异地,例如"当初尧要不是把天视为他遵行的意义……"这样的条件句,我们认为在孔子推理中,恰是为人们提供了找到儒家思想观念的一条重要线索。

古代中国文化可以说没有"假定—推论"以及"反事实悖论式"的科学思维模式;在古代中国文化发展的争论中,一直不乏这种观点。另一更有争议、与我们这里的讨论更相关的观点是:古代中国人(孔子自己更是不例外)不依靠在西方一般所理解的伦理推理。近些年来讨论孔子及古代中国思想的著作,都从诸多角度支持这样一种观点。

孔子指出了一条"道德"之路,不过这个"道德"植根于他的语言的特性。如果说这个特性本身是来自对经验世界的原本样子的选择,而这原本样子又是呈现着这种语言发展的特点,这显然表明,孔子没有在任何意义上排斥对思想多样性的任何选择与沉思;确切地说,他所排除的恰是我们西方人传统所相信的那种选择和沉思,那种要求人返回到推理的、理论性思维的那个抽象"形式"(终极本质)。我们认为,孔子思想中决然体现的是与艺术活动彼此相印的多种选择或思路。

从"义"的观念中可找到不含西方那种道德模式的思路与选择,而是明显地向审美方式的转换。我们要指出的，就是它的明显审美性的"义"（正当性）呈现着孔子"义"的根本内涵。审美、和谐的"义"，是和谐创造者或欣赏者的一个特殊、直接、预期选择的功能。其结果不是出自伦理思路——或者更确切地——它不是伦理选择。

在"科学"和"道德"的语义上，西方和古代中国哲学所依据的是截然不同的思想方法。古代中国思想方法的独特性，在于它是具体内在性的思想功能，它不把抽象名词或"反事实条件"句作为首要表述形式。抽象名词是将"命名"作为原理概念表达手段，原理通过判断力获得证明；"反事实条件"对道德、科学的教育与实践是绝对必要的，原因在于它是构制可选择性行为模式之结果的手段。与孔子哲学认识论基础比较，不论西方伦理的还是科学的推理与实践，所依赖的都是一种迥异的认识论。

古汉语的特征深刻地影响中国的文化状态，这为我们解答孔子作为沟通大师的根本问题提供了具有重大意义的线索。第一，中国古代文化传统鲜有抽象名词与"反事实"陈述，没有超验概念的结论；它要求实现有意义的交流，是既不依赖命题与真、假判断行为的分离，也不依赖对判断或行为前提的觉悟性做出选择。第二，如果"知"不与判断分离，而且"知"行为是没有觉悟性选择的进行，那么，认知观念就极有可能是以审美而不是以理性认知行为为规范的。第三，如果按最一般（后康德）对"道德"一术语的理解，古代儒家思想可说是没有"道德理论"的。"伦理"行为不是源于道德理论，也非"道德理论"这类东西可以阐释的。最后，如果我们这些观点是对的，那么孔子哲学的"教化"特点，显然与那种对价值理念与原理进行努力传播的教义迥然有异，因为那些理念和原理致力于建构与支持刻意进行的抽象反思与根本判断。

（节选自《通过孔子而思》页 261—267。）

十、中国哲学的西方语言翻译问题

1. 表述"关系"话语的性质

对几乎所有"做人之人"（human becomings）来说，他们成长为有道德能力之人，其入门处与起点，是他们出生于其中的家庭关系方式。我们所称"关系"的根本是话语：一种聚合关联性于"自我"、给予"自我"一个叙述；这是源自家庭角色范畴之内的，延伸开去，也是人群范畴之内的。本来我们不是与"自我"这个实体分隔开的，这个"自我"是要进入"我们"的关系的。作为关系构成的"人"，"我们"是个起始点；我们成长着具有个性的生命，但意义只在于是通过我们已享有的例如"母亲""妻子"或"邻居"这样关系之上的延伸与扩展。对于将"人"看待为关系构成的观念来说，关系是由在时间延续上话语的多种层次和多种形式构成的。我们在语言上互相形成着自己，贯穿在持续话语之上，也贯穿在别的话语媒介之中，例如肢体、接触和举止。"礼"当然是语言性的（我们享有的角色与关系形成的一种恰当性），但又不仅仅只是相互之间的言、听，它也是肢体语言、举止语言、音乐语言与饮食语言，其中皆包含人活于的角色与关系中的敬畏与尊重。

简而言之，家庭角色的言说在最广的"活着角色"意义上，就是人类经验的协和与秩序的最基本始源。家庭角色可以说是对关系的最大发挥机制，也因此是构成更宏大范畴秩序的灵感，如社会、政治和宇宙秩序。我们也许可以说，儒学不过是将人活生生的经验作为"对家庭"的一种不已之对待。对儒学来说，人是通过在相互交流的家庭与人群中的活法话语做到的使平凡变得美妙，使例行之事变得充满精神意义，使平庸变得充满活力，使生活规定习惯注入激情，而且最终，在普普通通的日常生活中建立密切的精神联系。

在孔子看来，做人是一种社会成就，适应性的成功之所以可能，是需要运用社会想象与智慧的。社会不是个体属性的来源，也不是让个人成为社会力量的产品；而是只有从总是特殊的"人"在家庭与人群之中的生态与有机"行为与经历"，社会与特殊的人是一起呈现的。[①] 就充满变化的现实而言，任何成长都是局部的，相对于变幻不定的外部环境总是给人造成的新挑战，人总是显得不完美的。而且，这一成长同时还是进步性、程序性的，不时地也是圆满的；与此成长相伴的是一以贯之的同一性与时而发生的真实惬意。

---

① 杜威将这一"呈现"过程说成是"行为与经历"的语言，"人用自己过去的经验在将来建立更新更好的经验"。*Middle Works* 12：134.

社群无非是一个众多人之间的持续性"交谈",人群之中的"君子"是那些于言行之上颇具造诣之人;"君子"也是为实现社群繁荣昌盛,从关系与整体环境方面起催化作用的人。"君子"所言所行的功德,不仅在直接作用于社群,而且还对整个天下产生深刻、持久的影响。

在这样一个原始、生生不息的中国宇宙观看来,人的"做人"与构成人本身的话语交谈;在内在与外在意义上都是同一事件,价值意义是于生生不已的关系中产生的。人的"做人"就在于富有价值意义的关系中。所以家庭兴旺,来自日益丰富的家庭话语交谈;社群兴旺,来自其成员之间日益强健的"交流"与"交融"。重要的是,在这样的儒家传统中,所有关系,哪怕是天地的宇宙观关系,也是建构在家庭性的话语意义上的。

(节选自《表述关系的话语性质:儒家与杜威实用主义在"人"观念上的对话》)

2. 为何《中庸》译为"聚焦中常"(Focusing the Familiar)?

对于《中庸》的题目"中庸",有许多种英文的翻译。最为人所熟知的是 The Doctrine of Mean。而我们认为,这是一种最不恰当而令人感到遗憾的翻译。[①] 我们要指出,在英语 focusing the familiar affairs of the day("聚焦日用中常")这一说法中,可以把握到对"中庸"的更富于涵盖性与圆润性的翻译。

在《中庸》里,家庭与日用中常的互相联系基本上是家族成员和日常事务礼仪化的一种功能。这也是说,礼仪行为的"礼",是基本手段,通过这种手段,人去实现家庭及日用中常基本关联的意义与功效。

> 子曰:"中庸其至矣乎!民鲜能久矣。"(《中庸》第三章)

这一句话可使我们想起《论语·颜渊》提到人完全投身于"礼"的自我约束行为,致使产生"仁"的品行("克己复礼为仁"):"一日克己复礼,天下归仁焉。为仁由己,而由人乎哉?"

对于在人世获得充分发展的人而言,按照"道"做出适当行为调节是势

---

① 理雅各要对 The Doctrine of Mean 这一译法负责(虽然他后来放弃了这种译法)。关于这种影响甚广的译法的不恰当性,我们的论证参见本书第四章(指作者所译《中庸》一书——编者注)。

在必行的。事实上也正是通过聚焦人的生活日用中常而不断接近"中"的境界，才会导致出最充分集中、凝聚与富有精神的经验。

处在自然、社会乃至文化环境（这种环境既是脉络性又是构成性的）之中，而能具备一种集中、凝聚的能力；这个"中"呈现的是一种由繁茂兴旺之"和"而出的产物，"和"是通过有关相互尊重的各种方式达至的。而且，当人通过相互尊重的方式在世界得以伸展，这样的集中、凝聚就最终能对天地的化育过程创造性地起到推动与扩展作用，即所谓"致中和，天地位焉，万物育焉"；"惟天下至诚，为能经纶天下之大经，立天下之大本，知天地之化育"（《中庸》第二十二章）。

每时每刻地关注于"礼"，才将人定义为一个社群的典范，即君子："君子去仁，恶乎成名？君子无终食之间违仁。"（《论语·里仁》）

具备了"仁"的品格，在礼仪行为中时时刻刻有自觉意识，既是最容易的，也是最难做到的："有能一日用其力于仁矣乎？我未见力不足者。盖有之矣，我未之见也。"（《论语·里仁》）

在孔子看来，是聚焦日用中常的集中与凝聚程度，将他最喜爱的弟子颜回与其他弟子区别开来："回也，其心三月不违仁，其余则日月至焉而已矣。"（《论语·雍也》）下面这段话，对"礼"以及"礼"之所在恰是对体现适当情感程度的言及，之中对"孝"的核心性讲得是十分明显的："子夏问孝。子曰：'色难。有事，弟子服其劳；有酒食，先生馔，曾是以为孝乎？'"（《论语·为政》）

经典儒学将人的终极意义视为一种经验聚合，"礼"则是对这种经验积累不断得以净化、升华并充满意义的媒介保证。人格是这种恰当礼仪行为的绝对必要条件（*sine qua non*）。人格是成长过程，要求持之以恒地聚焦于构成人的环境与塑造其生活的那些关系性。也是说，"中庸"这个语汇，不仅仅指"聚焦中常"之过程，而且是"聚焦日用中常"之必要性。

恰当的礼仪运用要求敏慧，其重要性不可被理解为是对诸如极端主观性一类东西的退让。下面《中庸》第一章"慎其独"一段话中，可以读到这样的提示："是故君子戒慎乎其所不睹，恐惧乎其所不闻。莫见乎隐，莫显乎微。故君子慎其独也。"

这一"慎独"表述在《荀子》中也有。《荀子》不但使用《中庸》的词汇，而且看上去是对这一观念的阐明："夫此顺命，以慎其独者也。善之为道者，不诚则不独，不独则不形，不形则虽作于心，见于色，出于言，民犹若未从也，虽从必疑。"（《荀子·不苟》）另一例是《大学》里的一段，又使人们联想到《荀子》："此谓诚于中，形于外。故君子必慎其独也。"

与特性相关的明显的个性，必须要互系性地加以理解，也要理解为动态的过程。共时性地考虑，个性是不可化约地互系性的；既使人为其个人之成长与成熟而所做一切成为必需，也使人为了互系性构成的特定社群所做的一切成为必需。人正是在参与这种社群生活中成长、练达的。个性还必须被理解为不断的自觉意识，渗透于每个姿态与思绪，表达为所有活动中净化升华的气质倾向。这样的礼仪化自觉意识（"礼"）聚焦于人聚合的习惯，这些习惯在日用伦常事务中得以表达。

以"习惯"呈现"礼"，是将强烈而优雅的礼仪化经验，化为日常例行之事。这样的儒家要求恰恰是：人生深刻意义之实现，并不在于一些短暂的"重大"事件，而是通过日常例行之事，使人生变得练达。如果理解恰当，对于这种练达过程而言，习惯是不可或缺的。

人们往往以一种负面心理将习惯联想为仅是例行之事，或者联想为强制性重复行为，只有当人具有意志力量之时才可以改变它。或者说，我们是将习惯定位于被决定的行为范围之内。当然，如果人将世界秩序理解成一个超越创造者决定的结果，或理解为超越自然法则的终极完成，那样作为获得的气质倾向、习惯，就不具有重大决定性的意义。原因是在这种情形下，习惯性行为不过只是重复复制的事物的必然性而已。只有在世界特征真正被看作是过程性和变化着的时候，人的气质倾向才是事物之道的构成要素。

中国思想传统的世界，并不是事物"具有"习惯，而是事物本身"就是"习惯。习惯就是存在。所以作为习惯性行为，"礼"在"拥有"（having）与"质相存在"（being）之间建立起一种关系，它涵容着审美感受性主导中国古代社会的那种方式。比如研究中国思想的学者们常常指出：中国人没有一种作为"质相存在"（to exist）的"是"（to be）的相关意义。汉语的"有"意味着"拥有""现有"。在作为"存在"（existing）的 being 相关意义与作为

"拥有"（having）的"有"的中文意义上进行这种区分，其实是显露两种现存存在方式的差异。

中国语言是礼仪化、具有倾向性的语言，这种语言是通过聚焦日用人伦中常事务，以推动对未曾经过思虑营谋的经验的"拥有"。

聚焦日用人伦中常是尝试，是对人类社群创造能力的保持乐观，也是将日常生活样态转化成深刻社会宗教感的实践。在这个意义上，"礼"常被描述为"礼乐"的一个简称。"樂"（"快樂"之"樂"）及其同源字"藥"，显示出"礼"是怎样被理解的。为和谐安排"沟通的社群"，使其达到最大程度和谐共鸣，并伴随恰当安置成员在其社会交往过程中富有成效地和谐共鸣，在关系与过程意义上被确认的"礼"及对日用人伦中常的聚焦，成为一种战略部署。就使社群实现交响乐式的协调以及最少不谐音程度而言，对社群之中所有人来说，"礼"不仅具有治疗性（"藥"），也是快乐（"樂"）。人们在使他们分别得到安置的不同话语中追求精湛技艺程度方面，达到一种相互性彼此依赖的和谐，在这之中，每个人在合唱中都有自己独特的声音。

曾子阐明了孔子之道是一以贯之的，他说："夫子之道，忠恕而已矣。"（《论语·里仁》）

在人所有的交往活动中，"恕"不仅指考虑周围他人的情感所应抱有的一种性情气质，也涉及对其他人所关注焦点的感同身受的采纳。这里的沟通并非是已经过反省概念的转移与传递，让概念导致一种观念共享。而是说沟通是对经验与行为礼仪化结构的一种回应，这种回应的方式，允许人去享受那种公认的同样的未经反省的经验，那种经验是他人所享有的。

"中庸"的核心性论述，是从礼仪在促进关注日用人伦中常行为这一过程中的作用，通过敏慧之关注，达到人的独特焦点，一直到达对所聚焦环境场域的认可。

（节选自《中庸》页 43—49。）

3. "天"译为西方语言发生了多大扭曲？

在《说文》中，"天"在双关意义上被解释为"颠""头顶、最高"。它在语源学上是"会意字"——"一大"，或者如从龟甲、青铜器铭文上的神谕所看到的，作为一个象形字，表示神人同形同性。

"天"的标准英译为：（1）the material heavens，the firmament，the sky；（2）the weather；（3）a day；（4）Heaven，Providence，God，Nature；（5）husband；（6）indispensable。这些译法与可列出的"天"的汉语意义形成鲜明对照：（1）天空；（2）气；（3）天的运行与模式；（4）太阳；（5）神；（6）自然，自然而然者；（7）君；（8）父；（9）不可或缺之物；（10）一段时间；（11）一天；（12）阳〔与阴相对〕；（13）命；（14）性、身；（15）大。

我们可注意到"天"几经被 Heaven 这一西方语言翻译，而应恢复其本身汉语的本来意义。首先，天与天空的相关性促发对这一概念的深刻瞬时性与历史性的关注。"天"本来是不可避免地与变化过程相关联，但是，它成了一个被塑造的天空。"造物主"（神）因而被意味 day（天）和 skies（天空）。中国文化是以"天"的名义累积而成的，而不是靠某种更为独立的非时间性和非空间性的"他在"。

第二，"天"作为"气"，是心理、生理学的。所以它是一个万物生命皆存的神。"天"既非纯粹精神，也非物质性苍穹。它是涵养、滋育生命过程的浩瀚大海。

第三，"天"既是我们世界之自然样子，又是它之所以这样。它是宇宙本身，又是宇宙的秩序。"天"既是创造者，又是被创造物之所在。所谓"秩序"，其本身与其所规约之物是不可分的。道家的"道"与佛家的 dharma，这对观念中有着相近的特征。"天"可被认识为从建构它的特殊事物的诸倾向性中协调而出的内在、自然生发的"秩序"。

第四，"天"的范畴是自然而然的，尽管或许有人认为，它是宇宙论的，却又绝然不是天体发生学意义的。不存在先在于它的事物，它无始无终。自然与其支配力与生产力之间没有区分。

第五，"天"是神人同形同性的，但这暗含的是该观念与奠定中国祖先崇拜的祖先神话历史的亲密关系。"天"亦是商朝"帝"产生的根源。似乎有足够理由可确定，"天"的观念与人类学家 Sarah Allan、Emily Ahern 说法一致，即中国的神是过世的人。这就是为什么中国神话、逻辑与历史的关系与

西方的传统截然不同。在文化上背负重要意义的人（诸如孔子）就是"天"，"天"本身是由人限定的。

第六，"天"不仅具有文化意义的特殊性，而且地理学意义也是特定的。一个蕴积深沉的新文化终有一个"天"来代表该文化。中国人也希望其他文化有它们独特的"天"来表征。

第七，天并不言，但却通过神谕、气候异常以及人类世界自然条件的变化进行有效却往往不确定、清晰的交流。由于儒家世界的秩序彼此相关、彼此依赖，因此牵一而动万。人类世界无常会影响到自然环境。"天"并非是个如基督教世界回应个体需要的"个人化"的神，但"天"的运行却几乎方方面面都在自动且毫无偏袒地最大可能促进自然的生发与和谐。

（节选自《中国哲学的翻译问题》）

4. 儒学译为西方语言被基督教化

对中国传统进行的西方诠释，有一种意识正在逐渐增强：已经建立的对中国古代文献翻译为西方语言的那些词汇，今天正处在显现严重缺陷的境地。基督教传教士的翻译释放出很大的影响力，但他们强烈的传播基督教教义的目的性已让我们无法正确了解原著。中国著作因为西方翻译产生的"基督教化"（Christianization）的例子俯拾皆是。我们手中的汉英词典比比皆是神学的术语，它们被称为用来理解中国文化的第一手资料：Heaven（天）、righteousness（义）、rite（礼）、virtue（德）等等，不一而足。直到从事翻译中国经典的汉学家们逐渐意识到，根据对中国古代世界观更为完整的理解，重新检讨此类翻译已成为至关重要的事情。

意识到西方的中国文献翻译导致的局限性究竟有多么严重，是不久才开始产生的。这与西方无论是日常语言还是哲学话语的失败运用都有关系。西方语言是质相取向的（substance-oriented）语言，所以大多词汇都是表述与诠释一个非连续性（discreteness）、客观性（objectivity）和恒久不变性（permanence）界定的世界。但是，表述与诠释中国这样一个以基本连续性（continuity）、过程性（process）和生成性（becoming）为特征的世界，西方的哲学话语就必然被用错了地方。

西方哲学家与汉学家不假思索地作为预设的质相性语言，导致出一些严重误导性的翻译。例如，"有"和"无"这两个观念竟经常被不假思索地译为 being 和 non-being。直至今天，一些很有影响的译者还在将"五行"翻译为 the five elements，还在将"性"译为 nature，这样"人性"就是 human nature。所有这些翻译都限定了对象或质相的一成不变与单义特征，这些特征恰恰发生于那种植根于质相主义（substantialist）视角的语言。

（节选自《中庸》页 5—6。）

5. "道"译为西方语言，变为西化形而上学

孟德卫将"道"翻译为 the Tao——用了定冠词，并且大写了第一个字母，这种译法实际引入了一个不属于中国古代世界观的单一真理观念。

"道"不应被"形而上学化"成个体品格应成就的某种单一、客观的普遍真理。世界从每一不同视角而得的观念语汇就是"道"——一条可从各种不同程度探寻到个别体存在与其域境和谐统一脉络的路。"道"不是个空间形式，毋宁说，它是对内在于变化过程的瞬息而流的确认。"道"在任何特定时间同是世界之所是及其所以是；既是支配者，又是其被支配的态势。中国传统没有"秩序"的独立根源与其所"秩序"者之间的终极区分，没有决定性的本源。世界及其秩序在任何特定时间都是自我生发、自然而然的。所以，进行诠释不是要发现一个先在动因或者分离、揭示出什么质相性的原因。更确切地说，任何特定事件或现象都要根据种种协同促发它的状况来理解。而且重要的是，一旦这些协同状况获得理解，即可用来预期下一个事件。正因此，孔子说"人能弘道，非道弘人"，真、善、美不是"外在既定的"，而是"人为"的。

（节选自《中国哲学的翻译问题》）

6.《中庸》"人论"被译为"神论"

关于创造的性质，可参照、比较《中庸》的一些翻译与诠释。《中庸》的英译范本是苏格兰传教士理雅各 1861 年译本。该译本参考了更早传教士翻译的成果。一直到今天，它对大部分《中庸》欧洲语言译本仍具有深刻影响。理雅各的译本，首章开宗明义，直截了当叙述了宇宙秩序：

> What Heaven has conferred is called THE NATURE; an accordance with this nature is called THE PATH of duty; the regulation of this path is called INSTRUCTION.（天命之谓性；率性之谓道；修道之谓教。）

理雅各的理解与释读以为《中庸》是篇虎头蛇尾之作，首章记载了完全可信的神论起源说，随后却谈得不伦不类，东拉西扯，甚至还亵渎神灵，胆敢歌颂人的创造力，颠覆基督教信仰的基础。理雅各的翻译，向中国思想界给予《中庸》的至高无上地位进行挑战，他根据自己的信仰与虔心，对《中庸》内容与影响提出质疑、反驳。他哀叹道：

> 这篇一开始还比较好，但作者刚铺垫了一些基础箴言，立刻转而谈玄说理，玄之又玄，令读者很难摸索，无所适从。等这部分主要内容结束后作者就呈现了令人陶醉的圣贤形象，可惜缺乏内涵，华而不实。他为鼓起同胞们的骄傲与爱国心做出很大贡献。他将圣贤捧到上帝之上，教化人们不再需要外在的精神支撑。这般教义与基督教作对，势不两立。不久以后，等基督教在中国国内普及开来时，他们才会明白自己先祖既没有了解上帝，又没有了解自己。

理雅各的评语直率诚实，但又犀利尖刻。最具说服力的是，理雅各非常清楚，根据自己的翻译，此文前后有思想矛盾。他按照自己的有神信仰释读了首章文字，貌似同基督教视野下的宇宙观较为吻合。不过剩下的文字致力于提高人的宇宙地位，强调人的创造能力及其重要性，以区别于基督教经书所提倡的宇宙观和秩序，即人依赖造物的上帝的思想。理雅各对《中庸》宗旨的理解（虽然自己不乐意接受）是，圣贤带领天下人实现自身内在潜力，因此人不必求助超绝的神灵；其次这些表率凭借人类的创造力来启发天下，结果天与地本身都不好算是终极现实。宇宙创造活动完全是人与世界之间的合作，这类宇宙观符合约翰·贝特荣（John Berthrong）所谓的"神性现实的'依赖世界'特征"。

（节选自《儒学角色伦理学》页 241—242。）

第三编

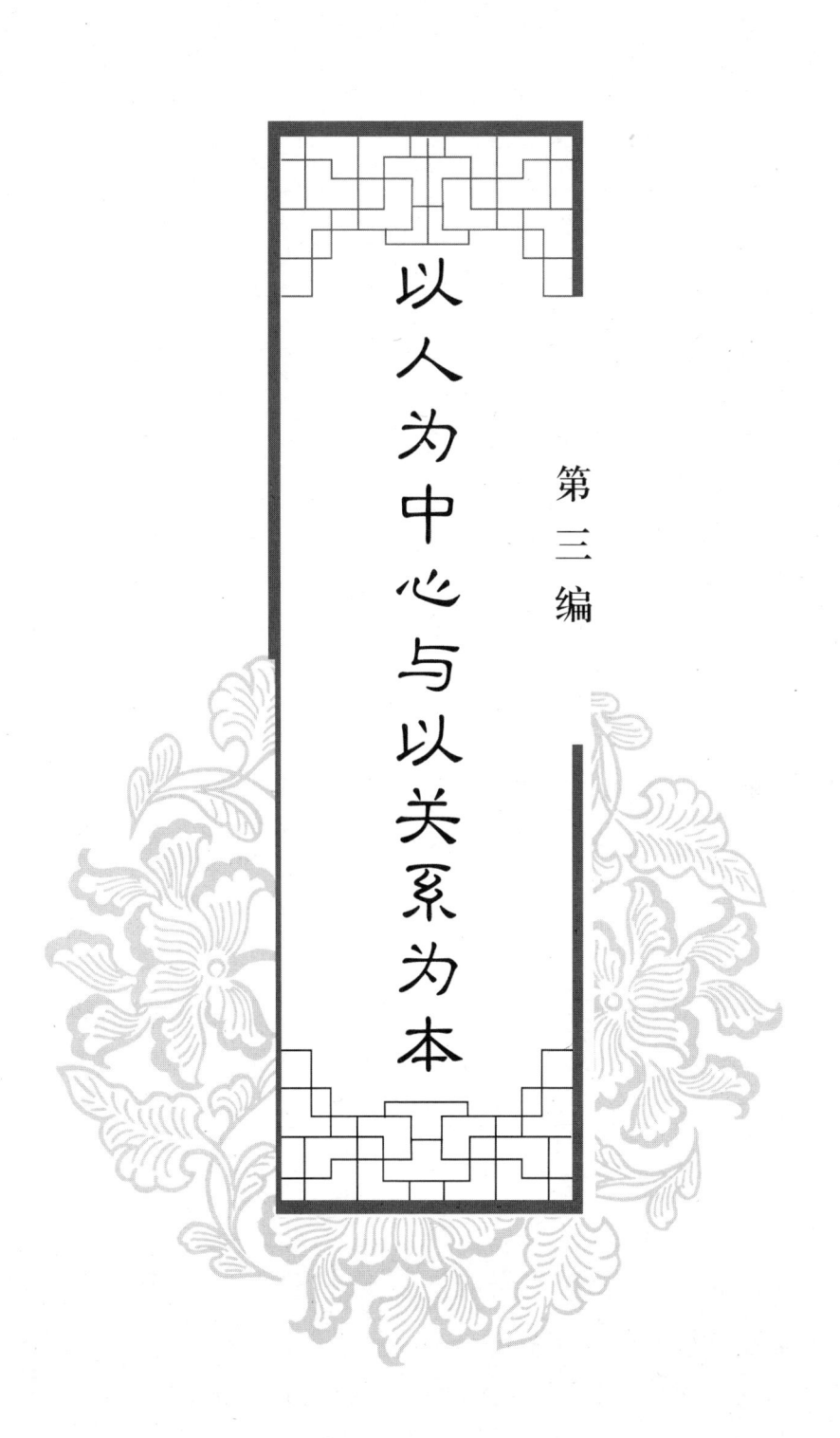

以人为中心与以关系为本

孔子儒学中"人"的观念

一、人是创造者

1. 人不是被创造，而是创造者

传统中国宇宙论，以《易》为五经之首，很早就认识到如杜威所说的"万变事物的相互作用"，亦即宇宙无时无处不在变化着的生生不已的过程。中国宇宙论在怀特海那里则称为"本体原理"（the ontological principle）。这个"本体原理"即"有限偶对本体原理"，在这个意义上，一切事物称为"真实的"。我们还可将这一宇宙观称为"现实多元主义"。这个本体原理确认，任何事物的真实性都是作为多层次关系的，无论是单一和每一事物，单一种和每种事物，还是作为经验本身的非合计整体的事物。《中庸》说：

> 天地之道，可一言而尽也。其为物不贰，则其生物不测。

这样一个充满特殊性个别体的世界是多格调的，而不是单一秩序的；就秩序而言，这是被视为独特、多样的，而且其多样秩序的总和也不受任何一种特殊模式或东西（例如神）的支配。[①] 相反，秩序呈现的是一种和谐状态，是从变化不已关系中达到的，是在不静止的整体（即万物）当中达到的。由于没有"多背后的一"（one behind the many，例如神），也不会有"单一秩

---

① 作者在这里造一个词 pluri-verse。"宇宙"本是 universe，其前缀 uni 乃"不可分的一"之意。作者这里用的 pluri-verse，因为 pluri-有"多"之义，所以指的是"多样性"宇宙。（译者注）

序世界"，没有 kosmos（"宇宙"）那种严格意义——必须有一外在的秩序强加者；而是只有处于过程的变化状态的和谐，这是由特殊个别者的持之以恒、能动追求所达到的生命意义，它们共同创造一个属于自己的世界。

在这个世界中，一切都是由它们条件制约的关系构成的，价值不是来自"无中生有"，不是从什么独立、外在本源而来，不是从"一神""自然法"概想而来，不是从柏拉图"缪斯"理想而来，也不是从什么标新立异、遁世隐居的天才那里来。而是相反，意义的所在皆是场合的、情势的。意义在于其所在，产生于培养出深化的关系，也即我们总是在说的 art contextualism："在自己角色与关系中找到最佳情景化状态的艺术。"① 当然，缺少一个假设的特权性秩序，并不排斥意义的形成，而意义的形成是在于类比性特殊事物之间，也不排斥为了有利于人在这一世界的活动而建立可操作的范畴。人是可以被富于意义地概括为"人类"的。其实，正是这样的"被创造之物"，可以变成创造这个宇宙的合作者，恰恰人的这种能力与责任，才是给接通儒家角色伦理与儒家宗教感而开辟出的一条直接路径。

（节选自《儒家角色伦理学》页 76。）

2. 人创造力而非神创造力

儒家的"宗教感"体现在对自身与世界的创造当中，而且只有这种共同创造才具有真正的意义。在儒家宇宙观视野内没有独立的事件。可从若干层面予以论证：第一层面是个人内在修养，按照儒家世界观，与他人的合作活动颇有助于创造个性与身份；第二层面牵涉更广，儒家宗教感在人与家庭、社会之间的互动中得以实现；第三层面最高最广，儒家观念的"三才"即人的创生力影响天地的生态动向，三个结合起来构成宇宙的宗教感。

《中庸》歌颂人类创造能力，甚至把人描绘为与天地共创者。它详细形容共创世界过程中人与社会环境、自然环境的合作，提出人与自然创造活动之间存在着深刻的互动互联、相辅相成关系。

《中庸》进一步论述与歌颂，将人类创造活动的最高境界与圣性等同起

---

① 见 Hall 与 Ames (1987)，246—249 页；(1995)，273—275 页；(1998)，39—43 页、111—112 页。

来。人的道德赋予了万物的意义并使共创宇宙的发生。《中庸》发挥利用日月星辰之类比喻和夸张，去描述人类共创世界的过程与价值所在：

> 唯天下至圣，为能聪明睿知，足以有临也；宽裕温柔，足以有容也；发强刚毅，足以有执也；齐庄中正，足以有敬也；文理密察，足以有别也；溥博渊泉，而时出之。溥博如天，渊泉如渊。见而民莫不敬，言而民莫不信，行而民莫不说。是以声名洋溢乎中国，施及蛮貊。舟车所至，人力所通，天之所覆，地之所载，日月所照，霜露所队，凡有血气者，莫不尊亲，故曰配天。

儒家的名言"人皆可以为尧舜"常被误读，从质相先于存在的视角加以解释，以为圣性便是全人类共有的潜在性质，一旦挖掘、实现，那人便能够左右宇宙，轰动世界。但人经验见证的，人是互相关联的社会物体；在这个过程，社会、自然、文化等各个广大领域按照《中庸》的认识加以实践，这才是真正意义的创造活动。日常事宜的真正意义自发出现，才是圣德的真内涵。成为圣人的可能性是随着长时间成为仁人的过程而逐渐出现的。

而理雅各认为《中庸》思想内容表示的是赤裸裸的傲慢，严重打击与亵渎自己深信的上帝，并对此愤恨不平。我们可把这个态度归因于当时19世纪英国盛行的哲学运动：常识主义（Common Sensism）。常识主义为了保持维系当时基督教的政治、道德现状而当作其思想依据，用以对抗腐蚀性的休谟式怀疑主义。先不管理雅各愤恨的动机，他不想认可人类共创世界的能力与特性这个态度原是古往今来颇具代表性的。甚多现今《中庸》译作还反映着这点。今天翻译者继续循衍其说，向《中庸》首章继续理直气壮注入有神论思想。不过有一点不同。理雅各对自身宗教偏向有所意识，看到了首章与其余文字在神学方面的矛盾。他可拿首段文字套用自己的宗教思想，与基督教教条相比附。往下却不得不承认其天地人共创世界的核心主题，他只是不同意而已。而与此相左，现今翻译者却是偷偷给全篇注以耳熟能详的神性创造力概念，以此达到否认人类与天地合作创造世界的能力。

《中庸》及其他儒家经典所刻画的圣人形象，远非是英雄，而是更具有道德意义，在日常事宜中使社会更和谐稳定，对宇宙发展也做出自身的贡献，

以沟通天地。像孔子这样的圣人，又不孤独，且不属创始人。相反，他们是相互联系，全心投身于社会礼乐制度与风俗习惯的发扬之中，以此促进国家和民族的发展。"圣"（聖）字于甲骨上写作🙋，在青铜器上则写作🙋，从耳从口，下方的"壬"部至西周方出现。"圣"字与"听""声"（聖、聽、聲）同源。《说文》把"圣"训为"通"，即沟通、贯通。汉代应劭的《风俗通义》解释"圣"说："圣者，声也，通也。言其闻声知情，通于天地，调畅万物。"圣人是有效的交流者、沟通者，也是文化的化身，社会的宗教道德重心。《中庸》体现的共创力——以及中国古代自然宇宙论皆在不断发展过程中，没有产生一个可追溯的本源存在；万物都只有不停创造新意义，没有超绝的外在原动力。

我们其实可以将儒家经典本身，包括现在说的《中庸》，当作自生自发创造过程的实例来看待。大部分经典书籍都不是成于一人之手，而是多人聚合之作。大部分也从其他经书与文献旁征博引，互相影响，互相作用，且很少标明出处。一部经典，往往是结合性、积累性的，其意义与价值得益于历代的传授世系。世世代代都有自己的注本、校本、整理本，在过去成果的基础上予以取舍褒贬，在其文本中又加进自己的注疏诠释，以便适应当地当代需要，由此形成基于历代积累的新内涵、新意义。

这种悠久注释传统正是增长思想意义的例证，由世世代代的学者把经典文献与当代日常事宜加以联系、结合。很明显，中国古代思想家最看重的，乃是现象世界中的过程与变化，统称之"道"，或说"万物"，或更简而言之，叫"正在进行的一切"。哲学家们不问什么才是真存在，为什么万物存在，而思考的是万物之间的关系。正是这种从真实生活经验中艰苦获得的人的和谐社会和谐甚至宇宙和谐，而不是什么神学概念或目的论起源说的假设，才是儒学价值的真正意义。

（节选自《儒学角色伦理学》页241—255。）

3. 中国人不需要信仰上帝

换句话说，"互系性"宇宙观起到的作用是儒家思想发展进化的特殊场域，在这一宇宙观之内，任何事物都不是脱离它所在环境关系，自己孤立发生的。没有无本之木、无源之水。如对于身体来说，呼吸是肺与空气的共生协作，观看是眼睛与阳光，跑步是腿与地面，友谊是朋友之间的共生协作。一切活动都是发生在场域之中的，所以本质上都是互相性的。所以毫不奇怪，我们发现，一切描述中国自然宇宙观的技术语汇都是偶对而不是单一的，正反映着这种普遍互系性。词汇都是相互性、协同性含义的，如"天人""天地""体用""变通""太极无极""阴阳""道德""理气""无有"等等。没有一个是作为独立性、单线支配性的源点而单独立意。这样的生态宇宙观中，不会有超然、独立的"一"概念，没有单一起因，没有背后性、基础主义标准，没有特权性次第秩序。葛兰言与许多其他国内外汉学家告诫我们，"中华智慧不需要上帝这个理念"。没必要设一个"一"，让它作为万物的意义。

实际上，道德行为的习惯与原始条件相辅相成。当人问："鸡与蛋，孰先孰后？"我们只能说要么两个都有，要么一个也没有。从传统西方形而上学论之，可以说中国宇宙论运用了"奥康姆剃刀"不止一次，其实是用了两次：中国宇宙观不乞灵于超然又独立的上帝，不以上帝作为万事万物的独立起源。反而以世界的自生特性为起点。中国宇宙观也不乞灵于一种独立的本性或魂魄作为行为的出发点，反而从人类行为之中寻求积累性道德习惯。我们认识到了儒家观念中"成为仁人"的过程及其互相关联性质，研究儒家角色伦理的实质，则是以儒家角色伦理作为家庭、社会上行为的具体准则，作为实现道德行为习惯的途径，又作为儒家宗教情感与群体精神的终极泉源。

（节选自《儒学角色伦理学》页 72、157。）

4. 中国智慧不需要上帝

葛兰言明确声明："中国智慧不需要上帝这个理念。"关注这一命题的若干出类拔萃的汉学家、比较哲学家都得出过类似的结论。譬如唐君毅，就斩钉截铁地断言：

> 中华民族绝不接受超绝意义的天的观念。中国人对天的普遍观念，就是天与地是分不开的。

李约瑟也将潜在固定结构的设想与中国的宇宙论相分离，他说：

> 中国人的信念既不涉及神，也不涉及法。……因此凡常见的机械的与数量的、强制的与外来的因素，一律都不存在。他们的秩序观念是排除法的概念。

的确，中西方最好的中国古代哲学的阐释者，全都明确否认中国宇宙观肇始于一个类似于西方的独立的、超绝的原则。

将葛兰言对中国宇宙观的看法着重予以考虑可以使我们观察、认定、辨析古希腊哲学中的许多含糊不清的说法与命题，并跟中国古代宇宙观进行清晰又发人深省的比照。其实不少中国古代哲学相关词汇也被思想家、注释家讨论得越发含混，已经无法精确地代表中国的原本思想。我们真正的挑战，就是消除与中国传统哲学中心观念相左的歧义，使传统思想复归自身本来面目。其实，美国汉学家葛瑞汉给西方诠释者提出的建议，就是一定要对这样混杂不清的说法提高警惕，否则会影响到我们对中国哲学词汇的理解：

> 在中国宇宙概念中，万事万物互相关联，没有解释万物的超绝原则，也没有解释它们起源的超绝原点。……这个立场有一个妙处令本人感到十分欣赏，即它揭露西方诠释家的思想偏颇，以为诸如"天""道"之类概念必定带有我们自己终极原则的超绝特性。我们难以把握，连"道"都是跟人分不开的，而是相互依存的。

虽说一个严格的超绝概念对于领会中国传统宇宙论是无关紧要的，这一点已经得到了广泛的认同，但是，探讨比较中西哲学还是要名正言顺，提前澄清相关的基本概念与词汇，以免造成不必要的误解，因为严格意义上的哲学超绝思想影响深远，关系甚大。在过去著作中，笔者与合作同辈在给观念下定义方面似乎没有下足够的功夫，进而导致很多情况下一些学者首先认定我们的思想犯了一种我们没有犯的错误，进而在他们的误解之上对我们进行批判。

首先澄清，严格意义的哲学或者神学的超绝指的是一个独立、超验的原则甲，它创造、控制、维持乙，而反之不然。我们1987年问世的《通过孔子而思》提出的便是这样一个定义，此后一切著作也都坚持这个定义。柏拉图与亚里士多德的哲学体系都十分重视 eidos 这基础观念，分别理解为"观念对象"与"永远不变的种类"。宗教神学则将上帝视为独立、完美、不可改变。

这两种概念都属于严格意义的超绝。如果像主流古典希腊哲学家例如巴门尼德说的那样，同一与永恒是宇宙的基础，那么所体验的千变万化的现象世界就不是终极现实，也不能作为知识的对象。在流传下来的古典希腊本体论中，"现实"必须指着万物外观背后的基础源泉；能发生变化的现象不过是外表，只能误导人。柏拉图的形而上学"实在论"（reality）和亚里士多德的本质本体论都是承载严格意义超绝的概念，提出假定的自足原则，这个假定的自足原则是存在于万物之外的，又是知识和预测的终极目标。

葛兰言的说法具有深刻意义，即中国哲学在各种情况下都不依赖于超绝的上帝概念是一个基本且持久的认识，因此也不需利用由此而来的各种各样二元范畴。中国过程宇宙论，可以代替西方理论作为衡量评价儒家思想的解释框架。物质本体论中常见的二元论，例如主体与客体、行为者与行动、心与身、环境与教化等，和儒家观念中互相关联的人物关系几乎毫无联系。的确，这种儒家观念中的人丝毫不求助于超验、本质性的范畴，例如"灵魂""自我""意志""功能""本性""心""秉性"等等，反之把人放在其家庭、社会、自然环境的复杂关系中进行理解。如此意义上的"人"于是被看成一个复杂事件，而不是个别的"物体"；是个"成为"的过程而非本质的"存在"；是不断发展中的"做"而非独立自治的"是"；是一系列具体、动态关系的复杂构造而非抽象、概念化的行为者。

基于以上讨论与我们对互相关联的人物的这种认识，现在可以进而专门探索笔者称为儒家的以人为本的宗教感。在熟悉的物质本体论语言范畴中，"上帝"被理解为由每个人的灵魂推及一个存在的"世界灵魂"。事实上这两层可以相互比拟：如同灵魂是每个人看不见的、不变的本质，也就是我们真正的存在物似的，上帝是众多存在物背后的创始存在物——一个总揽万象、主宰万物、凌驾一切的单独物体。威廉·詹姆斯对"人积习成癖的以名称为实体的把戏"很担心，就像我们人现在把"灵魂"这概念当作人或上帝的真正实质、唯一现实。詹姆斯就此展开辩论：

> 我们通过一套具体属性而认识一个事物，对我们实际体验而论，其唯一价值便在此。……我们对这事物所使用的指称支持着它的现

象。……可这些事物的现象特征，……必然不在指称之中，如果它不在指称之中，它也不在任何事物之中。它们彼此依附，我们千万不得认识这套特征后面还存在一层更真实的实物，而这个实体精神在特征与特征之间起着胶粘作用，跟镶嵌工艺品底版上的水泥似的，必须被遗弃。

回到儒家宗教精神，我们发现它不必求助于表象背后作为所有宇宙现象之源的独立的、回溯的、质相的神性主体。相反，世界是自然发生（"自然而然"），是由其所包含的无数关系和现象而获得自我改变的能力。人类的宗教情感自身才是宗教意义的来源与动力，要用展望的眼光加以认识，从参与的家庭关系与社交活动中得出的灵感精神而求之。人类是支撑我们这个世界的光辉的源泉和创造者。

南森·席文关于辨别希腊与中国宇宙观做出过莫大贡献。首先，他坚持各地文化的深度与复杂性，因此无法使用过于笼统和以偏概全的一般说法去予以分析，阻止我们进行批发式的文化比较。在遵守此原则的同时，席文在《比较希腊与中国的哲学与科学》一文中还做过有益的概括，为相联（associate）与对照类推工作铺垫了框架，提供了实用的词汇。从这一方面来讲，席文的成果在史学领域中贡献很大，除此之外，对比较哲学、思想研究也具有极大益处。比如说，席文与汉学界同仁看法一致，陈述早期希腊哲学提倡的"现实/外表"区分，"在中国没有对应概念"。这么一个意见对中国思想研究影响深远，席文在该文章中将其理由与细节罗列。

席文指出，在中国早期思想界中，逻辑学并不是一门特别重要的科目，但是修辞学、语义学、语言符号学在一直演进的中国文化史上占据着越来越重要的地位。逻辑与语言符号学的区分很有说明力。它说明中国思想传统注重固定模式（在此例中便是逻辑，一个固定思维方式），但不认为固定事物比变化演进中的事物（即语言符号学）更"真"。与此相关，席文观察到中国文献中"正名"的思想无所不在，以此判断，用来表达中国过程性的宇宙观的语言本身也需要体现宇宙的流动的特点。换言之，中国的宇宙观包含着一个流畅、瞬息的语言特性，不求助于所谓语言基层并用它来形容与确立固定的现实。

席文又对希腊与中国文化思想另一方面进行辨析,即辩论和哲学讨论:

> 那个时代的希腊文化在自然哲学、科学和其他领域中鼓励争执与辩论;中国则更强调意见一致。

中国和希腊哲学的主要区别是,希腊对话以为理性分析能够得出一个"逻各斯"(logos,古希腊语,大概理念之义),而中国交流却要求不断调停过程中的意见一致。古希腊哲学追求的是一种必然性真理,即一种绝对知识,可以用数学印证。而在中国,对和谐秩序的追求则必须一直调停于过程性的自然宇宙观。中国哲学的关键便在于此。中国的宇宙观有持久性、包容性,可想而知,意见、心理等在中国古典世界有如此高的地位。这就是说,他们很珍视包容性和谐的实现,一代与一代之间道德正统的传授,社会成员对经典文化思想的新诠释,也珍视哲学讨论中的和而不同之术,亦即"兼术",还有圣人在社会上的教化与表率作用,对人及其宗教、自然、文化环境的关联的认可。反省性礼仪精神远远胜于客观规则法律;妥当适宜行为宁愿取法文化榜样,勿要乞求抽象道德原则。葛瑞汉同意席文的分析,用辩证与综合的对照来给中西方哲学划清界限:提问"真理是什么"的人才会用辩证方法,而力主一致的人则问:"道在何处找寻"。

在没有"上帝"这类概念的情况下,一般汉学家都认为中国古典思想中不存在"两层世界"的概念,即本体和现象的划分。没有很多的文献可以表明中国的早期思想家致力于追求现象背后的本体——存在物背后的本体,万物背后的"一",变化世界背后的理念世界。将现实视为"客观"存在便会导致那种二元世界观以及现实与外观的区分。如果把世界理解为认识的客观对象,即是唯一一个世界,那么这就等于是哲学家在试图以"无视角"观看世界,把自己置于人类外。其实,正是这个"无视角"被视为保证客观描述的可能性,伴随此描述得出的真理,保证这一描述具有的千真万确。

在中国思想史中,没有客观性这个概念,只有具体事情的形成与变化。没有客观性,没有"抗拒"变化与转化的事物,只有周围的变化。的确,根本不是物而是事件,与其他万事齐头并进,如同百流之汇于大河似的。我们一般把"事物"视为有自己固定身份,经历时间的流逝及出生、形成、衰退

的过程；实际上都是错综复杂、千变万化环境中的临时又稳定的焦点。若从这个角度上去理解"事物"，则不难看出，万物本身皆有类推性质，因为均由若干动态关联所组成。从这层面上从事哲学研讨，所用语言是动名态的，表示过程与演变，无关客观事实，只要使用这个语言，便对万事万物的转变具有亲自体会。这般的宇宙观构成传统中医的理论根底：

> 根据传统中国宇宙论，万物并不简简单单居于世上。而世界是由相互关联的过程所构成，这些过程由气形成并维持。在西方所叫的"事物"或"客体"（objects），用中国式话语来表达便是过程的固定规律。……每一个物体事实上是大流程中的小流程，大演变中的小演变，并且每个物体由其内在过程所维持。在气不运行的情况下，什么都不能存在。……当然有时为了某些研究目标，可以隔离个别现象而进行探讨分析，但这不过是理论实验而已。

按照这么一个宇宙论，我们不如把"事物"理解为消散性结构，气使它具有生命，且一直处于转变的过程中：

> 消散性结构的运行规律显示自我调整的特性：就是说，一个体系组成部分对气的注入与流通有所感应，自然而然会产生新的运行规律，体系自身会形成新的内部过程以及过程与过程之间的关系。只要体系中气的出入能够保持恒态，体系内部的互动过程与关系也能维持时空结构。

把"实在"看作客观性的观念引发了分析与辩证的思维方式。席文把这种思维方式归诸古希腊的经典哲学家。这种思维方式预设存在一种单一的真理，它允许个别人物可以以真理的名义来"抗拒"、质疑其他理论，提出异议。另一种哲学交流方式，即共同追求一致，也可以表示抗议，不过是一种更积极、更包容的抗议，类似于对诬枉的抗辩。因为英文的"抗议"（protest）本义为"为某人某事作证"，"证明无罪"等。意谓郑重确保、确认自己的谏言属实，因为我们都很清楚，每个人所做决定涉及全体，后果必须自负。

这两种不同的思想传统最基本的区别是古典希腊哲学以固定"实质"作为本体论的中心，而中国哲学思想注重的却是流变的"过程"。古希腊世界观注重不变的"实质"而轻视外观变化的自然，结果是重视独立物体，轻视连续关系；重视数量，轻视质量；重视名词，轻视动名词；重视事物，轻视事件。"事物"的特点一般是个别的、独立的，可以从原子的层面上加以认识。其特质均可分为本质属性与偶然属性，有外在而没有内在的关系。在这种思想下，整体由若干个别而又关联的部分组成。社会是个别人物的聚合，而每人都具有自身的完整性，就像笔筒中的每一支笔似的。每个社会成员具备着同类本性，因此，即使独立于自己的社会、文化之外，都仍然可以属于同一种类，可以与他人拥有正式的外在联系。每人的完整性取决于其固定的本质，与其个人关系无涉。这是一种以互不相连性、质性为中心派生于重本质轻过程、重静态轻动态的思想模式。其次，如此轻重偏向从语言上还要求给相关观念以高度清淅明白的定义，便于寻求固定不变的必然真理，因为这两方面的追求都十分符合一个客观的、可测量的世界。

（节选自《儒学角色伦理学》页 211—218。）

5. 孔子儒学有一种"宗教感"，是自强不息

我认为，古典儒家思想一方面是无神论的，而另一方面又极有宗教感。这个宗教传统没有上帝，但以祖先与内圣的形式，仍然具有"鬼"与"神"。这是一种由富有灵感的人生产生的强烈宗教精神状态。没有正式的教区居民，只有自己的大家庭；没有祭坛，只有家里的餐桌；没有牧师教士，只有我们在家庭与社会上效法的内圣榜样。儒家思想重视个人成长过程以及自身塑造过程：是个自生的创造方法，以区别于"自无生有"的创造方法。

我们从《中庸》得到的最重要启示是，儒家的宗教感积累而成，由内而外，最终推及全社会。要是遵循朱熹对《中庸》内在结构的看法，其贯通性内在联系的文献，我们不难看出其思想内容的展开路向。前面章节行速缓慢，重点在于提出人尚未成仁之前，一般常走旁门左道。孔子叹惜："道其不行矣夫。"但这之后，便开始加速，将焦点转到人类与天地共建社会、共创宇宙的能力与责任。行文与思想愈往下展开，节奏愈快，教导人们须积极与天相互感应，便"可以与天地参矣"，这对宇宙之呈现与持续操作、运行，可与苍天享有同等位置与重要性，"故曰配天"。

根据《中庸》的宇宙观认识，世界无穷无尽没有边际，世界秩序也是不断变化展开的，是内部的展开，没有超绝的外在精神。在没有"上帝"概念的情况下，这种儒家宇宙观、世界观对人类具有更高要求，人需要竭尽创造力与努力，才能达到与天地相参的境界。每个人都在赋予意义以及处于世界的呈现过程之中。

这样的儒家宗教感与历来主导欧美国家道德、文化思想的亚伯拉罕式宗教传统，存在天壤之别。我们认为，较之追求终极意义，相信独立、外在、超越时空主宰者的"崇拜"模式（即所谓"绝对依赖"的宗教），儒家的宗教精神更是欣欣向荣社会的产物本身，儒家宗教生活的质量直接取决于社会居民社群生活的质量。且儒家的神圣感不仅仅是繁荣社会的根，因为是继承前代而来的，也不仅仅是建立文化的基础，而且还是受灵感激励的生活所达到的精神状态——是人类花与果之繁盛。儒家宗教感是以人为中心，不以上帝为中心，并由在关系、角色中认真行仁行礼而形成。

儒家宗教感与亚伯拉罕式传统的另一不同是，儒家宗教感无关乎灵魂的拯救与末世。虽说会发生重要转变，不过纯属是世间生活本身：日常活动被升华、受灵感激励，进而从家内往外辐射，造福全社会与世界。超越世俗、通俗，追求提炼，精益求精，这样宇宙才会变得越发充满丰富内涵，增加宽度与深度：是于原始觅食演进而嬗变成精美烹调之时，原始刻划符号变成优美书法和令人叹为观止的金石文字，笨拙比划变成富于讲究的仪式礼数与舞蹈，粗糙呼噜声变成跌宕又缭绕的歌声，偶然的交媾变成温馨美满的家庭之时，宇宙的意义便更为葱郁丰富。正是这样的转变——通俗转变为精美，为我们提供那种神奇感及其他来自宗教信仰的类似情感，同时也不需要求助于超自然、先验的存在物。

当然有人会把以人为中心、不求助于超验之神的儒家宗教精神作为次等甚至冒牌宗教，以缺乏真正、浓厚宗教感觉实施抨击。对他们而言，以人为中心的自然宗教情感简直不可算是"正经宗教"，根本不可用一样的标准去衡量这两种迥异的思想形态，还不如将儒家宗教精神改称为一种世俗人文主义。他们会反对我的观点，我认为以礼为中心的儒家宗教生活哲学，完全能当作可行的无神宗教，它具有一套与有神论很不同的关键词汇与概念。

如果从儒家视角进行辩驳，其实可以直接引用杜威的意见。杜威批评传统、被制度化了的宗教，他认为乞灵对于人间日常喜怒哀乐、困苦处境毫无帮助。杜威说，"就算以一千次的二元思辨确凿地表明，人生皆被一个超绝原理所调控，一直奔向一个固定的最终目的，尽管如此，实际生活中的真理与讹谬、卫生与疾病、善与恶、希望与恐惧，也不会发生丝毫的变化。"

杜威的批评是说，对超绝来源的信仰不会影响到我们天天所体会、经历的世界。我认为还需往前进一步的理论，即从儒家视角来说，乞灵求福等信仰不但像杜威所论，无益于现实世界，而且超绝、超验思想甚至是一个代价。"宗教"的代价，即是会严重限制我们把所参与的活动与社会内在化的能力，限制我们赋予具体、个人的意义的可能性。也就是说，家庭可以充当个人精神成长的中枢。但如果将家庭与社会的自然关系转而视为更高级超自然关系的对手、障碍或附属物，那么家庭的这个重要力量便会下降。还可以说，当人与人之间关系附属于人与超绝物体的关系时，不管这种主从关系有什么利益，家庭与社会关系都会付出代价。在儒家体系中，人本身正是社会、文化甚至宗教的深刻尊重对象。这些文化、道德标榜，亦即君子，不光于自身人生中体会到深切的宗教感，而且也成为自己家人与社会钦佩、效法的对象，甚至如孔子，堪为后世祭祀的祖先，继承自己祖先的遗产，也即"天"，从而有助共建大中华的普通、连贯文化。积年累月的文化楷模、家族英雄才共同造就有意义的文化、宗教遗产。

不难理解，对儒生来说，真正"宗教精神"来源于丰富多彩的人生以及对整个宇宙所带来的影响与贡献。人生的所谓丰富多彩来自亲人、朋友之间的互动关系与体贴感情。这些互利关系直接"增值"宇宙，为一切关系的成熟、发展提供丰饶环境。随着我们互相之间关系的强化、感情的深化，共享的宇宙便越发增值。

实是有些讽刺意味的是，一方面，儒家宗教理念被视作对传统宗教制度与仪式的挑战，另一方面却正能顺从一部分美国修正派神学论者的主张，被用作解放宗教的精神。20世纪初期神学家亨利·鲁巴（Henry Leuba）曾发表鼓舞人心的言论：

上帝真存在吗？他如何存在？他是什么事物？凡这一类问题都微不足道，不值得一提。宗教的终极目标归根结底不是上帝，而是生命，生活，丰富的生活，令人心满意足的生活。在人生的每一个阶段中，对生命、生活的喜爱才是真正宗教动力所在。

我们还可参考爱默生发人深省而又颇具争论的"神学院致辞"。他指出人类对自己的神性能力早已忘却了，视而不见：

既已遗忘人类神性的教义，现在我们精神体制陷入疾病、匮缺状态。人曾经是全体；现在只是一肢，一个累赘。又由于内心的圣灵不能彻底铲除，所以这教义受损害。只有一两个人才具备这神性，其余一切人坚决不得拥有。

爱默生坚信，耶稣基督思想的真谛是说，耶稣是人，不是神，且他"窥见了灵魂之堂奥"：

耶稣为其严厉、和谐所吸引，被其美丽所毁，乐意随遇，全心献身于其中。前无古人，后无来者，唯独有他估计了人的伟大。唯有一人对你我内心神性忠心耿耿。……因此他才算真人。既已洞察我们内心的命令，便不肯逆来顺受。宁死不屈，他拿出身与心，公然宣布人心有神性。因此他才算真人。本人敢宣称，历史上唯独他一个人看出了人的价值。

鲁巴与爱默生对宗教感的深层含义的意见一致：真正宗教感源于个人充分发挥自己的特殊性，对增值宇宙的意义做自己的贡献，继而在这个富有意义的宇宙中享有归属感。这样看来，创造自己便等于创造自己的世界。

(节选自《儒学角色伦理学》页 236—240。)

二、人性观

1. "人性"不是静止不变的"质相"，而是"行为"

唐君毅论儒家思想中事物之"性"，他从对文字的分析入手，将性与生联系起来。在此基础上，他进而论述人生经验不能消减的互联性质，正因如此，万事万物（包括人）的性具有两方面的内容：性指某一事物自身的生命及属性，又指其对他物的作用及影响。譬如说地球的"性"，不光在于其自身的条件——如其所贮矿物或其稳定坚固的特征等等，而且地球的性也在于其给予万物生命的能力。地球为植物、动物供给营养，又为人类居住提供适宜稳定的环境。与此相似，儒家观念的人都是互相联系的，其本质与特性不全在于他"是"什么，而更在于他跟他人、为他人"做"什么。

我们可运用唐君毅五项命题的语言有效地表述和巩固《易经·大传》提出的中国宇宙观。唐氏还有一项命题，强调人生经验的"性质"类似矢量，具有一定方向，不过同时还有所变动。对儒学出身的唐君毅来说，"性"亦即人的一个临时、笼统的性情，虽有固定的一面，但在待人接物过程中也一直进行修正。唐氏该命题的原话为"性即天道观"。其意思是说人性只不过是自然与文化现象的正常运行而已。他进一步阐释道：

> 中国自然宇宙论中，共相非第一义之理。物之存在的根本之理为生理，此生理即物之性。物之性表现于与他物感通之德量。性或生理，乃自由原则，生化原则，而非必然原则。盖任一事象之生起，必由以前之物与其他物之交感，以为其外缘。而一物与他物之如何交感或交感之形式，则非由任一物之本身所决定。因而一物之性之本身，即包含一随所感而变化之性。

据唐君毅，凡是对人类与人性持的目的论或基因方面的决定论，都必须调停于具体场合的自发变化和具体情况中共同创造的新因素。由此观之，"性"便是对人长期积累的、有意向的而又不死板的性情的一般描述，是顺着"天道"而得"仁"的表现。那是说，人性必须从不断运行和演变宇宙的背景下去加以认识。其实对唐氏来说，性的最显著特点正是人生经验中有意创造变化的可能，并不是什么天生的固定秉性。人的性所给予的——就是说我们最原始的条件——正是成长、修身、自新的机会和趋势。

为表明这点，唐先生对《中庸》首章做了阐释。他故意对"天"的翻译解说回避一切带有神论色彩的文字（例如 Heaven），也回避对人性解释的本质先于存在论，对首句"天命之谓性"，他清楚地声明：

> 所谓天命之谓性，非天以一指定命运规定人物之行动运化，而正是赋人物以多多少少不受其自己过去之习惯所机械支配，亦不受外界之来感之力之机械支配，而随境有一创造的生起而表现自由之性。

唐君毅接着指出他所认定的人的特性，亦即其有自我意识的自由与创造能力，以区别于其他万物：

> 且物必愈与他物感通，而后愈有更大之创造的生起……个体的德量，由其与他物感通，新有所创造的生起而显；亦由时时能自觉的求多所感通，求善于感通，并脱离其过去之习惯之机械支配，及外界之物之力之机械支配，而日趋宏大。但此非一般物之所能，唯人乃能之耳。

《礼记》所道："人者，天地之心也。"表达的也就是这个意思。这种不可消减的相互关联令得人能够对自己的行为有所反省和自我意识，从此可以凭着自己的自由和创造力去最佳化个人关系。

唐君毅对人性的专门讨论中，注意到传统儒家观念中人的存在主义方面的问题。他认为"然就一具体存在之有生，而即言其有性，则重要者不在说此存在之性质性相之为何，而是其生命存在之所向之为何"。只因为人存在物皆有生命、有成长变化、有目标，才可以说有性。我们已经知道，在万物中，人是特殊的。人的性与其他现象的性不一样，因为人对自己的成长和进化具有内在的反射认识，而其他事物则没有这种认识。关于经验与概念化，唐先生观察到：

> 人之现实性不必能穷尽人之可能性，而欲知人之可能性，亦不能如人之求知其他事物之可能性，而本推论与设想以客观知之；而当由人之内在的理想之如何实践，与如何实现以知之。即对人性有知，自亦必有名言概念，加以表达。然此名言概念，乃顺此所知，而随机以相继的形成。

唐君毅如此强调实际的不停变化流程中人的志向实现的重要性，而相对轻视这些志向的语言表达与概念化。这个实现的重点在于个人。中国古代思想家有时会从现代科学中的心理学角度讨论性的真义。唐氏不参与其中，因为那般视角容易把"人物"(human being)看成客观现象。唐君毅认为传统儒家观念中的"性"最主要特点是其自我意识及反省能力。实际上，创造性变化的无穷可能正是性的最重要、最有意义的特征：

> 如西方人之 Property，Characteristics，Propensity 及 Essence 诸名之所指，皆是一定之性相性质或性向。然吾人若由人之面对天地万物与其所体验之内在理想，而自反省其性之何所是时，是否可言人有定性，则大成问题。因人之所面对之天地万物与理想，皆为变化无方者……中国思想之论人性，几于大体上共许之一义，即为直就此人性之能变化无方处，而指为人之特性之所在，此即人之灵性，而异于万物之为一定而不灵者。

人本质的原始条件中最重要部分即成长、修身、自新的趋势——人类特有的从根本上发生变化的能力。因此唐氏的分析与论证，尤其在人方面，他特别注重性的互相关联、互相作用的特色：

> 依吾人之意，以观中国先哲之人性论之原始，其基本观点，首非将人或人性视为一所对之客观事物，来论述其普遍性、特殊性或可能性，而主要是就人之面对天地万物，并面对其内部所体验之人生理想，而自反省此人性之所是，以及天地万物之性之何所是。缘是而依中国思想之诸大流，以观人之性，则人虽为万物中之一类，而不只为万物之一类。

根据唐君毅"人性说"，我们以"生"为重点总结一下"成人"或"成为仁人"这概念。这"人"是个不可消减的复杂概念，充满着生命力与精力，不但受其环境之影响，而且还有足够的自由志向与创造力，可以获得自我意识和自我创造的能力。这个反射性、动态的"自我"务必理解为一种不可消减的相互性：在其关系网之中，既施加影响，又受影响。这个"创作人"的过程首先是一种努力，一种动"作"，涵盖着生命与成长，并伴随着成为仁人这个过程。这都属于对人很自然的认识，因为不求助形而上学的自我或者任何像魂魄、心灵之类统一性的精神，因此更像是一种集中的生命力，不是有明确界限的单一体。在不停的变动关系中，致力于寻求意义与平衡。这属于一

种物活论，亦即万物有生论——又有精神也有实体。其所提的概念是一个修正性的、自然发生的"人"，也是一个生气勃勃、影射性的人。对人的这种认识，通过互联关系，能产生自己的自我意识，进而在这些关系之中还越发增强其互相关联、互相依存的性质。人深深嵌入于其关系之中。要正确理解人的性，则必须由大领域（道）而到焦点（德），由整体到具体，考虑到其所有关系。从其"自我发生"的特性来加以理解，成为仁人是个有创造性又独特的过程，在一生中不断积累、容纳新关系。的确，用儒学的概念和词汇予以表述，成为仁人指的是在大的文化遗产与环境下（天道），一直追求关系与角色的最佳状态（仁），所以唐君毅坚持"性即天道观"。这层意义上的成长总是独特的，使我们能够通过家庭和社会关系而与整体保持亲近的连贯、继承关系。我们这样还能引发出人最佳或道德人生的敬意与感激，逐步进入类似宗教感的精神状态。成为仁人这观念给儒学的词汇赋予新的生命力，例如个人的"德"便引申为"自得"（自我实现），"义"引申为对自己关系的责任感。

关于人性这概念，唐君毅的"新儒学"并不是新的。实际上，这种互相关联性的创作人的过程早在《大学》篇中得以表现。儒家工程属于一种基本上的经验主义，目标在于帮社会的人在集体生活中获得最高度的文化、道德与精神成长。对孔子来说，和谐社会自个人修炼开始。想要成圣的人，在其家庭、社会、自然关系中继续成长，最后顺着螺旋形的辐射状圆圈追求宇宙精神。儒家圣人其实是普通人，只不过他们懂得全神贯注于家庭、社会关系，从此学会了把正常的事情做到非常的地步。正如《中庸》所道：

> 道不远人。人之为道而远人，不可以为道。

道德人生只不过是亲近个人关系的转变。诸多早期儒家文献包含着这个主题：

> 子曰：仁远乎哉？我欲仁，斯仁至矣。（《论语·述而》）

对于"人皆可以为尧舜"，不少说法经常从本质先于存在论视角去理解，以为做圣人乃人性中的固有潜能，只要实现就获得超群的能力，以便按照己意左右天下。在搜寻儒家哲学中民主主义思想的痕迹时，有些诠释家凭据此话，主张平等主义。唐君毅对人性的理解则不同，他直接否认这般耳熟能详的看法。对他来说,"人皆可以为尧舜"这句话的意思是指,圣德、圣仁的内容便是在日常事宜中自发显露出的真正价值与意义。能够从自己生活中获取真正意义的普通人便是圣人。基于人人所具原始条件与文化资源,我们每人都有这个机会。成圣的潜在机遇并非独立于主观、客观条件之外的内在力量,而是一个充分包括着一切条件的转变过程。人之成为圣人,与其平时高度融入、相互关联、交相性的成为仁人的过程相辅相成,齐头并进。

(节选自《儒学角色伦理学》页128—133。)

2. 孟子的"人性"

总的来说,目前有关孟子的论著都认为孟子提出了一套抽象、内在、本质的先验人性观,是一种可以在后来的生活经验中被实现出来的给定的、天生的潜能。根据当前的研究和议论,孟子对"人格"持有明确说法。如若从本质先于存在论的风险挽救孟子,必须要回答一个问题:我们应该怎样给人性下定义?是从独立于一个人关系、角色之外的固有而又孤立的起因看人性,还是从一个人所在的条件与环境,去考量他的所作所为?我们怎样理解成长?是用(西方)重复性因果关系论讲它(儿童已然是既成的大人)?还是在目的论上说它(如儿童即成人实现的初步)?或者是对人的实际情况及其后果去认识他与别人的相互关系?我们不得不反思,(西方式的)形而上学考虑问题是否合乎原有儒家提倡的"做人"?因为这种做人的努力——即在自然相互关联宇宙观下成为仁人——不仅要求我们自勉而专心修身,还要求对不停变化的情形随机应变,因事制宜。众多学者一般都误以为孟子对人性的理解是超验本质的。可是假若如此,他怎么会道出"人之所以异于禽兽者几希"这样一句话呢?还有,假如果真从本质上论人性,他又怎么会用"端"(即初步征兆、头绪、末、嫩枝)这样一个词?

如果要理解"人性"的过程化特征,须先将"礼"作为例证。对婴儿来说,生下第一天便落到家庭生活中,都有自然倾向成长为家庭单位中的成年成员资格。可是我们思维里的错觉误导我们去认为,该婴儿的本性或纯人性处是在这一个别人之内,而不是在其具体家庭关系网之中的。不管我们怎样认识,新生儿的诞生情况及其对群居生活模式的初步反应,只有家庭环境,作为社会与文化范畴的焦点，才是给这种尚未定型的人以成长的方向与鼓励。每一家庭环境都有一套独特而有意义的社会与文化特征，诸如信仰、技能、兴趣、是非观、职业等等，这些在不时引导那些成长中的成员，然后有了自己的家之后，反过来往里注入自己的社会、文化特点，以培育下一代。

婴儿天生便想交流，而且他所处的具体文化环境为他提供所需文化资源与知识，这样孩子方能学会跟家里人、社会上的人行之有效地交流沟通。如果还要去证明"人性"是来自于个人所处的具体社会情形，而非作为一雏形人的抽象、内在潜能，那么我们只需观看世界各地不同文化、五花八门的思想与生活方式——或者如果从消极一面加以论证，只要看没有在社会上长大的野孩子，他们的粗莽蛮横野性具有一定统一性质，因为都同样未受教育，无从取材于家庭与社会，因而长成为彻底隔离而与人无关的"人物"。

我们的观点是，孟子提出的观念正是"成为仁人"，人人相互关联，绝不是追溯性、本质先于存在论上的"人物"。最近出土的儒家文献帛书《五行篇》所含的思想与《孟子》多有相吻合之处，可以为孟子的"成为仁人"人性说提供有力的证据。

我们在多处阐述过，要正确了解《孟子》的人性，必须先认清楚孟子修身养性工程中另一个十分重要的概念，那便是"心"（heartmind）。对孟子哲学思想做诠释的一些学者有显著倾向，忽略对性与心的重要区别的追究。这种忽略与性的创造过程是植根于心这一事实是有关的。人的原始条件当然是具有一些天生的自然趋势与倾向，但只有控制、克服这些趋势，性的变化、成长、自新等过程方能表现出来。

《孟子》的观点很清楚，人人皆有心，并且一切心都有为善的自然趋势，孟子以"四端"的比喻做出阐明：

> 恻隐之心，仁之端也；羞恶之心，义之端也；辞让之心，礼之端也；是非之心，智之端也。人之有是四端也，犹其有四体也。有是四端而自谓不能者，自贼者也；谓其君不能者，贼其君者也。凡有四端于我者，知皆扩而充之矣。若火之始然，泉之始达。苟能充之，足以保四海；苟不充之，不足以事父母。（《孟子·公孙丑上》）

这段文字所形容乃心的原始条件，不过我们还须牢记，"性"字由心与生组成。此生字可视为起到辅助心的作用。《孟子》又有明文曰：

> 君子所性，虽大行不加焉，虽穷居不损焉，分定故也。君子所性，仁义礼智根于心。其生色也，睟然见于面，盎于背，施于四体，四体不言而喻。（《孟子·尽心上》）

如果将这一段与上文中的"人之有是四端也，犹其有四体也"放在一起对比一下，便会会意四端与身体均是成长发生的所在地。只有通过刻苦艰难的修身功夫才会充分发挥"性"：

> 孟子曰："尽其心者，知其性也。知其性，则知天矣。存其心，养其性，所以事天也。"（《孟子·尽心上》）

关于将性与心合并的问题可以用张岱年的分析作为一例。他曾论述，既然圣人也是人，因此圣人之性也是人人所备之性。若细读《孟子》，则张岱年可以找证据说明圣人之"心"与众人之"心"相近似。其实《孟子》竟把心说成与眼睛一样的器官。不过张岱年误以为性与心一样，是人人所具备的一种潜能，而圣人只不过成功地发挥了它而已。可是，如唐君毅所论，性的发挥与否并不在性本身，反而是物体及其环境之间互动而共同创造出来的。做一个人不会进而做圣人；反而成为圣人才让我们能够充分地做人。我们务必要分辨清楚两种说法：即人人皆具圣人之性，凡是言谈举止、所作所为与圣人一样的人，便是圣人。成为圣人的可能性是与人生经验中互联的关系同存并进的。孟子对此做出明确表述：

> 曹交问曰："人皆可以为尧舜，有诸？"孟子曰："然。……尧舜之道，孝弟而已矣。子服尧之服，诵尧之言，行尧之行，是尧而已矣。"（《孟子·告子下》）

学者们最经常用来论证孟子之"性善"说的段落，引录如下：

> 孟子曰："乃若其情，则可以为善矣，乃所谓善也。若夫为不善，非才之罪也。恻隐之心，人皆有之；羞恶之心，人皆有之；恭敬之心，人皆有之；是非之心，人皆有之。恻隐之心，仁也；羞恶之心，义也；恭

敬之心，礼也；是非之心，智也。仁义礼智，非由外铄我也，我固有之也，弗思耳矣。故曰：'求则得之，舍则失之。'或相倍蓰而无算者，不能尽其才者也。（《孟子·告子上》）

我本人认为，人之所以误读此段议论，是因为分不清其中所谓"内外"的关系。这些外来的与内在的（即固有的）东西并非互相排斥的，反而是互系的，皆出于实际经验的情形。这样的误读，同我们容易误读颜回"仁者自爱"之论是一样的，若理解为排他得己之类的"自爱"，那就体会不到其真义。关键的是，研讨分析人性，主观的性情跟客观的行为都要重点考虑。道德行为是人与世界合作的结果，不全来自于外在因素，也不全发自内心。

或许正确了解这段话的关键，是在"善"字上。"善"实乃行为的倾向，非为人的本质："可以为善矣。"（亦即人可以做善、成善等。）对善的这种行动性理解，善即功效（efficacy），是根据个人具体情况所达到行为上的质量或功效，而不是独立于个人情形之外天生固有秉性的表现。

刘殿爵认为，"善"即功效之作为一种待培养与实现的倾向。《孟子》另一段话中有清楚的说明：

孟子曰："水信无分于东西，无分于上下乎？人性之善也，犹水之就下也。人无有不善，水无有不下。"（《孟子·告子上》）

应当清楚，性包含着个人成长的倾向，个人追求成为善，不是说性就是善的。

另一点是个人努力的作用与重要性。培养原本倾向要求高度的努力；如若不努力则连原本倾向都能作废了。有的人能够发展成很优秀、很有修养的人，而有的却逊一些，光这一点足以表明用功修炼，努力做人对发展原始条件的重要性。孟子重申这点，强调原始条件只有经过认真培育后方能发展为有益的特征。人性之善与否，就看其所付出的努力：

公都子问曰："钧是人也，或为大人，或为小人，何也？"孟子曰："从其大体为大人，从其小体为小人。"曰："钧是人也，或从其大体，或从其小体，何也？"曰："耳目之官不思，而蔽于物。物交物，则引之而已矣。心之官则思，思则得之，不思则不得也。此天之所与我者。先立

乎其大者，则其小者不能夺也。此为大人而已矣。"(《孟子·告子上》)

《孟子》一书提出，原始条件赋予我们一定的自然倾向。不过其中有一部分倾向，经过充分的挖掘与发挥以后才属于人类独有特点。孟子认为，正是这一类倾向才可以叫"人性"。虽然大家都有视、听、闻、嗅等感官，也就是一个身体感觉中枢，但这些并非人类独有。因此孟子管之叫"命"，而非"性"：

> 口之于味也，目之于色也，耳之于声也，鼻之于臭也，四肢之于安佚也，性也，有命焉，君子不谓性也。仁之于父子也，义之于君臣也，礼之于宾主也，知之于贤者也，圣人之于天道也，命也，有性焉，君子不谓命也。(《孟子·尽心下》)

作为人，我们悉生于若干家庭、社会关系与角色之中；有鉴于这些原始条件，我们也都有恻隐之心、羞恶之心、恭敬之心、是非之心，也就是道德感觉中枢。这个道德感觉中枢植根于心，是人出生时所具备条件的总体聚焦点，然后经过一生的具体的、独特相互关联的活动与关系，本中枢便成为人的"性"。孟子道：

> 居移气，养移体，大哉居乎！夫非尽人之子与？(《孟子·尽心上》)

从这个意义上便可有信心地断言，相对来说，最重要的不是人与人之间的相同处或相似点，而是人的异处与独特性。成为仁人也只不过是对个人过去的行为与成就的一种总和。也正因为这个理由，孟子曾道："天下之言性也，则故而已矣。"(《孟子·离娄下》)

(节选自《儒学角色伦理学》页 136—142。)

3. "人性"不是动因，而是之于关系的

我们需要澄清"潜"的含义，以便说明儒家思想的人与环境的密不可分。人之初，成为仁人的"潜能"不仅是端绪，认为它出生便有并且是可独立于家庭关系之外，这样的人是不存在的。人既然是关系构成，人的"潜能"其实是来自他的家庭环境及其具体关系。如果是这样，我们可将"潜能"重新做如下认识："潜能"不是事先而有既成之物，而是与不停变动情景的齐头并进；它不是一般或普遍规律，而是每个人不可替代的特殊性；它不是天生固

有，而是只在成人之后方能认清。如此，我们的观点则是，如果用"仁""义""礼""智"等观念理解人性，应该说人性大部分内涵是后天而得的，不是天生的。"性"与"仁"都不是天生而定的；它实际又是源又是果，也是说，它是成人过程体现与发挥的不确定原始条件。"以智慧行事"不是将先存智慧施于具体情况，而是指与行善（有成效地行为）结合，实现行为最佳状态。

"人性"变化，这是出于人所处家庭、文化的多样化与不同情形。一个家庭如果道德意识强，文化教养良好，家庭人员之间是成熟、健康的关系，生于这个家庭的人便有充裕资源可取材以成人。一个家庭如果道德败坏，精神窘迫，文化匮乏，那么生于这个家庭的人成仁之路也就坎坷难走。不过，即便是舜，传说他要侍奉道德败坏的父亲瞽叟以及后母，还是依效尧帝之榜样，吸取社会的良风良俗，勤奋地修身养性，也还是逐渐成圣了。舜的情况足以说明，人人都有足够的文化资源可用来利于自己成为仁人，行为合乎圣道。

儒家精神的名句"天人合一"其实也可用来印证与补充这个"潜"观念。在文化环境熏陶培育之下的人，才可成为仁人；另一方面，仁人之所作所为，给社会提供了所需的文化资源与表率，使社会具备了文化资源，能够继续培育下一代人才。这是从人才与文化环境的合作意义上"潜"的存在。

我们要理解因果关系的含义。在人与人关系的互系性上，因果关系不是动因的先行、外在的规律或主导力量，不是先验独立的"第一推动力"，反而是关系本身的创造性与因果性。在这里我们很容易联想到古代军事观念中的"势"。"势"归纳概括正在形成情景的空间、时间、存在意义等诸方面因素的特殊、总体情况。"势"会同时有对阵形、惯力、时机、地形、士气斗志、装备、后勤等等虑及，目的是从总体观察和推测情形的可能趋势，之后可有针对性地调整自己的策略，因事制宜，百战百胜。

人们认为人性是动因性地、单向单线地引出一定结果的力量，还认为人性具有可复制性，也就是说，人的行为属于仁，是因为内心有仁；这是谬误的。

（节选自《儒学角色伦理学》页 155—157。）

4."善"没有"本身"，不是本质意义

"善"通常被译为 good。这种译法过分扼要地抽取出"善"的本质内涵。

杜威的一件轶事或许能够帮助我们理解：一天下午，杜威和一位同事参加一场演讲。就座之后，那位同事左顾右盼地张望了一番，既而兴奋地告诉杜威："快看这一排最后那两个人，他们长得多像啊！"杜威回头仔细端详了一会，微笑着答道："没错，他们确实长得很像，尤其是左边的那一位。"

在心领神会了杜威的幽默之后，我们需要明白，"善"字最重要的义项就是善于、值得、有效的、有用的；"好"是"善"引申出的抽象意义。我们力图在译文中保留"善"在汉语中的相关含义，所以煞费苦心地筛选出 truly adept, ability 等表达方式。"善"与"义"一样，都揭示了儒学的基本美学特征。在儒者的世界里，一般意义上的"好"渊源于一个繁荣团体中的种种有用关系。而"善"，或者说是人与团体的精神风貌，就是一项正在完成的美学成就。

(节选自《论语》页57。)

三、孔子儒学的个性观

1. 个性观是"关系"的

对儒家观念的"人"进行探索，将"人"作为关系性活动的结构状态，我们就能发现，这在某种程度上是杜威式"个体性"理念的贴切类比——实际的互相联系生活过程中出现的特殊和杰出人。然而，尽管杜威给了我们这一关系构成的"人"，可是能区分出儒学"人"与杜威意义的"个体"还是有深意不同的，它是儒家"角色伦理"无处不在的家庭关系力量。以"家庭场域"为前提，我们可以说家庭的团结、正直与价值，是家庭成员之间达到恰到好处的相敬状态的效果；以家庭个体成员场域为前提，我们则可说，具体人的团结、正直与价值，是家庭及其展开的社会中具体人所生活的各种"角色"与关系，都达到实际协调状态的效果。人的一生，时时刻刻都是在所有这样的"角色"及其关系当中度过的；而且每一"角色"都发生在对任一其他"角色"起到决定作用的活动中。我是我母亲和父亲的儿子，我同时也在调整与增强我的作为哥哥对妹妹的关系和作为弟弟对哥哥的关系。其实，这是与我这种"角色"要求与反馈相适应的互系关系，哪怕有时是有冲突性和处于紧张的，恰是这种情况赋予我——作为个人，越来越成为"视点"（突出）的稳定品质，这个"稳定性"就是别人可能认为的我的个性与品德。

（节选自《儒学角色伦理学》页 175—176。）

2. "人格"是以体、礼确定的

为进一步探索个人身份这个核心儒家观念，不妨先从威廉·詹姆斯的分析入手。关于"个人"这个概念的性质，历来众多哲学家对"本质"与"属性"持有"实质"认识。詹姆斯对此种认识提出挑战。他以"气候"为比喻，指出在对个人身份与意识的探析中，超然的"灵魂""自我""心"等元素都是多余的：

> 比如说，今天温度表显示低温，这个指数似乎是所谓"气候"。"气候"一词实际指的是数日时段名称，但常被视为是另外事物。人们还经常把这名称当作其本身物体或现象对待，把名称置于其所形容现象之背后。不过事物的在感官认识到的现象特性……并不本来即存在于事物本身。一物中众多属性相互粘附依存，而我们是绝不可认为它们互相之间还存在一种不可及的超然粘结剂，就同镶嵌工艺品底部上的水泥似的，能够起粘结的作用。我们必须把这个看法彻底抛弃掉。粘附这个事实乃是事物的本身。这一事实背后，什么都没有。

与灵魂、自我、心为中心的身份概念不一样，儒家思想是不同说法，它主张的是从个人关系与角色身份中寻找和谐的粘附状态。《中庸》为"四书"之一，它代表"四书"哲理内容的最高境界，提出了要运用礼制中的个人角色和典章制度培养出文明、礼貌、适宜之感，而它的最终来源是家庭感情亦即亲情：

> 仁者，人也，亲亲为大；义者，宜也，尊贤为大。亲亲之杀，尊贤之等，礼所生也。①

钱穆认为，这种以家庭为中心的礼制身份，体现深层的文化内涵，须同各个

---

① 《中庸》第二十章。鉴于孔儒思想以家庭作为道德感的出发点，因此我们不接受《中庸》这书名的传统译法，即 *Doctrine of the Mean*，反而自己把它译为 *Focusing the Familiar*。这样做是有意地选用与 family 同词根的 familiar 一词。应该注意，*Doctrine of the Mean* 作为译名最早见于理雅各 1861 年《中庸》的译本，但到了 1880 年以后，把全部《礼记》翻译时，他又一次翻译《中庸》一文并抛弃了原来的译名，采用 *The State of Equilibrium and Harmony*。

地方之间不同风俗习惯严格区分。他认为不是各异的习俗而恰是共同的礼制形成了中国悠久文化的基本框架：

> 在家"礼"得到施行，但须区分"家庭"与"家族"。通过家族，社会关系准则从家庭成员延伸到亲戚，只有当"礼"被遵守时，包括双方家庭所有亲戚的"家族"才能存在。换言之，当"礼"延伸的时候，家族就形成了，"礼"的适用范围再扩大就成了"民族"。中国人之所以成为民族就因为"礼"为全中国人民树立了社会关系准则。

正是这个意义，协调好的家庭关系，即是"伦"；在字面上便是中华民族的组织——纶。

与钱穆一致，唐君毅也提出儒家的是非观最主要特点便是亲情的中央位置。在唐先生看来，亲情的中央地位也是中西方哲学传统最具说明力的差异点。他解析西方哲学史，说在西方哲学与文化的漫长演变过程中，"家庭"从来不是维系社会秩序的组织单位。[①] 的确，我们在西方本体哲学体系中，找不到一个与儒家思想"孝"相对应的观念。而汉语同"孝"字近形且同源的字样，也颇有对孝文化含义的说明力。粘结家庭关系的"孝"要求我们仿"效"家庭的与社会的表率，这个"孝"恰是"教"字的组成部分。

按照钱穆的说法，"家庭""家族""民族"都是家庭成员具体行为的外延，同时在这不同层面的关系与身份中，个人行为标准与道德规范要做到一致，方能认清某一特殊成员的个别身份。以现代汉语的一个词为例，能看出儒学思想把家庭地位重视到何种程度。英文常说 everybody（或 everyone），please stand up，句中将个别、独立的单人身体作为人们的代指。这种词汇是在语言上强调个体为社会组织最基本单位。以同样思维使用英语的人们也说 anybody，nobody 和 somebody（或 anyone，no one 和 someone）。

而现代汉语口语的表达则是："大家请站起来"，意思是"大家庭站起来"——强调的是人人都是家庭关系并且这才是社会最基本单位，而不是个

[①] Tang (1991)，第 4 册，210—302 页。大体说来，西方哲学史很少注重家庭在社会上的重要性。虽然如此，唐氏还指出亚里士多德与黑格尔是例外，都承认家庭的重要地位。可是他还批评他们都没有意识到"大家庭"概念在宇宙论上与宗教上的重要性。

体的人。平时我们对 everyone 和"大家"这两词之间的微妙差别并不多加思考，但实际上二者各自蕴藏着深厚文化意识，反映的正是 human beings（人类/人物）——亦即个别、独立、自给自足的人——与 human becomings（成人/成仁）——亦即一直处在互相关联、错综复杂家庭关系及社会身份中而从此获得个别身份的自我意识的人之间的重要区别。

这样的儒学视角如果施用到我身上，道理是很清楚的。我是具体的个人，是"大家"之中一员。我同时是刘殿爵的学生、Bonnie 的丈夫、Jason 和 Austin 的父亲、Sor-hoon 的老师、Tze-wan 和 Chan fai 的朋友与同事、David（郝大维）和 Henry（罗思文）的长期学术搭档等等。要真正了解我是什么样的人，就必须考虑到这些我长期培养与置身其中的关系及身份。而这么一些令人愉悦的身份及亲密关系都持续那么长久，也是我生活中不可离弃的精神所在。研讨儒学视角的个人身份问题，必须兼顾肉体的自我与它所处复杂关系所起的作用。这两个方面合起来才构成个人身份。此种个人身份是动态的，不是独立、二元分离之物。"心"的概念恰是儒学"人"类比。人们不假思索而问的"心本身是什么"其实是个无意义的问题。同样，不能将"个人身份"看成是固定、不变而又独立的概念。

分析古文字"身体"一词，可更进一步阐明儒学思想的个人身份观念。以"骨"作部首的"體"字，也即身体的"体"，在文字史上出现较晚。[①] 到公元前 168 年马王堆帛书里的"體"字是这个形式，但在更早的周代铜器上，铭文的"体"字却从"身"，而不从"骨"，为軆；后来竹简又有从"肉"的"体"字，为軆。[②] 这三种意符，即骨、身、肉，恰是表现体字的广泛含义。可以说，"骨"旁的体字强调"组织""结构""体现"含义的一面——通过身体而"体会"世界。每个人都与世界合作而辨识、认识、体会人生，同时也对文化、环境甚至语言赋予新的价值。希拉里·普特南的《人格化的现实主义》提出，"语言"与"心"（minds）渗透着人生经验，所以凡试图从中分离

---

① 大部分汉字属于形声字，即有一个意符，譬如从"木"字旁的字或从"心"的字；也有一个声符，从此得其声。
② 见关子尹 *Multi-function Character Database*，中山王方壶 CHANT：9735.3 与马王堆《十问》6。

出一个具独立性的质相，简直属无稽之谈。儒家的全息性哲学则更深一步，它揭示的是，渗透人生经验并不仅仅是语言与心，其实是整个人。

而"身"作字旁的"軆"字体现人生的另一方面，就是自我意识——参与社交的自我。经验总有主观性，有表、里两面。"肉"旁的"膃"喻意肉体方面自我。在最基本层面上，人身体通过这三种不同而又密不可分的"体会"世界渠道，使其作为主观意识与客观环境的媒介及粘结剂，调节思想、情感与社会行为。

张燕华对"身体"的主动、意识的性质做出以下论述：

> "身体"既指肉体一面，也指非肉体一面，包括感觉、察觉、创造、推理等能力，"身体"于社会环境与自然环境中能发生变化也造成变化。它本身就是一小世界：具有情感、道德、审美、肉体等不同方面特质。……换言之，身体、神志与感情这三个不同领域，相互包容，彼此激活。……阐述身体的语言须考虑到它的动态流程和不停的演变，须将"身体"的若干关系界面都思考进去。

《道德经》整篇的"贵身"思想，正体现将身体视为宇宙缩影的思想。也就是说，将人身及其关系网整个都思考进去在一定程度上相当于以全世界为瑰宝，是珍重天下：

> 故贵以身为天下，若可寄天下；爱以身为天下，若可讬天下。①

按儒学传统，身体是自父母遗传而来，是不息流淌的小河，给人一种强烈继承感、归属感，以及与之俱来的宗教感。人通过珍惜、维护自己身体对祖先以及与他们接续不断的关系表示尊重；对自己身体不在乎、不珍惜反而是极大不敬。《孝经》首章明确表示：

> 身体发肤，受之父母，不敢毁伤，孝之始也。

儒家经典劝人珍惜、呵护身体之处举不胜举。《礼记·祭义》道：

---

① 《道德经》第十三章。《道德经》第二十六章用否定式语言表达同样的意思："奈何万乘之主，而以身轻天下。"

> 天之所生，地之所养，无人为大。父母全而生之，子全而归之，可谓孝矣。不亏其体，不辱其身，可谓全矣。

孔子高徒曾子，常将"贵身"与"孝"相提并论。《论语·泰伯》记载他的临终遗言说：

> 曾子有疾，召门弟子曰："启予足！启予手！《诗》云：'战战兢兢，如临深渊，如履薄冰。'而今而后，吾知免夫！小子！"

珍重身体与敬孝家长是一种不可分的双向关系。中国古代社会对重大罪恶者的施刑常以下刀截肢刻肉。顾名思义，"刑"法，刑字从刀，以刀施刑。此般重刑不仅旨在"杀一儆百"，也有罚罪恶之人死后以"不全之耻"面见祖宗的意向。

席文曾专门对先秦、西汉时代思想中的身体、宇宙与国家之间关联进行研究，提出"自然、国家与身体这样的观念是完全密不可分的，应将三者视为一个整体"。汉代大儒董仲舒提出的该是最恰当地对个人与宇宙（亦即微观世界与宏观世界）之间关系的表述。[①] 他不但提出四季交替与人的喜怒哀乐变化的联系，而且还分析人身体结构与宇宙物质组织的相似相通之处。（《春秋繁露·人副天数》）另外，儒家早期思想体系已经采用特殊词汇，把身体不同部位与相对人伦关系一一联系起来，如以"生身"喻双亲，"骨肉"为自家孩子，"手足"为自家兄弟，将"腹心"喻朋友，以"同胞"喻同一国家人。

在《礼记》等一些经典中也载有专门探讨整个宇宙宏观结构的"理"与人世间"礼"的关系，以此视为人之生死本是宇宙运行之内容。值得注意的是，在肉体、社会、宗教精神各种不同层面，人的身体都是处于一个变动不已、错综复杂的关系网络中心，而身体本身即是来自自身与各种不同环境之间协调之结果。没有任何人，没有任何单个之身体，无论社会的还是生理的，是能够不需要与环境的关系而可自给自足的。

在传统儒家思维角度，"体"（體）与"礼"（禮）要联系起来理解，作为一个现象的两个方面：两个字各自表述同一个"活着的身体"（living body）

---

① 可以参考《春秋繁露》的《三代改制》篇与《天辨在人》篇。

和一种"肉体化的生活"（embodied living）。如用现代医学人类学术语表达"活着的"与"肉体的"之间非分析性的关系，应当引用张燕华的研究："'精神'并非是与'身体'相对的，而实乃其中之不分的内容"——这也是说，人生活动与身体如何是可能分开的？而相反，它们只能属于我们身体之重要内容和重要表现。

《礼记》其实已进一步提出过"体"与"礼"的相互关系，将其言为"礼之大体"：

> 凡礼之大体，体天地，法四时，则阴阳，顺人情，故谓之礼。訾之者是不知礼之所由生也。（《礼记·丧服四制》）

彼得·布伯（Peter Boodberg）研究过"体"与"礼"二者的共同处，他指出："形式（即是有机形式）应是二者之间桥梁，可印证这点的是历代大部分注释家皆以'体'训'礼'。"[①] 司马黛兰（Deborah Sommer）在《诗经》中考"体"字之原意。早期文献中的"体"字，来自栽培蔬菜的喻意，蔬菜栽培"并不通过种子反而通过把根、茎等部分都切成小节，分头种地而后萌发成'新的植物体'"。司马黛兰还指出，"从农业社会老百姓视角来讲，通过植物分解而促使农作物繁殖这一认识应该是普遍的"。把块茎植物分解而重种，已落叶的草本植物的根至新春而发生萌芽这类流程，既有继承性，又具创新性。以这种早期文献记载的知识为出发点，司马黛兰给身体的"体"做出较抽象的定义：

> 一个没有明确界限而又可有多种解释的物体，可以划分成若干小部分，并且其中每一小部分与整体仍有相通之处，可以视为整体的缩影。……当一个"体"被划为小部分时（无论是肉体的还是概念的），每一小部分在一定程度上仍保留自身的一种完整性，或者作为其所属大整体的模拟物。

司马黛兰得出结论，"'体'更多时候指的是植物活动，而较少指人的活动"。而我认为不尽然如此。司马黛兰的分析论述是可以进一步往前推的，是可以

---

① 这或许能解释"体"字的简化形体，即从"人"从"本"。

对中国古代思想（尤其是人类繁殖与基因传承问题）获得更深入认识的。完全可以从园艺学推演至人类学。我们已专门论及过唐君毅的"一多不分观"。如果用来对待人类繁殖，可以看出"衍生"的现象，也即从家系的前者衍生出独一无二的后者。同时，由于"化育化生"不停，世世代代的前者其实是可以在每一代的后者中得到化身和延续。这就是说，虽然每个人在自己人生与成长过程中逐渐成为完全独特的人物，但这其中他的双亲、祖辈等也通过他这个人而继续生活。同样的，他这个人也将因自己的子子孙孙而能继续生活。要更正确、精准认识到个体与整体之间的关系，我们提倡一种"场域/焦点"（即"道"与"德"）的专门说法。这个术语及含义正是可从司马黛兰以综合的整体为重点的思想体系那里得到反映。她说："每一新的植物在一定意义上仍是母体植物的化身，一代与一代之间由于物质上的延续而总存在着一定同一性。……母体与第二代植物同时既独立又相互依存。"

这个"体"的家系概念还可再进一步挖掘发挥。划分、敞开、派生——这个自然过程能对一代与一代之间的信息传授提供新的宝贵认识。活着的文明通过众多个别身体得以维系，每个个别身体都是庞大文化知识库的转达载体，包括语言的能力和特点、神话和宗教仪式、烹调、音乐、舞蹈、风俗习惯与道德观、技术技巧的教学与传授，不一而足。

社会中的"身"在家庭中的身份与关系中体现，如同肉体的"体"不带有任何"自我"或"魂魄"等理念一般，与"身"俱来的适宜行为规范观念（即礼）亦是原本性的。这也是说，人的行为特质不受限于独立的个人特性，也不得求之于其社会关系与血缘关系之外的形而上理念。而是相反，人的身份与特性恰是由其所积累与结合的持久社会关系与身份而决定。

这些身份皆是本于"孝"，之后往外逐渐延伸，这种过程使得我们将社会的关系看成家庭关系的类似物。在我们担当众多各种身份同时，我们的人格与德性也在形成。唐君毅将"礼"的功能做如下阐述：

> 又《礼运》篇在说大同之世之理想时，人所念，唯是人人之得其所。此中礼义之观念，摄于此"人"之观念之中。然后实现此志之历程中，则必须通过人对人之礼义，然后有此人与人之各得其所。

唐君毅的表达恰与《论语》重合：《论语·学而》第十二章清晰地阐明，真正的和谐总是由家庭身份和社会关系的适宜规范（即礼）调和而成（曰"礼之用和为贵"），儒学的和谐远不止于简单地消除不和谐，不是强制维持社会秩序所能达到的。以亲情为根底的和谐之最终目标，乃是把一切已有羞耻感与责任感的成员的内心和修养素质调整好。（《论语·为政》第三章）

拉丁语 proprius 一词之本义系占为己有，而今天它是许多英文单词的词根，例如 proper, appropriate, propriety, property 等等。这一系列同根词语用来翻译若干关键儒家思想的术语，是相当恰当的，因为这些词强调主动自觉地把自己生活因素与条件个别化，从而由己而出。做到译好相关的哲学词汇，必须认清我们一切身份的投射与个别化性质（如我是母亲的儿子）。比如，只要认识到儒家关于人所具有的关系性而非本质性的思想观念，我们立刻会发现，将"义"译为 righteousness 是不恰当的。因为 righteousness（正义）是对某种外在的神性命令的遵守。相反，"义"的意义及其译文是应含有包容性的，意在于家庭与社会，与人相处抱有"适宜妥善的行为度数"。换句话，也是"义"要求人考虑到具体情形，因事制宜，随机应变，勿要盲目遵循抽象而固定不变的外在原则。同样，"正"是不能简简单单地理解为"正确"的行为或"纠正"的言语——还仍然是不诉诸外在原则。在此意义上，"正"恰是基于实际情况而行己之"适宜"、用语"妥当"的表述。与此意义相关联的"政"不仅指政府，而还指"妥当地治理"社群生活。这样的"妥当治理"其实是自家庭开始，从它开始向社会与政治的体的辐射。（《论语·为政》第二十一章）另外"礼"（ritual propriety），也不可简单视为"正确地施行典礼仪式"，而更是通过亲自持续地去完成我们众多关系与身份所要求的任务而达到的高质量的适宜状态。正如《论语·八佾》所说：

祭如在，祭神如神在。子曰："吾不与祭，如不祭。"

对于一个人来说，要积极参与到社会上的礼乐活动，必须将其典章制度与是非观实现个人内在化，成为由己而出，以便赋予个人以意义。在自己所处的关系与身份中做到应有的适宜地步（即礼），与简简单单守法、循规蹈矩的区别乃是所谓的羞耻之心。耻感是在将文化传统视为由己而出的过程中产

生的。耻感其实是道德思维的重要动力,是我们意识到家庭生活、社会生活相互关联的自然产物,因为每个人都必须对大家所共有的整个世界负有责任。

仔细阅读儒家经典便会发现,生活中的一个个微妙细节皆是有所讲究,乃至包括身体姿态和面色表情在内。这种生活是一种切身实践,每一个人都得专心致志做好符合自己身份的事情。值得指出的是,这种以礼为中心的作为的第一步是对个人素质的修养,而个人修养需通过认真刻苦履行自己的身份而锤炼出来。这一作为,如果只有身份而没有由己而出,还只不过是强制性的律法。而在另一个极端,如果只有个人化而不处于自己的身份,好结果则是随心所欲,坏结果则是胡作非为。只有在身份与由己而出的表现融洽结合时,家庭与社会方能作为一个圆满精美而又自行调节的整体。

在论及家庭关系中的重要情感因素时,张燕华提出"关系的审美"的观念。家庭关系的情感因素对于向代际家庭成员以及同辈家庭成员提供浓烈继承感与归属感是须臾不可无的:

> "人和"(harmonious interpersonal relationships)的文化审美思想能在中国的家庭道德伦理观念中得到充分表现,是因为这个观念根据一个具体人的地位而指导每个人如何去对待、照顾他人。和谐家庭同时包含着纵向的一面:顾念和谐家庭关系的情怀也推及已去世的家人,就是说,推及阴间。……这也跟中国的"通"(connection and flowing)有关系。对中国人而言,良好地继承先祖乃是和谐的必要条件。

怀念本家祖宗会增强家庭继承感。这种情怀除了纵向方面以外,也有重要的横向方面。根据儒家思想,相互依存的家人关系可以向外而推及朋友。张燕华道:

> 我们还需要记住,"人和"的文化审美思想远远不限于家中的亲戚,而是包括社会上的复杂人情网,经过送礼、劳动、服务、尊爱等各种各样社交活动得以建立和维持。

(节选自《儒学角色伦理学》页 102—113。)

四、"焦点/场域"视野的"人"观念

1. 乌托邦式味道的"独立性个体人"

儒学论及的个人行为与社会秩序是互含关系。这点与杜威论述的"个人"是一致的,他认为个人是依赖于"明确社会关系和公众一致认定的功能"。要理解这样的儒学与杜威的观念,借助"焦点/场域"(focus/field)这个关于个人与社会关系的语汇是很有效的。社会混乱不堪之时,君子回归故里,从与自己更直接、更可为的地方,重整适当的秩序。

有人问孔子为何不去政府正式谋求职位,他说家庭秩序建立本身即是社会秩序的基础。任何更广泛社会与政治秩序都离不开家庭的基础。差异的爱与以"礼"为秩序的社群教化是建立在这一前提下的;参与到直接、具体的环境事物中去是第一位的。即使社会或政治组织更高的秩序得到维持,也是一种在具体人的具体体现中得到确定与呈现的。这就是说,人们与这个人要确认一种适当的人际关系。场域(local)与中心(focal)在儒学中的看重性,也是杜威的实用主义同样看重的。

儒学与在西方是主导地位的将自我视为个人概想,形成鲜明对比;这一比照可归结为是自我与环境的"部分/整体"与"焦点/场域"的对比。也即如果将"个人"这个词理解为"具体焦点"(particular focus)的意义时,就将个人与社会关系的理解解释为儒学(与实用主义的)词语了。

"个人"这个词在英文中是指一个单一、独立、不可再分析的存在,它质相上依靠的是某种或某些基本属性,限定为某一阶级的一位成员。这一成员因为其阶级所属"在法律面前是平等的",是"享有平等权利","是不可剥夺权利的载体"等等。但如果我们使用"焦点/场域"的语汇,那么"个人"是指"具体焦点"(particular focus)。这种"个体性"在于人的关系是本质性的。理解传统中国的自我观念,是件很花精力的事情,就因为要弄清这种差别,重新复原人的这样取决于关系的"个体性"。个人所具有的确定性绝对是社会性的,它是当然排除孤立的"自主"个体性的。不可笼统的是,它却不排斥作为具体焦点的独特个体性。

个体的具体性是在奉行"礼"之中角色与践行中具有的。是这些角色使人意识到自己的位置，是作为一种社会结构，而这种结构是通过协调性的遵从习惯（coordinating patterns of deference）而产生意义，而且对这些角色的扩展与深化过程蕴含着一种同在其中的深刻的情感意义。

个体化通过"礼"行动的具体方式实现，这一事实意味着社群表现在某种重要的方面其实总是"个体性"的。这是杜威所谓的"沟通的共同体"。这一共同体具有两方面条件的确定性：一是出于具体文化领导者的期望与想象，二是其所处时代与地点两者形成的环境。也因此，就要求由一个共同体中那些最活跃的参与者起到维系、支撑作用，同时为他们的具体共同体塑造未来。

与杜威对个人的认识一样，儒学在这一点上的观念也是一个具有活力的、包含社会角色的复合体。正是这样的角色的素质聚合成的一个人的身份，也构成这个人的自我。创立自我的并不是扮演角色，而是扮演恰当的角色。

角色本质上是活力的，这意味着：在一个人所处的社群中，其角色、特权与义务甚至是要超越生命周期；一个人作为孩子与他后来做父母，其角色、特权与义务是相平衡的。一个人在中年更是作为施与者的角色，而到老年时便退居多作为受惠者的角色。充满活力的关系场域过一段时期，作为人类最重要的源泉的一个人与他人的关系之中，就会发生某种意义的对等。

自由派人士对践行平等的社群主义进行激烈批评，他们担心平等的界定是按"独有与明显区别"（unique and distinctive）的个性素质来进行。因为事情总避免不了，也即人们必须确认这种个性质素，如果对这些个性质素认可，而且提倡个人之间相互积极有利的接触来往的话，听起来就是完全乌托邦的味道了。而自由派的"法律面前人人平等"原则是回避这种困难的。至少在抽象上是这样，它是为一切个人提供同样的法律安慰的。但实际上，自由主义社会所提供的法律保证，常常是不均等机会，在逻辑上它是与权力以及经济地位的差别相联系的。

对平等的认识，儒家社会与自由主义社会是很不一样的。平等对于接受儒家文化的人（对于实用主义者也一样）来说，是一个质性的语汇，而不是一个量性的概念。

"独立个体性"的教理，最明显的弱点是它概想定义，要将个人自由与特权摆在社群及其环境的义务之上。它走向极端的话，就成为毫无廉耻的个人专横，它所吞噬掉的正是社群共同的资源。而这些资源对促进和睦家庭、强健社会、充分教育，是必要的。这种专横同时又对支持着这个个人的那些人们，即对给予他栖身与维持生计的环境施暴。

儒学与实用主义都提出，个人"自主性"并不一定是益于人的尊严的。事实是，如果尊严是被感到值得的，如果价值与意义与所投入的兴趣是联系在一起的，那么"个体性"的夸大就会成为对保护与培育人尊严这一最终目标的可恶之敌。儒家与实用主义共有的关于人社群性的观念应是非常有益的，它起的作用是重振我们所有人对促进自我实现的承诺。

儒学传统有许多对人与人关系的约定性确认，它们与杜威对民主个人观点的主要原则是一种异曲同工。实用主义与儒学都提倡对在西方占支配地位的自主个体性概念进行反思。

（节选自《先贤的民主》页 197—203。）

2. "气"与"场域性"的"人"

中国人对经验的过程性和改造性的注重，在于世间万物既相互延续又各自具有独特性。从这种认识而引出的一个基本哲学问题是，如何将这些皆为独特的具体性以一种方式联系起来，使之以便能保持连续性并培育富有成效的和谐。

中国古代传统思想很注重"行"（does）的重要性，而不是作为人的"质相"（is）是什么。人就是"如何"（how）在他所处的域境之中行为做事。人不是一成不变，而是变化的，对这个变化理解的主要源头，是两个很重要的中国字——"气"与"心"。

"气"如果要去在西方概念的框架中理解它，是简直难以说清楚的一件事。"气"若译为英语，可在多种含义上表述，如 hylozoistic vapors（万物有生之气体），psychophysical stuff（心理生理之要素），the activating fluids in the atmosphere and body（大气与人体中起活力作用的液体）等。也许最合适的一个翻译是 vital energizing field（生命旺盛之场域）。当"气"这个概念尚未于汉文化宇宙论上成为一个特殊观念之前，它在最早文献中的重要性其实

与希腊文的 pneuma 即"呼吸"（breath）、"活力流动"（animating fluid）差不多。到了汉朝（前 202—220），宇宙论的思索使"气"被理解成构成世间万物的关键要素，而且用"正反"一对词（即"阴"与"阳"）来表述它的特征。

对西方人而言，汉语的"气"很难捉摸。将"气"用希腊文 pneuma 表述就能说明这点。而"气"和 pneuma 在中医文化与西方文化中，其实它们的渊源很不同。西方的"类别"概念是与宇宙论假设分不开的，这种假设是说宇宙是由独立的"部分"（parts）组成的。而"气"恰是个表达万物延续不分的观念。因而，柏拉图的"三位一体"灵魂说是从对个人的另一种荷马式的理解构建起来的，这种构建把人看成是"活的"（living）、"觉察的"（perceiving）和"感受的"（feeling）。柏拉图用"思维""行动"和"感受"作为表述的这种荷马式的概念，所指向的是将人的理性与非理性方面分离开来，非理性被理解成与物质的身体相一致。所以，在这以后牵涉事物的生命力与精神特征的多数观点都要很艰难地对付物质与精神的这两个方面。

而在中国的这种生命活力的流动该是更接近人们今天所讲的"能量场"（energy field）。能量场不仅渗透于所有事物，而且还在某种意义上也是构成一切事物的手段或过程。也就是说，不存在互不联系需要激活的"事物"，而是只有能量场及其聚焦而显示的存在事物。汉朝，"阴"与"阳"的观念被用来阐述构成"气"场变化的特征。

能量场域（energizing field）存在是事物现实性。它的不分性使任何西方那种"分类"或"原则"失去功效，它就是所谓的存在"自然分类"（natural kinds）的概想。对"气"场的分辨，依据的是与白昼、季节变化互相关联的一般性类别，如方向、颜色、身体部位等，以及与这些相互联系类别的过程，再依据"阴"与"阳"（或曰进与退）的不同表达出来。

"气"是场域，同时也是焦点（focus），是环境也是人。从中国传统视角看问题能对自我获取最富有成效的理解。这种理解是借助于"焦点/场域"这一语汇。这个语汇表述的是，个人不是其所属社会的一"部分"，而是构成富有成效的社会经验与互动的焦点。"焦点/场域"的语汇与占主导地位西方哲学的部分/全体（part/whole）概想是绝然不同的两回事。

"心"这一观念可清晰体现作为"焦点/场域"看待个人这样的语义认识。"心"可简单译为"heart",但因为它是思维与判断的所在,"心智"(mind)的概念必应包括在内。而且还有,我们常作为"意志"(will)或者"意愿"(intention)的内容也同样包括在"心"观念之内。而在西方,心智与事物是区别性(distinguishability)的,理智、意志与情感也是区别性的,以及它们之间一旦产生的关系,则是理解人意义的核心问题。而这样的问题意识,对主流中国人的思想,都不是可引起兴趣的问题。

与"气"的观念一样,"心"的观念也是排除那种将思维(thinking)与感情(feeling)、思想(idea)与情绪(affect)的割裂。在中国古代,"心"视作思维的器官,是被作为与其他意识器官相似的,但同时又有进行思维的能力:"耳目之官不思,而蔽于物……心之官则思,思则得之。"

这种"心"的观念所表述的思想、意愿和情感的相互渗透,包含着这样一个观点,即思想不是随波逐流的。思维总有一定倾向的判断,这种判断对相对的知觉、意愿和欲望进行评判。人的欲望与思想常常被情绪(情感)所裹挟,因此也就常被理解为"行为意向"(dispositions to act)。

在中国,感情与思维的相统一含义是大多数人讲究的实际倾向。如果思想是行动的意向,那么"理论"就与关于对整个实践的意见应是相差无几。所以其实对中国人而言,极为困难的一件事是去设想这样的情况,即将理论活动与实践活动作为分离的现实。

思与学在中国传统中是以道德生活的实际目的为导向的。正如孟子所说"尽其心者,知其性也",孔子说"吾十有五而志于学",也是他们对一种对自我实现道德认识的身心投入。

西方传统的人们习惯于认为,道德完善的努力是理智与激情之间的斗争,或者是应当做的与一般会阻止人们合适行动的躁动意志之间的斗争;所以有圣保罗(St. Paul)说的:"我要做的善事我却不做,我不要做的恶事我却去做。"但在中国传统中,几乎找不到这样的涉及伦理发展的内部冲突,"心"的特征不是分割的自我。由于这个原因,要在中国人身上发现哈姆雷特或圣保罗式心理占有突出的地位是不可能的。

但是,如果中国的与自我实现相联系的冲突不是在人心智之间展开的,

不是在理智与激情之间展开的,那么道德发展的活力是什么呢?如果做不到实现自我的问题不是自我分割与对立的原因,那么道德约束所要克服的混乱状态的源头与本质又是什么呢?在中国,它只是在关系之中的一种混乱,自我是在与那些为自我提供关系情景的"外部"事物互动之中形成的。"圣人之静也,非曰静也善,故静也。万物无足以铙心者,故静也。"(《庄子·天道》)

正是通过反映世间事物与人之间的联系,人才达到一种"万物无足以铙心者,故静也"的境界。换言之,我们认可使我们呈现出特殊性的那些事物的完整性,努力与它们维持一种非强制性因而也是富有成果的关系。

"气"与"心"的观念帮助我们理解占主导地位的中国人的一般个性。"气"与"心"也是重要的基础观念,它们成了西方文化中的将要成为人与世界关系东西背景化了,还要将成为内在于自我的心理动力的东西。在对待任何中国人的自我性与个人性时,起决定性作用的以场域为导向的这些关系特征是必须要考虑在内的。

(节选自《先贤的民主》页 190—192。)

3. 与环境不分的人的成长

儒家的"成人""成仁"过程,个人修身的努力脱离不开与他人的关系和来往,而且一切关系都具有亲属关系性质。朋友也成为家人。个人兴旺与家庭、社会的繁盛是不可分割的。对于"本体人"(human being)与"成人"(human becoming)的区别,在此还可引入亚里士多德的说法,以对西方传统人的概念进一步加深认识。比较哲学家沈美华深刻指出亚里士多德与孔子二人对"人"认识上的本质差异:

> 在任何意义上,孔子都不求助西方所谓的"自我"(self)观念,更谈不上求助一种形而上"心灵"(psyche)。……亚里士多德论述身心健全,谈的皆是"本体人"(human being)问题,并且这"本体人"的来源和焦点便是心灵——具体而言,即人类心灵所独有的理性部分。亚里士多德认为,这部分乃是人的最好最珍贵部分。一切人形式(质相)的心灵都是青一色,这个所谓心灵,可作为全人类共同本性及基本道德观出发点(之后的亚里士多德派学者也认为它也是一切人道德平等论的出发点)。可是在实际上,

心灵是离不开个人的东西，也即要说"这个人的心灵"。

儒家的经典及思想，应以存真复原态度阅读而不将其放入亚里士多德视角论之。儒学传统诉诸的是一种人直接经验的实际人生，而不是抽象"实体"。因此，我们要阐述"亲情"在儒学传统中为道德伦理观念的中心这一观点，这方面儒家经典可作为有力依据。我们也将区分中西哲学的特质差别，即西方道德理论以概念语言和思维方式去追究道德伦理问题；儒学传统的人生观则是启发怎样做更好的人。根据罗思文的"儒家是非论为一种身份伦理"的说法，我们不将儒学伦理视为另一种道德"理论"，而是将其视为一种人生观，它结合着我们人生的社会、政治、经济、审美、道德甚至还有宗教等方面的因素。这样看，人不是亚里士多德式"心灵"意义的独立个人，而是相互联系的群体的人，人通过多种多样关系与身份构建自身，创造机会为我们走自己的路，去追求行为和做人的最佳化。其实，人就是自己众多身份的结合体。

基于儒学视角的人作为互相关联性的"成人"观念，如果将古希腊传统的伦理"原则""美德"和人的"本性"视为"人的本体存在"（human beings）的基础，照样用在它身上，则必然产生误会。原则、美德、人性皆是概想而有的抽象概念。谈论"人性"跟"原则"与"美德"一样，让我们陷入目的论的框架，就会对"成仁"（"成为人"）问题缺失对其整体性、展望性、综合性与过程性的考虑。这样看问题，就会把人性要么看成是一种去应验的潜能，要么是一种去应验的先验理想。有些学者提出自由与道德责任的确立要求人与其关系的隔离，其实他们对人即 human being 的狭隘概念是固有不变，是沦为目的论的，最终导致的是实际上排斥自由与个人责任的概念。[①]

消极自由，就是缺乏束缚，本身是无益的。杜威指出："从来未有任何一个人、一颗心，是由于被孤单了而得到解放的。"在儒家思想里，真正自由是具体的：自由便是在家庭身份与社会关系中能够充分实现自己。自由就是通

---

① Sim（2007），第13页与他处，仿佛很重视这一点；她这样理解孔子：儒家的"自我"概念……互相关联的程度高得我们都很难想象，这个"自我"究竟怎么能够当儒家伦理责任感的出发点。

过主动地、全心全意地参与到自己家里与社会的关系而使得个人充分地成长。

同样，真正意义的平等并非在数量上的等同，也不出自一种共有的身份和性质，反而是指相互恰当的授受关系。平等的意义在于，人生的每个阶段中我们都拥有成为仁人所需的一切资源，而且在此过程中也用尽所有资源去成全他人，增强家庭和社会的价值与意义。这样的平等保障我们可在所负有的身份中轮流地受恩与施恩于人，在此交替过程每一阶段将资源的使用最佳化。对于不会有任何两个相同的人来说，如此的平等意味着，为了不断地完善自己，随时都具备着所需要的一切资源。

对于"正义"，不应将其视为盲目不偏袒的抽象原则，逼着我们视而不见个人的特点和差异，给一切人以完全同等的待遇。正义其实是个复杂的、具有创造性的过程；具体而往往不平等的关系和情况需要有针对性的态度，即因人因事制宜方能相应妥善地解决纠纷。若从儒家概念的"正义"看问题，则必须考虑到从家庭关系基础上建起的差别性的动态人生经验。虽然并非明确是这些具体概念，其实仁、义、礼统统包含着儒家意义的"自由""平等"与"正义"。

《荀子》有一则典故清晰地说明，那些追求自给自足和自治的，以单向心灵为中心的"独立人"，同"大家"这个互相联系的关系网中的多向"成人"之间的重大区别。其实，"成人"的意义不在于"巩固和确立既有个人身份或性情"，而是跟"大家""融为一体"的持续过程。由于"仁"是孔子思想的一个核心观念，弟子们对其涵义曾多次请教。孔子因人施教，对每一人都有不同的回答。《荀子》记载孔子上课时考核弟子对"仁"的认识。

第一个是学习热忱但能力有限的子路，对"仁"略知一二。他的回答是仁为"使人爱己"。孔子略有褒扬，以为子路讲出这等话，已略显学问，堪称为"士"。第二个是子贡，他眼界开阔，较有开拓性思维。他的解释是把爱的方向转过来，回答说"仁"就是"爱人"。孔子很是嘉许，以为学问更高一筹，堪称"士君子"。颜回是孔子最喜爱的高足，他最后也试对一语，简明地说仁即是"自爱"。孔子对此大加欣赏，认为一语破的，当称为"明君子"。（《荀子·子道》）

不过，如果人人都是独立存在的人，则我们很难想象"自爱"怎么会有帮人成为仁人的逻辑。诚然，这样的"仁"特别容易被误以为是一种孤芳自赏，不会有什么修身养性。可是重要的区别在于，"成人"概念的自我（self），实际是一种处于不断演进过程的多元关系构成。颜回的深意是，既然"成人"观念即是相系不分的特性，"自爱"也就不是指"使人爱己"的利己主义思想，也不只是"爱人"的利他主义。其实是，正因为人有的是内在而非外在的关系，有必然而非偶然的身份，"自爱"也必然是包含着双向的"我们"观念，在这个意义上，"自爱"是一种反身性的爱，同时又是广博性的爱。

也就是说，"自爱"是指爱惜我自己致力培养的关系和身份，因为它们是我自己成长的内容和动力——是夫妻、父子、师生、同事等诸种关系的自爱。

《荀子》就是运用反身性双音词来表示我与他人的关系——"自爱"，其实这在早期儒家文献中是常见的。赫伯特·芬格莱特就提出过，翻译儒家哲学思想里的诸如"自省"一类词汇的时候，最好利用"self"一词作为前缀，如self-examining，或者作为后缀，又如examining myself，这样可以避免非关系的"本体化"（entification）。芬格莱特不主张将self用作独立性，如英语examining the self的那种涵义。芬格莱特说：

> 我们为什么要用英文的独立名词形式来使self这词本体化？这样做会把西方那种内在实体、内核式的自我概念（无论属于利己的还是理想的）强加在孔子头上。……我们应当小心回避在讨论孔子思想时使用the self（"自我"）。我们反而应当讨论的是行动之中的人，这个"人"不是一个独立行为者，不是把道德或某一种超自然的核心通过他的行为而体现于外。而恰是相反，"道德"的人的最基本现实乃是……社会的相系；众人乃至万事万物皆是在社群生活的大环境接受各自的、相对的位置。"人"自身是个抽象观念，是从社会的现实情况中抽象出来的一系列复杂特征的组合；而社会现实不是抽象观念，而是不可取代的具体现实。

这段话讲的非常明白，可常被人误解。他没有否认人生经验的主观性一面，而只不过是阐明主观因素是永远不会独立于社群人生的，也即不会独立于我们社会现实之外。从另方面看，这是芬格莱特不主张把儒家思想的"人"作为单独抽出来的概念，不主张将它置于个人的整体经验之外，这是因为人的

177

经验是在人的具体社会关系形成过程中通过承载自己的身份与同他人交往而获得的。

（节选自《儒学角色伦理学》页 121—125。）

五、孔子儒学与西方鲜明反差的"人"

1. "绝对"的人与"相对"的人

古典儒学的"民"和"人"的观念与古代西方对此问题的概念虽然有些有趣的类同，但首先最明显存在的是突出的差异。今天探讨孔子"社会政治理论"，就是圈定这是一个不寻常的领域，就在于孔子思想中不存在西方社会和政治思想家所认定为根本的那种截然对立的概念划分。当中最重要的一个就是"私人"和"公共"领域的截然概念划分。与此相关联的是同等重要的对"社会"和"政治"组织模式进行的截然划分。这些概念的截然划分是西方"个人主义"产生的原因又是其导致的结果。

古典儒学是不会对社会和政治形式的不可分一体性进行划分的。《中庸》论述"五伦"，是用父子关系来描述君民关系。为政"九经"之一是"子庶民"，父子与君民之间的根本关系是类似的。这个现实决定社会、政治关系交织不分的模式。作为君子的"君"在于为其臣民之榜样，恰如父为其子之榜样。因此，君主的权威由来的最原初基础是道德权威感。

"家"和"国"的类比在西方文化传统中当然也是不缺的。亚里士多德提出"家"是德育的基础，父亲要为儿子提供道德训练直至他进入公共生活。亚里士多德的说法是，国家本身即是家庭的联合。然而在这里，这一观点与儒家思想的家国观念又是有鲜明区别的，因为亚里士多德与绝大多数希腊人都认为"家"在根本意义上是私人领域，而国家属于公共活动领域。古代儒家绝不会提出与西方这种公共生活与个体私人生活严格划分的观念。在亚里士多德那里，"家"有一种暗喻，即作为义务父亲代替国家对子女进行道德教育，而儒家思想的父对子所负有的教育责任是始终如一地贯穿孩子的一生，在这方面二者没有共鸣。对孔子而言，父子关系的道德意义不是人为备用的，而对父子来说，它是蕴含于生命的持久的存在。

古希腊的公共生活与私人生活之间的划分形成西方政治文化传统的基石，理论和实践、精神生活与实际生活被划分为分开的领域就是明证。柏拉图和亚里士多德都把理论（theoria）、精神视为存在的最高形态。虽然柏拉图要求哲学王从冥想回到现实的国家事务上（《理想国》），但这种回转显然也被认为是格外痛苦的责任。

西方基督教传统产生，加强对精神生活的重视，一直延续至今。基督教通过建立僧侣等级以及强调祷告为一种私人意念现象，使得精神生活制度化。固化个体与上帝私人关系的神学教义的重要价值，在于此种文化语境的格外凸显性。现代西方的个人主义自由理论正是由此而发端的。它首先乞求的是"上帝"或"道德律"的灵魂或意念，以保证个体私人封闭空间或书斋生活产生出绝对的意义。

个人主义源于这样一种假定，即生命最根本的形式与私人领域一脉相承，个人与超验存在或原理直接相联。私人自我（private self）是真实自我，公共生活的自我（public self）在事实上只是"角色"（persona）。只要想一想我们对名人私人生活的普遍关注，就能领会这个概想的含义；似乎了解他们的私人生活就等于看到其脱离公共角色"表象"的"本相"。

还有一种与唯名论传统相联系、更受推崇的个人主义形式。它是立基于完全世俗化观点的原子论个人主义，将人视为在"自然状态"下是自主的，无可置疑地是出于种种需求和利益的，在以不加任何限制条件下，等于是处在"个人进行对抗整体的战争"状态。这是托马斯·霍布斯（Thomas Hobbes）对"自然状态"的经典说明：

> 所有处于自然状态的人都有攻击的意欲和愿望……人之所以有彼此攻击的欲望，最常见的原因是许多人同时会对一个东西都有强烈的欲望，而且常常是既不能共享此物也不能将之一分为二；由此，它必然是属于最强者的，而谁是最强者则必然要一决雌雄。[①]

[①] Thomas Hobbes, *De Cive or The Citizen*. Ed., Sterling Lamprecht. New York: Appleton-Century-Crofts, 1949. pp. 25—26.

因此，人与人是彼此猜疑的，他们是为财富或为"荣耀"而结合为"社会"。当然，人最根本的努力还在于寻求安全，逃离自然状态的侵犯。此外，社会不是因为选择而形成，它是一种必然：

> 每个人都是追逐利益、躲避伤害的，但首当其冲最大的自然邪恶就是死亡。人要死去，就像自然力量轻而易举就可滚石落地一样自然。①

假如首要自然之恶是死亡，那么首要自然之善似乎就是荣誉：

> 善令人愉悦，或与感官相连，或与精神相连。但所有精神愉悦或者本是荣耀（或者对自我满意）或结果与荣耀相关。而所有其他愉悦则本是感官的，或导致感官性快乐。它或许通过"舒适"一词意义去理解。所有社会、团体，要么是为获利，要么是为追求荣耀，也即是，与其说是为了爱我们的兄弟，不如说是为了爱我们自己。②

第一类个人主义不是刻意性的个人主义。古希腊人，尤其亚里士多德认为，人是政治的动物（zoon *politickon*）。人不应被视为存在于"城邦"（polis）之外。语言作为理性交流的基础，是社会的赋予；社会归属感是理性存在的要素。但是，理论和思辨是思考社会存在的同样理性活动的最根本表达。但最杰出的理性动物是那些它的存在关乎超越社会的价值的人。原子式的个人主义作为个人主义更显然的形式，常被认为是应对理性或超验个人主义的某些后果负有责任。但这两种个人主义却都同样对维护私人领域和公共领域的分离负有责任。

霍布斯和古典自由主义反对人作为政治动物的理论。霍布斯提出某种改良性国家起源的古典理论，即国家的源起是为了保护个体以反抗他者的有害行为。但霍布斯的理论仍残存肯定的有机自然主义的痕迹。他把对光荣的渴求归之于人类对古希腊"城邦"概念的呼应。公共空间是能够获得光荣的领域。多少世纪以来，正是对光荣、荣誉和伟大的热爱提供了公共领域长久独

---

① Thomas Hobbes, *De Cive or The Citizen*. Ed., Sterling Lamprecht. New York: Appleton-Century-Crofts, 1949. p. 26.
② Ibid., p. 24.

特的吸引力，且强化了私人空间的私密感。

对出名的渴望或许反照的是对不朽的渴望。它是希望继续生活在同伴和后辈的记忆中。个体离开私人空间进入公共领域是为了通过他人的认可而证明自己的存在，继而成为完全的人。但常识告诉我们，对出名和荣誉的渴望就像对经济利益的渴望一样，意味着它们缺乏。如果每个人都能够达到这些目的，他们就不会产生这样强烈的动机。出名是一种不能共有亦不能分享的人所意欲之物。对出名、荣誉、快乐和利益的渴求只能导致个人主义情绪的激化。

在人类公共领域和私人领域的概念中都可发现个人主义的强烈冲动。西方传统中，"精神生活"（vita contemplativa）和"实际生活"（vita activa）都会导致各种各样的个人主义。

大多数尝试减少种种个人主义负面结果的行动，或是将公共领域化为私人领域，或与之相反。柏拉图《理想国》强调废除家庭有效地消除了私人空间。"城邦"是个体市民唯一的家。这一理想国中的每一个成员都是为政府服务的。甚至在最高理论行为中已最终直觉到善的哲学家，也被期望作为开明的管理者回到公共事务的现实世界。《理想国》的强烈反讽之处在于，不管柏拉图的观点被当作多么严肃的政治理念，其实却是以生活实践和玄思冥想的区分，并显然倾向于玄思冥想为基础的。

黑格尔最强烈主张公共领域支配私人领域的观念。对他来说，国家权力和威望绝对高于市民本人。但甚至连这位赋予国家价值以如此绝对表达的绝对论者，其理论前提也是将个体性视为存在目标：

> 因为国家是客观精神，所以个人只有作为国家的成员之一，其自身才会拥有客观性、真正的个体性和道德生活。纯粹、质朴的统一是个人生活的真正内容和目标，个体注定要过普遍的生活。[①]

公民被认为与国家相分离，是没有真正个性的纯粹抽象。国家的统一就是其个体性，而它恰恰就是在其成员过"一种普遍生活"的情况下才会保证他们

---

① Hegel, G. W. F., *Hegel's Philosophy of Rights*, Trans. T. M. Knox. New York: Oxford University Press, 1962. par. 258.

的个体性。对于黑格尔和唯心主义政治传统来说，人类的实在显然是由其社会性决定的。但该社会性本身是某种"绝对"、超验原理的表达，它是过普遍生活的个体公民证明的根本实在。因此，即便是在这一将私人生活归于公共生活、个体公民化约为国家的理论中，个体性也被作为实在的真正标准。

另一种将公共生活归于私人生活的理论，从本源上与作为基督教共同体理想基础的宗教和神学动机联系着。圣奥古斯丁的《上帝之城》（*Civitas Dei*）促发某种"上帝之城"与"世俗之城"的区分，这一区分自然促动将精神共同体拥戴为人类归属感的理想模式。尽管在末世学和天启录的鼓动下，西方传统一直以来时有完全放弃社会存在之公共、世俗生活的尝试，但这几乎从未实现过。

当代西方社会公共生活归于私人生活的趋向基本上是所谓的负面力量作用。西方政治和社会生活一直以来都是由私人和公共领域之间某种特有的平衡建构的。当代世界经济主导的日益加强使得对作为"消费者"的个体私人经济动机的关注严重威胁了公共生活。与此相关的是技术过程在决定社会和政治生活特征中越来越重要的作用。公共领域的自动化和组织化降低了公共生活的威望。作为政治生活舞台的公共生活越发稀薄，其越来越成为技术统治论阶层萌生的家园。[1]

公共领域与私人领域的古典区分，加上普遍接受的以个人主义为根本的社会生活观念，二者的结合加剧了西方社会政治哲学的危机。政治个人主义事实上只有在搞个体追求名誉和地位的公共领域中才是符合的。如果不是这样的活动领域，个人主义动机只想搞自我经济满足需求，而对社会、政治的繁荣发展几乎毫无裨益。

相反，儒家"民"与"人"的区分既不是二元性的私人生活和公共生活对比，也不依靠社会、政治模式的二元区分而产生归属感。儒家的"民"与"人"，体现的是儒家思想对社会政治原本问题的关切，还在于建构出另一种对人类团结精神意义重大的解读。理解孔子对这一问题的思考，也许会为当

---

[1] Hall, David L. (1) *The Uncertain Pheonix*. New York: Fordham University Press, 1982. pp. 157—65, 346—66.

代盎格鲁—欧洲有关社会政治哲学问题的探讨提供有价值的思想。

根据怀特海的观点：

> 一个分析各种文化活动最普遍的哲学理念是，根据绝对个人（Individual Absoluteness）和相对个人（Individual Relativity）的不同侧重考虑对社会生活的影响……具体说来，这些思想有时表现为自由与社会组织的对抗，有时又体现在国家福利和公民个人福利的相对重要性上。①

绝对个人与主流西方政治思想一致，相对个人与中国古代儒家思想的组织模式吻合，这样看是对的——至少从表面看是这样。儒家社会政治思想不难理解，是以社会彼此依存的观念为基础。而自主个体则是西方社会政治问题种种最富影响力理论的前提。如果我们能做到谨慎、恰当地运用这个"绝对个人"和"相对个人"的对比，就可避免在对儒家和西方有重要差异的社会生活观念上的一些相当严重的误解。

西方社会理论是以有利于绝对个人的概念来权衡的，这就意味着，绝对性导引的逻辑是，如果不挑战自由和自主概念的生命力，社会彼此依存就很不容易找到适当理由。而中国古代儒家则正相反，它的相对个人观念倾向性是非常明显的。任何试图将它向绝对个人概念的转换都会威胁到儒家社会观的根本结构。

显然我们是不能忘记主流盎格鲁思想的"人"（person）概念与儒家思想的"人"观念有显著差异。正是"个体人"（individual）这一概念在它的最严格意义上是被儒家思想质疑的，"社会性"才是人类存在的根本。我们曾做过逻辑秩序与审美秩序之间的对比，应可以帮助对儒家关于个体性的不同观念有初步了解。我们介绍"焦点/场域"视野方式，用来说明儒家对"部分"和"整体"关系的理解，对人们理解会有更大清晰性。在此先点出，盎格鲁—欧洲社会推崇的那种个人主义，在深受传统儒家思想浸染的人们那里，完全不受欢迎就足够了。

绝对个人与相对个人之间产生出适当的平衡，是很难的事情。这里需要

---

① Whitehead, Alfred North (3). *Adventures of Ideas*. New York: Macmillan, 1933. pp. 54—55.

说明的是，不同社会中起作用的社会观也是截然不同的，认识不到这一点就会混淆。无论中国还是西方思想家，在试图将对方纳入自我特定诠释模式之中时，都不可避免产生严重误读的危险。如果说，中国思想家是以审美性秩序为前提看待西方思想，那么，西方个人主义首要形式则是从审美上对作为社会团结精神一些基本事实的鄙弃，这种效果必然显得几乎是令人惊骇的。接受理性秩序观念武装的西方人把理性秩序视为社会聚集的模式，只会认为儒家意识对个人自主的根本观念是毁灭作用的。

儒家思想家会坚持认为，西方对理性秩序的偏向会造成对社会生活的不恰当认识，其中，平等是抽象而来的，而自由是量性意义的。使人们平等的是人都是"一样的"，使得人们自由的是人们拥有选择。而这些选择太多地纯粹是数量上的差别——人们可在商店的一些不同种类的食品或者不同款式的汽车上进行选择。而人们从中可做出选择的事物，并非是有真正质的差异。有意义的自由应是拥有对众多质上截然不同事项的选择权。

西方与中国有些类似，社会发展被视为是文化精英与大众保持适当平衡的功能。西方现代社会一些批判者认为，社会与国家"大众化"（massification）（非精英化）已成为最紧迫的政治问题。这种现象是一种理论和实践上运用量的标准决定的社会政治价值。这一标准在根本上是经济的。

现代西方社会民众与精英差别之显著，更少的是质的原因，而更多是由量的差异造成的。形成这一现象的首要原因即是与现代个人主义形式分不开的。个人主义理论推进平等和自由的相当抽象意识。人的平等是人的"同一"（sameness）功能；西方自由是在极少有质的差别的选项上以合乎量的选择定义而来的。第二个原因与社会技术化现象分不开，这种现象加剧了抽象自由和平等的推进。这二者根本上都在于对世界和社会理性秩序的假设。

文明依靠的是那些努力理解文明建立的种种原理而且愿意牺牲自身的人们为文明获得维持和发展。西方社会的大众不再认为真正的人性在于呈现人的潜能，发挥人的能动作用，而更认为和自以为，他自身就是权力之源和决策之所在。

在一个"自由民主"社会中，个人"感到"自己与其他公民是平等的。

确实，这种平等的信仰已经列入大多数西方国家的宪章制度中，而且这是个不可随意质疑的信仰。但其实，如果没有对社会的真正有识之士的适当尊重，社会聚集的种种形式是不容易存活下去的。

在这方面，儒家社会理论观念则提供一种立基于质的标准的社会秩序概念。对于当代盎格鲁—欧洲自由民主的拥护者来说，儒家"民"（大众）与"人"（君子，精英）的严格区分或许令人相当不舒服，但其中反而不存在社会阶层中由单纯量的区分导致的"大众化"有害影响。"民"只要是产生"君子"的人性潜能之域，就维持了社会秩序的审美解释。人们当然可以质疑这个审美性规约社会的任何事例，如果它是忽视了量性规定乃至危及社会成员的福利与安全。但是，儒家社会对百姓一般生活水平的提升着眼点不是落在量上，对社会福利的认可更是以质为标准的。

（节选自《通过孔子而思》页 146—155。）

2. "本体固定"与过程变化观的"人"

人是什么？这是古希腊哲人常讨论的问题。柏拉图《斐多篇》和亚里士多德《论灵魂》都讨论这个问题。或许自毕达哥拉斯以来，最常见关于人是什么的答案是本体论的：人是本质固定、既成、自足的灵魂。苏格拉底的"自知之明"的口号，就是指要知道自己的灵魂。我们每一个人，天生就已是个人。

人"如何成为"仁人？这是儒家思想传统的核心问题。四书——《大学》《论语》《孟子》《中庸》，都明确地是在论"仁"。孔子以来，儒生对"仁"的回答是在道德、审美乃至宗教方面。经过尽心培养我们人生中深厚、内在的相互性关系，才可成为仁人。因为这些关系构成人的原初状态，决定人在家庭、社会、宇宙中的定位和方向。[1] 儒家的谆谆教导是"修身"，它是完成仁人工程的基点。[2] 修身之意是在与家庭、社会与宇宙的关系与身份上努力体现修养之功。儒家思想是论述人互相依存的体系。仁人并非生来具有的性质，

---

[1] 参见《论语·颜渊》："克己复礼为仁。"
[2] 作者把"仁"这个字和概念译为"仁人"（consummate human），也就是把仁与人等同起来。（译者注）

而是行为的结果，并且只有人们的一起努力才能做到。①

以往的研究对本体论人本性与儒家思想的"成为仁人"过程之根本区别，没有给予足够重视。后果是，总是有人不假思索地把古希腊哲学的鞋硬穿在儒家思想脚上。近些年有些令人兴奋的考古发现，让今天的学者对古传文献刮目相看。人们发现了不少罅漏之处，也解决不少以往一直遗存的难题。

比如说，我们现在了解，子思、孟子一派儒学思想中，是以具体的"情"为知识论之本，"情"是个很关键的观念。所以，在个人修身这一问题上，我们必须得对以往的理性、理论、概念化的诠释，给予重新考虑。

另外我认为，这些出土文本能进一步提供文献依据，有助于清理"成为仁人"这一观念，也有助于区分这层意义的"人"与西方"本相"意义的"独立"人。儒家思想的"人"与源于古希腊的个人主义的"人"，其区别是深刻的、持久的、哲学的。我们如果弄不清二者的区别，便会继续使用非儒家的思维方式去附会儒家思想。

罔顾这个区别的当代学者们如何诠释儒家思想？举例来说，《论语·学而》道：

> 君子务本，本立而道生。孝弟也者，其为仁之本与！

这里的孝悌为仁之本究竟是什么意思？② 孝与悌不是仁本性的实际表现吗？将仁作为孝悌行为之产物而非其源本，是否本末倒置了？

宋朝朱熹似乎也很留意这个先后顺序问题，于其《论语集注》中引用二程的解释做出说明：

> 孝弟行于家而后仁爱及于物，所谓亲亲而仁民也。故为仁以孝弟为本。论性则以仁为孝弟之本。或问孝弟为仁之本，此是由孝弟可以至仁否？曰非。谓行仁自孝弟始，孝弟是仁之一事；谓之行仁之本则可，谓

---

① "对孔子而言，除非在场最起码有两个人，否则那就没有人（仁）。"
② 笔者与罗思文（Ames and Rosemont 2009）刻意把"孝"译为 familial reverence，而不用传统的 filial piety。family reverence 的优点是它在一定程度上摆脱 piety 这词所暗含"效忠上帝"的以及 paterfamilias 的下服从上的意义。而且，family reverence 还保留孝的神圣意味及"下对上"的积极责任，这两点在礼乐制度的社会中扮演重要角色。

之仁之本则不可。盖仁是性也，孝弟是用也。性中只有个仁义礼智四者而已，曷尝有孝弟来？然仁主于爱，爱莫大于爱亲。故曰：孝弟也者，其为仁之本与。(《论语集注·学而》)

对这段文字有不同解读方式。其中的一个常见解读方法以为，传统儒家思想肯定人性、本性这种观念，二程此段注解是将性与习进行区分，又将孟子关于人的内在、本质、独有的属性简单地予以阐明。另一种解读方法则认为，二程深受佛学思想之影响，背离孟子的"成人""成仁"思想，将人的本性内在化了，简化了，将之当作潜在、固有的元素，并成了人之后方得以实现。如果再从另一角度视之，我们也可以说，宋朝的外来佛教思想业已高度汉化，因而其对人本性的认识与孟子之说并无本质的差异。这样一理解便完全符合孟子的"四端"之说，因此这个所谓的"本"亦就是给我们人生提供营养之根茎，不能将它视为独立于成仁过程一切其他因素之外。这第三种解读方式把习与性作为相互依存，相辅相成的关系。其实，在《孟子》中，"性"一词经常带有动词的属性。(《孟子·尽心上》)如果要正确了解二程的注解，必须宏观上看待其哲学体系，从整个宇宙论上去看。人之性与成为仁人过程互相之间的关系，如同"本"之于成树的关系。成为仁人与成树都是其动态形式的动态结果。

我赞成第三种解读方式，不用前两种。我们探讨过古代中国一些思想基本原则，并且重建一个符合原汁原味中国宇宙论之解释构架。我们将针对《论语》这段话以及对所有儒家经典，采取一种避免使用古希腊哲学思维的态度与解释方法。通过以气为本的宇宙观思考，会发现一系列常与人性之讨论交织的词汇，如"本""潜""因""源"等，原被视为单方向、独立的概念，实际上却是有复杂性、互相关联性极强的构成因素。就像说树木是个有机整体，其树因其根而得以成长，其根同样因其树而得以成长。这个道理令人想到谭雅·斯特奇的诗：

> 根便是地下之树枝。而树枝，冲天之根。

这样理解根与树的关系正反映一种互系思维方式，也是这种认识可有力回答最核心的哲学难题："意义自何处而来？"在亚伯拉罕信念传统，答案很简单：

意义来自人之外的神性本源。（犹太教）耶和华、（基督教）上帝、（伊斯兰教）安拉为我们人生赋予意义。与此很不一样，对儒家哲学体系来说，人生意义与人生中所建立的有意义的关系是同步产生和形成的。人在自己家庭关系上达到的对待关系的至善程度，既是人、社会乃至宇宙意义的起点也是它们的根本源头。也是说，你通过达到并延伸与自己家庭以及之外的紧密关系，对自己进行修养，你是在丰富宇宙，赋予它更多的意义；反过来，不断丰厚意义的宇宙，也为自己修养提供沃土的域境。

孔子执著地认为，道德动机是人修养自己的动力。尽管孔子本人是自谦的，但他不仅不否认，而且事实上屡次讲自己"好学"。对孔子来说，"学问"尤指立志成仁，持之以恒。成仁是一生一世的事情，很具体，是开始于家庭的事情。

是这样，儒家思想传统的这种成仁生活，应该是与一种以人为中心的宗教感相联系的，它是修身养性达到的一种最高境界。儒学的这种宗教性，是一种经过培养一个人的关系而产生的自我价值感与归属感，这也是全家、全社会的人齐心协力为享有最佳的相互关系而萌发的一种精神性。这样一种宗教感本身是家庭与社会兴旺的源泉，也是结果。社会交往生活的质量越好，生活的精神质量也越好。人的修养与崇高精神境界之间的联系，就是"天人合一"这个传统词汇精确地涵括的。"天人合一"的思想常被中国宗教学家用来区分与澄清中国的以祖先崇拜为中心的宗教和西方以上帝崇拜为中心的亚伯拉罕式宗教。

（节选自《儒学角色伦理学》页 87—91。）

孔子儒学的关系观与是非观

一、儒学的关系观

1. "人"的本身是关系构成

卫德明（Hellmut Wilhelm）提出，"创造过程是一分为二的，这是早期中国文献常见的观念"。他指的就是个人、社会与宇宙实在的相对性和互系性，一切的创造皆是"共同创造"。卫德明的深刻见解可从《论语》的贯穿始终的一个主题得到证明，那就是以他人为榜样进行自我创造：

> 夫仁者，己欲立而立人，己欲达而达人。（《论语·雍也》）

孔子的己欲达而达人，意为君子是从与自己的关系得益，且这得益既为利己亦为利人。用芬格莱特的话说，就是人人皆处于一个关系的构成，自己也作为这个关系构成，这个关系构成又是在社会现实之中，因此，凡是讲分散而独立的"自我"之类概念，不过只是自社会现实抽引而出的概念，而且对社会现实是一种曲解。仁义丰厚的关系是一个人成长的重要资源，它使家庭、社会与世界充满意义。有些儒家哲学思想关于人成长的词汇，充分表达这样的意思，尤其在作为消极榜样的"小人"与积极榜样的"君子"互鉴上，君子常与成长和伸展之类的观念和词汇相配，例如德之训为"得"，神训为"伸"，君训为"群"，人训为"仁"等等。确实，世界越大越久越好，距离孔子两千多年的现代后人之视孔儒思想，仍是受益源泉。

"自爱"确切而言即是重视情感,将一人成长装入"心"(heartmind)。思想活动与心的情感的密不可分,是不言而喻的。没有不掺杂感情因素的理性思维,也就没有经思智而产生的情感。中国传统世界观注重流转与变化,而不执著于"形式"或"静止不变",这也是中医理论更是生理学,而不是解剖学之意。可以说"心"首先是"思想与情感活动",将其引申而喻意——这些活动发生的地点是"心"。它是在喻意层面的"心",如果说是器官,原因是"心"是个不受任何边界限制的活动中心。两个人关系中含有的互相信任,是心的思想与情感主宰的。它表示,两个人相互之间的共同创造互动,感情的真诚坦白,乃是二人关系的真正意义所在。

(节选自《儒学角色伦理学》页 126—127。)

2. "关系"是相互性、互构性的

《大学》表明,儒家非常强调自我修养。这篇影响非凡的著作,主张在人经验许多方面,一切以生态地互为联系,互为依赖考虑出发,追求在恰宜的关系协同过程中人可达到的最高境界。这种主张,是把人经验作为整体性,把经验意义的关系作为相互构成性的这样的认识。因为一个人、一件事本身就是依存不分关系的构成;对一物发生的影响,必然在某种程度或意义上对所有物都有影响。家庭充满情分的关系使整个宇宙富于情分。缺乏情分的关系有损于整个宇宙。

宇宙秩序总是从人活生生经验的整体上浮现而出的,如果对它进行思索,可将这种经验看成两方面:既是活力的延续性,也是多种多样性的——既是一种生生不息过程流动,也是一个独特圆成的事物。也即,人经验场域的任何特殊现象,可以用各种眼光看待它:一方面,它是独特、如一的特殊物,另一方面,在全部信息性上说,它是整个一个宇宙,它正在发生的一切,皆体现于它自己拥有关系的独特与动态形态之中。每一现象即是一种对整个宇宙注解的特殊的方式。其实,一物与其所在场域之间互相蕴含关系又是一种对立面互含的例子,它构成中国自然宇宙观一切现象的特点——这种情况,就是特殊性与非个体量性的整体。

作为一种启发,把这种抽象的宇宙观念讲得更具体些,如果以"人"的概念作为一个例子，则可以说，复数 persons（"人"）作为"一"，既是独特个体性意义的，也是他与同他站在一处的别人所有的延续不断的关系。另外，这些相同的人也是"多"，不仅是就许多独特个人总称而言，而且也是就他们每一个人都是分开而且有时互相冲突的"多种"关系而言。也就是说，每人都构成一个"多己"场域，而且通过此场域，这些"一己"的很多角色与人格，其中每个都表现着：为人父母，为人子女，为人同事，为人对手，为人老师，为人情人，为一个人的施恩者，又成了另一个人的对头，等等。

这种"一"与"多"的不可分性成为"礼"的基础；礼是人角色与社会关系的恰宜状态。"礼"的观念表达充满活力的社会形态；在这形态之中，每个人都是特殊的人，都是一种特殊状态的角色与关系，同时也是协同的，如同许多"结合人"，每个特殊角色与关系，是由"结合性"定义的，如"儿子与母亲"，"祖父母与孙儿女"。都是一个个特殊的人，由一般角色与关系而构成。人性的"性"这一观念，我们发现也必须理解为是这种一多意义的。在一个人所处的特殊场域内，不存在互不联系、静止不变、生来固有、可复制的"性"，而只存在特殊且类比性相似总是由特殊角色与社会关系构成的人。而且，我们是对人和人类做出概括性的归纳，方法是将特殊情况与特点联系在一起，而不是用什么不变实质的公式，推导出原因来。

"性情"是一个偶对双义词，它是人经验的一种解释。"性"指人从家庭起的一般性初始条件，这一条件的生命性表现为关系状态中的"成长"，而关系状态就是初始条件。对他人来说，性情是一个人"为何"（是什么）与"做何"。如我们会看到，"性"也表示人生的资源，由人所享有，为人的人性圆成追求服务，人性圆成是求诸内心；"情"也在形态上表现为人成长，显示那种充满活力的特定环境条件；从它，我们可了解事物对于它所处的场域来说，它的真"性"是什么。例如，一个人究竟是谁（什么"情"），取决于他原初条件素质性的扩大，是他由其取得之程度的"至大""至刚"。所以，"情"是任何特殊情形的确凿真实度，也是渗透在这一特殊情形的情感。任何在"情况"与"与此情况相呼应"情感二者之间要做事实/价值区分认知，都是无从做到的。

事实与价值不分，如同质性与量性的不分。这是说，我们可能会视作客

观质性东西——如人们说，做你自己，显示你个性——这只是对应被尊重的关系的简单抽象，而这些关系对人来说是很特殊的，是使人成为与他人不同个性的人的。如果从这些实实在在关系中抽离而去，那么人简直就谁也不是，已根本不是"人"。所以，质是从量而来，"个体性"不是与生俱来的，而是在与别人关系之中，人成长、成就而具备的与众不同独特性格。当对诸如"性情"之类的宇宙观念有了认识的时候，它们是偶对性意义互含的，我们只能这样理解，即将一事物的所在场域，必须时时刻刻考虑进去，将它视为与这一事物本身具备之性是不可分开的。

把眼光转向社会，去思考使得每个人成为有独特性、作为特殊的个人与他人不同的角色与关系的社会礼数，这时，我们须认识到，自己是从这样关系之中获得愉悦，使我们聚到一起，作为和谐家庭与社会的本然。在思考这一独特而原初的人性，这一人性构成我们作为人和具有成长能力的原始条件之时，我们还应把千变万化的环境条件，它既是真实确凿性也是情感的，也包括进去，人性正是在它们之中，生生不已。很多这种偶对互系语汇，在"性情"这一例子显示的，互系角色、礼乐、人性、性情之发等等，都始终是看待同一现象的两个"非分析性"方式——个别特殊事物与其所处环境的不分性。一切事物皆须从遗传角度与情景角度，它既是聚焦视点，也是此视野场域（亦"德"亦"道"）。从中国自然宇宙观来看，正是一切事物的决然相系不分，要求人们以总是域境化且又个别性的具体物为着眼点，去进行思考，而不是假定地去根据那种不变质相和自然种类概念。

我们所熟悉的认识论术语，如 comprehending（理解），grasping（抓到），getting（达到），understanding（领会）等等，都蕴含着到偶然事件和现象背后去寻觅"客观"、抓到"去域境化"（不看森林只看树木）的本相的意思，这些术语使得人们只能使用人和事物本身的名称，才可正确地将它们分清楚。而与此不同，中国"互系性"宇宙观中"知"这一语汇，语义是"理解"或"了解"，是"知道"或"通达"，是引导去摊开整个总是变化不已的关系场域，让我们能够去使用一个人或一件事的其他名称。这种总是有条件的、双关性认识观表示的是，喻义的来源，也即是一个人的重要性，它来自不断生成的关系，而且因此，这些总是变化不已的关系必须本身就是"知"的内容。要理解他人，必须在他们与别人的关系之中了解他们。当人们恰当地被别人知晓,是通过称谓他们所生活的人群中所具有的很多角色和关系:某人的身份角色则立即是姑、婶、姨、老师、邻居、堂表姊妹、教练等许多。只有通过知晓一个人在与别人联系的许多角色和联系之中活生生的身份,才是真正了解他的途径。

这种宇宙观中有的特殊个体观念,不是(西方那种)现成制品,可复制性的、固定不变的质相——被认为是构成人自然类性的——一个灵魂,一个天国赋予的人类本性,一种理性智,一种德性属性,一个一己意识的自我,一个独立行为体;而恰是相反,自然宇宙观的这个个性观念,是一种基本完成的独特性,是人在适应同家庭与社会的联系当中形成的。在儒家,对于这种以关系构成而承担很多角色的人,不是什么"在社群之中那种联合性个体人",而恰恰因为我们在社群中有效地联系在一起,我们变得特殊了,变成关系构成的个人了。我们不是"有了思想,再同别人说话",而是因为我们很有效地互相说话而作为家庭和社会变得有共同想法和兴旺;我们不是有了心,然后才互相同情,而是因为我们彼此能感同身受才变得是个一心一意、自我调节的社会。其实,"互系性喻意"(也即通过互相联系性的生活去表述、实现一个世界)才是儒家在互鉴交流社会创建人生意义的方法。[①]

(节选自《儒学角色伦理学》页71—75。)

3. 孔子儒学的"关系"价值观修养

如果在西方语境中讲到行为指南,人们可能都会趋向一种不假思索设想,即只要有个"词语",就应该有一"事物"与之相对应;"勇气"或"正义"不仅有直接与它相对应的所指物,而且这个所指物无论如何还是独立于我们行为的,也因而成为我们行为的先决条件,具有了一种起因地位;或者说,它作为我们行为的先决目的,具有目的论地位。[②] 当人们把"勇气""正义"

---

① 作者原使用的 paronomasia 为希腊语,意思是以其他称谓指代本物;也即使用某一词汇的不同意思,或用发音相近的一些词汇达到一种特殊效果,如幽默、双关语等。(译者注)

② 例如,伊丽莎白·安斯康(Elizabeth Anscombe),在她大有创见的《现代道德哲学》论文中,对研究亚里士多德自然主义问题较为最近的著作都表示同意。她指出:"正如作为人长了如此多牙齿一样……所以或许作为整个物种的人,不仅是在生理学方面,也是从牵涉生活各种方面的思想和选择活动的观察上,也是具有某些特定德行的。"Anscombe (1981),第38页。

作为"原则"而言说时,"原则"有一种很强的先决条件性、某种"应用程序普世性"以及"派生来源性"的含义。"原则"隐含着的也确实正是这种涵义:根本起源点,质相或决定性特质,原初能力或禀赋,"原发性或启动性或决定性的力",高级秩序准则(低等或具体行为规则皆由它而来),行动的固定或先决模式,行为公理,等等。

但我们要说,在儒家视角思考,如果非得说"勇气"或"正义"确有它所指的东西,那么根本上,它是人从与家庭及社会关系中的勇敢或正义性行为归纳而来的。"勇气"是一位母亲在危急状况下保护自己幼子,那种不退缩的刚强精神特征,而"正义"则是一位老师对学生的申请材料,做出认真、谨慎评估。这个"原则"不是固定不变与本源追溯性的,而是最为实在的,指向总是独特、具体的关系;这个关系是人基于过去经验的类比性认识。"公认"为"德行"的,实际是一种精湛造诣,一种人在修养与个人成长上,自己付出最大努力而具有意义的行为品质本身,也因而使人的行动奏效与具有性质上生成性。

"部分"与"整体",尤其是"焦点"与"场域"之间关系,还有生态事变与生态环境之间关系,都是相互依赖、有旺盛活力关系的。唐君毅对这种关系是津津乐道的态度,把它视为是在博大精神上中华文化的突出与最重要贡献。对特殊性与总体性之间的相互性与协同性关系,持整体性审美认识,是中华宇宙观之根本;当它转化到家庭与人群内,来到更为现实社会与政治范畴之时,则变为对包容性、感同身受、最适宜有效合作性的嘉许,被视为达到人、政治和社群(宗教)满意度的根本来源。

被如此认识的"价值"本身,无非是以提高关系恰宜性为品格。价值其实就是从每天做得不错的行动方式简单的特征概括中而来的,而不是植根于或从先决原理派生而来的;当我们有这样意识的时候,儒家的(道)德人生观,它的场域性、情势性及其可能性的"价值"本身,就变得显而易见。人,作为关系构成性的,其人格方面持续不断的改善与"价值"提高,只能在人们分享性的活动与共同经验环境里发生。而且这种行为,在以关系发展为先考虑促动之下,即会获得宏大的意义。

杜威建立了实用主义伦理观,他提出,要对行为的样式,给予某种特殊价值的表达,我们须用副词,而不是用名词。例如他建议最好避免用 health

（健康）、justice（正义）、courage（勇气）这样的质相性（substantive）名词表述价值，因为名词这样使用，容易将这些"价值"物化，给它们强加一种先决与单线决定性地位，使其成为话语本体（an object of discourse）。他认为，使用副词，是使我们的话语回到延续不断、具体与所熟悉的生活过程中去。对杜威来说，如果讲人追求健康或正义或勇气，只是在说他们要努力"活得健康"，或"活得正直"，或"活得有勇气"。不过，杜威的这一见解，还是做到了保持在英语语法框架之内。我们或许可以冒昧地将他的见解带到更远一步（冒点险，把语法向后推一步），也即是提出，"价值"的主动与语法程序性，可最有效地以 health-ing（健康地）和 justice-ing（正直地）的"动名词形态"（gerundively）表达。这样使用"动名词"，立刻给人一种行动动态感和个人气质或习性感；这样就避免那种强加喻意——一个独立无联系主体（discrete agency）与我们共同做出的分享活动是可截然分离的——这种理念；而是启示，分为行为主体与行为本身，只不过是对同一现象的两种观察途径而已。对杜威的"价值"观，可进一步做出合理化引申的是，正如"假设性的主体"是从活动状态关系的演化母体而做的一个抽象，这些"价值"本身的孤立化与个体化，作为在人的行动中这些"价值"变得凸显，还是必须包括一个从总是复杂、变化情势的抽象而出的过程，而在这一过程某一时间，这些"价值"的一个广阔视域在发挥作用。

我们再看儒家"角色伦理"，它当然是对行为给出指导性规则的。但是它不是求诸"抽象"的原理、价值或者德行，而是根本上根据我们实在熟悉的和社会的"角色"而找到"指南"，这些"角色"是具有存在性指导意义的，而不是"抽象"（原则）。从我们的生活经验中，在兄弟姊妹这样"角色"里，我们是有实在的直观体悟的。"角色伦理"所给予的指南，是如何活得最有成就，而且是在考虑人活动的不可避免复杂性上，对"恰当行为"做出解释的。与"抽象原理"相比，在我们的实在"角色"与关系之中，有一种至关重要的"恰当性"，它相当具体地提示——我们下一步该怎么做。

子曰："由也！女闻六言六蔽矣乎？"对曰："未也。""居！吾语女。好仁不好学，其蔽也愚；好知不好学，其蔽也荡；好信不好学，其蔽也

贼；好直不好学，其蔽也绞；好勇不好学，其蔽也乱；好刚不好学，其蔽也狂。"(《论语·阳货》)

鉴于此，我们可看到，像"智慧"或"勇气"这样的任何特殊优点，都是一种行为特性，都是在开悟与知识的社会生活的特殊相互影响之中培养的。事实上，对牵涉关系的特殊性和复杂状态采取尊重，这种行为可能会更清楚和准确地被指为慈爱家长的 parent-ing（做家长地）、孝顺儿子的 son-ing（做儿子地）、忠诚朋友的 friend-ing（做朋友地）等等。"原则""德性""价值"现在都是抽象指示器，都是我们赋予过程性关系的演变意义的；它们都是在我们特殊活动中成就的、体现的。其实，是我们活着的"角色"和关系，才是第一位的；它们是我们从中抽象、总结出（也确实是将复杂内容简单化的）"原则""德性"和"价值"的那些混合的行为活动。

(节选自《儒学角色伦理学》页 159—162。)

二、子为父隐：非抽象是非观

为阐明儒家伦理"价值"是与具体发生情势相联系的，《论语》中有一个人们经常提及的事例，它给了我们两种鲜明对照的判断是非的不同方法：一种是对原则"事后诉诸"，把原则作为裁决行为是否正确的基准，而另一种则看重的是对维系培养的家庭关系做恰当的处理，将维持恰宜家庭关系作为家庭、社会与政治道德的首要根据。孔子晚年周游列国，离开蔡国，来到楚国叶县。叶公早知孔子是闻名的道德良师，要向孔子证明自己是个善于治国的君主，臣民百姓均有秉公守法品质。他对孔子讲述起一位不惜牺牲父子之情、秉公正直的年轻人，人称"直躬"[①]：

[①] 这个年轻人的名字很有含义，"直"即纯正、正直、诚实，"躬"是身体，尤指对某人优点的刻意公开展示。Sommer 对古汉语的"体"的各种指称进行分析，她认为，"躬"字"最常所指是人自觉地做出的一种动作的过程，一般是在礼仪氛围中，有观众的场合，是对行为人德性特点的视觉展示。……'躬'的体态，是一种仪式的、风格化的、非自发的，是受传统道德观念与社会允诺导向的。"在这种氛围内，"躬"释放一种严肃正经的感觉——这个年轻人刻意对大庭广众显示自己的德性。Sommer (2008)，第 307 页。

叶公①语孔子曰："吾党有直躬者，其父攘羊②，而子证之。"孔子曰："吾党之直者异于是：父为子隐，子为父隐，直在其中矣。"（《论语·子路》）

孔子在这件事上的主张是，人群、社会直到政府的理念，它们的粘合力要从组织结构中来，而家庭成员之间构成的忠诚与信赖关系，就属于这种组织结构。③ 很自然，他会看到，把警察叫来，不是我们处理家里人犯有小过失情况下应做的事情，而只能是在别无他法时候，才是最后的一种选择；也即至少，几乎完全确定，我们是已经为解决问题千方百计地做了努力。只要是牵涉家人，甚至是牵涉邻居与朋友的问题，在我们对情况进行处置上，是有轻重考虑的，是需要主观能动的创造力和想象力的。

对这件事情蕴含的意义进行阐明，同时也让情况变得有些复杂，这是儒家"角色伦理"一种内在的要求，也即在具体特殊情况下，如何才是最好程度地把握恰当性，使情势得向好的方面转化——"义"。为此，"谏"——也即为人子，你有义务，当家长有错误行为之时，必须表示反对并加以纠正——这是作为讲"孝"儒家经典中很突出、关键的部分。考虑到这一点，我们必须能想到，按照孔子在这件事情上看法的期待，是"子为父隐"者，必然要想一切办法，对因为自己父亲行为而遭受损失的任何社会成员做出弥补，而且还要更进一步，规劝父亲改过自新。

儒家"角色伦理"不是抽象理论，不是讲对那些我们常常碰到特殊情形错误状况，做出根据"原则"的道德判断；它也不是把主导地位交给为达到什么道德目的，而去施用什么刻意的理性手段。很多伦理"理论化"，它背后的那些一般假设，是根本不把家庭角色作为相关因素加以考虑的。在论述伦理"理论化"特质上，罗思文与我的观点是：

---

① 叶公还出现在《论语·子路》第十六章，它记载楚昭王二十六年（前490），叶公向孔子问政，孔子回答"近者悦，远者来"。
② 按朱熹解释，父亲是摆脱穷困窘境（"攘"意指"困境之下"）而"盗"。朱熹倾向认为这位父亲行窃，是迫于赤贫之需，为的是让自己饥饿的孩子糊口。但按照这种解释，父亲的假设论定之罪就立刻蒸发了，且儿子显得特别坏。或许在孔子心里的是个更为复杂的情况。
③ 参见 Rosemont 与 Ames（2008）；我们对这样的情况，做了深入研究——即"忠孝"不可两全。在该篇文章中，我们阐明的是："孝"不可能是造成腐败的原因，它造不成社会道德成为必须妥协的一方，因为它本身即是"至善行为"（"仁"）的本源。

假若每个人的尊严都来自与"个人主义"相联系的高价位概念——自立、平等、理性、自由等,那么,我们就必须在一切时间都尊重的,只是这些概念而已。这样,性别、年龄、种族、宗教、肤色等等,则在我们如何决定与他人相待问题上,不再是什么重要意义的东西。朝这个方向奔去,我们的义不容辞的就是追求普世原则与价值,将它视为可行之于一切人,可行之于一切时间的东西……只有将人人自己的个体性特点脱去,我们才有可能开始思考,去开发一套能够应用于所有事例的道德原则理论。对家庭来说,假使我们哪怕想一想,想出怎么去提问与"忠诚"与"义务"相一致的道德问题,——这是恰恰我们无法做到的事;因为只要我们在道德问题中说"我的母亲"这个词,我们就不是在谈抽象、自立的个体人,而谈的是曾怀育过我们,把我们带来这个世界,养育、呵护我们,为我们福祉,伟大地献出她自己的——我们的母亲。所以,试图到儒家著作中去寻找什么普世性原则,等于以方作圆,是做不到的事情;因为儒家思想是特殊性导向的①——不含糊的特殊性——与康德、边沁和穆勒追求不含糊的普世性一样的。在古代中国经典当中去为道德判断寻找抽象原则根据,等于让我们的头脑,去期待一种康德式思维,去把特殊文化差异思考为成为符合"绝对命令"(Categorical Imperative)的条件;而实际上,"绝对命令"正是对无条件性、普世性法则的标准检验。简单地说,在特质的儒家"忠孝不能两全"问题面前,做个决断,我们是不可以求助于西方道德理论的。②

---

① "导向特殊性"原英语为 paradigmatically particularistic,意为以某种事例作为导向性榜样或样式;如此,榜样本身即是特殊性的。

② Rosemont 与 Ames(2008),第 12、14 页。从儒家经典之中进行"概括归纳",当然是可能的;但是这样做,距离去宣称什么普世性"原则",还远得很;因为普世"原则"只需一个范例就可被驳倒。但是"概括归纳"则不会被单个甚至多个反例驳倒,而能被一个更好的"概括归纳"驳倒。我们诉求的不应该是"所有"("一切"),而应该是"多数"或"大多数"。(唯有更好的笼统说法才能驳倒原有的笼统说法。我们不应当老追求"所有""一切",而应当追求"众多"或者"最多"。有些人可能倾向要说,《论语》中的否定式"黄金法则"(golden rule),即"己所不欲,勿施于人",就是一个导向性普世原则。而我们认为,更正确、更到位地看,这条应视为一个大致性概括归纳,是人应该采取的一种态度,是对在自己与他人关系上做出最为恰当的决定,而不是事先就已假设的,对一切人都是正确的"原则"。我们所修养的"恕"德性,是以家庭关系开始的;然后随着生活范畴的扩大,我们将这种意识,用想象力延伸至同我们很不一样的人身上。的确地,"己所不欲,勿施于人"远不是什么对"普世主义"道德的证明,反而正是对它的反驳。

儒家思想不是诉诸一套什么外在的"客观性原则",而是提倡一种人要努力活得有德性的路径,这种活法,是家庭与人群当中的,是成就所谓人与人"仁"的关系的行为。对于根植在关系之中生活的整体观,如此要求人持久地修养一种审美感、道德感以致宗教感的意识,使人致力于追求对自己所做一切事业理想境界的恰当性,这是一种在自己所具有身份角色上、各种关系上,发挥个人天赋的努力,为的是尽力达到人生之最大意义。

既是如此,《论语》儒家视为的"子为父隐"问题,则不是一个把个人行为与政府执法置于互为张力的法律问题,不是一个包庇罪犯(或说阻挠执法)案例。儒家提出的不是这样的问题:"其父攘羊"而"子为父隐"是正义的吗?问题而是在于,对那些必要首先做的行为,做决定、做起来,为的是有利达到最佳状态的社会、政治和谐。这样,这个问题就变成:在追求社会、政治和谐问题上,"孝"大还是"忠"大?这是《大学》以比喻手法阐明的问题;这样奠定下的根基,等于为日后长成繁茂的参天大树,提供了先决条件。其实,问题落点不是在于:父亲作为一个与任何他人无关、自立的个体,犯下政府不容的罪过;而是在于,针对"父子"构成的这样一种相系不分关系,在如此非正常、棘手的状况下,做出怎样的判断才算是必要的、正当(直)的;为了保障家庭、社会一直到政府,今后仍能对这种天人根本关系心怀依赖与信任——是为的这种情况,人要对自己行为调整,应该究竟是怎么做?

对儿子来讲,要做到得当处理(直)与父亲的关系,一定要有想象力,思维有前瞻性、预见性,以此为基础而决定自己行为。"直"的甲骨文为&,青铜器铭文为&,均为"目"上加竖线,表示行路时目光须有深刻性与前瞻性。其实,如根据《说文》,则是:"直,正见也。"此外,"直"是明确道德意义的,因为它与"德"字构形直接相关。"德"在马王堆出土竹简上的字形是"悳",上有"直",下是"心"。其次,"直"的道德涵义还明显表现在它常作为另一同源字"值"的借用字。[①] 孔子这里讲的道理是,由儿子表现出的对自己父亲的诉讼行为,并以此视为最正确做法,从有利家庭和人群和睦方

---

① 参见关子尹 *Multi-function Character Database*,甲骨文合集 CHANT:＊0601 及西周中期 CHANT:4199。

面而言，是不齿的，也最终是有悖于国运昌隆的。"直"是表达道德正当性的比喻，它允许家庭找到举措方位。"直"是件很难做的事情，它要求丰富的想象力及其有力发挥，为扭转形势，坚持自己路向，找到最适当的做法。

也许我们可以用人们熟悉的现代事例打个比方。假如家长发现自己孩子有商店扒窃行为，怎样做是最适当的处理方法？一种可能做法是诉诸治安采取行动，家长拨打报警电话，叫来警察，把罪犯抓走。然后还要通知当地报纸报道这件案子。通过这一系列做法，家长维持住了自己的清白，让相关当局与公众出来处理了这种不幸局面，把犯错的孩子送上法庭，让他的行为见诸报端。犯罪分子迅速、公开地被绳之于法，起到了惩一做百效果，这当然是最好的做法，因为行窃是百分之百犯法行为。但是，什么样的家长才会真这么做呢？

富有点想象力的做法，恐怕是想到去利用耻感，而不是诉诸法律惩罚来解决问题。更为明智一些的家长，那些对待事物讲究恰当性（"直"或者"正见"）的家长，对这个有点刚愎但平时还不错的孩子，只是一时做了件坏事，可能会领着他到犯事现场，让孩子自己直接面对被窃的店主，就发生的事情进行交涉。这种情形使得家长和店主一起充分利用人的耻感力量，对孩子行为起到改造作用。这样做要达到的效果，总的是做到对这件事情的暂时的纠正：送还主人被窃的财物，从长远看，家庭与社区也还是获得了保障，因为一方对孩子进行了教育，另一方也加强了所有有关人所在的社区团结。这种做法不仅显示更有创造性，而且是德性的，也就是更接近我们一般实际的做法。用这样做法解决问题，用必要的创造力，将一件坏事变成好事，符合大家每一方的利益（家长、孩子、店主乃至国家）。而如果没有一点心智与眼光，对孩子采取抛弃态度，让他破罐破摔，很可能最后导致的是犯罪的一生；那样则是对谁都没有好处的。

上面说的有些想象力的解决问题办法，堪称是"父为子隐"。按儒家观点，"孝"总是双向的责任，如果长辈有错误，儿女有进谏之责。对于实行"为父隐"的儿子，开动脑筋，以丰富想象力、恰到好处挽救局面的方法，处理这种道德过失；做到这一点，是一点也不亚于家长责任的。

鉴于家庭情感是儒家"角色伦理"的根基，还鉴于中国的传统"政府"

是一种从家庭直接的延伸，也因此而称为"国家"，所以孔子可进一步提出，一个很好的"齐家"人，本身对于"治国"也是同等重要的。这是孔子在遇到一个小人时所表达的。这小人以为孔子要终身遗憾，因为从来没有受到过重视和被委任过重要官职。他当着孔子的面，明知故问：你为什么有才能而未能求取到适当功名？

  或谓孔子曰："子奚不为政？"子曰："《书》云：'孝乎惟孝，友于兄弟，施于有政。'是亦为政，奚其为为政？"（《论语·为政》）①

这段话容易让人们误解孔子是个最低要求者；也即，人在家庭中，做一点对大一些范围政治秩序的小小贡献。但是我认为，孔子观点恰恰是与此相反。我们的政治生活（宗教生活也如此）总的真实的意义，都少不了与家庭事情相关。如果要问，国家与家庭二者，哪个更对宇宙和谐的问题上，有重要影响？我们必须承认的是，家庭是政治形态的本源与根据；如果没有美满家庭，就没有美满家庭带来的兴旺祥和社会，政治规则会出问题，甚至会很糟。是在这个意义上，如果不致力于社会的兴旺，只是堂皇地干喊"强国"，那都是空的。用怀特海的说法，是"具体性错置谬误"（misplaced concreteness）。

  如果梳理一下儒家"角色伦理"的观点，应当说它提出人在家庭"角色"以及与他人、人群构成延伸的关系；它把人行为具体样态视为各种各样"身份角色"，如父亲、母亲、儿子、女儿、老师、朋友和邻居，这些"身份角色"本身是蕴含"规范性"词汇，它的强制作用，比抽象概念的训令还要大。

  这种"角色"的最具体意义，是提倡一种充满生存实在意义的品格与追求，以种种行为，实现作为家庭与人群生活的根据。在儒学"角色伦理"中，"做母亲"和"做邻居"并非只是"描述性"，而是具有伦理"训令"功能，但又不同于抽象原则的，它们起的作用是作为具体导向的，以利人们决定下一步该怎么做。

  齐景公问政于孔子。孔子对曰："君君，臣臣，父父，子子。"公曰：

---

① 孔子逝世之后数百年内出现的历史资料，都在孔子立场反驳这一小人的问题。事实上，有记载说孔子曾出任鲁国大司寇，后来还出任过鲁国国相，再后来汉代时被封为鲁国"素王"。

"善哉！信如君不君，臣不臣，父不父，子不子，虽有粟，吾得而食诸？"（《论语·颜渊》）①

"家国"关系是行为导向，构成一种"规范性"话语。在运用之中，它一般比起诉诸简单的理念或原则，更具有清晰与深刻度。因为简单理念或原则，事实上，是先决于具体经验的假设性抽象。

(节选自《儒学角色伦理学》页163—168。)

三、儒家人生观——对"仁"的成就

圆满的人生当然可以有不同的构思与表现。按照传统道德哲学，要先认定道德的一个固定出发点，一个最低限，一个自明而不能拒绝的原则，或是人生的完美规律，或是意志、理性的功能，或是包罗万物的自然法。接下来便是将这个理念阐释清楚，树立为绝对权威，然后付诸实践，一遇见实际问题才派上用场。只有道德矛盾出现以后，才能施用原则。

儒家角色伦理则不是这样的出发点，不试图发现、确定、解释道德行为的假定前因：一个造物者、一种起因力量的原则或者超然动作者。与此不同，儒家角色伦理先思考的是：现在正在发生什么？然后问：怎么能使之变得更好？在儒家角色伦理中，仁行为的道德优点，同一幅艺术作品一般，是精湛技巧与想象力结合的具体体现。只有在这一层意思上，人才可对它权衡利弊得失。同时，仁也是道德的储备，人人皆有，它可以提升、改进人生的经验。孔子的态度很明确，这种积累性的归属感有助于区分以尊亲为本的社会及其自动调整，不是一种强制性的结构与严峻法制的权力主义社会：

子曰："道之以政，齐之以刑，民免而无耻；道之以德，齐之以礼，有耻且格。"（《论语·为政》）

---

① 《论语·学而》："有子曰：'其为人也孝弟，而好犯上者，鲜矣；不好犯上，而好作乱者，未之有也。君子务本，本立而道生。孝弟也者，其为仁之本与！'"《论语·为政》："或谓孔子曰：'子奚不为政？'子曰：'《书》云：孝乎惟孝，友于兄弟，施于有政。是亦为政，奚其为为政？'"比较一下这两段话，其观点都是，"齐家"是"治国"之根本。

仁是道德的造诣，有能力提高整个社会的生活质量。仁的存在会促使社会成员在立身处世中培养出一种共同优雅感，由此视之，仁的功能便是对道德败坏的情况采取先发制人的举措。仁是全社会共同的追求，在理想情况下，只有少数时候仁行落实不到而具体道德问题诞生。为了服务这般理想，孔子盼望人们能超越机械的正义，不求助于法制，自己解决纠纷：

子曰："听讼，吾犹人也，必也使无讼乎！"（《论语·颜渊》）

从这里我们或许可以触类旁通而得知，求助于一套固定道德规则，如同求助法制似的，本身已标志全社会的共同道德追求已经失败——欲用法庭给予社会正义，宛如南辕北辙。要想建立正义，与其赏罚分明，惩处从严，不如先发制人创作一个公正的社会平台，预防不道德事情的发生。

(节选自《儒学角色伦理学》页189—190。)

四、做人、成仁：人生"角色"的圆成

对于怎样找到一种适当语言，来表达儒家思想的以关系构成的"成仁"，儒家提出的是一种整体性观念的通过修养而成的具体人的行为。这需要对从家庭做起的人的经验有基本审美性认识，要把它作为人在自己"角色"与关系范畴中，具有做出最佳效果能力的企望。我们会发现，儒家这一决然非个体、而是与环境情景相互呼应的"人"观念，要有一种"焦点/场域"（从森林看树木）阐释话语，而不是那种习惯成表述"个体—社会""部分—整体"塔式理论的假设性语言。"焦点/场域"（从森林看树木）这种视野，虽然不一定已具有足够动态与流变喻意，去准确捕捉儒家"人"观念的活力，却至少对那种必需的全息性"前台性与后台性活动"（foregrounding-backgrounding activity）[①]，有间接的暗喻。这样，人就可被表述为，是不断地对自己做出调整、巩固，把自己作为"场域"展开的家庭与社会意象关系的特殊"焦点"。

---

① 整个场景之中距离观众近的与远的局部场景，亦如在一视域中视点的中心位置，距离它近的与远的局部情况。（译者注）

儒家道德观从根本上说，就是人的成长观，也即，圆满"成仁"，成为"大人"，成为至"善"之人；"成人"，成为"君子"。儒家本身的话语，将这个由关系构成的道德人，把它的如一性的原初点与根由，称为"仁"和仁之"本"——孝悌（《论语·学而》篇曰："孝弟也者，其为仁之本与"）。

如将《论语》作为首要参考及本源，把"仁"解释为至善至德的品行，"仁"的提法是从孔子与学生的交流而来的。孔子曾反复多次被自己学生问及什么是"仁"，这种情况其实表明，"仁"是孔子重新赋予其涵义的，孔子本人使"仁"的意义更为清晰。这也表示，与孔子对话的学生，对孔子给予的旧词新意，觉得不是很舒服。孔子赋予"仁"创造性新含义而做出了贡献，要参照一下"仁"原本在较早语汇中出现次数不多，而且不太重要，就清楚了。"仁"的观念根本就没有出现在早期的古代经典当中，而在晚期典籍中也只不过出现三次。这种小频率涉及"仁"这一观念的情况，与《论语》对照十分明显。在《论语》全书四百九十二章中，有五十八章出现"仁"字，共一百零五次。"仁"观念明显占有中心地位，是从孔子开始的。这种情况表明：对"人"的认识，开始是确定为关系性的，是在性质确定为关系的认识之后，才成为数量性关系的。也是说，通过培养恰宜的关系且随之而增加自尊、有"威"；起初时不成熟，尚未形成"视点"喻意的那样具有众多林林总总关系，但久而久之通过修养关系过程，成长为一名出类拔萃的杰出个人。

"仁"字以"人"加"二"而成，对这一字形的关系性喻意，有很多论述。如上述提及，在孔子之前经典中，"仁"相对是个很不多见的字，频率很低地只分别出现于甲骨文与金文。至于"仁"的字形，最新郭店考古发现，它是从"身"（有孕之体），下从"心"，引出众说纷纭的议论。有学者提出，这样一个构字涵义，表达一种与妇女怀孕之身关联的意义，显示那种温柔、文静和亲密性（孺），这恰是被认为的"仁"之意义，是属于儒家传统的。[①]

西方评论家对"仁"字最常见的翻译是 benevolence（善意）和 humaneness（慈悲、同情）。humaneness 比 benevolence 似乎好一些，因为"仁"指

[①] 参见关子尹 *Multi-function Character Database*，殷墟书契前编 2.19.1 与 2840 中山王鼎的参考书目。"仁"这一核心哲学观念的字形构成从有孕之体"身"字。

的是一个人整体性的行为：人修养而得的认知感、审美感、道德感和宗教感，这些是通过"角色"和关系而喻意的，它们结合在一起，就成为一个人的品格。正是这样的"场域自我"，这一充满意义的关系之所在，使得一个人得以构成，成为一个不可简约的社会人。"仁"不仅是智能的、精神的，也是形体的，是一个人的仪态与举止，一个人的举手投足与身体语言交流。应该说，将"仁"译为 benevolence，使得来自一个传统的广义得多的思想，狭义地走向心理学化；而恰恰相反，"仁"的培养，在传统的认识与人提升本身经验的努力中，是不需要 psyche（灵魂）这一理念的。① 虽然 benevolence 一词的某种意思，也是"仁"的一种方面，但以它作为"仁"的标准英语翻译是对仁观念本身含义严重的削弱，这等于是从众多道德性格层面，只孤立地截取其中一个单一面，牺牲了由于做人、成人这一错综复杂事物而结合在一起的太多的其他意义。

然而以 humaneness 表达"仁"，也有局限。humaneness 的喻意是，作为物种的人类，它所有成员共同拥有的、之所以是人类的、共有的、质相的前文化条件——一种天赋人性。"仁"却来得没有这么容易，它远不是什么本体的天赋潜质，而是人与生俱来可成为人的起始条件及所处自然、社会与文化环境的联系互动中，作为人自己有能力做到的事情。虽然人都可以投身于"仁"，但实际上圆成至善至德的"仁"，却是不多的情况。孔子认为，这是件很难走到顶端的审美事业，是非凡的伟大功德。② 毋庸置疑，人的出生是家庭关系构成的发源地和中心点，所以是因此而有"本性"（原初之性格）。但是"仁"，首先而且最重要的是自这些关系的"生"（成）过程，最后成长为对人群社会生气勃勃、强壮和健康的参与者。是出于这一原因，孔子每谈起纪律

---

① psyche 是西方思想传统表达先验超绝主义与二元主义个体性的特质概念；作为它汉语翻译词汇"灵魂"并不含其本身此类意义。（译者注）
② 《论语·颜渊》："颜渊问仁。子曰：'克己复礼为仁。一日克己复礼，天下归仁焉。为仁由己，而由人乎哉？'颜渊曰：'请问其目。'子曰：'非礼勿视，非礼勿听，非礼勿言，非礼勿动。'"孔子对门下几个最突出弟子，非常了解他们各自长处，但只说"不知其仁"（《论语·公冶长》"孟武伯问子路仁乎"章）。他也不愿意对仁做反向定义，理解为"克伐怨欲不行"（《论语·宪问》"宪问耻"章）。他知道一些历史榜样的刚正不阿、拒腐蚀，他还是不情愿将他们称为"仁"（《论语·公冶长》"子张问曰令尹子文三仕为令尹"章）。事实上，唯有他身边众人之中的颜回一人，他愿意称仁。人们怀疑，孔子称颜回仁，是否由于最喜爱的弟子刚刚死去的缘故。

与教育，即曰"性相近也，习相远也"（《论语·阳货》）。孔子更着眼的是胸怀"成仁"大志以及具体如何践行；他不是执迷于一种抽象形而上学思辨，在人性上，或者在人的生存、生活超自然性上，得出什么抽象的人类道德先决本源来。①

将"仁"译为 humaneness，还存在一个问题，即"仁""具体人"的人格转变，它不是质相的，它必须理解为是与特殊、具体条件的人们相关的。"仁"对这一个人来说的，不是对另一个人而说的，也即"仁"是随人的不同而变的。如果"仁"的达到是通过对一定场域境况的诉求以及与之协同的努力，并不是遵循一套"原则"，那么"仁"的如此具体性，完全是人由己而出的；② 没有什么（普世性）模板，没有公式，没有纯理念。如同艺术品，"仁"是具开放性而不是封闭性的一种过程，它拒绝固定不变定义与临摹复制性手段。这其实是唐君毅反复说的，"成人"是个深刻的主观性与存在意义的。对任何人来说，"仁"都是一个挑战，都是要去努力实现的自己的最高志向。

"仁"除了是具体性的，当然还有较为"客观性"层面。"仁"需有"权威性"，也即处在社会"权威"位置的人们，自己本应是传统价值与结构的特殊体现，是通过他们在自己"角色"与关系中追求的自己的最适当和优雅的仪态（礼）。当然，能在自己"角色"上展现坚毅的仪态，很明显是一种秉持过程的对传统运用与内化——也即"将传统作为自己所有"。这也等于是从一个人的角度贯彻落实本传统的是非观，亦即"把传统占为己有"。但是"礼"，作为制度化的道德行为的场域，也是有其他选择可能的地方。在这个意义上，"仁"是深刻的创造性的。"成人（仁）"之道，虽是自己的传统世世代代地流传下来的，却远非什么外在性的赋予。为"仁"是"修道"，是一个人持久不断地参与到自己所处的时间地点的文化的微妙"由己化"（authoring）中去。③

一方面是"自上而下"强制性的"权威主义"命令，另一方面是"自下

---

① 作者这里指的是，孔子不是像在西方思想传统思考超自然形而上学思辨的框架中，在抽象个体性意义上论说"仁"思想的（译者注）。参见《论语·公冶长》："子贡曰：'夫子之文章，可得而闻也；夫子之言性与天道，不可得而闻也。'"
② 参见《论语·雍也》"子贡曰如有博施于民而能济众"章、《论语·子路》"子路问政"章、"仲弓为季氏宰"章、"樊迟请学稼"章等。
③ 《论语·卫灵公》："子曰：'人能弘道，非道弘人。'"

而上"、恭敬的、人的行为取得"可信性",在这两种截然不同概念之间进行比照,是很能说明问题的。行为"可信赖的人"是榜样,榜样对他人是激励性的,他人对这一"成人"机会愉快地做出反响,而且是没有任何被迫感的,在对改造自己品行中,对这样的君子由衷地信服。《论语》所提倡的"仁"品行,它的崇高与为人敬仰,清晰地蕴含在"山"的比喻中:"仁者乐山","仁者静","仁者寿",[①] 俨然是一座令人肃穆起敬的精神灯塔,是本文化与社会一尊偶像性的标识。

对儒家思想去做英文的翻译,必须是作为一种不得已而为之的第二选择措施;第一选择措施是鼓励学习中国哲学的人直接去掌握中文词汇。而只要是作为第二选择,我们还是倾向用 consummate person 或 conduct(圆满人格或至善行为)作为对"仁"约定俗成翻译;这是一个经过认真思考之后的选择。consummate 的前缀 con- 蕴含"群体"(collective)和"集中"(intensive)感,涵义为一起、合着(together, jointly),这就可恰当地对应不可简化(还原)的关系性,就可以对应"仁"的特殊性意义。还有,那种 summa 所涵义的"圆满"(completion)形态,又具有"开放性"而非"封闭性"喻意,指一件事项处理意义的成熟与结果。它远不是什么形而上学意义所说的那种"外在赋予潜质变为现实"。summa 表达至善效果,它是特殊成就,不是复制某些过去的成果;因为这样,summa 表达的是人群社会对一个人取得的特殊成就给以的高度颂扬(例如拉丁语 summa cum lauda,即学生因为取得最优秀学习成绩在毕业典礼上被授予的最高荣誉)。

(节选自《儒学角色伦理学》页 175—179。)

五、德:善天地人万物之道

需要特别介绍的儒家观念是"德";道德上表现得优秀,或者常译为 virtue(美德)、excellence(杰出、卓越)。甲骨文的"德"写作𢛳,表意人在道

[①] 《论语·雍也》:"子曰:'知者乐水,仁者乐山;知者动,仁者静;知者乐,仁者寿。'"

路上走，目光凝视前方。这样一个形象可引起观念的比喻关系，即走正路（正道）与直行（正直的行为）。青铜器上，"德"的铭文加了"心"，写作德，以强调直行正道的思想与情感因素。而最近发现出土文献的德字，是上从直，下从心。由此可知德与直在意思上有关联，并从古音上讲，直有时当德之通假字，二字音相似。

显而易见，表述儒家角色伦理的这些解释词汇，它们各自的含义是有机地互相交错的，分别取自对同一件事的不同视角，分别表述达到人生的某一具体阶段或方面。在某一意义上讲，"德"字可笼统地表达有效共创仁道所产生的成果：它既是一个人的优质行为，也是和谐的社会精神气质。因此，"德"字也兼容并蓄其他儒家词汇的意义：

子张问崇德……子曰："主忠信，徙义，崇德也。"（《论语·颜渊》）

中国宇宙观发轫于认可万事万物的特殊性与整体性及其间的互系。这样去看，我们所体会的世界就是多样化而非单一化（是个 pluri-verse，不是个 universe），它不存在主宰一切的主或规律，万众事物各有自己路向。在早期的中国哲学文献《道德经》之中，德字是具有深厚宇宙观念色彩的，总是指万物的特殊性。以往"德"字一般都译为 virtue、power、potency，都暗喻一种驱动向前的动力。用德国海德格尔词汇是 dasein，含义是"在此存在""指定方向"之义。一般来说，"德"是积极的。又因为比起其他物体，人具有向善改进自己倾向，"德"字也是最多用来形容人培养磨炼出来的优秀表现。

道家思想传统中，"道"与"德"便是"场域"同"焦点"关系。每件事物由其临时环境及具体焦点而得以独特的视角，同时也构成万物整体的缩影；不仅可缩影窥见整体的特性与运行内在联系，而且每个个别缩影清晰度要比整体高，也带有自己具体、临时的意义。杰出人物及其广阔丰富的关系脉络，可为世界带来新意义，特质性的新意义；小人则在自己关系与角色中不在乎、不认真、不谨慎、不求进取，而对社会共同精神没有什么大贡献。

儒学的最早文献对"德"的表述不限于"道德表现优秀"的意义层面上。就具有明智生活智慧而达到在社会、在关系中实现（即"知"）令人愉悦的人生而言，"德"则成为我们所成为的整个人的一个描写。与"仁"相同，德也是从具体现象归纳而来的一种一般人类的德行，而又无论如何，这种一般的"德"总是以特殊情况作为参考点与出发点。

若将"德"付诸行为，则是既需心怀善意，又需要贯彻实际的资源与工具。作为艺术家、领导、老师等如此这般角色，其内在能力在于协调顺应周围自然、社会、文化的条件，充分利用发挥其各自的潜力以达到协同性的和谐。身负角色的人们可以自己为载体，去体现、诠释、展现本地文化思想与传统。这么一种人正是源自内化性的礼让体贴行为所在。他将其他人的动力与意志都融入自己场域中，从而使自己充满魅力与强号召力。

"德"表现于政治与宇宙两方面。政治上，"德"表示人君与人民之间达到了最恰宜的关系。君主倾注精力洞察民心，体会风情，在这个意义上，可以说君王即是民心风情之身；同时发生的也是君王德行的深得人民尊敬爱戴，人民于是信任君王，倾心归从。

"德"在人生经验中积蓄而成，孔子关于这种情况的表述是："先事后德，非崇德与？"《论语·颜渊》阐述的德含义范围很广，恰是反映具体情境而言的一个人能力或意愿。"德"并授受二者为一体。也即，德既指为人民带来福祉，也指人民心里对英君明王接受与感戴。不含强制性、双向相宜往来，授受二者富于"德"性。

对"德"理解，不得试图寻找一个独立的行为者，然后把它单独请出来，敬为首位。不得将君与民视为二元对立，以君为主动，民为被动。[①] 君德蕴涵民德；君德威重，则势如日渐强健之风，吹倒一片小草（《论语·颜渊》第十九章），则众星拱北辰（《论语·为政》第一章），君王则无愧为郁郁文化、礼制之创造者和继承者（《论语·八佾》第十四章）。于是，作为国家关系的中心焦点，君王就是国家。"德"是整个国家治理的精神气质，且以君王之一身为体现或化身。为表达出此种"德"，我们提出另一译法：virtuality。它的古

---

① 例如，Sim (2007) 第17页把统治者与平民区分开来，道："对孔子而言，道德原理的体现与实践完全依赖于社会规范和君子的行为，以致于孔子把一切政治抱负寄托在一位道德榜样的身上，以期他会启发和动员他人修德。"可是我们只要看到《论语·为政》第三章便知道实则不然，孔子反而认为人民能够通过羞耻感与归属感而自我整顿。另见《八佾》篇："夷狄之有君，不如诸夏之亡也。"

英语意思是"天生含有导致成果的美德或气势"。

君与民是互相依存的：政府顺应、接纳民间的文化倾向，这可以说是君德涵盖民情，在这种情况下，文化及其诠释为君、民所共享。"德"观念永远包含的是差异与时而的矛盾或斗争，一事物两方面不断地相互调停适应。一方面要促成达到最佳状态和谐的现实条件，一方面也需要发挥自己独特性与适宜感。这两方面的恰宜调节，则呈现持续性的和谐。

《道德经》从宇宙视野大背景，阐述"场域"（道）与"焦点"（德）关系。它着眼于部分与整体之间关系的最佳情景，或曰"场域"与"焦点"的相系不分。对人而言，"德"的最佳情景体现着认识、道德伦理、审美与精神等诸方面的重大意义。《道德经》讲述的是人类对宇宙而言的共创能力；人的创造性丰富整个宇宙意义。道德的最高境界，称为"上德"，具有崇高宇宙的意义，其状态即是人生经验、自然、文化环境的最佳互系状态。

再从儒家方面的文献看，《中庸》或许是对早期道家思想的一个回应，它同样言说人对宇宙而言的共创性，不过与道家的以宇宙为本不同，它是以人为本。待我们参与仪式性社会活动并用此来培养个人德性之时，其时与宇宙之合作共创已然开始。作为一个人所表现出的优秀品行进而成为他人赞许与取法之对象。正是如此这般相互赞许与取法构成延续不已的过程，呈现为一个共同崇尚的社会与世界。儒家的"德"观念已成贯穿中国文化的主线，久远而延续，凝聚民心，会通万物，这不仅为道德成就的意义，也蕴涵宗教性意义。

（节选自《儒学角色伦理学》页 207—210。）

六、儒家社会组织的艺术感

儒学常被错误地想象为是一种乏味、缺乏想象的保守意识。这种意识主要倾注在实际事务范畴的世俗内容上。在这种普遍错误理解之下，我们提出的儒学是美学性意识的说法，会显得相当奇怪。杜威说过："艺术的功能总在于打碎惯常性的意识。"中国社会特征既然是"礼仪"的，似乎是有传统约束的，但在这个被传统包得严严实实的社会之外，我们还会发现什么？我们要指出的是，在中国社群得以不断鼎新与长期延续过程中，对"礼"发挥作用的理解，将使我们领悟到作为"先贤的民主"给人的一种似是而非性印象的（paradoxical vitality）的生命力。

作为一种社群伦理，"礼"观念包括各种不同角色、关系与组织形式。这些因素确定且促成了社会的形态。它包括任何特点表现的、蕴含意义的行为。个人行为体现着社群的组织性。"礼"的形态是林林总总的——用餐举止、宫廷礼仪、普通家庭关系、对死者祭典等等。

在特殊人层面，"礼"确定了许多特殊环境的表现形态，在这些环境内我们交流个人之间产生的感受。它融化在肢体举动、衣着、姿态、语言以及书法风格等等行为之中。在一定社区形态层面，"礼"指的是从家庭到政府广泛范畴的社会及政治制度表现。"礼"也是语言，中华文化通过"礼"的语言得以表述。语言的表述行为（performative）与其表述效果（perlocutionary）功能，以礼仪为途径，其恰当性带来的社会内在稳定，是极其有效的。

虽然"礼"的实行，最基本常见的形式起到引导进入社会关系的作用，但这种形式远不局限于只是给予人们文化传统积淀一种行为举止标准，而是还有其一个人独特创意性的一面。因为它的很大意义在于，它更是说服性而非强制性的。"礼"内涵的结构是开放性的，它导致人格的形成，因而得以重新建构以适应每一参与者特殊的人格素质，这是任何僵化社会模式所不及的。也是从这个角度看，"礼"作为文化载体是富于灵活弹性，每个人都可在礼的实行过程中展示自己内在的文化特性。它具有的教育作用，是在于作为人们将真知灼见具体化的一种载体。人们可从自己特殊的角度，实现社群革故鼎新的变化。"礼"赋予社群生活形式参与者相关的权益，参与者也将相关效益反转给社群。

由于着眼点在于从个人对社群的参与，"礼"是不能被解释为是只让个人被动地尊重服从外在形式或条律。"礼"为社群提供的是一种过程性重新创造，需要人们由己而出地投入、判断以及对文化重要性的意识。以"礼"活动所约定的中国群体视域，与杜威阐述的锻造民主所需对美学性活动坚持的重要性，有十分切合的共鸣。

让生活更有意义（making a life that is worth living），获得这种满意，其

内涵是创造一个更有尊严的社群。

在中国的社群，很大程度上是自我调节的。因此需要的是一种最低程度正式构建的政府。社群和谐的具体意义是应对外来对抗力量以及内部的对秩序的分散瓦解因素。就此而言，是让社群秩序变为权威性共识的源泉，是对社群每个成员而言，都是可接受的。

例如，现代中国政令，给人以很像公共机关和新闻媒体在颁布泛泛而谈和抽象口号形式的印象；而外表看不出来的是，对政令解读与贯彻的程度是指令性的，到了整个社会之中，是相互关联的。

我们可以期待，中国是要进一步依靠法律机制保持社会的稳定。但现实情况是，对于一个那么习惯于以"礼"行动保持和谐的社会来说，要从与风俗传统相联系的道德影响转到法律条文制约，这一转变过程将会给社会带来不稳定。作为西方自由主义基础的个人主义者的假设条件，在中国社会中一点源头也没有。而这些假设条件也是不可移植的。

对"礼"社会的第二种批评是，"礼"对自发与创造性行为，起到的是压抑作用。这种批评常出自这样一些人之口，就是他们认为，自发与创造性行为同反对现存传统秩序的唱反调艺术家、创新者行为，是可相提并论的东西；对他们来说，"礼"的保守性是排斥创造性的。不过一旦我们想到，创造性是离不开"礼"的，因为"礼"恰是技术、方法所依赖的东西，这样，这种批评就明显站不住脚了。

（节选自《先贤的民主》页204—207。）

第四编

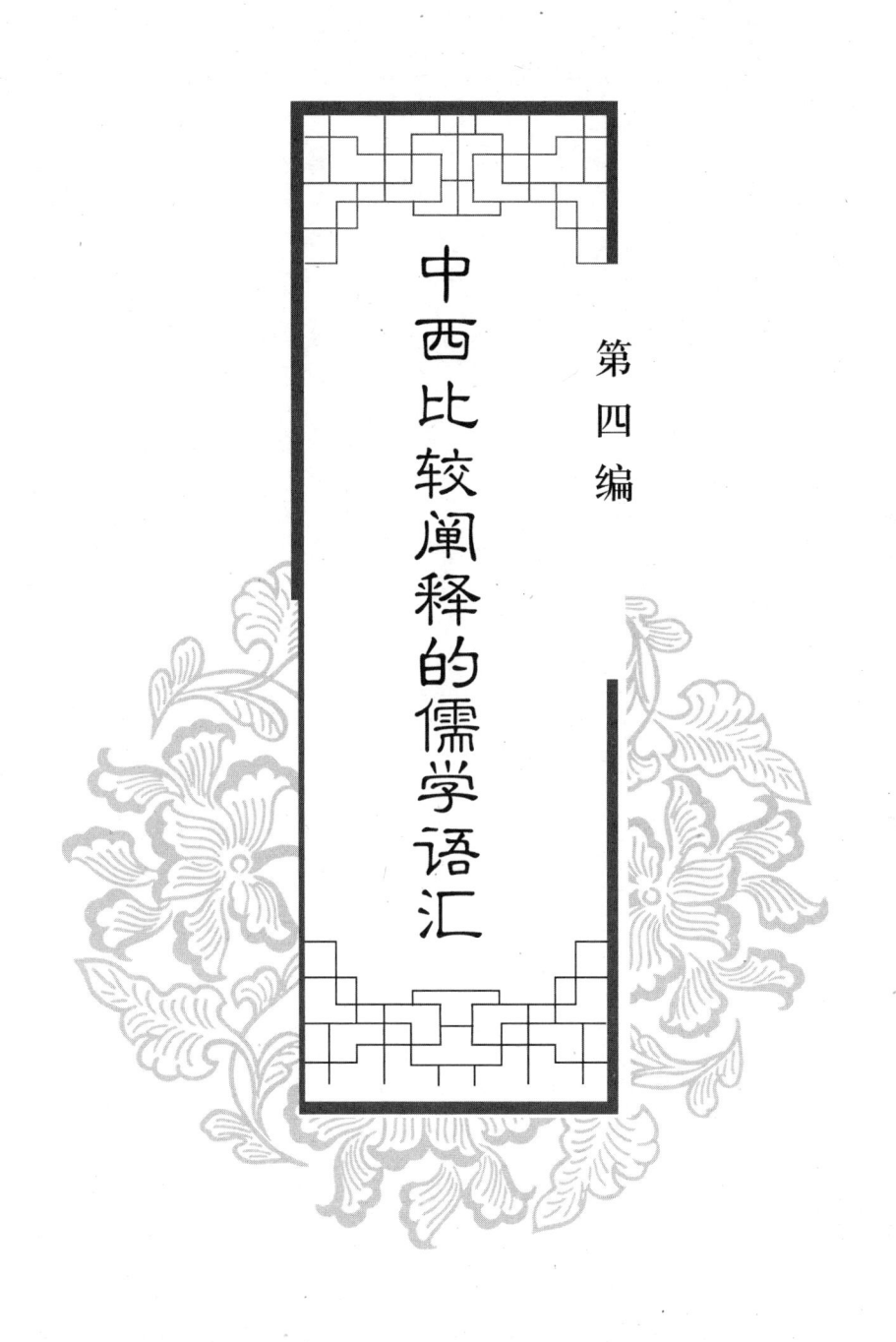

中西比较阐释的儒学语汇

本、诚、耻

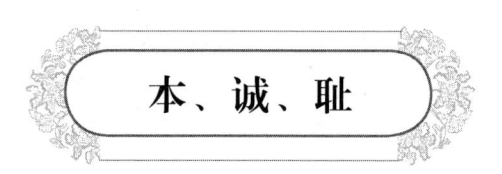

一、非西方式超验的"本""源"

《孟子》等儒家经典常运用农牧业知识类的比喻，例如"本"。其实学者们将其作为一个概念，将植物、动物等的能够成长为一个成熟植物、动物，说成是顺其本质而使然。也即它本身有其固有潜能。而对儒家而言，将农牧业知识作为对互系性的"成人"的一个恰当比喻，讲的是在其很大程度上，"成人"依赖的是一定环境条件与人为的努力。其实，在不具备外界条件情况下，大部分的种子都不会顺其本质而生长，而是会变成各种各样另物。想一想，没有合适条件，没有适当人为悉心照料而促使成全其"自然本质"，橡树籽的大部分其实是成为松鼠的食物，大部分玉米会成为奶牛食物，大部分鸡蛋会成为蛋炒饭。任何事物的"本"或"籽"生长为成熟形态，既取决于原始而有的内因条件，又取决于环境的具体条件。

再来看"源"这一词汇，"道"常被作为"源"进行阐述，这又给了人们在"源"被阐述人性意义上如何去理解"源"的启示。"道"与"源"关系也有助于理解"源"与"性"的关系。西方传统意义的理解是，"源"派生出物，它只是一个起点。在地理学上说，长江的源头是喜马拉雅山脉，但我们要是用西方"动力因"（efficient cause）理念去分析，"源"是完全独立于它所派生而出（或曰它所"推动导致"）的成果之外的。按照此说，万事万物皆为来自于自己的创造物而已。这样认识的"源"与"道"本是毫无关系的。

"道"并不存在于人的经验之外,恰是相反,它是一切世间现象的全部。"道"就是一切流转过程总和之整体。要恰当理解"道"作为"源"观念的中国思想传统涵义,《道德经》有一句"道法自然",即成长、变化的内在力量存在于世界本身之中,一切互系事情与现象皆是全世界的缩影。

抽象概念需要具体化。理解"性"乃人之"源",所谓人之"性"只是短暂时间的观念,根本上需要的是从总体上看一切人生及其所处的自然、社会关系。关注成长为仁人的过程以及其具体、个别情形的重要性,至少是不亚于对人之"来源"的认识。"源"本是人际关系以及由之而生物事的合作与开放本性。"为人"的过程,与成为朋友的过程一样,主动因与被动因、手段与结果、前因与后果、起源与派生成果之间,本来是无从分开的。

(节选自《儒学角色伦理学》页154—155。)

二、诚:创造性

将人摆在与天地具有共同创造性(co-creative)的地位,是《中庸》的一大特征。人这样的创造性地位,是"诚"的观念所蕴涵的意义,它提示我们,这是一种既作为自我表达同时又作为世界表达(both self and world articulation)的活动的那种能动、产生新生事物的人的成就性活动。

"诚"作为创造性,就是《中庸》对一开始子思的话给予的具体诠释,它是一系列持续的对孔子"中庸"思想的深刻性所做的详尽阐明。首先,《中庸》的根据,是由孔子提出;接着是列举经典人物以及传统中的各种文化英雄以及圣王;然后是与《中庸》成书年代接近时的孟子以及他将"诚"作为"创造性"的独特思想;最后是诸如《尚书》,尤其《诗经》等经典著作的创作性。《中庸》以儒家传统在其各种表现形式为例证而阐明的创作性,包括了孔子本人、传统圣贤人物(舜、文王、武王和周公、孟子)以及各种儒家经典,所要阐明提倡的就是人的创造性,那种深刻、塑造世界的力量。

在西方思想文化传统中，无论作为术语还是概念，"创造性"都是指新生事物，[①]为了恰当理解作为更新（novelty）含义的自然世界的创造性，我们对它必须小心、准确地把握。作为一个使用在人身上的术语，"创造性"实际是由哲学家怀特海开始的。怀特海以"创造性"这一概念阐述为一种"过程直觉"（process intuition）手段。"过程直觉"是支撑怀特海独特形式的"思辨哲学"的一个观念。在《过程与实在》中，怀特海对"创造性"这一术语的哲学意义是这样阐述的：

> 于所有哲学理论之中，都含有一终极性之物，而它其实皆是由其种种偶然性所决定。……对有机哲学（philosophy of organism）而言，此终极物称为"创造性"。……而对各种一元论哲学而言，……这一终极之物皆是上帝，上帝在其"相同"意义上又称为"绝对"。在这样的一元意念目的上，终极之物认可一种最后性"卓越"的法定实相存在，它高高超越于一切可归结于它的各种偶然性现象之上。在这种习以为常的哲学立场上，机体主义哲学则更接近于印度或中国思想的一些流派，而不是与西亚或欧洲思想相接近的。

怀特海提出"创造性"是以"新生原创"（the principle of novelty）作为特征，并将创造过程称为"更新和实而生物"（the production of novel togetherness，即"和实生物"）。怀特海进而提出：他的关于创造性的基本直觉的意义，是无法以附会基本观念方法做分析的。这可用庄子的话表达怀特海的说法，即："因是已，已而不知其然"。

中国传统是一种非西方宇宙起源论（non-cosmogonic）。和道家一样，儒家的创造性观念是一种人经验中熟悉的感受性，它也不是那种线性决定的感受性。在道家的诸如"无为"（non-coercive and spontaneous action）、"逍遥游"（wandering at ease）、"自然"（spontaneous arising）等这样的动态及域

[①] 事实上，作为自然形成的新生事物，创造性在西方哲学思考中是晚近发展而成的。直到1971年《牛津英语词典》这部西方文明的神圣记录的"补遗"，才将这一新的词条包括在内。其解释则包括怀特海对于创造性这一概念的三条说明中的两条，以便指导好奇的读者更为明确地了解怀特海《形成中的宗教》（1962）一书。

境化的观念之中,那种人经验的感受性获得关注。在所谓"道行之而成,物谓之而然"(the way is forged in the walking; things and events become so in the saying)的思想中,庄子的视野是在于创造性的过程。

有关人的创造性这一点,孔子在社会的脉络里面,使之在"人能弘道,非道弘人"(《论语·卫灵公》)的主张中也得到了说明。的确,儒家思想有很多相关的表达,譬如"仁"(authoritative person/conduct)、"君子"(exemplary person)、"圣人"(sage)、"神"(spirituality)、"和"(harmony)以及"中庸"等等,而所有这些观念表达,都需要一个人与其公共脉络(communal context)之间的相互塑造(mutual shaping)。

在《中庸》里,"诚"常常被翻译为 sincerity,有时也翻译成 integrity。而将其翻译为 creativity,我们的理论说明如下:根据过程性的理解而非实体性的概念,我们对中国世界特质的理解会更好。如果说这一主张是合理的话,那么,我们就必须考虑到,在这样一个世界中,"物"是被理解为过程(process)和事件(events)的。通过诉诸一个过程的世界来加以理解,无论是没有口是心非的 sincerity,还是健全完整的 integrity,都必须涉及"成为一个个体"或"成为一个整全"的过程。就审美的角度来理解,成为整全的动态,恰恰是一个创造的过程所意味的东西。因此,"诚"被理解为创造性。

"诚"是一种由构成性关系(constitutive relationships)的独特性(uniqueness)和持久性(persistence)所决定的过程,那种构成性关系决定了一个特定的"事物"。在根据上下文的脉络来翻译"物"时,不论是"过程"还是"事件"都可以使用。"过程"强调创造性生成的动态方面;"事件"则侧重于一个特定过程的结束或圆满完成。《中庸》第二十五章直接谈到了这一问题:

> 诚者,自成也;而道,自道也。诚者,物之终始,不诚无物,是故君子诚之为贵。诚者,非自成己而已也,所以成物也。成己,仁也;成物,知也。性之德也,合外内之道也。故时措之宜也。

创造性既涉及中心性自我的实现,也涉及事件的场域的实现;既涉及个体的实现,也涉及整个脉络的实现。自我的现实化是一个中心性的过程,这个过程有赖于人类经验的一种聚集性的场域。并且，场域和焦点是相互实现的。

我们或许可以诉诸个人实现（personal realization）与繁荣社群（flourishing community）之间的关系，以便使这种关于创造性的描述更为具体。社群的基础不是既成的个体，而是从各种创生性关系（productive relations）中所产生的那种"功能性"或"工具性"的"初心"（inchoate heart-mind）。正是通过沟通，个人的各种知识、信仰以及灵感才得以形成。人的实现不是通过全心全意地参与公共生活的各种形式，而是通过那全心全意地塑造了一个人的社群中的生活才得以达成的。我们不是因为有头脑才会言说，而是通过在沟通社群中的相互言说才变得具有同样的思想习惯。

"心"产生于社会交往和有效的沟通，这一事实提示了"诚"的一个进一步的向度。在此，我们所更为熟悉的将"诚"翻译理解为 sincerity 的那种译法，是有所助益的。sincerity 这一用语的价值在于，它描述了一个人对其创造性目的的信守、对其自我实现过程的庄严肯定。作为对于任务的持续不懈的关注，这种信守或决心本身就是在自我与世界层层扩展、最终达至圣人境界过程中的一种永久条件。

和"圣"一样，"诚"是表达一种动态过程的另一个用语，通过有效的沟通，这种动态过程促进了"真正的各种关系"。在词源学的意义上，这一特征本身是由"言"和"成"构成的。"诚"不仅仅是要对自己真诚。既然所有的自我都是由各种关系构成的，那么，"诚"就意味着一个人在其各种交往活动中都要是值得信赖和真诚的。正是在一个人的社会的、自然的以及文化的各种脉络之中，其自我才有效地获得有机的整合。在宇宙论的层面上，"诚"是一种根基，从这种根基之中，自我和其他的个人一道取得最大限度的收益。在各种事物的协作与联合之中，关键不在于这些事物是什么，而在于这些事物是能够如何顺利地以及如何富有成果地发展下去。这种"充裕"或"丰富"的意义，在"诚"的同源字"盛"之中是显而易见的，"盛"意味着"富足""繁荣"和"昌盛"。

在"诚实""真诚"，尤其重要的是在"创造性"的意义上，对于《中庸》的论证来说，"诚"的贡献不能过分夸大。正如我们已经指出的，作为"创造性"的"诚"，其基本价值在于确保充分发挥自身作用的人类不仅仅是被动反

应的机能，受到所有环境条件（天）的宰制，或者更为具体地说，受到其自然倾向（性）的宰制。相反，人类是共同创造性的存在。在实现个体自我以及实现人周遭的事变纷纭的世界的过程中，人这种共同创造性的存在扮演着中心性的角色。

正如我们在这里勉力而为的，将"诚"翻译为"创造性"，显然能够在哲学上得到证明。同样，它也能够历史地加以论证。我们这样做，决非是要向读者提供一种有关"诚"的特异的诠释，而只是要对这一用语进行更为明晰的理解。在早先以及晚近的经典注释传统中，"诚"字已经出现了。

首先，早期以人为中心的（human-centered）儒者会挑选出并扩展一种特定的人类价值，将其投射到宇宙之上。作为一种秩序的典范，这不应当令人感到惊奇。当然，荀子是通过将天籁诠释为一种"礼"的宇宙性的例证来做到这一点的。儒家的这种态度是和道家适成对照的，道家会通过自然环境结构的典范作用，从而在人类经验中鼓励适当的秩序。

此外，在提出他们各自对"诚"的新的界定的过程中，后来历代的注释家们都承认，《中庸》中的"诚"是以扩展其意义范围的方式而被使用的。我们得出这样一个结论：只有将其置于自身过程性的感受力之中加以定位，《中庸》才能够获得恰当的评价。《中庸》第二十六章有"至诚无息"（the utmost creativity is ceaseless），唐君毅在20世纪将《中庸》中"诚"的使用理解为"继续本身"。

在其对《中庸》的注释中，朱熹将"诚"的宇宙论的应用定义为"真实的"事物。晚近，当陈荣捷将《中庸》翻译给西方的读者时，他坚持认为，"诚不只是心的一种状态，而是一种积极的力量，这种力量总是在转化着事物和完成着事物，并且使天人同流。"当这三种有关"诚"的洞见统合在一起时，所谓"真实的"，事实上就是一个连续不断的转化的过程。

（节选自《中庸》页30—35。）

三、耻：以"关系"为条件

这里有一种区分，有助于说明西方遵从法与中国致力寻求审美和谐的悬殊。既然孔子赋予"礼"以实现社会政治秩序手段的作用,那么,他也积极寻求在百姓中培养一种知耻感。孔子关心的是"耻"(shame)而非"罪"(guilt),此点意义重大,因为这两个概念类似于礼与法的区分。由于"罪"标志着承认违犯了某规定行为,因此,它是以法为导向的。而"耻"则是以礼为导向的,因为它表达个体对他者如何看待自我的意识。"罪"是指向个体的,因为它以个体与法的关系为条件;而"耻"则趋向于社会性,是以个体与他者的关系为条件。

"罪"并不经常出现于《论语》中,且总是表达对某已立成规的侵犯:

子谓公冶长:"可妻也。虽在缧绁之中,非其罪也。"以其子妻之。(《论语·公冶长》)

反之,如果我们考察《论语》中许多出现"耻"的章节,会发现它的运用总关涉疏忽责任,且常会因之受到他者欺侮、疏远和羞辱:"恭近于礼,远耻辱也。"(《论语·学而》)

我们可通过参考麦克奈特(Brian McKnight)近来在《仁慈的品格》(The Quality of Mercy)一书中对"赦免"(amnesties)和"宽恕"(pardons)的研究,说明"耻"在中国文化传统中的重要意义。这一研究有一个清晰的推论,即在中国,诉讼发现原告"可耻"与发现他"有罪"的职责是一样的。这也就是说,法庭和监狱系统或许因为经济原因,并不是准备长期关押罪犯以作为对其不道德行为的惩罚。赦免与宽恕,不管是哪条指令,实际上每两三年都会打开监狱大门,放那些关押的人回家。在这种情况下,法庭不得不严厉对待罪大恶极的罪行,同时依赖诉讼过程中的"耻"来约束轻的次要的冒犯者,且恢复他们尽社会责任的义务。"耻"在判决中也是重要考虑的事项。断肢或肢解的惩罚就是通过使冒犯者无法以全身面对祖先而使之背负违背"孝"道的耻辱。

理解孔子社会政治哲学很重要的一点是,他青睐且追求审美和谐却并不排斥认识有实效价值的秩序,这些已经确立和规定的秩序发挥巩固作用,以避免内在产生的秩序的溃败。审美和谐的优先与对理性秩序实效价值的认可,二者之间质的张力可用《论语》中一段核心却常被曲解的话充分说明:

> 道之以政，齐之以刑，民免而无耻；道之以德，齐之以礼，有耻且格。(《论语·为政》)

显然，该章强调基于规章、法令的强制秩序与通过榜样、参与和道德教化实现的政治和谐截然不同。

该章实在太经常被解读为两种排他的二者必择其一的管理策略。但必须谨记的是，对孔子来说，社会是一种创造性成就。就此，已确立的政策和法律本身对最大可能丰富地实现社会和政治秩序就是不充分的。孔子相信要获得真正长治久安的政治和谐，就必须赋予在最根本意义上"源自"个人本身的转化性"教育"以优先性，因此，他划出了灌输和教育之间的清晰界限。这种个人直接参与的最佳状态实现于一个自立、自制的社会。在该社会中，致力于修身会产生"德"，引起全社会的效仿和对构造和维持该社会的"礼"富有意义的践行。

孔子赋予具体特殊性的多元和多样性以优先权。该特征通过由"德"（particular focus）才可产生的效仿行为来表达，而非强调使用强制政策和法令来实现社会政治和谐。这表现在孔子倾向于个人对"礼"的践行，而反对运用很大程度上外在的法律和惩戒。这一点也体现在孔子不对个人利益和公共利益，社会领域与政治领域，以及伦理学和政治学之间进行区分上。注重培养百姓的"知耻感"就是它的一个例证。它更体现在这一事实上，即从百姓的角度来说，社会政治秩序是他们实现而非为他们制造出来的东西。社会和国家的管理是签名性的，它展现特定参与者的性格，他们的差异，以及他们参与的性质。最后，我们从权力行使的秩序与创造性行为自发产生的秩序之间的对比，也可看到孔子对审美秩序的倾向。

(《通过孔子而思》页 173—176。)

道与德

一、人道

  在探讨孔子以及其他早期中国思想家学说的过程中,"道"是一个至关重要的范畴。它可能也是中国哲学辞典中最为重要的术语。在很大程度上,领悟到一个思想家用"道"来表达什么,也就理解了这个思想家的哲学。

  "道"字由两个部分组成:"辶"意为行走;"首"是指包括头发和眼睛在内的头部,也有最前方之意。"道"字通常通"導"(与"道"同语根)。"導"(导)意为"领导"。"道"字是一个具有动词性、过程性和动态性的重要词汇。它最早见于《尚书》开凿沟渠,"疏导"河水,以防决堤的叙述之中。"首"这个元素的存在赋予"道"字"领导",或"引导"之意。

  如果我们将"道"首先理解为动词的话,它的其他几个引申意义就会自然浮现出来:传导;道路、方法、技术、办法;解释、说、道理。但是,就其本质而言,"道"似乎是指修整道路的工程规划;略作引申,即是修葺平整的通途大路。也正是这一引申,使得"道"常常在翻译中被名词化为"路",但是,我们必须将简单地在道路上旅行和开拓自己的路径这二者明确地区分开来。按照我们的理解,实现"道"的过程,就是用源自某个文化先驱的特定方式去体验、诠释和影响世界,并且同时将这种处世之道发扬光大。上述处世之道恰恰可以为文化承继者们指点迷津。孔子认为,"道"的最基本的含义是人道,即"为人之道"。诚如《论语·卫灵公》第二十九章所言:"人能

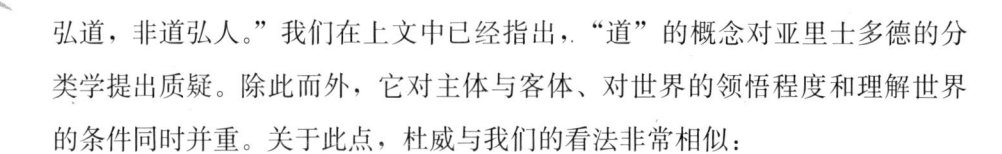

弘道，非道弘人。"我们在上文中已经指出，"道"的概念对亚里士多德的分类学提出质疑。除此而外，它对主体与客体、对世界的领悟程度和理解世界的条件同时并重。关于此点，杜威与我们的看法非常相似：

> 如果思想、意义、概念、观点、理论和体系可以作为工具来调整现有条件，化解某些错乱的话，其存在的合理性和价值也就显现于整个工作之中。……引导我们的东西是相当真实的——这种引导力恰恰正是真理的寓意。与形容词"真的"或名词"真理"相比，副词"真实地"更加深刻地反映出事物的本质。因为它暗示了一种行为的方式和状态。

在翻译《论语》的过程中，我们力图尽可能全面地保留原文中浓厚的形而上气息。不过，我们始终感觉，《论语》中的孔子似乎正在探索他的"道"。例如，在文言文中，"过"字经常活用为名词"过错"；即便是做动词使用，也多意为"犯错"。而在《论语》中，"过"字却有了一个特殊的义项："误入歧途"或"走得过远"，即，不仅仅是犯错误，而是离经叛道。

（节选自《论语》页45。）

二、"道"是智慧，不是知识

1. "道"不是客观真理

"道"通常被译为 the Way。"道"是中国哲学最普遍并且获得广泛认可的思想。中国哲学特定特征的产生就在于该传统中的一个主导文化因素就是一直重视变化的两种不同模式（易 alteration 与化 transformation）。而西方只重视一种变化模式——因（causation）。与中国哲学的两种模式相反，"因"乃是不变真实永恒的真理（the True）。"道"所处的乃是持续活跃的宇宙论，该宇宙论不像西方宇宙论那样体现西方哲学史核心的形而上学的其他维度，道讲的是经验的整体性，随着经验延展开去。而与道互应的"德"，反映的是具体性作为。也就是说，经验的整体性总是从此一或彼一视角接收含纳的。

人类世界中，该宇宙论体现在对修己的重视上，修己乃是产生有意义关系的一种方式。其跟古典西方形而上学思想的不同在于，它是铸造个人之道，而不是寻求绝对知识和真理，前者寻求做天地的协同创造者而非发现客观真理。孔子《论语》里说的很清楚，"人能弘道，非道弘人"（《论语·卫灵公》）。换句话说，差异在于一个强调对智慧的追求，另一个则是对抽象知识和真理的获得。

(节选自《孝经——生民之本》页67—68。）

2. "道"是由人开辟

"道"在《论语》中出现约一百次，是诠释孔子思想的一个核心范畴。而且，我们会很容易看到，对该字的哲学分析会使我们对孔子宇宙论的特殊诠释更让人信服，因为，到目前为止该宇宙论还只是根据"德"和"天命"来表达的。"道"字由两部分构成，"走"（to pass over〔经过〕，to go over〔越过〕，to lead through〔导向〕）和"首"（head〔头〕，foremost〔首先〕），两个成分都有助于理解该会意字的意义。从这两个部首来看，"道"似乎本应是动词性的。首先，几乎所有以"走"为部首的字都是动词性的。此外，《尚书》中"道"在众多地方被用在开渠通道"导引"河流，以免河水泛滥堤岸的语境中。而"首"这一成分也暗含"引领"（to lead）或"给出方向"（give a heading）的意思。如果将动词性的"道"视为原意，那么，它的几个派生意也很自然就出来了：导向（to lead through）；路（road，path）；方式（way）、方法（method）、技艺（art）、教导（teachings）；解释（to explain）、讲述（to tell）。"道"在最根本的意义上，似乎意味着主动筹划以"开创新路"（road making），进而通过意义扩展逐渐表示"（筑好的）路"，因而可行于其上。

《论语》的注释者们习惯将"道"名词化，将其解释为某种被责成遵守的先在理念。尽管《论语》确实专门涉及了这种意义上的"道"和对它的被动追从，但这却是在一种不赞成的意义上使用的："民可使由之，不可使知之。"这就是说，仅使百姓随由某种现有的道路与"开创一条真正的路"是迥然有别的，后者相当不同也更为艰难。我们将论证，知"道"就是通过加强和适当开扩我们文化前驱建立的生活道路来经历、诠释和影响世界。这种生存于

世的方式继而会为后代们提供某种路向标。因此,对孔子来说,"道"首先是"人道"。

孔子常常将"道"描述为某种由前代继承的遗产:

> 文武之道,未坠于地,在人。贤者识其大者,不贤者识其小者,莫不有文武之道焉。夫子焉不学?而亦何常师之有?(《论语·子张》)

"道"存乎人,由人发扬、习得。而且,每个人都是以绝无仅有和在质的意义上不同的方式接受和体现"道"的。文化传统中承续来的"道"有时就是代表性的历史人物:如文王和武王。有时,它又被等同于诸如"三代"或"古"这样的历史时期。由于这些历史人物和历史时期是人类经验特定品格的真正象征,因此,这种归因于历史实际与"道"抽象层面所关涉的"杰出人物":君子(exemplary person)、善人(the good person)、圣人(the sage)几乎没大差别。尽管孔子有时选择将"道"等同于遥远的历史人物以及人类成就的崇高典范,但他也同样坚持认为"道"就在我们身边——我们的当代人、老师甚至是家人。"道"也常用于孔子本人,不管是用作"吾道"还是"子之道"。

理解孔子之"道"(仅限于人类世界)需着重注意的是,人不仅是"道"的传承者,而且事实上还是其最终的创造者。

人之特有的"义"一个重要作用即它是"道"的最初根源。文化传统中承续而来的"道"在君子产生意义和价值的行为中获得传承和进一步拓展:"隐居以求其志,行义以达其道。"(《论语·季氏》)事实上,君子在"道"无法昭彰之处不是要做个隐遁者,而是试图继续之,而且通过个人为世界赋"义"的能力使之获得新生:"君子之仕也,行其义也。道之不行,已知之矣。"(《论语·微子》)

《论语》中"道"的隐喻特质表现了它既是获得的遗产又作为个人贡献的双面性。"得道"被认为是为求道之人提供方向的门户:"谁能出不由户?何莫由斯道也?"(《论语·雍也》)"道"是一个由文化环境构造的门户,个体就此走出他自己的路。它是一个起点,一个路标,而非最终的目的地。

社会好比一个我们锻炼技艺的工作车间,过去的经验是创造性获得己之

"道"的预备阶段:"百工居肆以成其事,君子学以致其道。"(《论语·子张》)"道"是由获道之人艰辛创造和哺育而成的,它的形成根本上靠的是人类行动:

> 君子务本,本立而道生。孝弟也者,其为仁之本与。(《论语·学而》)

人绝非仅是靠践他人之迹就可成就的,此论强调的正是这一常被忽略成"道"的创造性维度。人类对"道"的发展和弘扬负有一种主动创造的责任。这样,"道"就是历史地综合累积而成的,而人打开他视为有价值的领域:"人能弘道,非道弘人。"(《论语·卫灵公》)

"成人"之"仁"和"成世"之"道"的直接关系对阐明"道"的这一或然性很有帮助。"道"在整部《论语》中如果不是说都是根据"仁"限定的话,那也是与之反复关联着的:

> 士不可以不弘毅,任重而道远。仁以为己任,不亦重乎?死而后已,不亦远乎?(《论语·泰伯》)

由于人在其独特个体性与其独特境遇之间动态的相互作用中,既被限定又同时限定自我,因此,"仁"始终是深晦不明和难以确定的。"道"是由一个发展的人和一个变化的世界之间交流所决定的生死大道。

"道"根本上源于个体"成人"的努力,因此,它包含组织和建构人类经验历史过程的方方面面。它是在各种不同文化兴趣场域中,由全部人类成就的根本和谐所统一的一个成就世界的过程。

孔子最钟爱的学生颜渊(颜回)描述了人在追随这难以捉摸的"道"一路上所要付出的艰辛努力,强调多亏孔子的教诲,使他得以继承孔子的道路:

> 颜渊喟然叹曰:"仰之弥高,钻之弥坚,瞻之在前,忽焉在后。夫子循循然善诱人,博我以文,约我以礼,欲罢不能,既竭吾才。如有所立卓尔,虽欲从之,未由也已。"(《论语·子罕》)

自然,我们也会在《孟子》中找到颜回之"道",而且是将之与古代圣人禹和后稷相提并论的。这里无疑表述了一条由文化先辈们铸造且一直都向行

此道之人开放的路，使他们的道得以由生命的起点走向终点。但环境（命）会变，世代将要走荒废和迷失之道："道之将行也与，命也；道之将废也与，命也。"（《论语·宪问》）

孔子本人生活在古之"道"迷失，时命导致无法通达一种有质量的生活的时代。这样，就需要人担负起为未来的人消除、开创出一条新路的责任："天下之无道也久矣，天将以夫子为木铎。"（《论语·八佾》）《论语》的一个主题就是强调有些人必须肩负起恢弘、回返宇宙之"道"且找到新起点的责任。而当一个人不能通过"仕"而弘道时，他还可以身退以"卷而怀之"：

> 直哉，史鱼！邦有道如矢，邦无道如矢。君子哉，蘧伯玉！邦有道则仕，邦无道则可卷而怀之。（《论语·卫灵公》）

"道"是人类文明绵延不断的过程，是一代又一代的人勘察和铺垫出的人类经验的一种诠释。尽管"道"的具体化总体现为某种独特视角，但历史人物与其时代的绝对区分却消泯在"道"融合汇通的扩展中。"道"的统一是由这样一个事实表达的，即每一当下视角都是所有过去现象的作用，也是所有未来可能性的基础。过去不仅会投射到现在和未来，而且从现在来看，过去本身亦是受到了不断的修整和重铸。因此，孔子进行中国文明当下文化生产的改造，而且他本人也不断被人类经验随后的视角及其不断转换的价值观所重塑。

道也可被阐述为"质性"的，这是作为一种文化共生合流，浑然一体而归入由延续多视角集合而形成的被思考视点。由于"道"带有各种各样的价值场域和不同程度的成就，因此，其较低的层面可被描述为"小道"，如果还不至于"道不同"的话，其更高的核心层面就是人一生所志的"道"。

"善人"之"道"和"君子"之"道"都达不到"圣人"。显然，《论语》中所谈的不是完全不同的"道"，而是根据关注点和涵容性的不同程度获得的不同性质的视角：

> 君子之道，孰先传焉，孰后倦焉，譬诸草木，区以别矣。君子之道，焉可诬也？有始有卒者，其惟圣人乎！（《论语·子张》）

就"道"诠释文化兴趣每一领域的价值所在来说，它是多面的：有"师之道""射之道""为臣之道"和"天道"。考虑到孔子特别关注社会政治问题，因此，《论语》中，"天下之道"、邦国之道处在核心地位。每一历史阶段的每一重要文化人物都不仅以其独特方式取"义"于其强势的社会环境而体现了"道"，而且，还以其前无古人的贡献，使"道"之原动力趋入一个新的进程。

我们可强调个体之"道"的独特性，或者强调其作为潜能之源的连续性。但强调"道"多被忽视的多向性和个体创造性的同时，我们却不希望忽视其根本的连续性。简单说，我们认为，一直以来对孔子思想中此一连续性的热情关注，压制了对同样出于其思想根本层面的另一品格的感知与欣赏——那就是"道"所固有的创新性与独创性。

（节选自《通过孔子而思》页226—232。）

3. "道"不是超验的单一秩序

我们花很大功夫勾勒和论证了孔子之"道"这一概念中人核心的创造性作用。我们将个体之"道"解释为以特定的人类方式来关注世界。如果将我们的诠释与把孔子之"道"视为某种超验原理的秩序做个对比，或许就很容易理解我们诠释的深意。由于我们反对某种已建立的（如果不是说广泛流行的）对孔子思想的解读，因此，与我们的诠释相对照的这一立场是不乏突出代表的。

韦利在他所译《论语》一书的导论中，将"道"定义为"某种一贯正确的统治方法"，因此，"天下有道"意思就是有一个好的治国之法或者可以说是"治国有方"。孔子相信"古人有道"，有"治国之方"。这就是说，他相信古代君主贯彻了"一贯正确的统治方法"，当今治国之策就在于重新发现这一方法。

韦利意识到这一有限的定义不足以涵括《论语》中所有的"道"，似乎还有其他的"道门"，因为孔子谈到了"此道"和"吾道"。但一般而言，就像我们从有关周代的创建者以及他们之前那些半人半神的人的故事中所推知的那样，《论语》中的"道"只意味着一种——"古之道"。

刘殿爵不愿将"道"的范围仅限于政治领域,将之释为"宇宙和人类真理的总和";孔子赋予"道"的价值可从他所谓"朝闻道,夕死可矣"(《论语·里仁》)的话里看出来。在此意义上,"道"似乎包括宇宙人生真理的总和,而且不仅涉及个人,也谈到国家的"有道"或"无道"。

同韦利一样,刘殿爵也强调"道"之某种暂时的个人化用法,"道"还用于另一种有细微差别的意义。它还被称为个人之道,比如,"先王之道"(《学而》),"文武之道"(《子张》)或"夫子之道"(《里仁》)。在这种专门用法中,"道"自然只能是所涉之人追循的"道"(方式)了。

而且,刘殿爵仍然将"道"更重要的用法与西方思想发展史中如此突出的超验原则相联系;因而,"道"是一个表示高度情感的词汇,非常接近西方哲学和宗教著作中的 Truth 这个词。

芬格莱特对"道"的诠释算得上是最充分详实的。他将"道"定义为"一贯之道"(way without crossroads),他的意思是,"道"是一种"单一、确定的秩序";孔子信奉单一、确定的秩序,这一点我们只要注意一下孔子所视为正"路"之外的另一条路也就显而易见了:即枉道、无道或便辟之道。这就是说,对"秩序"来说,"另一种选择"只能是无序、混乱。

对芬格莱特来说,"道",这大写的 the Way, the Path, the one Order,具有必然性和绝对性。它的意义独立于它所贯注的条件性个体的客观存在,因此,它是某种超验的道德原则;"道"曰:任何处于我目前状况下的人都应如此——我的"名"不固属于"道"或"礼"。"道"的所有方面都有一个内在的一般性,实质上不指涉个别。我的个人存在是或然、条件性的,而"道"并非如此。"道"不仅植立于这样一种指涉,而其道德权威也的确不依靠对我(作为独特存在物)的参照。

尽管将"道"解释为某种超验观念的评注者会与芬格莱特的某些结论相左,但芬格莱特所做的似乎也只不过是以一种系统的方式展现了将孔子归于超验的种种推论。我们认为这一归属最严重的一个后果就是它大大损坏了孔子"人"的观念。

在芬格莱特看来,运用这一客观存在的判断标准实属公认的事;他说,我们或许会意识到不会有两种同样有效的选择,这假定了只有一种正确行为。

因此，自然这样的问题是成立的："这怎样，这是对的吗？这是正道吗？"用更通常的话来说，关键不是要做选择而是要描述对象或行为客观上是对还是错。不是从各种矛盾倾向中选出（choosing）或决定（deciding）一个，而是对之加以区分或"辨别"（discriminating）。总之，我们的任务是根据知识而不是根据可选择性提出的。

这当然暗示人是按照客观标准塑造和认识的。他说，《论语》中人的基本概念就是，他是生于这个世界（更专门说是社会）可被塑造为真正的人的潜能。如果他没能够按照理想来塑造，那么，正是由于这一欠缺他背离了"道"。

这一由"道"限定的"人"的概念摒弃了人自愿创造有意义生活所必需的个人自主性，人不是一种根本上自主的存在——他身上没有与生俱来的内在决定性力量，而是有一种力量会从所有真正的可选择性中为他做出选择继而塑造他的生活。

芬格莱特认为，要"行道"就必须驱除个体意愿，使"自我"顺从"道"的尊严。他说，"行道"……会增强、稳固个人的"目标"或方向，使之得以坚定不移地走在真正的"道"上：他是一个文化人。"行道"使"道"巨大的精神威力内化于他。

芬格莱特对"道"的解释使"人"成为"道"的精神性赖以体现的渠道或媒介。意义和价值的本源是这一客观的"道"，人的成就越大，人的独特性就越少，"道"的非人性化就越大。他说，由于"君子"的意愿是"道"这一理想产生、形成和实现的媒介，因此，"君子"之"我"，作为纯粹的个人是一目了然的……它是一种表达，虽然没有创造性却很恰切地表达了这句话的精神："不要成就我的意思，却要成就你的意思。"

事实上，对芬格莱特来说，"个人"在任何重要的意义上其目标都是"道"。不管是背离了"道"因而不可称之为"人"的人，还是为屈从更高理念放弃个体独特性从而成"人"的人都是如此。他说，理解"君子"之志的含义乃是认识"道"，而非作为个体的人的"君子"。"自我"体现于个人主义者的意志上，"道"则体现在君子的意愿上……根本不会有个人意愿的置入，不管是通过生理、心理、法律或政治手段，相反，一切都自然地协调在"道"所限定的互敬互爱的和谐中。

我们认为，这样诠释"道"未能给出孔子"人"的概念的全部意义。该诠释将人的实现化约为某种外在已有的图式，剥夺了人作为人之意义和价值根本创造者的角色。据此，"成人"的工作基本上就是一种逻辑命题，其中，个体必须满足某些必要条件以完成先定的产品。自我决定变为顺从和模仿，创新是一种过失。人的实现更是一种产业，而非艺术；是复制而非创造。芬格莱特的诠释与孔子的"成人"观念是相抵触的，在后者那里，"成人"是某种不受限制的开放行为，其中，文化积累以及随之而来丰富的可能性促成的是真正的质的成长。

用芬格莱特自己的比喻来说，人类的交响曲已经谱写和编配，"成人"就是以"创造性展现原创音乐精神"的方式来演奏它。尽管芬格莱特确实允许演奏者必须"以某种创造性的、艺术的充满活力的方式"诠释乐谱，但他将他的"创造性"与西方后浪漫主义所赞颂的"具有高超原创能力的作曲家不仅在旧形式中创造出新乐章，而且还创造新形式"的"创造性"区分开来。

如果芬格莱特的分析正合孔子原意，而且如果孔子认为，人更应被理解为演奏者而非创作者，那么，我们就会得到另一种孔子对"乐谱"的表达。我们会期望对"道"起源的解释，一种关于其内容更为清晰的说明，以及对与之奏和的人的更为直截了当的描述。我们将会期望一套反映真理的指挥规则，一旦找到即可广泛普及。而且我们还会期望，会有一条明显标示的"一贯之道"和一个明确的目标。

然而，事实与芬格莱特对"道"的理解相悖，即在孔子那里，称职的指挥能够适应观众的变化。宽容和灵活的态度渗透在孔子思想的方方面面。同样，"道"也具有非常突出的不确定性，它的多样性和多义性明显体现在关于各种不同历史人物、人类成就的不同层面和广泛的文化趣味无所不在的关联中。另外，"道"的内在结构——"礼"，本身也是可变的。"礼"源于人之"义"，只有个体的独特性才会使之获得重塑和用之得宜。最后，孔子所赋予行动者与行动的反向性关系以及知识和行动的不可分性，都要求"道"是某种需要实现而非仅仅遵从的东西。所有这一切都证明，对我们理解"道"来说，芬格莱特"遵循乐谱定好的路子"来演奏的音乐表演大师是一个不充分的譬喻。

（节选自《通过孔子而思》页226—232。）

三、德

1. 人格

"德"这个概念很是深奥难懂。孔子尤其指出:"知德者鲜矣。"(《论语·卫灵公》)实际上,由于许多学者始终无法弄懂"德"到底是什么,且因而往往一笔带过,这使得该概念在古代著作中一直都是个困扰不安的谜。例如,刘殿爵在他翻译《道德经》时,仅用一小段就将其打发了,认为"《老子》中'德'这个概念并非特别重要,且常用在更常规的意义上"。正相反,我们却认为正确理解"道"和"德"之间的关系,是理解道家宇宙论和该宇宙论所支撑的整个哲学大厦的关键。正是这个原因该著作被称为《道德经》——"道"和"德"之"经"。刘殿爵认为《道德经》中的"德"是在常规意义上使用的,这无疑是正确的。但将常规意义解释成"物性"(the nature of a thing),这在一个拒斥实在论之"本性"以及"事物"之终极目的论,而将"自然"(uncaused self-arising)视为主要规范的哲学中,"性"这个概念的引入如果不是说完全误导的话也是不恰当的。《道德经》和《庄子》内篇中的思想似乎都谨慎地避免使用"性"(nature)这个术语——我们最好顺着他们的方向前行。

牟复礼对萧公权《中国政治思想史》的翻译,充分表明了多数先秦文献中"德"的突出地位和含糊不明的特点。该书中,他把"德"译为:ethical nature, spiritual powers, Power, moral excellence, power impaded from the Tao, virtus(在事物内在独特品格的意义上), moral force(引自韦利), the powers native to beings and things, 有时则只好简单音译为 te。"德"除了本身修养或增加的"德行"(virtue)或"力"(power)的意义外,它还拥有"恩惠"(favor)或"仁爱、大度"(bounty)等向外扩展的意义,进一步还有它所唤起的"感恩"意义。儒家和墨家一般都将"德"释为"德行",而道家则常用其指称"力"的秩序。

我们当然不会指责牟复礼用词太泛。中国古代思想家也往往喜欢(如果

不是说他们的典型特征）用同样的表述来表达他们各自迥异的价值观。而且，我们认为，"德"还有一个更根本的意义，其各种意义都以此为基础而且彼此相关联。

有些学者非常强调"德"在儒家和道家中意义的区别，以致使之截然对立。尽管这两个学派在对"德"的诠释上确实着重点不同，但我们认为根本的区别在于，他们反映的是意义的不同层面而非不同的概念内涵。道家关注以宇宙论为主导的对存在循环过程的说明，其中"德"被视为范畴性的（categorical），个别的呈现（the presencing of a particular）。而《论语》中"德"则似乎专门用于社会和道德意义：由"敬"所体现的个体影响力所具有的规范力量。但如果我们展开潜在于儒家社会理论之下的宇宙论思想，或者说如果我们从道家著作中抽出"德"的社会政治含义，我们会发现他们对"德"的理解是极为接近的。事实上，我们认为，儒家和道家表面的不一致，其背后却是很少论及的共通性。正是这一潜在于"德"众多含义下的核心思想的存在，使我们有理由在重新建构该概念时借助《论语》之外的其他著作。

在运用文献从概念层面分析"德"之前，我们想先从语言学意义上考察一下该概念。《说文》非常突出地将"德"定义为一种现象："升"（arising, presencing itse）尽管传统注者发挥语义力量竭力要将该诠释约束在某种更为常规的范围内——即"德"的同源词"得"（to get）上，但他们的论证却缺乏说服力。

"德"字由三个成分组成：彳（慢走，to move ahead）；第二个成分多数词源学家解释为代表"目"（直）；还有"心"（the heart and mind）。"目"和"心"这两个成分或许暗示"德"的展现过程具有一定的方向性。它是存在转化的内涵和禀性：一种自我诠解的"升"。

在语源学分析上还有另一向度。普遍存在的一个学术观点即"德"字是"悳"（有时看到的是"直"）字后来的一个变体。"德"的这一较早形式是由"直"构成的，"直"字常用其派生义"笔直"（straight），但或许最好把它理解为在有机配合的环境中"笔直生长"这一更为根本的意义。"直"的有机组织的维度由其同源词"殖"（to sow）和"植"（to plant）表现出来。"悳"字"心"的成分再次强化了有机体萌生和成长这一根本意义倾向。《说文》专门有变体字"惪"的独立条目,用其同音同源字"得"将其定义为"外得于人,内得于己也"。最后,语源学意义中的一个重要事实,即"德"与其早期形式"惪"都源于"直"的表音范畴,"德""惪"同音。

我们不可夸大其重要性也不能忽略它们具有相当的假设性。尽管有这些局限性,但这些信息还是能从两个方面为我们提供帮助:首先,它们提示我们在其不同哲学内涵分析中应注意的几种意义维度。其次,它们为我们重新挖掘和建构"德"的深刻含义提供了结构和语言。

通观先秦文献,"德"似乎拥有一个根本的宇宙论意义,其他涵义正是由此派生的。在道家文献中,"德"表示个体作为存在过程中潜在力量焦点的产生。作为整体场域的这一动态过程被称作"道",而该场域中个体化存在——其不同的焦点,则称之为"德"。比如,《道德经》宣称:"大道泛兮,其可左右,万物恃之以生而不辞……。"

由此可见,"德"和"天"在本体论意义上并没什么不同,只是在聚焦或着重点方面才是有区别的。"德"表示整体的特定倾向性。在那些首先强调人的古代著作中,"德"自然最通常被用在讨论人。但即便是《论语》和《道德经》这样的著作,它也被广泛用在诸如普通百姓(民德)、马(骥之德)、朝代(周之德)、邻里、家庭和国家等特定现象。其最通常的用法是表征整体可变的关注点。而且,由于所有的关注点都通过种种敬意模式彼此相关,因此,不同的诠释就能够扩展或缩小关注范围。

在区分"道"的某一方面以及建构起某一体察视角上,"德"所起的是个别性作用。正是这种个别性功能,使"德"和"性"经常相提并论。

(节选自《通过孔子而思》页216—220。)

2. 万物以为一

"德"尽管最常用来表示体察整体的独特视角,但它同时也是灵活可塑的,可跨越任何特定的部分/整体区分,且因此也涵容整体存在。如《道德经》所谓"常德""恒德""玄德"以及"上德"都显示了"道"和"德"的相合。《道德经》第二十八章宣称:

> 知其雄,守其雌,为天下溪。为天下溪,常德不离,复归于婴儿。

> 知其白，守其黑，为天下式。为天下式，常德不忒，复归于无极。知其荣，守其辱，为天下谷。为天下谷，常德乃足，复归于朴。

《易》用同样的语言描述了"人"的延纳：

> 夫大人者，与天地合其德，与日月合其明，与四时合其序，与鬼神合其吉凶。

"德"之提升、聚结达致个体与整体完全合而为一，这时，"道"和"德"之间的区分就消除了，作为个体化概念的"德"转化为整体化概念的"德"。《道德经》还有："含德之厚，比于赤子。""赤子""朴""大人"都是对人与周围环境物我不分浑然一体境界的隐喻。"赤子"同样如此，它是一个所有存在现象都可一视同仁被聚焦、被经历的全部因果关系的基体，因此，可被用来表示隐喻"道"的"德"。道家著作中常见暗指"德""道"之间这种延纳和相合的比喻有"朴""玄"和水。这些比喻强调了这样一种观念：即任何独特性当根据其内在关联性来看待时体现的是存在的全部过程，且据此志在于"道"。统观古代文献，"德"之置人于"道"的现象常以悖论的方式表达出来：

> 上德不德，是以有德；下德不失德，是以无德。……故失道而后德，失德而后仁……（《道德经》第三十八章）

《庄子》也将"德"描述为某种一体化原则：

> 之人也，之德也，将旁礴万物以为一。（《庄子·逍遥游》)

> 自其异者视之，肝胆楚越也；自其同者视之，万物皆一也。夫若然者，且不知耳目之所宜，而游心乎德之和；物视其所一而不见其所丧……（《庄子·德充符》）

显然从经验的角度，在存在过程中能够实现一种和谐的秩序，一种规律，一种模式，它为多样性引入某种融通的视角，使"多"趋向"一"。存在过程中一种显然经验上实现的模式，其为多样性带入某种统一化视角，"一"就是"多"。

（节选自《通过孔子而思》页220—222。）

3. "德"蕴含宇宙意义

"德"最常见的英文译法是 virtue 或 power。如果我们从作为某个特定团体成员的个人品性和经历之中来感知人生的最高境界的话，"德"字与佛教 dharma 一语的意义更为接近。它们二者均暗示了我们能够做的和我们能够成为的。所以，我们将"德"译作 excellence，意为在实现自我的过程中卓尔不凡。

"德"字不仅涵衍了一系列反映情境重于动作的观念的义项，而且兼具赋予及获得两种行为。作为对对方宽怀大度的回应，"德"既是恩惠也是感激。

中国宇宙论始于具体特殊人具有的独特性，宇宙本身意味着是万物的整体性，万物不是许多事物的堆砌累加。世界是"多宇宙性的"（pluriverse）而非单一宇宙（universe）。没有任何外在于其他事物之上作为统一原理的单一秩序存在——每一个"事物"都可被视为与许多其他"事物"相联系，取决于你所在的是什么位置，是因何原因，在何时看待之。中国古典哲学著作中，"德"蕴含一种强烈的宇宙意义，它意指事物具有的特性，常常是指人所具有的特性。由此，"德"经常习惯性地译为 virtue 或 power，把特殊事物视为在潜在能力意义上的一个视点，这个视点是在它所处的经验场域之中的。我们在对"德"的解读上已避免使用这些概念，部分原因是我们不想让读者太按照亚里士多德的方式解释该文本，将之解读为道德伦理学的一种天真形式，也因为 power 常带有类似"强制"的含义，而《孝经》在这上面表达得绝对清晰——孔子憎恶把强制（coercion）作为一种管理社会的手段。我们用 excellence 译"德"，偶尔用 consummate excellence。我们最好还要记住，当一个人成为有德（excellence）之人时，他就会具有超凡魅力的品质，因为他的"德"，他会成为模范，其他人会效仿他的行为。

从儒家角度来看西方传统的哲学话语，西方在"德行"（virtue）问题上思考方式的主要弊病是，总是倾向把各种"德行"进行"质相化"与"形而上学化"，并且给予它们属于自己的生命，这样就把它们弄成了约翰·杜威所说的"顶级哲学谬论"东西。这样一来，就把作为结论的固定与最终的原则，作为起因移到（人）经验之前去了（这里变成了对道德原则的诉求了）。我们

237

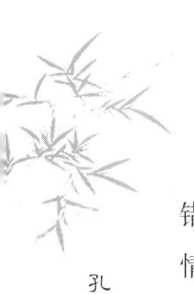

错误地把"质相类别"(kinds)及"分类"作为对复杂的、关系决定的、社会情势事物的合理表述（变成对"德行个体人"的诉求）了。我们以为，因为我们有抽象名称，所以也有与抽象名称对应的"东西"（如以为作为"德行"的"勇气""正义"，在什么地方也有对应这二者的"东西"）。

如果说儒家思想根本上是审美主义，那么就不会觉得奇怪，儒家用的语言，是诸如"美""恶"这类表达人品行为的词汇（《论语·尧曰》）。可是"美"在古汉语的意思相当于beautiful（美的）而不是beauty（美本质）；它指的是，某些关系是怎样在一个具体场域中，来到一起的；它不是"名词化"和"质相化"地表示"美本身"。同样道理，人的作为变为"德行的"，所看的也是，这些作为，是怎样在一个具体动态环境中，来到一起的，而不是去看"德行本体"。这样，无论我们把什么称为"德行"，都不是别的，而是活力的、境遇的、实际的、创造力的最佳状态。

早期儒家突出地将其关注重心限制在社会和政治问题上。正因此，修"德"就起着融合的作用："德不孤，必有邻。"（《论语·里仁》）相反，心胸狭窄、自私自利则导致孤立："事君数，斯辱矣；朋友数，斯疏矣。"（《论语·里仁》）正如上文所述，在孔子看来，体现人与整体合一的人类行为被称为"仁"。当然，"仁"与"人"同音且等同于后者。这种行为克服了分离和不连续性而趋向整一与和谐。这就是说，个体之"德"的延纳和凝聚可根据"仁"来描述。前此我们已表述，"仁人"根本上是主体间性的，根据其社群来定义。正如其人格是延纳的，因此，其可能性范围以及个人影响力也相应扩充。他之所以能够成为"大人"，是因为他所专注的超出纯粹的自我之外。如果一个人成为意义展现和意义创造的特定焦点，那么其赋值的能力也相应增加。但他的重新赋值不是任意妄为，而是通过寻求适当诠释环境加以协调和引导的。我们已反复强调，孔子相信人类是世界的创造者，他参与的比例越大，其创造世界的效力就越大。

孔子认为，君民之间政治上的关系可根据"德"来表述。当臣民人格扩展达到能够与其自然发展同延的程度，君就可用"得"（getting them）或"得民心"（winning them over）来表达。而另一方面，在君通过"敬"获得与民自然天性同延的过程中，民也会分享其价值观念和道德洞识。这就是所谓"德"之"予"或"恩德"。由于民之"德"融于君之"德",因此,君之潜能就增强了,成为一种使小人之德(弱德)必假的风,众星拱之的北辰,人所认同的文化的创造者和传承者。君因其德而成为敬意的对象。

而道家传统则将关注范围超出人类世界而扩展到全部存在领域,个体之"德"与"道"合一的行为称作"无为"(acting naturally)或"自然"(self-so-ing)。道家也同与之相对的儒家一样,把否定有差别的自我视作整体化自然行为以及与之相伴的"德"的扩展的先决条件:

> (颜回)曰:"回坐忘矣。"仲尼蹴然曰:"何谓坐忘?"颜回曰:"堕肢体,黜聪明,离形去知,同于大通,此谓坐忘。"(《庄子·大宗师》)

通过消除"自我"与"他者"的界限,颜回之"德"与"他德"融合为一且专注于彼。早期经典讲"崇"德。孔子把"崇德"过程定义为克服偏执乖谬的判断,主动为世界赋予意义和价值:

> 子张问崇德辨惑。子曰:"主忠信,徙义,崇德也。爱之欲其生,恶之欲其死。既欲其生,又欲其死,是惑也。'诚不以富,亦祇以异。'"(《论语·颜渊》)

由于"德"在我们的哲学分析中既是"义"的原动力,又是"义"所追求的目标,因此,《论语》中此处以及其他地方"崇德"与解惑之间的关联就值得重视。这就是说,修"德"体现的既是一种意向性行动,又是为实现意愿必须吸引的支持。带有意向的个体与这些支持的焦点一致。与此同时,个体通过克服其独特性,通过适应"他者"的自然倾向与意志,使之融入自身的诠释域境,从而与"他者"共同发展。

这种同延性在政治上表现得相当清楚。其中,君的统治表达的民意是通过协调百姓自然倾向继而奏出君民共属的文化的和谐乐章。在此一"德"的概念中,试图最大限度实现诸参与条件带来的和谐的各种可能性与公平对待个体独特性和适当感的诠释之间总会有一种张力。这一融合使弘德之人关注整体且因而处处获得回应和效应。

个体之德的拓展使其存在更有影响力,他志在于某一表达的能力也变得

更明确。不管是作为艺术家、政治领导人物还是教师，他都能够组织好他的自然环境，表达他的种种可能性和谐——表达、诠释和展现他的文化。

最有助于理解"德"的一个比喻是道家经典中用的"契"。《道德经》第七十九章有言：

> 有德司契，无德司彻。

这文字很不容易懂，但《庄子》内篇第五章却给予了很好的说明。该章标题为"德充符"，讲了一系列肢体不全之人的轶事。这些人在正常情况下，如果从一般的价值观念来看，恐怕会被鄙弃于社会之外。他们身体的残损通常是受断肢刑罚的结果，必然属受社会排斥之列。然而他们却通过克服自我以修德使己与社会环境的自然发展融合，因此，以德"充符"，不仅与他们的社会和谐融洽，且还产生了相当大的影响力。他们"德行"之高，以至成为确定社会价值和建立社会风气不断发展过程中的重要因素。这一新秩序是由构成它的要素"德"的自然趋向决定的，而且正是此方向的反映。

将这些语言学、概念信息等连缀在一起，会发现"德"似乎表示个体在其语境中的"显现"（升）。对中国古代哲学家而言，个体在其意识到且因而"感受"或"理解"环境中其他个体的意义上，他的世界是"活生生的"。"自然"（self-so-ing）这一表达既是生理上的又是心理表述，它意味着真实的存在是自成和自知的。而且，"知"就是对其他事物关注的兴趣，从而也是价值的投射。中国传统中，个体独特性的概念及其"本质"，不能够根据实在论意义上的差异性来解释，而应当根据构成存在过程的"气"中万物种种之特殊的鼓荡和转化加以宽泛的理解。个体的范围是可变的，视其诠释自我和被诠释的不同方式而定。个体因语境而成为独特的"焦点"，无论从什么方向和程度，它都可以分别被解释为"自我"或他者。个体的出现不是任意和混乱无序的，而是由某种内在推动力来表征的，正是这一推动力以其自身倾向性和自我导向诠释着这个世界。自我通过自我取向与其语境间的折中表达会找到一个适当方向。好比放入锅中的各种调料必须与所有其他调料溶合才可能最充分地显露自我的风味，与环境中的其他个体保持和谐亦是任何既定个体充分展现自我的必要前提。因此，诸个体适当方向的聚结构成了世界显在的统一和谐与规律性。

作为新的诠释者出现的现象的潜能靠的是其自我诠释的广度和质量。个体通过敬意和谐模式得以播撒而与其他个体共同发展，而且会逐渐涵纳扩充自然产生的其他个体。随着个体拓展自我吸收更大范围的"升"，其自我诠释的潜能也相应增加。

（节选自《通过孔子而思》页 222—224。）

四、非"形而上学"之"德"（virtue）

从儒家角度来看西方传统的哲学话语，西方在"德行"（virtue）问题上思考方式的主要弊病是，总是倾向把各种"德行"进行"质相化"与"形而上学化"，并且给予它们属于自己的生命，这样就把它们作成了约翰·杜威所说的"顶级哲学谬论"东西。这样一来，就把作为结论的固定与最终的原则，作为起因移到（人）经验之前去了（这里变成了对道德原则的诉求了）；我们错误地把"质相类别"（kinds）及"分类"作为对复杂的、关系决定的、社会情势事物的合理表述（变成对"德行个体人"的诉求）了。我们以为，因为我们有抽象名称，所以也有与抽象名称对应的"东西"（如以为作为"德行"的"勇气""正义"，在什么地方也有对应这二者的"东西"）。

如果说儒家思想根本上是审美主义，那么就不会觉得奇怪，儒家用的语言，是诸如"美""恶"这类表达人品行为的词汇（《论语·尧曰》）。可是"美"在古汉语的意思相当于 beautiful（美的）而不是 beauty（美本质）；它指的是，某些关系是怎样在一个具体场域中，来到一起的；它不是"名词化"和"质相化"地表示"美本身"。同样道理，人的作为变为"德行的"，所看的也是，这些作为，是怎样在一个具体动态环境中，来到一起的，而不是去看"德行本体"。这样，无论我们把什么称为"德行"，都不是别的，而是活力的、境遇的、实际的、创造力的最佳状态。

这就是说，"仁"并不是一种个别性的"素质"，可以给个名字、可孤立地分析为对一个人个性的限定表述；这不过是说，行为要按照一种追求完美

人格的方式；此行为可以是约定性和重叠复制性的，可以不必参照具体情况；恰相反，作为一种具体"角色"气质的修养而成的"德性"（virtuosity），"仁"是统称；具体"角色"气质修养的德行，有助于将任何具体行为都做得格调文雅、恰到好处——"义"；而且这样，将如此行为表现为是具有关乎所有人的深远意义的——"义"。所以有一次孔子说"刚毅、木讷，近仁"（《论语·子路》）。孔子在另一次对话时还说：

> 能行五者于天下，为仁矣。……恭、宽、信、敏、惠。恭则不侮，宽则得众，信则人任焉，敏则有功，惠则足以使人。（《论语·阳货》）

对"仁"品行所做的不同描绘，都是不同例子表示的，保持良好关系意义的"德行"所能达到的各种程度。"仁"不是一个"善"，而是一种"行之有效"意义的"善于……"，"……方面不错"，"对……善"，"对……有益"，"对……是好事"，"对……有好处"，"善与……相处"（"善于使用……"）等等，都表示在社会经验延展中对待关系的智慧。作为"正确"行为，"仁"是"恰当""适宜"——"正当时"，即"正当"有利于搞好关系之"时"，及"适宜于"目的。作为"端正"行为，"仁"是在关系中进行必要的调节，充分利用现存环境条件的共有可能性。"仁"不是第一性地反顾性的"什么"，而是前瞻性的"如何"。① 而且，"仁"不是只属于某一人的本质固有东西，而必然是在"一个人对他人、为了他人，意味着什么"范畴。以关系决定品行素质，以关系决定品行的价值，以此作为一种要求——也即，要追究在互相依赖和互相联系上，在动机上和对产生结果上，人们做的是什么事情。要是这样，"仁"则是功效与消耗的差别，是文雅与丑行的差别，是使关系健康还是使关系受损害的差别。

---

① 这里的"第一性地反顾性的'什么'"和"前瞻性的'如何'"，是对中西思想传统特点的简洁精准区分。自古希腊开始西方传统的突出特点是：所谓思想，即一切意义探索，都反顾地追溯到超绝人经验之前的那一宇宙的本体本源那里去。"本体"是静止不变质相的，属于"什么"范畴；中华传统不是西方的反顾追溯本体"什么"的倾向，而是一切精力投向对"道"（也即对万物内在联系）的思考；思考内在联系，即思考事物的"如何"，而非最终本质"什么"；不是还原论地回溯，而是着眼在目前与未来，皆以落在"怎样（如何）"的范畴；所以相比之下，是一种前瞻性的"如何"倾向。（译者注）

这种关系性互相回应，是孔子所说"苟志于仁矣，无恶也"（《论语·里仁》）与"唯仁者能好人，能恶人"（《论语·里仁》）的意思。他是说，具有关系敏感且有反应之人，是"仁"的来源之首与最明智判断者，因为他们致力的，是做适合情景的对任何人都最适当的事——即"义"，而不是狭隘地做只对自己有利的事（《论语·里仁》）。

"仁"，是前提，也是结果。作为有转化力的造诣，"仁"作为前提，召唤出具体道德行为，以满足具体情景对那种人格的热切期望。仁不是某种具体德行，情景环境是决定性的，它才会决定什么是最适合的德行。可是，按照"仁"需要，它又是一种特定德行。例如，可以将一种鲁莽行为转化成一种勇敢行为的，应该是这样一种方式，即所采取的行为是关系性情景的，而且，是动机也是从后果考虑的这个德行怎么做出：这个行为是出自考虑谁的利益？是服务于谁的利益？它加强的是什么性质的关系？它的道德价值来自情境性的适当，来自这一行为所成就的什么意义——"义"：

子路曰："君子尚勇乎！"子曰："君子义以为上。君子有勇而无义为乱，小人有勇而无义为盗。"（《论语·阳货》）

（节选自《儒学角色伦理学》页 180—183。）

和、理与君子

一、"和"是最高文化成就

1. "和"与"同"的差别

"和"通常被译为 harmony，本书也沿用了这种译法。"和"原本是一个烹饪用语：它是一种将两种或多种原料混合炮制，使之相互作用，提高整个菜肴的口味，而又不丧失原料各自特点的艺术。中国古代文献经常以食品烹饪作比，来描述高度和谐的境界。"和"既保留了各种成分的独立完整，又体现出它们融入更大整体后的和谐一致。"和"的判断标准就是各种成分是否能够既保持自己的鲜明特性，又在一种秩序之下自然地融入整体中去。这种秩序源自各种固有相关成分的协作。

在《论语》中，"和"被孔子视作最高的文化成就。"和"与本质一致（"同"）是两种截然不同的概念。《论语》一书内俯首皆是以家庭设喻说理的语录。这是因为儒家有一种直觉，他们认为只有在家庭中，其成员才能最完全、最率真地将自己交付给一个团体，而且家庭成员之间的交往遵循了礼与义。需要强调的一点是，家庭所承担的这种责任，绝非是自我牺牲或自我放弃，而是个人的全面展现。于是，家庭也就成为个人最有效地追求自我实现的环境。

（节选自《论语》页 56—57。）

2. "和"是总带有各自特殊性

"和"通常被译为 harmony。该词词源学乃起于烹调用语,由"禾"与"口"这两部分组成。整个古代典籍中,烹饪被用以形容最高的整体和谐。尽管"和"体现的是组合调和两种或更多食品的艺术,它们由此可彼此增味却不丢掉自己独特的风味,但对获得的"和"的欣赏却始于品尝作为和谐一致之整体的一个菜品。也就是说,"和"表达的是每一特定成分带着自我的独特风味而展现整盘菜的风味。

不用说,和在音乐上的运用并不少于烹调艺术的运用,用"管弦乐队乐器"和"合唱队合唱"替代"食材"组合成某种美学意义上令人满意的整体,与此同时每一成分仍保持其独特性。

正以此,"和"可被视为不仅关涉家庭成员之间的和谐,而且涉及各家庭与政府机构之间的和谐。家的隐喻充溢在儒家传统中,直觉让我们欣然感觉,它是这样一个机构,即其中成员们全心全力融入交往着的集体关系中,而这种交往又是为那些最宜(义)于情境的角色和礼节所把持的。重要的是,对家庭的这种奉献,远非需要自我牺牲或自我放弃,而是需要充分表达个人价值,因此家就成为个人最有效追求个人实现的语境。

《孝经》中,"和"是人们对其社群文化英雄和榜样人物的效仿而生成的生活质量。孝表明了君主(民之父母)与民(作为其扩展的家庭)的关系。

(节选自《孝经——生民之本》页69—70。)

3. "和"与"中"

并不是说儒家"角色伦理"在面对更为抽象层次的秩序上,是没有能力的。这里我们又要讲,除了有时也诉诸抽象理念语言,我们还发现儒家文本借用社会与审美意识的艺术术语。"中""和"是最常用的这样词汇,用来表达较为概括性、聚合性的意义,表达人创立的功德,"功德"出自强穿透力的价值观。"和"指和谐、和谐状态、和谐性(harmonizing, harmony);"中"指居中、平衡、聚焦点和保持平衡(centering, equilibrium, focus, balance)。"和"这个观念所指的是一种实现的"和"状态,不是简单地凭借削弱分歧而有的"相异性"互相容忍;而更重要地,是一个创造性与丰富性结果——差异性被协调为导致出一种最佳状态。其实,"和"的原始字形,指的是一种理想效果,是达到和保持人与自然的一种天籁之声。出现在甲骨文和青铜器铭文中的"和"字比较复杂,甲骨文字形是🔲,青铜器铭文是🔲。这个早期的"龢"字形含"龠",是一种芦苇制作的管乐器;呈现一种奏乐之中的气氛,比喻之中,使人体会到和谐之感。

意为"居中、平衡"的"中",出现在甲骨文的字形是🔲和🔲,青铜器铭文是🔲,指含的意义,恐怕是再普通不过的召集军、民的两种警示,一是作为视觉信号的旌旗,一是听觉信号的建鼓。"中"象征旗杆上的旗帜随风飘扬,立于广场中心,以召集民众。中间部分其实象鼓形,以木立鼓,称为建鼓。中,和也,从口,上下通。另,与"龢"字中"龠"指乐器一样,"中"字的"鼓"形也暗示着音乐与和声。

《中庸》直接喻意"和"与"中",此二字的重合意义表示儒家追求的远大抱负——人道与天地感应相参。《中庸》首章即明示"天地位""万物育"与人情感的"中和""未发"之联系:

> 喜怒哀乐之未发,谓之中;发而皆中节,谓之和;中也者,天下之大本也;和也者,天下之达道也。致中和,天地位焉,万物育焉。

简而言之,人喜怒哀乐之未发,为天下道德之大本,得以中节而致中和;如此,儒家至善人生观和盘托出——万物育焉。此处需要强调的是,这种儒家观点的至善,须是通过家庭"角色"与关系进行教养,才是真诚的。家庭才是在人一切"身份角色"与关系中所实现的"礼"的本源和必不可少的基础。如《论语·学而》所言:

> 礼之用,和为贵。先王之道,斯为美。小大由之,有所不行,知和而和,不以礼节之,亦不可行也。

根据这样的道德是非观,优良行为可以加深、加强我们的关系并使之持久。不受关系与角色调停的行为、行动,皆毫无意义。那便是说,纯为维持秩序而贯彻的外来、强制性和谐(如通过法律、命令、原则、规则等),便完全失去了人性,因为缺乏人的参与和配合。譬如说,有一些性情特征,很容易流于冷漠、怯懦、粗暴与蒙昧之弊；而一经过适宜关系的调停，便升华而转变为礼让、谨慎、勇敢与坦率：

> 子曰："恭而无礼则劳，慎而无礼则葸，勇而无礼则乱，直而无礼则绞。君子笃于亲，则民兴于仁；故旧不遗，则民不偷。"（《论语·泰伯》）

这样通过家庭"角色"、关系对行为进行的恰当教养，且通过如此君子行为而激发的担当心，结晶为恭、慎、勇、直的品质，具有为社会承认的意义与价值。

（节选自《儒学角色伦理学》页 168—171。）

4. "和"是关系场域的焦点

在诸如"气"与"心"中体现出来的连续性的观念是理解中国人将世界看成是"万物"的一个基本因素。这一观念使得"和"（谐）的概念在中国文化意识中具有极端的重要性。文化惯例是在世间事物中实现和谐相互关系的方式。尊祖作为明确的宗教意识，家庭作为基本的人类单位，"仁"（co-humanity）与"孝"（filiality）作为基本的人的价值观，"礼"的角色、关系和实践作为共同体话语，这些都是实现和维持共同体和谐的策略。这就是《论语》中反复的内容："君子和而不同，小人同而不和。""君子周而不比，小人比而不周。""君子矜而不争，群而不党。"

对中国人来说，和谐依然是支配性的标准。而这种和谐不是通过相互独立的个体的共同调整来取得的，而是个人在关系场域（a field of relations）的焦距（focis）的实现。此外，这种关系场的和谐又是通过合适的焦点（focus）来获得的。

当查阅中国字典，试图理解这样一种世界时，我们发现术语的定义并非按实意明确解释，而是以音义相联系的"双关"方式来凸显的。例如"君子"（exemplary person）的"君"以其同源"群"（together）来定义，而且发音相近，设定为"人们围绕着楷模式的人物并效仿之"。正如《论语》强调的那样："德不孤，必有邻。"

中国人所倾向的取得和谐，涉及一个人处于一整套关系之中，这种关系为所谓的道德伦理关系提供了一种美学基础。"义"（appropriateness）这个字就很好地说明这一点。这个字也常被译成 right 或 righteous，它指的是服从于某种外部的标准。按这一理解，一种义务（duty）遵照"礼"的义务（obligation）行事。这样的理解会完全失掉"义"的含义，失掉它在和谐中的核心作用。

appropriate（适当）是"义"的一个上好的翻译，因为它将这个字解释为一种美学的正当（aesthetic rightness），让人们注意将一具体环境之中的具体东西成功地置于一定的位置。从社会方面来说，"义"要解决的是个人在其所处共同体中的合适位置问题。

道德是离不开一定的情景的。以这样的方式行事来取得和谐，包含在具体的情景中处事做人的艺术（the art of contextualization）。从理想的角度来说，在这种情景中，人对"礼"教养体现的理解不是基于义务（duty or obligation），而是基于取得最和谐环境的愿望。"知之者不如好之者，好之者不如乐之者。"（《论语·雍也》）

当把像对"义"这样的字的理解推向对人的理解时，我们发现，对个人应当用探究相关的联系来理解，这种联系构成了个人的和谐关系的具体模式。人不被理解成独立于其行动之外的行为者，而是进展中的事件（event），这种事件是有构建性的角色与关系来做出功能性的界定。

在西方主流世界中为人熟悉的是，有自我意识的自我（the self-conscious self）是通过采纳界定了自然世界与社会世界的原则、法律和制度模式，而与社会环境相联系的。自我表现的自我（the self-assertive self）与社会环境的联系则是以冲突与一致的模式实现的。在这种模式中，一种设定为"共同体意志"（community will）的行政代理人（administrative agents）寻求仲裁争端和伸张公正。作为"经济人"的自我与社会的联系是通过需求与愿望来实现的，这些需求与愿望又通过受政治制度约束的经济结构来调节。创造性自我惯常性地与其社会疏远，因为其特征体现在其不同凡响、极具个性或前卫的（advantgarde）性格上。

古代儒学的立场表明，由于自我实现从根本上说是一种社会人物，自私的考虑就受到拒绝，其原因是，这样的考虑阻碍人的成长与自我实现。中国哲学中的一个永恒问题（《论语》中也反复提及）是个人"利"的追求与对全体人相关的"义"之间的妥协。正如《论语》中所表述的那样："君子喻于义，小人喻于利。"

(节选自《先贤的民主》页193—196。)

二、理

1. "理"不是"推理"

我们转向中国古代文献寻求其中表达"思维"概念的具体的术语群，发现我们必须以"理"和"象"这两个相关的术语作为起点。"理"最通常的英译是"推理"（to reason）或"原理"（principle）；"象"的英译通常是"想象"（to figure）或"意象"（image）。下面，我们将引入"知"（to know or to realize）的概念，来完整表述表达"思维"的这个语汇群。

我们希望阐明一点：把"理"译为"推理"（to reason）或"原理"（principle）这种传统做法，虽然彰显了西方的哲学意义，却埋没了要理解其文化异质性最关键的那部分含义，这是无法令人接受的重大损失。然后，我们想通过重新建构这个术语群，来彰显中国传统思维方式本身的特质，这些特质在西方对文本的传统阅读和阐释中濒临缺失。

"理"最初既是名词，也是动词，意为"秩序""图案""印记"，或者"排序""装饰""做标记"。实际上，"理"最初与这样的意象相联系：我疆我理①。"理"就是指田地之间的小径。

也许因为"理"字属"玉"字部，汉代的辞书《说文解字》认为，"理"的本意是"雕玉、琢玉"，或者"玉石的花纹"。重要的一点是，玉雕艺术要求匠人根据玉石本身天然的形状纹理来进行创作。实际上，能够将玉石本身的特质最大限度地表现出来的人才被称为最优秀的玉匠。正如唐逸对"理"的分析，雕玉的过程需要对玉石进行切割和分离，以及打磨抛光，才能使玉

---

① 见《诗经·小雅·信南山》。

的光泽神采显现出来。这里我们可以做一个直接的类比，语言是用来"雕刻"世界的，人类用语言来划分世界的范畴，排定其中的秩序。

中国古代文献中"理"最常见的用法，就是指事物和事件本身固有的形式与结构范式，以及其可知性。在表达条理性和可知性时，"自然"条理（天理或道理）和"文化"条理（文理或道理）之间并没有严格的区分。就像"道"的概念里包含了自然和文化一样，"理"也包含了这两个方面的内容。"道""文"和"理"这些概念在强调范式和印记这一意义上，是相互交错的。

西方对"理"最常见的译法有：推理或理性 reasoning 或 rationale（柯雄文），原理 principle（陈荣捷），有机体 organism（李约瑟）以及条理性 coherence（彼得森）。为了明晰这个术语的含义，我们首先必须评估以上每种译法恰当与否。

从正统的亚里士多德学派的意义上来理解，李约瑟的"有机体"这一译法是不恰当的。亚里士多德学派对有机体的定义是以有特殊目的为条件的活动。这种定义导致了对目的或目标的分类，这将支持对"自然类别"的分类学解释。

"理"是包含在经验的动态过程中的秩序和规则的总和，因而常常被译作 reason（理性）。然而，在规定秩序当中，"理"混淆了理性能力与其追寻的原理之间的区别。"理"既不纯属主观，也不纯属客观。psychology 在现代汉语里被翻译为"心理学"，即"心灵—思维之理的研究"，而 physics 则译作物理学，即"事物和事件之理的研究"。中国文化中的"理"并不包含对知性世界和感性世界的区分，而这种区分在巴门尼德和芝诺后的西方世界却是十分突出的。超验性这一概念的缺失致使中国人的思维不会有效地诉诸客观理性。心灵和思维的"理"，事物和事件的"理"，都包含在现象本身之中。

把"理"与我们通常所理解的"原理"较为显著的区别开来的一个条件，就是"理"既是一也是多。阿伦·威特堡（Allen Wittenborn）在他对"理"的分析中认为：

> 问题在于……"理"是一元的还是多元的。它不可能二者都是。如果它确实两者都是，那么我们西方的整个思维方式，我们全部的思想过

程和推理形式都必须受到严肃的重新审视，而且很可能被抛弃。

这正是问题的关键。正如维拉德·彼得森指出的，"理"是一个组合中的一个成员、一个组合中的所有成员，或者这个组合整体的连贯性。这一表述反映了每个个体的独特性以及个体之间的联系性。

柯雄文提出了相似的观点，他对于把"理"译为 principle 有所顾虑，因为 principle 是：

> 通常用于一种独立于语境的概念，能被用于指代作为某种道德规则或概念的基础……对于孔子来说，责任和义务与处于群体之中的人的角色和地位紧密相关。

"理"建立了某个既定群体的精神特质。正因为如此，"理"永远不可能脱离于语境而独立存在。超验的"理"是不存在的。

目的论的指引在中国思维里是缺失的，只有不断进行的相互关联和协商。中国人考察"理"是为了揭示万物联结的方式，是为了发现事物之间使得关联与分类成为可能的共性。世上各个类别通过某种预先设定的相似性而并列。正如李约瑟所指出的那样，"万物之间并不是通过机械的因果行为而相互影响，而是通过某种'感应'"。万物之间是连续性的，彼此互为相关条件。中国思想传统从一个基本假设开始，假设存在是一个动态过程。在中国传统里，万物的因就包含在他们本身之内，是自身的条件，而要给事物和事件归因就需要追溯或者描绘出这些条件。

我们能够理解一个重要的含义，那就是中国思想传统与主流的西方思想传统恰恰相反，在对"万物"的概括中并不是首先强调静止性和永恒性，而更强调事物的变化和过程，对发展外在动因这一概念并不关心。在这样一个由变化中的万物组成的世界里，最通常的假设就是，事物自己本身在变化。

这种物态论还有另一个含义：既然假定了变化和生成是首要的，连贯性就有了不同的意义。动态过程规定了事物的独特性，从而使任何严格的同一性概念都成问题。因此，连贯性就是独特个体之间的相对连续性。而且，这种连续性是无限开放式的而不是系统式的；是偶然的而不是必然的；是相互关联的而不是因果关联的。因此，这种连续性能够涵盖从即时性角度看不一

致甚至是矛盾的方面,而这些方面放在过程之中来考虑,是完全在连续性范围之内的。

"合理"在现代汉语中译作"合乎理性的"或者"明智的",它包含着一种事物的组成关系的意识,这些关系是事物存在的条件,并且通过关联方式使世界具有意义并可以理解。一切事物都是既独特又复杂的,都与其自在世界的其他部分相联系,从而证明了事物本身在一定程度上都是连贯一致的。

"理"具有一种审美的连贯性,它起始于作为个体化条件的任何具体事物的独特性,同时也是某一既定的具体事物与其他具体事物之间相互联系而构成的连续性的基础,由于相似性、生产性或扩展性,"理"与这一具体事物相关联。正是这种关联性,为各种类比关系模式提供了基础,这些模式是中国思想传统中与"推理"最为近似的了。

推理是揭示本质的过程,在此过程中特殊性是本质的例证。"理"与此相反,它要查出事物和事件之间关系模式的组成细节是如何相互关联的。儒学思维的一个目标就是,对相互依赖条件及其模糊未定的可能性有全面的无障碍的觉悟。其中,各要素的意义和价值就在于它组成了整个互联网络。

这种"推理"允许用非推断的方式来认识具体细节和细微差异。举例来说,人们可以使用相互关联的"类"的范畴来组织和解释世间万物。混乱的具体细节之中的相互关联性凸现了它们之间的相似性。任何特殊"类别"的包含性和排他性是类比思维的一个特征,而不是依赖于同一性或矛盾性来运作的逻辑思维。这种相互关联性必然给世界提供一种连续性和规律性的意义,并且或多或少与连贯性秩序一样有效,因为某些并列因素倾向于最大化差异、多样性和机会,从而比其他因素更能促进和谐性。

"理"既是描述性的又是规范性的。它指出事物的应然存在。然而,理的这种规定性方面,除了借助类比而用于历史模式外,并不能诉诸其他秩序。理想就在历史之中。从这个意义上来说,"理"不是"形而上学"的,也必须区别于关于先验结构或超验目的的判断。

(节选自《期望中国》页 211—216。)

2. "理"不是 principle(原则)

可能在被假定为倾向于对自我的心灵主义解释(mentalist interpretations）时，这就是经常与理性和推理相联系的中文词"理"在缺乏本体论传统的情况下，对事物之道即道理的理解和表达不可能同本体论相关。一般说来，要合理就要讲道理，或者说合乎理性。在现代双语中，地理学就是"关于地之理的学问"，它是我们称之为 geography 的词的翻译。psychology 译为"心理学"，它意为"关于心之理的学问"。合理对于心来说，意思是它要在其各种各样自然的和心理的语境中以完全整合的方式发挥作用。

"理"还经常译为 principle（意为原则、原理、信条、准则）。这在一代西方的中国文化解释者们中间产生了相当大的混乱，他们因此被引导到设想理有一定程度的超越性。然而作为"弄懂事物"的理，不能理解为这样一个过程，即探索作为秩序的根源的原理或发现包容特殊事物的基本种类的过程。理要求以类比的方法来确立类的类推活动，然后仍用类比的方法，追寻关联的具体事物，这些具体事物表现了内在于事物和事件之中的各种关系形式。这种推论是依靠非推理的方法把握扩大了又加深了的形式。把一个"类"中的某些事物包括进来或排除出去，这同逻辑上的类型（type）或类（class）的观念无关，这种分类是类比的，而不是逻辑的。中国的推论严格地限于特定情境，不能解释为一个超越的或处上位的（superordinated）自我所为。

（节选自《汉代起始之思维》页 30—31。）

三、君子

1. 在沉思冥想中掌有"天下"

为"士"的主要目标就是要成为表率之人，即"君子"。也就是说，"君子"所行远比"士"之所为的境界更高。《论语》总是在描述"君子"的所作（为弟子们），而不是在教导"君子"应该如何行事。"君子"是循道而行，并且成功地演绎了自己所承担的诸多社会角色。他既是众人的施恩者，又是与他自己相似的其他人的受益者。他既对失当与不公表示愤慨，也独享着内心的平静。他精通礼乐，并且以娴熟的技艺，优雅、高贵、美丽的内涵气度和欣喜的心态去完成自己在各种礼仪中的职责。他孝顺父母，敬爱兄长，但却在沉思冥想中掌有"天下"。尽管他身为"君子"而偶尔犯错（《论语·宪问》第六章），却绝对忠实地履行着自己所负角色的义务。他的一切行为并非强迫所致，而是自发的独创。总而言之，"君子"的生命具有鲜明的美学和伦理学特质。他重新阐释了"礼"，并且成为一个可敬的人类之道的创始者。对于我们大部分人来说，"君子"就是我们所能想象的最高奋斗目标。不过，儒家还有一个更为崇高的人生追求，那就是成为"圣人"。其实，即便是在《论语》中，"圣人"也是一个可望而不可即的目标。"圣人"与"君子"的共同之处就是超强的沟通能力。从字形来看，"君子"是一个通过有效的交流（口），监督团体活动的人（尹）。"圣（聖）人"则堪称沟通大师，"耳"与"呈"不仅界定了人类的经验，而且还涵衍了和谐的意蕴。于是，我们不禁由孔子"正名"的观念（《论语·子路》第三章）想到，只有给事物取定了合适的名称，它才能顺理成章地发生、发展。

（节选自《论语》页62—63。）

2. 君：秩序的源泉

自我修养的一个重要模式，是那种引导人们沿着成为君子（exemplary person）的道路前进的修身活动。《说文解字》将"君"解释为与之同韵的"尊"，意思是"酒器""高贵"，然后是引申的意义"尊重""顺从"。

"君"的词源学上的材料提供了以下的联想：

（1）高贵，兼指等级地位与品格；

（2）表示尊敬的一个词；

（3）秩序、修养和完善的典范，吸引下面的人效法；

（4）一个模范人物，其影响通过政治责任和有效的交流而扩展开来。

重要的是，"君"在一个显然是公共的参考框架中，是秩序的源泉。现在有这样一个问题，这个秩序是由君体现的预定格局，还是至少从理论上说，来自于一个体现一种社会政治法则的特殊个人？

在孔子以前的文献中，"君子"这个词有严格的政治意义。这就是说，"君子"这个词特指出生与等级高贵的人，并不作为一个表示人格完善的范畴加以运用。后来孔子借用这个政治范畴，按照他自己的目的而给以重新规定，结果是政治参与成为人格修养过程中的必要成分，个人修养成为担任官职、发挥政治影响的必要条件。"手段"与"目的"这一对词虽不完全适合，然而经常被用来描绘人格完善和政治责任之间的关联关系。现代汉学家萧公权指出：

> （君子）这个词的旧有意义具有这样一种一般蕴涵：有官职爵位的人应该培育其美德，与此同时，孔子经常强调，培育美德以取得官职爵位。

顾立雅（Creel）全然无视修订过的"君子"概念的政治涵义：

> 君子被用以——尤其是被孔子用以——表示道德意义上的、有教养的人（gentleman，或者用理雅各的有名翻译来说是"优秀的人"，superior man），没有任何别的涵义。

这些描述模糊了这样的原理：人格的培育和对共同体的责任是相互依存的、相互涵衍的。一个人是放在官职这种窑中烘焙的，这种职位是那种要受磨练的人的教育中的基本要素。孔子在用新的道德条件来规定君子时，并不先取消官职上或政治上的条件。他所做的是坚持这样的原则，政治上的责任和道德上的发展是两个不可分离、相互关联的方面。自我修养必然涵衍积极地参与家庭和延伸到社群的秩序，以激发那种促进自己人格成长的同情心与对他人的关怀。缺乏社会和政治的责任心，却能够实现人格充分的成长和展示，这是不可想象的。

对于孔子来说，人格的培育与对共同体的责任是相互蕴涵的，对于这一论点至少有两个反对的例证。第一是，孔子在许多场合说过，如若道不盛行，君子就应该辞去官职：

> 天下有道则见，无道则隐。（《论语·泰伯》）

但是退隐而不参与坏政府的政务，并不意味放弃对于社群的责任，相反，正是由于要服务于家这一最根本层面上的、更为广泛的秩序，君子才辞去官职：

> 或谓孔子曰："子奚不为政？"子曰："《书》云：'孝乎惟孝，友于兄弟，施于有政。'是亦为政，奚其为为政？"（《论语·为政》）

共同体的秩序是直接的,它来自于最具体的和特殊的层面,以特定的家庭关系为基础。

可能会提出的第二个反对的例证是,孔子自己的有限政治经历非常有力地反驳了关于他的相当一般的政治生涯与他的人格完善之间有关联关系的说法。然而,孔子的面貌遭到后世传记作者很大的"修改",他们给予他越来越重要的政治地位,从大司寇到宰相,在汉朝最高达到"素王"的地位。这样,对他的人格价值越来越多的承认似乎需要伴随以很高的政治品质和才能。或者反过来说,对于他的信徒来说,更加可能的情况是历史记录不完全,不可能是这样一种情况:即孔子竟会是一个在政治上毫无成就的人。

在《论语》中,君子与有关人格完善的一系列别的称号相并举,如圣人、仁者、善人、贤人、成人、大人等。为了了解君子的语义内容,我们必须利用这些不同的称号,作为集中研究和区别的原材料。孔子做出这些区分的根据是什么?刘殿爵说:

> 对于孔子来说,不是只有单一的理想品格,而是有各种各样的理想品格。最高的是圣人。这种理想人格如此之高,以至于几乎永远也不能达到……稍低一等的是善人和成人……然而,对于孔子来说,理想的道德人物毫无疑问是君子。

陈大齐将《论语》中这几个人格完善的范畴归于一类,经过对出现这些范畴的文本的仔细考察,他认为,它们表现了完善的不同程度,这些程度可以按照一种特定的、相对的等级系统排列起来。他提出,大体上说,水平上的差别可以用以下三个最卓越的称号清楚地加以区分:圣人、仁者和君子。圣人高于仁者和君子:

> 子曰:"圣人吾不得而见之矣,得见君子者,斯可矣。"(《论语·述而》)

> 子贡曰:"如有博施于民而能济众,何如?可谓仁乎?"子曰:"何事于仁,必也圣乎!"(《论语·雍也》)

照陈大齐看来,同样清楚的是,仁者排在第二位,高于君子:

子曰："君子而不仁者有矣夫，未有小人而仁者也。"（《论语·宪问》）

孔子不愿承认他是一个圣人，或是一个仁者。尽管他明确地否认他是一个君子，然而文本反复地表明他可以恰如其分地被称为君子。同样，他对他的任何一个门徒都不轻易地许之以仁者，但是他确实甚至称呼他的某些较低等次的弟子为君子。

当然，陈大齐分析这些完善中的人格范畴的方法的真正问题在于，这种方法所提供的除了空空洞洞的排列以外，就没有什么别的了，在规定这些范畴的内容和标准方面付之阙如。不仅如此，更加危险的是，它模糊了这些范畴之间固有的联系，以至于会让人以为，我们是在谈论人格完善的不同典范。

另外有一种也许是更有用的方法，用以解释那几个人格实现的范畴，它首先提出这样一种看法：孔子使用这些范畴作为一种手段，以突出成圣过程的几个不同方面。（孔子）没有从理论上揽括这一过程的企图，这些人格实现的范畴在意义和功能上肯定不是固定的和最终的。然而对它们的思索是有实用价值的，因为又有助于阐明成圣道路上进步的细节。

认识这些语词的同心圆模式可能是有用的。在这样的模式中，仁处于中心，它是个人之间的联系；君子是在仁外面的圆圈，是共同体的联系；而圣人则是在更加外面的一个圆圈，具有更多的宇宙意义。更远的圆圈不再存在，这表明圣人人格是无穷无尽的。圣人是范围最广的范畴，因为它最广泛而全面地描绘了整个过程。别的范畴可加以细分，因为它们中的每一个代表了〔人格完善〕这个事业中一个特别的重点。与此同时，这些范畴在根本上是相互关联的，它们都是对成圣的贡献。

就像我们已经看到的，即使君子这个范畴具有重要的共同体意义，它也必定涵衍了明显的人际的范畴（interpersonal category）：仁。仁与君子作为成圣事业中两个重点，它们的交叉重叠说明了这一事实：仁者的许多特点也是君子的明显特征。不仅如此，两者都关联到人格成长这个总的事业的特定领域，因此，致力于学习、修身和完善，这些特征都是共同具有的。圣人作为一个范畴，与政治影响以及人格价值紧密相连。圣人人格的与众不同之处就在于，其成就的品格成为意义、价值和目的的源泉，以至于成为像神那样

的人，一个与天地一样伟大、参与宇宙化育的人。圣人的观念具有深刻的宗教层面，恰如孟子所说：

> 可欲之谓善，有诸己之谓信，充实之谓美，充实而有光辉之谓大，大而化之之谓圣，圣而不可知之之谓神。（《孟子·尽心下》）

《孟子》中这段话从精于或擅长于建立关系这一认识开始。从某人自己的视角来看，建立这样的关系使他可以信赖。从别人的视角来看，这使他变得美好且将这种精于建立关系的能力加以扩大，这就使他依次成为一个伟大的人，一个圣人，最终成为神。神是文化上的超群绝伦，被当作行为完美的典范加以崇拜，并且由于赢得了其传统的服从，而成为所有人的共同榜样。

对于孔子来说，君子是个定性的词，用以指称这样一些人，他们坚持不懈地致力于人格成长，这是通过政治领导来加以培育和表现的。"君子不器"意味着这种成长不能从特别的技术或才能的方面来加以描绘，它是道德品质和与他人交往能力提高的程度。孔子反复地将承担广泛的社会责任的君子，与使群体人心涣散、妨碍他人、他称之为小人的那些人加以对比，以此作为一种手段来强调君子这种称呼主要指品格的性质。这种"小人"不是对社会或在政治上做出贡献，而是为自私自利的动机所支配，破坏社群中富有成效的协作。君子和而不同，小人同而不和。品质上有所成的人，其鲜明特征表现于他们的创造性、想象力和影响力，使社群与众不同，而且更好。在全部经典之中，圣人经常与创新的活动（作）联系在一起。当孔子讲自己"述而不作"时，实际上他是在谦虚，是在说："我非圣人也。"

由于君子的人格实现有这种重要的社会和政治的参考框架，这种创新的活动涵衍了有效的交往。有效的交往，既是作为人们表达自己的思想感情的途径，也是作为手段，感召人们参与君子为社群所示范的那种秩序之中，而发挥首要作用。

语言塑造了世界并在评价世界。这样，《论语》自始至终非常突出语言所显示的危险和机会。君子即他所说，就在他起模范作用之处，而世界就如他说的样子。是君子的讲说使世界出现了。因此，他讲得慢且谨慎："君子……敏于事而慎于言。"就像下面讨论"真"时要指出的，"慎"这个词与"真"

有相同的词根，意指一个人谨慎小心，每一个细小之处都要加以考察。

另外，它同成为仁者（truly viable person，意为"真正富有精神生命力的人"）与成为君子（socially and politically effective，意为"在社会中、政治上发挥作用之人"）之间的关联关系相关。对于西方政治理论来说如此重要的私人与公众利益的区分，〔在中国〕总的来说是没有的。儒家式的人格实现，不主张在伦理学与政治、个人的事情与社会的事情、私人利益与公众利益之间加以严格区分。

(节选自《汉哲学思维的文化探源》页155—161。)

四、君子："仁"的典范含义

孔子哲学思想中原则的内在性使之不可能借助根本上不是基于个人和社会行为种种内在形式（礼）的社会政治规范。这就是典范在孔子的社会思想中如此重要的首要原因。那种从个人和社会制度的具体范型抽象出的规范或理念，根本只有作为强制秩序的暂时标准才会起作用，而对修身的教育目的来说却基本上用不上。

区分抽象原则和传统典范在实现社会稳定上所起的作用相当重要。孔子主张只有后者，而不是前者，对满足人类的个人和社会需求来说才是最有用的，从这一主张我们找到了解开孔子形而上学不可知论的钥匙。

西方传统中，指导性价值、规范和原则的根源多来自上帝或形式的超验领域，或理性结构或自然秩序。具体历史社会中的个人或制度或多或少都被认为是服从这类原理，因而道德活动首要指涉的一般都是原理，而非个人和制度本身。此概况极少有例外。如果说西方文化中的典范人物，我们可能马上会想到耶稣基督和苏格拉底。

耶稣基督在某种意义上确实似乎是个典范，尽管我们必须极小心地努力确定此处究竟何谓典范。因为基督是"肉身的逻各斯"。他是一个超验的逻各斯的典型例证，这个逻各斯指涉的是一个永恒不变的世界。而苏格拉底，至少是柏拉图笔下的苏格拉底是爱洛斯（eros）的化身，这种爱欲是对知性完美

的渴望，是最终驱使他遵从自己的原则选择不公正的死，而非使该理念受损的生。是对知识的欲望和对不朽的希望塑造了苏格拉底这个凡人的存在。苏格拉底和耶稣都体现的是一种关涉超越于现实世界的规范、标准、理念或原则的生存。在基督教中，严格来说人或许只能在一定程度上模仿基督。基督本质的纯粹神性多于人性，而且完全超越于人类领域。耶稣更是一个"中间人"（mediator）而非榜样，而且他的救世基本上是根据恩赐和赎罪的教义表达的，而非借助任何激起效仿的冲动。

苏格拉底更接近于孔子意义上的典范。对苏格拉底的效仿就是对一种追求知识的生活的效仿，一种不会损及价值和理念的生命的效仿，而价值和理念二者放在一起就代表哲学精神。然而，苏格拉底作为一位历史人物形象是隐晦模糊的。而且，柏拉图的这一文学创造后来又常被视为柏拉图主义的例证（爱欲、辩证法、直觉善的形式），而非实际效仿的榜样。这就又像基督的情况：那个超越于现实世界之上的永恒不变的世界才是"模仿"的真正对象。这也就是说，不管是耶稣还是苏格拉底他们都是中介性的，也正在此意义上是工具性的。而孔子是个圣人——他凭其本身成为效仿的对象。

或许有人会指出，西方传统中某些具有超凡魅力的人实际确实起着道德典范的作用。对这一观点的反驳相当直截了当：那些具有超凡魅力的人（the charismatic），正如该术语所暗示的那样，"超凡"＝"天赐"（charisma＝gift），一个人"天生"带有外在于他的启示源。具有超凡魅力的个体常常是一个先知，符合其使者的功能。他或许可以说是个中间人，但却完全不是个榜样。模仿以赛亚或耶利米谁会觉得不自在？这种想法完全错置了。预言者和非凡人物不是榜样，而是规范和原理的调停者。这些预言家和超凡个体的伟大之处在于创造了一个他们自己与普通人之间的距离，继而暗示他们是"超人"。这样他们可能有的任何榜样作用都被严重削弱了。

那么，孔子所理解的典范的作用更确切地说是什么？对孔子来说，存在就是以某种方式存在。因此，典范是一种存在方式（modus essendi）的实现。不是先在之"道"的例证，而是新道的产生。"存在方式"与"行为方式"（modus operandi）类似。在最根本的意义上，典范是为"道"添加的新的存在方式。礼是"义"特殊的制度化。仁人通过个人之义实现或创造了"礼"。

"仁"人的"行为方式"为将要成"仁"的人提供典范。但效仿的动态过程既需要敬意又需要个人的创造性。这就是说，我们不能在任何字面或形式意义上模仿榜样，或者仍然只是达到仁人本人的那种创造思想和行为。那怎么才算是对典范的真正模仿？

"模仿"（imitation，*mimesis*）是一个与"表现"相关的概念。模仿就是再现（re-present）。柏拉图和亚里士多德谈论艺术是对自然的模仿。但他们对自然定义的显著差异当然意味着模仿结果的不同。对柏拉图来说，要模仿的是事物的形式或结构；对亚里士多德来说，模仿的对象是有机功能（organic functioning）。模仿的后一个概念更接近模仿典范的观念。而且，亚里士多德将悲剧视为一种模仿的艺术形式，认为悲剧的首要目的是引起怜悯与同情，这说明了模仿行为的某些内容。模仿典范体现的是对功能、过程、行为和现象的模仿。这种模仿有唤起的效果。

这自然把我们再次引向"礼"的表达和唤起功能。以个人之义来设定"礼"，就不是对某种抽象形式的空泛模仿；它是榜样的再现，是再次展现实在体现的"礼"。这种模仿不是简单的重复：它要求自我成为典范，因而要求我们成为"仁"人，一个有意义的存在。

理解儒家的典范需要强调两点：首先，典范不仅是使历史中的圣人得以留存的一个手段，它也是激励创新的方法。对榜样的模仿不是复制，而毋宁是一种将新意义引入我们周围环境的实践。服从或证明原理实现的是我们所谓的逻辑或理性秩序；相反，对榜样的模仿却体现的是审美秩序的实现。审美秩序的实现要求新的多元意义的产生，该意义是模仿者独特性的一个功能。我们只需思考一下在实现"知"上"学"和"思"之间的关系，就会明白模仿行为如何趋向既体现连续性又有创新性的知识的特殊意义。一个甚至更显然的例子，就是在"仁"的实现上"礼"与"义"二者之间的关系。以"义"践行的"礼"要求戒绝纯粹重复的模仿，以使得"礼"的再现同时获得和赋予新意义。

这将我们引向典范作用的第二个重要观点：典范或许既有个人形式也间接带有礼（制度）形式。因此，孔子之吁求周礼，也是对人类适当典范行为的吁求。但这些典范制度，比如"礼"只有在属人的情况下才是有效的，就像周公所被视为因其"义"而集"礼"于一身的人。认识到这一点至关重要。

因为这表明：对孔子来说，典范的根本意义立基于作为"仁"（authoritative humanity）之例证的君子。

儒家传统借助榜样而非原理所产生的最有意义又富戏剧性的一个推论就是，它成了塑造权威意义的方式。权威的首要意义体现在与创造性经验相关的修身的个体行为中。"权威"（authority）根本上意味着是自我创造者。没有理由认为人应当创造他人或被他人创造。

在自我创造的过程中，我们也同时创造着一种氛围，一种秩序，其中我们找到我们生活、行动的环境资源。我们解释世界进而为自我完善创造一个可能性的和谐整体。这样，就产生一个与他人潜在不同的世界。在这些情况下，没有一个人有权利支配他人，因此，自我完善过程中创造世界所产生的问题之一，就是一个确保尽可能让我们的创造行为不产生破坏结果的问题。因此，为有利于以反向性为基础的创造性关系就应避开基于二元论的权力关系，那么，与此相一致，自我和自我世界的创造过程就包涵为他人快乐而奉献自我。在自我创造的"权威"行为中我们获得了卓越的美德。为他人欢乐而奉献自我涉及对他人敬意的期待。

这一权威概念的根本推论就是，当我们把支配社会行为的传统道德规范视为反映社会交往中美德和敬意关系根本的审美成就时，它或许就获得了更恰当的理解。这就是说，获得正当权威所必需的社会条件，涉及以人与人为基础的无数动态的敬意模式的存在。敬意模式需要以"恭"（humility）表征的社会交往，其中"恭"可理解为特定经验语境中对个体适应的合理意识，也就是主体间语境下对个体内在之德及其相关性的意识。"恭"这一性质的首要条件就是意识到自身之德以及与己不同的他人之德。

认识到展现美德和心怀敬意二者都立基于自我创造是意义重大的。"敬"不是自我牺牲，尽管自我牺牲的表面行为可解释为敬意行为。敬意是对公认的美德的反应。这种反应不能是被迫的。敬意"向外"（ec-static）引领我们体验和经历他人。敬意的对象也"向内"（en-statically）体验到自己是价值的载体。人为、常规或者其他虚假的敬意行为只能导致异化。例如，行"礼"时轻浮妄为、敷衍潦草，往好里说是没有意义，但更有可能是悖礼之举。这种异化是假意奉迎或被动情绪造成的。能够减少这种异化结果的行为就是使个体自我创造性成为社会交往的典范。

展现美德和心怀敬意甚至最幸运的情况下也不可避免会有过失。我们总会误以为，自己或他人之德只与特定情形相关。另外，"权威"行为会使我们卷入地位、便利、福利甚至生命危险的漩涡。这些危险都是我们所描述的此类社会交往的主要部分。犯这样的错不可避免导致价值的丧失：自由被迫失去，力量会被误导，美丽将衰减，真理会流失，意义变得不再有价值，神圣也将会消亡。我们个人和社会存在将充满局限、愚昧、无知和乖谬等种种可能性。

我们在创造自我存在时会犯错，这是显而易见的。我们应把痛苦和冒险的考验作为这一自主性的自然后果。我们这样说似乎把孔子的思想极端化了，即它似乎责成我们去冒险并暗示我们应当学会如何承受苦难。但这确实是孔子哲学居于核心的"仁"（authoritative action）的观念表达的含义。

其中最突出的就是冒被认为是民众反抗的危险。拒绝服从践踏了个人或他人权威的法律，是坚持以审美观念看待社会政治秩序可想而知的结果。但这种行为涉及的危险是很多的：自然，我们有可能错误评估了法律的性质；或者我们的违法行为会影响到他人以暴抗法。但在孔子看来，允许民众反抗是必要的，因为，它是继续直接检验权威是否掌握在仁者手中的根本方法。

中国无论古代还是近代，民众反抗都反映了个人根本上与其社会和政治环境共存的观念。正是这一原因，它成为新王朝建立的一种主要现象。从商之叔齐、伯夷到宋朝的文天祥、陆秀夫以及明朝史可法、王夫之，民众反抗一直针对的是人们不能认同的政治力量。

同样，对法阳奉阴违也是一种冒险。"仁"者或许只有在最宽厚憨直的意义上才会合法地"服从"法律。因为仁者自由地遵法行事，是在以特定行为表示对法律美德的敬意，且以这种方式取消它的他性。仁者以其独立尊严做他乐意而为的事情。当然，让一个人理智地相信法律的美德实在太容易了，因为，对它的反抗就意味着诸多麻烦。于是，我们就会变得阳奉阴违，而这最终会破坏我们甘冒与法律结构发生冲突的危险的勇气。在孔子看来，只有以"义"践行的"礼"与遵从的"法"才可杜绝这种异化。

（节选自《通过孔子而思》页 176—182。）

礼

一、关系与角色之体现

礼，常被翻译成 ritual, rites, customs, etiquette, propriety, morals, rules of proper behavior, worship。将这些英语词适当地语境化，它们每个都可解释特定情境下的"礼"。但古典汉语中礼的使用通常带有其所有意思，只是由特定情形决定其侧重。礼（禮）这个复合字属象形表意文字，含有在祖宗祭坛（豊）祭祀祖先的表演仪式（示）的意思，表明该字带有深刻的宗教含义。

我们择用 ritual propriety 来翻译"礼"。再说一遍，选择这个译法是经过了审慎思考的。从形式方面看，礼是那些有助交流培养社群意识投注了意义的角色、关系、制度等等。其范围是宽泛的，所有形式上的行为——从餐桌礼仪到问候、告别模式，到毕业典礼、婚礼、葬礼，从表达敬意的姿势到祖先祭祀，重要的是，所有家庭角色诸如父亲、表亲、祖母——诸如此类都是礼。礼是给每个成员提供其在家庭、社群和国家中一个确定的位置和地位的社会规范。礼作为意义的资源是一代又一代承传的生活形式，它让年轻人适应持久的价值，亦让他们适合自己的状况。在非正式和独特的私人方面，全面参与礼所建构的社群需要个人化流行的风俗、制度和价值。礼仪与法律规范的深远不同就在于此一把传统化身为己的过程。拉丁词 proprius（"成之为己"，making something one's own），如其在 appropriate 或 property 中包含的意思，给了我们一系列同源表达，有助于我们在翻译主要哲学术语上获得这种参与感和个人化意义："义"不是 righteousness（正义）而是 appropriateness（适宜），是 doing what is fitting in one's own relationship with others（做与人相处最宜之事）。"正"不是 rectification（校正）或 correct conduct（改正行为），而是 conducting oneself properly（做适当的事）。"政"不是 government（政府），而是 governing properly in the sense of the ruler wining over the people and the people identifying with the ruler（执政者赢得百姓，百姓认为执政者与其休戚与共，在此意义上管理得当）。礼（ritual propriety）不仅仅是 what is ritually appropriate（适礼），而是 doing oneself what is ritually appropriate（适情适礼）。

对我们（西方人）来说，粗野与不道德之间有明显区分。而对孔子来说，这个链条上会有不同程度的不义、不当的坏行为，个人相应做得不好，不仅是坏的风度，而且完全是道德、责任上的失职。

礼同儒家大多数事情一样，也始于家。《中庸》第二十章很清晰地表达了礼的家庭之源："亲亲之杀，尊贤之等，礼所生也。"

孔子在定义孝时，并不只关心"能养"："至于犬马，皆能有养"（《论语·为政》）。《孝经》的确是从意向上来解释孝之核心，它坚持认为，侍奉父母态度不端正事实上不能称之为孝："三者（骄、乱、争）不除，虽日用三牲之养，犹为不孝也。"（《纪孝行》）

孝的实质在于承顺父母之"色难"——照顾年老力衰的父母时和颜悦色，亲切婉容，而非仅是日常的服劳奉养就可以（《论语·为政》）。孝要比表现得尊敬多得多，它是在这样的敬重中发现快乐。重要的是，它远非决定礼或仪式行为的简单形式姿态，而是我们日常生活每时每刻对我们角色和关系的不懈关注。或许，理解儒家世界的礼的最大障碍是将其设想为我们社会所熟悉的一个方面——ritual，想象我们完全理解它的要求。ritual 在英语中的用法几乎总是带贬义的，说明其经常依从虚伪且无意义的社会规范。然而，审慎阅读儒家文献会发现某种精心设计的生活方式，从适当的面部表情到身体动作，生活就像舞台表演需要极其注意细节。重要的是，这一由礼建构的表演始于这样的洞识：即个人的优雅有礼只能通过形式化角色与行为的训练才可

能实现。缺乏创造性个人化的形式是强迫和非人的法则，而无形式的创造性个人表达，说得好是随机应变，说坏了则只是任意妄为。只有在形式和个人化适当结合的情况下，家庭与社群才会是自我规范、优雅的，而儒家的礼正是这样一种形式。

《孝经》洞察到礼之确保人类社会且提升想象空间的能力就在于它展现了个人在等级关系中表达适当的敬与传播这种敬的人从其中衍生的快乐之间的亲密关系。简单说，尊敬父亲会给儿子带来快乐。表达适当的敬意远非麻烦和压迫性的，而是我们汲取营养的个人快乐之泉。在效仿那些激越我们的典范们的过程中我们经历着成长的快乐。将此种行为单单视为顺从，或更糟一点，就完全无法欣赏儒家感受性。

(节选自《孝经——生民之本》页76—77。)

二、非强制性参与

对"东方专制主义"这一观念（在这种观念看来，所有的权威都在君主一方）的执著，阻碍了西方一些对中国传统的杰出诠释者，使他们在一定程度上无法了解和欣赏像"礼"这样一种非正式的社会机制，也无法了解和欣赏：耻感文化的培养是一种管道，通过这种管道，社群参与到产生作用的秩序当中。有关这一点，《论语》说得很清楚："道之以政，齐之以刑，民免而无耻；道之以德，齐之以礼，有耻且格。"(《论语·为政》)

对于在一种自主性、礼仪化构成的社群中的完全"非强制的"参与，这一段话给了我们一种满怀抱负的儒家观点。罗思文主张："对孔子来说，社会调节过重要，以至于不能交由政府来承担。更好的做法是由传统（'礼'）来承担作为一种民众的约束性力量。"[①] 在这一主张中，罗思文抓住了"礼"的关键与核心所在。

《说文解字》一语双关地将"礼"定义为"履"。将"礼"作为过程性和

---

① 罗思文：《〈孔子：即凡俗而神圣〉的评论》，载《东西方哲学》，1976年第4期，第441页。

事件性的东西来理解，是中国古代感受性的标志。在阅读《论语》的过程中，我们往往易于忽略其中《子罕》《乡党》《先进》等篇的内容。在这几篇中，基本上都是描写作为历史人物的孔子的生活事件的写真。然而，恰恰是这几篇文字，通过最细微的体态、衣着的式样、步履的节拍、面部的表情、说话的声调甚至是呼吸的节奏，最大程度地展示了孔子这位士大夫是如何以其恰如其分的行为来参与朝廷的日常生活的：

> 入公门，鞠躬如也，如不容。
>
> 立不中门，行不履阈。
>
> 过位，色勃如也，足躩如也，其言似不足者。
>
> 摄齐升堂，鞠躬如也，屏气似不息者。
>
> 出，降一等，逞颜色，怡怡如也。
>
> 没阶，趋进，翼如也。
>
> 复其位，踧踖如也。（《论语·乡党》）

对于一个人行为举止的这种关注，始于一个人家庭环境的熟悉与密切：

> 孔子于乡党，恂恂如也，似不能言者。
>
> 其在宗庙朝廷，便便言，惟谨尔。（《论语·乡党》）①

《论语》中没有给我们提供那种规定的正式行为的教学问答，而是向我们展示了孔子这位具体历史人物奋力展现他对于礼仪生活的敏感这样一种形象，正是通过这样一种努力，孔子最终使自己成为整个文明的导师。正如以下这段文字所描绘的："疾，君视之，东首，加朝服，拖绅。"（《论语·乡党》）②

这是一幅孔子的肖像。这里并没有说，在各种情况下受到君主造访时，一个人必须以某种特定的方式来行为，而是描绘了孔子如何找到一种姿态，去传达为一种关系所要求的恰当的敬重与忠诚，即使是在环境最为艰难的情况下。

我们应当很清楚地看到："礼"并不能够仅仅化约为正式规定的一些礼仪

---

① 这段话的意思是说：孔子在本乡的地方上非常恭顺，好像不能说话的样子。而在宗庙里、朝堂上，孔子有话就明白而流畅地说出来，只是说得很谨慎得体而已。（译者注）

② 这段话的意思是说：孔子病了，国君来探视他。孔子就将脑袋朝向东方，并把上朝的礼服披在身上，拖着大带。这表示孔子虽在病中仍不忘君臣相见时臣子所应当遵守的礼仪。（译者注）

节文，在规定的时间得以履行，为的是表明相对的地位，或者为的是要区分人生的不同阶段。必须根据每一个参与者的特性以及成人这一深刻的创造性事业，来理解"礼"的践行。"礼"涉及个人投入的一个不断的过程，伴随着坚持和努力，这种个人投入的过程净化了一个人的公共交往活动。就行为中的认同（identity-in-action）而言，这一过程是具有倾向性和富有成果的。

在古代中国的世界，离散性的"东西"（things）让位于独特并且始终并未被充分决定的（under determined）"事件"（events，"物"）。这些事件通过特定化的（particularized）和个人化的（personalized）某些模式（patterns）的形成，来实现更新（novelty）。在古代儒家传统内部，"礼"正是围绕这些独特的行为模式来组织人类的经验。

《中庸》第二十六章言道："天地之道，可一言而尽也：其为物不贰，则其生物不测。"

propriety 这个字的字根 proprius 使之具有一个同源的意义范围，如 proper, appropriate 以及 property，其意义都可以包含在 propriety 之中，就此而言，当 propriety 被理解为"一种成为自己的行为"时，用 propriety 来翻译"礼"，就是一种恰当和巧妙的措辞，其意在强调个人人格化的过程。因此，"礼"决然是一种个人的践履，它展示着一个人对于其自身及其所在社群的价值，展示着一种个人和公共的话语，通过这种话语，一个人在质的方面将自我构成并展露为一个独特的个体，一个完整的人。

"礼"是既经学习的有关敬重的各种模式，这些模式是由个体优雅地来加以践行的。"礼"是展现价值（value-revealing）的生活形式，这些形式引发了仿效并鼓舞了宗教的献身，促进对于一个繁荣社群来说颇有必要的共同的思想习惯（likemindedness）。"礼"既是认知性的，又是审美性的；既是道德性的，又是宗教性的；既是身体的，又是精神的。当种种礼仪行为被视为构成一天日常事物的诸多圆满的事件时，这些礼仪行为就是多种多样和多姿多彩的。但是，当种种礼仪行为被视为一个具体个人富有意义的行为的连续叙事时，这些礼仪行为又是十分个性化的。

（节选自《中庸》页 40—43。）

三、"礼"的互为性

我们已经描述了在孔子思想中,"人"是作为某种"通过而思"的行动表达和实现的。既然思想体现了通过"学"的人际活动对文化传统的吸收和运用,而且在"知"和"信"的共同行为中升华,那么,思想从根本的意义上就拥有社会维度。与此同时,由于人在思想过程中必须对普适的文化加以改造以适应他自己的独特境遇,从而展现了自我创造性,因此,思想拥有主观能动的目的性这一主要特征。

我们曾通过对教育、思和修身等的探讨描述了思想的动态过程,现在要进一步拓展,重在探讨通过人际活动的"思"。对孔子来说释"人"需要他者的参与,现在还要接着讨论"成人"可以被描述为一种人际沟通和交往的过程,就此成长中的人在其社会环境中不断努力获取整体性。这一整体的性质,正如我们将要揭示的那样,既是个人适应环境的一个功能,也是通过其个体之"义"(适当性)的表达创造性改变语境的功能。

孔子思想中将"通过而思"的行动扩展为包含做人的这一整个动态过程,它体现在从"人"(individual person)或"己"(individual self)到"仁"(authoritative person)的转换过程中。"小人"(retarded individual)就是由于缺乏努力或远见而没能发展为"仁人"的"人"。

"人"之成长这一动态发展过程可以证明,我们很有理由选择"仁人"来作为孔子《论语》的核心概念"仁"的恰当解读。仁人通过培养自我之"义"(自己的判断力、适当感以及有选择地将己之价值投注到世界的能力),而从礼(cultural legacy)之规范的行为、风俗和习惯中发现和运用意义。他因袭传统而假定了社会公论的权威。与此同时,其个人之"义"又是改造传统以适应新环境新意向,以及恢复传统的力量,使之成为发展和展现自我意义的必备之具。在此意义上,获得高度发展的人作为"意义展示者"使自己参与到文化传统的规划和创造中。正是其作为社会公论权威(authority)的化身和作为新生文化的创造者(authorship)的对话使之成"仁"(authoritative)。

通过分析"成人"的动态过程借以表达的语言,阐明分析的种种哲学含

义的方法，以此说明对"人"（individual）和"仁"（authoritative person）的区分。这也就是说，在哲学层面上，从"礼"（ritual action）、"义"（signification）之间的运动和转化来考察"仁"的产生。通过概念的分析和重构使孔子"成人"观念获得某种连贯一致的说明。

在此很有必要强调两点：一、在孔子思想中，社会语境对"成人"观念来说是不可化约的；二、读者须寻出一条有前后传承关系的诠释线索。这种谨慎是为了努力扭转我们当代对"人"认识上严重倾向于个人主义预设的态度。我们必须不遗余力防止心理分析的倾向。进而言之，单独分离出那些不过是概念和诠释上的区别，仅仅为了从中解读分析出清晰性，至少会忽略对其彼此内在关联的一些了解，这恰是真正的危险所在。

(节选自《通过孔子而思》页 83—84。)

四、由"神性中心"向"人为中心"的过渡

孔子在谈及自己的成长历程时说"三十而立"（《论语·为政》），"立"（stance）这个概念当然与更为特殊、形式化的"位"（rank, position）这一概念有关联，而且指涉人之为人所奋斗和追求的总体状态。《论语》中反复宣称，正是"礼"（ritual, action）（也常常被翻译为 rites, propriety, ceremony, decorum, manners）使个体得以决断、设想和展现他个人的"立"：

陈亢问于伯鱼曰："子亦有异闻乎？"对曰："未也。尝独立，鲤趋而过庭。曰：'学诗乎？'对曰：'未也。''不学诗，无以言。'鲤退而学诗。他日，又独立，鲤趋而过庭。曰：'学礼乎？'对曰：'未也。''不学礼，无以立。'鲤退而学礼。闻斯二者。"陈亢退而喜曰："问一得三：闻诗，闻礼，又闻君子之远其子也。"（《论语·季氏》）

其中"不学礼，无以立"这句话，可作为揭示几个与"礼"的地位和功用以及它在"成人"过程中所起的作用有关的认识的一条途径。

首先，"礼"的社会方面在其演变过程中是一个重要要素。普遍认为，"礼"最初是因为统治者想要与神灵建立和保持某种关系而制定的形式化程

序。这些礼仪是以模仿可感受到的宇宙节律创造的,是一种强化人类与其自然和神灵世界和谐关系的手段。它们被用来加强人类对有规律的存在过程的参与意识和语境意识。于是,"礼"逐渐从统治者自身延及宫廷和社群的其他成员,发展出越来越多的社会意义。每一个参与者在这些礼仪行为中都拥有自己适当的"位"。如果一个人不了解"礼"的程序,他会完全不知道何处"立"身。

"礼"的第二个特征是其揭示和展现的功能。"礼"(禮)字的词根是"示","示"的意思就是"显现、标记、表明"(show, sign, indicate),因为这些礼仪最初在一种宗教语境中表演,让人类的意图为神灵所知。"示"作为字的词根常常表示宗教事务。"礼"字的"豊"(vitual vase)这个构成成分进一步将礼仪与神圣和献祭相联。尽管中国社会情况有所改变,礼的范围从仅局限于宗教礼仪扩展到包括各种各样建构人际交往的形式化行为,但社会礼仪这一演化的观念也从来没有失去其神圣和供奉的意味。处于中国文明雏形期的周代,社会从基本上是部落/氏族体系发展为某种更为复杂的半封建社会等级制,"礼"也经历了从最初作为指导专门宗教祭仪的种种礼仪模式,到进而体现社会规范、习俗等等,涵盖了越来越多复杂的关系、制度、惯例的全部系谱。"礼"关注的重心也由人与超自然力量的关系转换到人类社会成员之间的关系,它们的应用也从宫廷扩展到文明社会的方方面面。

"礼"的演化过程中始终贯穿的与礼仪的形式化结构相关联的神圣感这一事实,展现了中国社会和文化的一个重要特征。尽管"礼"的重心和运用发生了重大转化,但最初使某特定人类圈子与整体凝聚为一的宗教功能却没有改变。中国各个社会阶层,不仅仅是宫廷,都在礼仪活动中寻求协调他们的生活,以求相合于从自然中感知的有序节律。每一个人从自身语境出发,通过文化适应和人际活动自由寻求与整体的关系。如果宗教性根本上涉及对个人的"语境意义"以及他与该意义之源的关系的理解和认同,那么,这些演化的社会礼仪就会在它们通过社会交往为社会成员的精神发展提供工具的同时,也将其神圣性和宗教性注入其中。尽管孔子坚持将他的讨论限定在"礼"的纯粹社会含义上,但后来的学者却显然将人类社会结构置入宇宙秩序这一更为宽泛的语境中。

"礼"的这一社会维度的演进常常被描述为中国人文主义产生的根据,但是这一说法需要限定。无疑,这一时期表明了"礼"由神性中心向人为中心的过渡,也表明了由听命巫觋向听圣人之言、由地位权威向人的权威的转换。但这种转换不能被理解为某种脱离宗教和神性的运动。正如罗伯特·詹美罗(Robert Gimello)所指出的:

> 我们更应当认为,对孔子和他的信徒来说,普遍、最终的价值(在其最真实,至少是文化范围的意义上即宗教价值)就是个人借此能够完全以"人群中的一员"过上某种丰富完满的精神生活的过程。在此一过程中,"礼"本身更多被认为是人类关系的范例,而非神职人员的行为模式。

孔子告诫他的儿子"不学礼,无以立",该观念所表明的最后一个重要思想,乃是从"立"与礼仪传统中的"体"所抽象出的身体的譬比。古词典中,"礼"都是由它的同音字"履"(to tread a path)限定,强调履行且最终体现保存在礼仪中的文化传统的必要性。"礼"与文化传统之"体"有启发意义的关联,在于"禮"与"體"这两个字之间的同源关系。正如卜弼德(Peter Boodberg)所论,它们是仅有的两个共同以"豊"(礼器)作为语音成分的汉字。另外,他强调,这两个字的关联正在于其"有机形式"(organic form)部分叠合的含义:

> 这样,"形式",即"有机"形式而非几何形式,似乎将这两个词连接起来。这从古代注者们不断用"體"来注释"禮",即可获得证实。

由于"礼"是聚结文化传统意义和价值的具体化或形式化,因此,"礼"的形式与"体"在概念上有交叠。如果我们敏感注意到"礼"与"义"(rightness/signification)之间的亲密关系,且借此来考察古代文献中"礼"的观念,我们会发现"礼"可被更详实地表述为形式化的人类行为延续的传统,其既显示了先人所赋予传统的累积的意义,又是与传统的过程性相应的对重构和创新的呼唤和开放。这些"礼"就像"体"一样"形态"各异,多是由其语境阐明的。蕴积了传统意义的"礼"是传统赖以延续、个人借此获得文化修养的形式化结构。礼仪行为就像文学作品和音乐脚本，使承载已逝的先人们伦理、审美智慧宝库历经时空流转而获得承传。礼仪活动的参与者在寻求让自己合乎礼仪的同时也从礼仪行为中获取了意义，意义和价值都导源于这种具体化行为，而且，"礼"还会通过个体赋予的新意义、新价值而使自身获得进一步巩固和加强。

另外，正如"體"的简体形式"体"（由"人"和"本"构成）所表明的那样，礼仪和习俗的载体也可被称为是维护和支持文化传统创新和创造性之"根本"。它就像人类的身体，是一个有机的实体，必须给予滋养和培育才可保存整体。而且，只有不断为之赋予新的活力且使之适合当前环境，才可保持它的价值和影响。它既是过去的成果，又是未来发展的根基。

"禮"与"體"之间这种具有启发意义的同源关系在两种方式上同时起作用。首先，我们已指出，传统表明古代圣王尊重自然过程隐含的常理和秩序，且设法制定了形式化的行为准则以使人类能够在他们生活中彰显天地之理。这些用来建构人类内部生活且将之与外部连接为一个不可分割的整体的形式化行为，就是宏观世界的"理"（veins, fibres）的一个微观世界。再者，古代文献中充满了将人体、"息"、窍、血脉、五脏六腑等视为一个类似于大宇宙的循环形式的小宇宙的现象。"礼"和"体"二者都作为宇宙功能的模仿共有某种神秘力量、神圣与神力感。

治理者凭借"礼"最早的献祭含义建立了与神之间的关系，该含义始终有某种强烈的关系性蕴涵其中。从个体自省性的对话到最宽泛的社会政治结构，"礼"在人类经验的各个层面都建构、决定且联结着种种关系。同样，礼仪形式提供了某种手段，使个体参与环境，从环境中获取意义且对其有所贡献。

"礼"当然不可理解为是凭神的力量建构起来的规范。如果说它们拥有规范化的力量，那也是因为它们一直都源自人类环境，继而能够更好利用环境。它们是为提高社群生活而教授和传承的行为方式。同样，人体也是或然性的，它既不是以上帝的形象设计的，亦不是被灌输了某种不可改变的种族性状。人体是具体化为对相关环境创造性回应的种种过程不断变化的形状。没有理想的外在形式，人所体现的种种才能和本领都产生于其借以寻求整体性的境

遇中。"体"是在变幻莫测的环境中努力提升人类生活所获得的意义和价值的可变陈述。

(节选自《通过孔子而思》页 85—89。)

五、"礼"与"教"

"礼"的生活是一个持续成长（growth）和延伸（extension）的过程。通过在终其一生"达道"的过程中保持一种稳固的平衡，一个人使其经验的范围和强度得以扩张，而终生"达道"，则是在"礼"的各种间隙之内、在气质倾向的意义上被履行的。

用于描述儒家宗教经验的大部分用语，都明显地包涵着这种成长与延伸的过程。正如我们已然所见，富有成果的家庭关系是"本"，正是在那种关系中，一个人的"道"得以产生和前进。① 在君子与小人之间的反复对照，"义"的包容性与"利"的排他性之间的对立，以及"仁"来自于"人"和"民"，所有这些都使得通过各种敬重方式而来的成长与延伸成为题中应有之义。"神"这个字甚至跨越了"人的精神性"与"神圣性"之间的区分。此外，"神"本来和"申""伸"就是同源字。

对于那些成为神明一般的祖先以及文化英雄，被用来描绘他们的一些比喻经常是具有神圣意义的，像"日月""天""北斗"以及诸如此类的一些说法。这些比喻性的说法以一种象征性的方式表达了那样一种人们所熟知的假定，即所谓"天人合一"。例如，《中庸》第三十章指出：

> 仲尼祖述尧舜，宪章文武，上律天时，下袭水土。辟如天地之无不持载，无不覆帱。辟如四时之错行，如日月之代明。

这种经验的强度是一个人个人成长的尺度。而这种经验的根源就是在其自身独特叙事之中的自我的创造性阐释。这种经验的成长与延伸就是"教"的

---

① 正如《论语·学而》篇第二章所谓："其为人也孝弟，而好犯上者，鲜矣；不好犯上，而好作乱者，未之有也。君子务本，本立而道生。"

成果。

在说明儒家"教"的观念时，英文字 education 的语源学是有所帮助的。education 有两个主要词根——educere 和 educare。第一个词根的意思是"引起"；第二个词根的意思是"培养"。作为被理性地加以规划的指南，educare 是和"教"的意义相共鸣的，它是"教"的逻辑的模式以及被理性地加以安排的模式。另一方面，educere 则提示了"教"的创造性的方面，这一方面与审美性的理解是相互配合的。首先被理解为 educere 的"教"向我们提示了这样一种意义：通过一种自我修养（self-cultivation 修身）的方式，事实上那是一种自我创造（self-creation），一个人扩展延伸了其内在的倾向（"性"）："当仁，不让于师。"（《论语·卫灵公》）

如此理解的"教"是一种交往的过程，这一过程使连续性和创造性成为必要，而连续性和创造性既是这方面有能力的教师的成长，又是那方面有能力的学生的成长。在《中庸》"达道"的表达中所把握到的，① 正是"教"的这种意义。

《中庸》开头有一段重要的话："天命之谓性，率性之谓道，修道之谓教。"

通过将"教"基本上界定为"道"的完善与推进，《中庸》说明了"教"的创造性的方面。但是，说"教"的功能首要地不是传播和训练，而是兴发和唤起，那将会是发生误导作用的。"教"的目标无疑是推动成长和延伸。不过，这样做涉及如何阐明那些个人的、社会的以及建制性的脉络，那些脉络构成一个人的礼仪生活，而礼仪生活能够兴发和唤起一种特别的未经思虑营谋的经验。例如，作为被践行的礼仪形式，其当下直接的意义只是一种所拥有的审美的经验。可是，没有这种礼仪形式，所有这种直接当下性将会既是偶然的，又是短暂的。

"教"的 educere 和 educare 两方面之间必要的平衡，在《中庸》第二十一章中得到了把握："自诚明，谓之性。自明诚，谓之教。诚则明矣，明则诚矣。"

---

① 参见《中庸》第一章和第二十章。"达"的意思是"突破"，正如成长中的谷物破土而出。

这一章的内容，需要对其中的关键用语以及它们之间的关系保持一定的敏感。创造性（新生事物当下的自发产生）是一种导向理解的自然的（不是被强制的，不是被产生的）过程。在这种脉络中，当"某种东西被学到时"，"理解"首先意味着逻辑的、理性的领会（educare）。但是，当创造性再次从理解中产生时，周期性的过程就处在持续当中。在这种新的脉络之中，"理解"是被经验的内容的审美享受，那种被经验的内容是经由"教"而获得的。这样一来，"教"就成为 educere——一种顾及新生事物自发产生的过程。

古典儒学有这样一种方式，它的成长与延伸的"教"的过程既受到整体意义的塑造，同时又对整体意义的形成有所贡献。在探索儒学的这一向度时，我们必须考虑到：它既是非神论的（no-theistic），又具有深刻的宗教性。它是一个没有上帝的传统，这一传统另外提供了一种以礼为中心的（li-centered）宗教性，这种宗教性肯定累积性的人类经验本身。

根据对终极创造者的受造性的依赖来理解宗教，在儒家的世界中是无法获得共鸣的。儒家的宗教经验是一种社群成员之间相互依赖的产物，在社群之中，宗教生活的质量是公共生活质量的直接后果。宗教不是繁荣社群得以建立的基础，而是繁荣社群最为精致的开花结果。儒家的宗教性既不是救赎性的（salvific），也不是末世论的（eschatological）。尽管儒家的宗教性也需要某种转化，但儒家宗教性所涉及的转化却是生活质量的转化，这种转化是在日用伦常之中并通过日用伦常而实现的。

这种非神论的、以礼为中心的宗教性的定义，在《论语》中有所暗示，在《中庸》中则获得了更为明晰的表达。这种定义既挑战着为人所熟知的对于古典儒学的基督教化的诠释，同时也挑战着那种认为儒学只不过是一种世俗人文主义的主张。

对古典儒学来说，宗教性就是在事物的彼此关联中发现和投入，就是要觉察并论证事物的意义。同所有的事物相容共处，是通过在我们日常生活熟悉的经验中所获得的那种平衡来实现的。而我们那种日常的生活经验不需要将会损坏其多种可能性的任何强制性，允许每一个行为之中的最为适当的创造性。

《中庸》的中心论题是探讨由"命"赋予其规定性，"天"进行提升的

"人之性"的诸种关系,对成"人"之"道"的追求,以及如何通过"教"来完善和发展这一"成人之道"。在阐明这一论证时,我们强调指出作为创造过程的"诚"对于阐明《中庸》主旨的重要性。通过"性""天""命"的相互作用,以及对"道"的反复体悟,创造性的人的创新贡献就是"人化"过程(process of personalization)的根本结果,而"人化"过程则是"教"(ritual education)的首要禀赋。

(节选自《中庸》页 50—52。)

六、"礼"与"身"

生理学语言曾被用作描绘和评价汉字构成的范畴。它常被用以比喻行礼的身体。就像"文学全集"或"一整套礼",书写文字是表达和表现参与的书法家的成长和脱俗的样篇。其中有支撑整体的骨架,它规定了基本的形式。然而这些灌注了人们共同接受的意义的"骨架"承受了艺术家的创意之体。毛笔的一笔一划的"肉"与"筋"显示了汉字的体与形。笔墨的"血""脉"和"气"表现了变化、平衡、节奏和动势。字的构成本身就像行礼,既是袭用意义也是揭示意义。它具有互通交流的作用,既反映了实行者的性情,也反映了观看者的性情。与"身"一样,字是一个转换的构造(transformative configuration)。

礼与身(礼通过身来表现)是儒家心目中的共同体和谐(communal harmony)的必要条件,因为礼不仅允许,而且实际上要求个人参与它们的演习。我们经常看到礼的另一译法 propriety(意为得体、得体的行为、礼仪、礼貌),它反映了这样一种期望:行礼对于某人自己来说,是在沿袭形式化的行为方式的过程中来表现自己的意义。具有创造性的全套礼涵衍了沿袭和被沿袭这两方面。已经实现的社会和谐所依据的前提是,人是独特的,他们必须将他们自己和谐地结合到那种能让他们表达自己独特性的关系中去。

礼的实行永远是独特的,这不仅是因为它们需要个性化,而且因为它们表现了实行者品质的差别。礼及其产生社会和谐的潜在能力的重要作用是由

它的参与者的高尚品质直接造成的：

> 人而不仁，如礼何？人而不仁，如乐何？（《论语·八佾》）

社群的特性是由其成员联合的创造活动决定的，社群是受到规划的，但又是可调整的。它既不是作为直接的现实也不是作为一个固定的理想而存在。它不如说是一个有审美价值的成就，决定于待定的成分和所受之鼓舞。就像一件真正的艺术品，它不可能仅靠应用一个公式或依照一个蓝图就能产生。

在儒家传统中，最基本、最重要的人文精神是，它认为人的进步、教养和完美的潜在可能性显然不可限定。有些事物的性质肯定将比较稳定。但是，人，这种最能培育和完善的实体，却是富有活力、不断变动的。有一种比较固定的倾向抑制个人发展的创造过程，这就是人们的自然的和文化的遗传。但是人们发扬他们的人性能与这种遗传相抗衡。

（节选自《汉代起始之思维》页33—35。）

七、"礼"与"义"

正是"义"使礼仪行为有别于无意义的其他人类行动。正因此，"礼"的通常译法 propriety 才很值得重视。propriety 源自拉丁语 proprius（我自己，one's own），proprius 与 property（特性、所有权）是同源词。就是说，"义"（自我于环境之宜，appropriateness of personal self to context）与"礼"（ritual action）相关，即将"礼"内化为自我的，在那种行为中展示自己的禀性倾向。《左传》记载着何以只有那种被"义"表征的行为才可称之为"礼"的过程：

> 夫名以制义，义以出礼，礼以体政，政以正民。（《左传·桓公二年》）

段玉裁《说文解字注》也参照"礼"释"义"："义之本训谓礼容各得其宜，礼容得宜则善矣。"任何对"义"的阐释，如果夸张了它的规范力量，减弱其根本上经验的一面，就会强化对"善"的概想。"礼"与"义"是紧密联系的。这表现在孔子之后日益流行开来的"礼义"这一用语。例如,《荀子》中有三分之一"义"字是以"礼义"并陈形式出现的。

"礼""义"的联系也造成对这两个观念的混淆,"义"的意义变得模糊含混,相当严重地影响了古代儒家思想的深刻性。不能明察"礼""义"的区分,结果不能充分认识"人"观念本是富于意义的行为的初始根源。这不仅是当代对孔子思想所做保守解读的特征,而且还可至少追溯到道家一开始就对儒家的责难。道家认为,儒家是要求人类遵从某种强加的非自然秩序。我们只有弄明白了"礼""义"间的区分,认识到"义"在孔子哲学中的根本功能,才能意识到对"义"的错误诠释是多么深刻地影响它的丰富内涵。

无论"义"内涵是什么,在前古社会"义"的表述似乎都在很大程度上与特殊的人相关。《墨子》对此有生动的解释:

> 古者民始生未有刑政之时,盖其语,人异义。是以一人则一义,二人则二义,十人则十义,其人兹众,其所谓义者亦兹众。是以人是其义,以非人之义,故交相非也。

从此开始,在"义"的社会化过程中,这些有意义的行为的个别人的表达就被链接到那既有持续性又有变动的称为"礼"的社会、政治和文化结构体中了。"礼"是贯注历史之"义"的知识库。《左传》关于文学在如此传统中的角色是这样阐释:

> 《诗》《书》,义之府也。礼乐,德之则也。德义,利之本也。(《左传·僖公二十七年》)

"礼"作为植根传统且代代流传的浓缩的文化智慧有以下几种功能:首先,这些礼仪行为有某种重要的教诲意义。人在学习和表达"礼"的过程中,寻求先人之"义"且据此促发和提升自己的感受性。一个特殊的人不仅践行礼,而且在礼引发特定反应的意义上,可谓礼"塑造"或"实现"了人。礼作为既得智慧在指导一个特殊的人当下生活的意义上是规范性的,但它又是经验性的,因为礼之是否得宜需要一个特殊人自己的判断力。

礼的规范力量常常会产生像"从义""通义"这样自然而然的表达,而且

比喻词"路"也常用来指"义"。运用这些表达自然会引发将"义"解读为一个特殊人为体现道德所要符合的某种规范的原理或标准。尽管先人之"义"铭刻于被承续的文化传统中且成为人修身的丰富资源，但我们在衡量和获取这一文化遗产时仍负有一个特殊人的"义"参与的义务，而且还要使自我之义有利于传统的丰富和发展。这或许就是孟子所谓：

> 舜明于庶物，察于人伦，由仁义行，非行仁义也。（《孟子·离娄下》）

"义"当然可以被喻为"路"，但如孔子所谓"人能弘道，非道弘人"（《论语·卫灵公》），任何牺牲"义"根本的经验方面而夸大其规范力量的解读，都会导致将孔子思想理解为一种强制秩序的保守的哲学体系。

"礼"的第二个功能是作为获得和展现一个特殊人的"义"的正式性工具。当"礼"仅仅是对他人行为的机械模仿时，是没有任何真正意义的。只有展示自我特殊性的"礼"才能构成真正有意义的人类活动。"礼"只有在一个特殊人被传统所赋予的礼仪行为促发，而将自我贡献贯注其中时才会获得意义。这里至关重要的是，人作为有意义行为的本源和创造者的首要作用。

这里也引出了"礼"的第三个功能，即作为个人修身的创造性智慧的具体化手段。一个特殊人受到传统的指引，但在追求"宜"（顺义）其传统的同时却必须衡量和改造传统。必须指出，强调"礼"的这一创造功能，并非不尊重传统。我们下面要说的就是，事实上，对传统的敬意或许构成宗教性的另一形式。但即使如此，一个特殊人的一系列正式性行为还是隐含了他有可能向传统引入的变化和做出创新。这也就是说，新的礼仪行为是"义"之表达所流露的特殊人创造性的具体化。

注重"礼"（禮）具有的全息整体性，则它的同源词"體"也反映着与"义"亲密和重要的关系，在这个意义上，"體"可阐释为是将意义与价值的"体"化。一个特殊人通过思量与揣摩传统延续下来的"得体之举"，也激发和提升他的"得体"意识，且能够使自己举止得当。同时，他自己的举止也是对传统的改造和提升。这样，"体"就像"礼"一样成为实现和展示意义和价值的形化工具。身体举止在参与社会的过程中传达了道德、理性、审美和宗教感受性且做到了身体力行。

最后，正像从传统继承的"礼"需要得当和创造性诠释，身体举止亦是如此。这些传承下来的得体行为不是确定的，而是先人智慧的结晶。它具有可塑性——一个特殊人可刻入其创新之举。

(节选自《通过孔子而思》页 97—101。)

八、"礼化之我"

孔子思想的一个前提是，一个人的成就是按照他能够对其施加影响的关系的状况来加以衡量的，我们如果从这一点开始，就能显示儒家礼的中心点。最广泛意义上的"礼化"使人们能够承担起规定自己与他人关系的角色作用。这是一种社会句法（social syntax），它使人们能够与他人相通、交往，因此使他们成为关系的主句（matrix of relationships，matrix 还意为"母体""策源地"）。各种关系集中化和个体化以后，呈现出联结形式，这就是特殊的个人，既是精神上的又是躯体意义上的个人。造成这些中心，并且由这些中心构成的"场域"（field）是社群（community）。

这些礼化的身份与行为从不与身体相分离，它们塑造人们在其中发挥作用的社群，它们也是由这种社群塑造的，并且向社群提供同一性和特性这两方面。"体"字与"礼"字（它们原来的繁体字是"體"与"禮"）有相同的词源，它们共同拥有以明确的形式表达的核心观念。

用以描绘礼的语言显示了一个有血有肉的个人与他的人际关系和社会构成的内在联系。实行礼的活动不仅是共时的，意思是它是特定的、社会的当下时刻的构成部分，而且也是历时的，因为这一整套形式化的行为是一个社群的文化记存。它表现了前人在文化传统中灌注和累积的意义。礼化的角色和社会组织作为灌注了意义的实践的主要部分，保存和传播了文化的意义。由于这个原因，实行和体现礼的传统既是将一个社群成员社会化，又是使一个人成为社群的一个成员。礼使特殊的个体接受共同的价值，使他有机会整合到社群中去，以维持和充实社群。"身"（lived body）是传

统之体借以表现自身的、具体的和特殊的手段。儒家努力创造的正是这种在各个层面（包括躯体的和精神的层面）共事的、参与的和谐。它充满人类之乐。

礼并非只是固定于一个文化传统内部的适切性的标准（standards of apprialeness），这些标准有助于塑造和管理这一传统的参与者，它们还具有重要的创造意义。因为礼与作为秩序的来源的规则与原则的区别就在于，礼不仅告诉参与者什么是适当的，而且这接由他们加以实行。它们是这样一种形式的构造，为了具有效验，它们必定个性化以适应每个参与者的独特性和品性。从这个意义上说，礼是指示、发展和表现一个人自己对于义（importance）的意识的一套灵活的规范。说礼与体的关系是表面的，意思是礼同内与外、个人与社群的结合部位的分界面相连接。

（节选自《汉代起始之思维》页 32—33。）

九、礼：不是西方的 rights

中国人关于社群的观念与西方自由主义之间的深刻歧异的一个象征是，在后者，现代社会和政治的理论在相当大的程度上是围绕着诸如个人与社会的关系、私人与公共活动的领域范围、自然法与实在的地位、权利与义务的性质、国家权力的认可（合法的权威性）、正义的意义等等这样一些问题展开的。与此成为对照，讨论与中国社会政治思想相关的关切，会包括个人、家庭和社会的生活的完善，以传统为基础的礼在重建社会政治的和谐中的功能，通过正名对社会政治身份的规定和调整，文化典范的效用，合情合理的进谏方式等等。

礼的观念是非常宽泛的，包含了从交往的方式、手段到社会政治制度这其间的一切。它是中国文化的决定性的组织结构，并且规定了社会政治秩序。它是这一文化表达自身的语言。礼当然不纯粹是中国人的发明，但是它作为治理社会的构造所具有的突出地位和普遍有效性，它对正规的法律制度的支配作用，却给中国的礼以特殊的定义。

也许是受西方模式的影响，当人们讨论中国对于人权的态度时，倾向于以国家为中心，基本上是以政治为导向的。西方哲学中对于人权的讨论，源于自然法传统和本质主义（essentialism）对人的能动作用的规定，这种讨论常常涵衍了对于超越的语言的依靠。作为一种不同的选择，我们想考察礼，它是这样一种社会机制，即构造社群，造成其社会政治秩序传统的重要的社会机制。然后我们想要说明礼如何已经以其自己独特的方式发挥了本来期望人权发挥的某些作用，以及它怎样影响当代中国社会接受西方普遍人权学说的方式。

"礼"这个字一般译为 rites（意为宗教等的仪式、礼节），ritual practice（意为仪式的举行、礼仪习俗），propriety（意为礼貌、礼、得体的行为），ceremony（意为典礼、仪式、礼节），从"约束"的意义上说，它具有浓厚的宗教内涵。

礼是"表演"，是身份和习俗，它通过规范的形式影响关系。英文 rites 与 ritual 的词源对于我们理解"礼"和它的同根字"体"有启发作用。在拉丁文中，ritus 源于词干 ri，表示计算、计数，而计数（enumerate）又是词干 ar（表示加入）的扩大，就像在 arithmetic（意为算术、计算），rhyme（意为押韵）中一样。这就是说，礼是社会的韵律和节奏（rhythm）。

实行礼的活动是独特的，这不只是因为它要求个性化，而且有更深的原因：它表现了实行者的独特的品质。礼的重要性以及它可能产生社会和谐的潜在能力，是它的各种各样的参与者经过培育的品质直接作用的结果。

通读《论语》可知，真正和谐的社群就像它常常所做的那样，总是依靠上层人士在实行礼的活动中完善他们自己，并且由知耻而反省自己，这样的社群的特点，从根本上说，是自我命令（self-ordering）：

> 道之以政，齐之以刑，民免而无耻。道之以德，齐之以礼，有耻且格。（《论语·为政》）

如果什么地方社群的秩序由内部的、人与人之间的顺从形式之网所构成，因而此秩序是内在的和自生的，而不是强加的，那么这个地方的统治者就不是在"统治"。

社群的这种"自我命令"并不涵衍封闭性。它既不是屈从于从上而下的法令，也不是复制预先规定的典范。相反，它是展示的过程，包括社群成员间的协调和相互适应，他们按照礼所规定的身份，通过实行礼的活动，同时实现个人和社会政治的完善。个人的正直（personal integrity）与社会的整合（social integration）不可分开，从而使手段与目的之间的界限不再存在，每一个人既是自身的目的，又是社群中每一个他人成为其自身的条件或曰手段。这是一种相互关系的模型。

在根据礼安排秩序的社群中，特殊的个人处于由"创造"而不是由"权力"规定的关系中。这种"创造"与"权力"之间的区别对于认识由实现礼的活动造成的社群是至关重要的。"权力"经常使人想到支配和控制这两个相互关联的概念，而"创造"这个观念只能从自我培育和表达的方面去说明。权力关系要求，其组成成分间的紧张的消除要有利于某个组成部分，与此不同，在由创造规定的关系中，没有最终的"他"，没有分离或疏远，没有一样东西被克服掉。创造要求一个关系中的每一个参与者，自始至终处于创造他人（the other）的过程之中。通过其成员的创造活动加以规定的社群是有纲领的，即有一个目标，要永远不断地去追求，它不是一个直接的现实，或固定不变的理想。它是一个可加修正的、无止境的、具有审美价值的完善过程，决定于特殊的组成部分和鼓舞力量。它更像一件艺术作品，而不是由一个公式或蓝图产生的成果。

"人权"和"礼"的概念在功能上是相似的，它们最终将成为确立和规定人们之间以及个人与国家之间关系的界限的手段。人们已经指出，虽然英文中 ritual（意为宗教等的仪式）经常带有形式主义这一负面涵义，而中文中的对应词"礼"却没有这样的联想。相反的情况发生于英文中的 rights 和中文中与之相当的词"权利"之间，中文"权利"二字从字面上来看是表示"权衡个人利益"的意思。"权"一般指"权力"（power），但不是在合法的权威的正面意义上讲权，而是带有这样一种含义：从特殊的情况下取得暂时的好处。它的反义词是"经"，意为经常的、固定的，或正常的、标准的。与"经"成为对照，"权"指不经常的、权宜的，甚至表示机会主义的。它使人们更多地想到特权，而不是某种共同的期望。与它搭配的字"利"同样是个多义词，它的基本意义是益处、利益、好处，但是，从古典时代起，它常常表示自私的意思，指只关心个人利益，而损害"义"的思想行为。

"权利"这个词确实有很长的历史。在保存至今的文献中，《荀子》第一次将这两个字合在一起，并且赋予明显的负面含义：

是故权利不能倾也……（《荀子·劝学》）

到19世纪，"权利"最初在日语中被用以翻译human rights（意为"人权"）的观念，中国人最初对它的反应想必是大惑不解。然而，近似于英文"权利"（rights）的不贴切的译法，使这个词正式地进入了中文世界，在20世纪颁布的许多法规中取得了法律上的优势。即使这样，支配了西方政治讨论的关于权利的宏论，与中国的大众文化仍然不相干。当然，中国人这样抵制人权观念的原因比翻译不当要深刻得多。通过关于礼构成的社会以及它的预先假定、目标的讨论，我们想表明，根据西方古典传统规定的权利涵衍的基本假定，在许多方面与中国对于社会的思考不相容。

先从历史上看，我们关于权利以及与之相关的事物的认识，受到小的家庭式社群的影响，在这样的社群中，风俗习惯和传统保证了基本的尊严，后来又受到现代民族国家的影响，在这样的国家中，日益流动的、原子化的人口必须向冷冰冰的、经常是压迫性的政府机器要求他们作为人的权利，可能会出现这样一个颇有说服力的论点，不管是福是祸，工业革命已经将我们关于社群的认识改变到了这样的地步，以至于人权成了保护个人价值的合理的回应。然而同样这一论点却可以从反面说明，在相当长的时期内保持了其传统的社会和政治外观的中国人，何以没有受到同样的推动，去展现争取个人权利的宏图。

在中国传统中居支配地位的关于人的自然状态的思想却截然不同，它在许多方面与据以构造西方人权学说的个人主义观念完全不相容。对人性的经典表述来自孟子，它在后来的中国传统中被加工得更加精致了。严格地讲，对于孟子来说，一个人不是某种存在（being），而是某种作为（doing），是一种成就。"性"的概念一般译为 nature（意为本性、自然），它起源于"生"，是"生"的含义的引申和发展，而"生"意指生物的出生、生长直到最终死

285

亡的全过程。对于人而言，它与我们一般地理解为"本性"（nature）的那种东西相比，也许更接近于造成"性格""人格"甚至"素质"的那种创造性行为。这种人的"本性"要与某种内在的生理和心理结构区别开来。事实上，关于人性引用最多的经典性文字是：

  天命之谓性。（《中庸》第一章）

这就是说，某人之"性"，是他在这个世界上的性命，是他的"天命"。这一句特别的文字经常被概念化，从而带上西方的涵义，将性理解为内在的可能性。孟旦就是用这类词语来解释这段文字的，他的结论是：

  这意味着，如此规定的人的本性，不可能通过人的活动加以改变；它是给定的事实，生来就具有。

  然而，唐君毅的理解更贴切，他把天命看成是存在于天人之间的关系，强调关系的互动性，并明确地拒绝那种不可改变的天数（Fate）或命运（Destiny）这种完全西方的观念。

（节选自《汉代起始之思维》页 269—287。）

仁、忠、恕

一、"仁"是滋养关系

我们将"仁"译为 authoritative conduct，to act authoritatively 或 authoritative person。"仁"是孔子提出的最为重要的范畴，而"仁"字也在《论语》中出现了百次之多。在《说文解字》中，"仁"并不是一个难以理解的字，它由"人""二"两字合成。这种语源学分析更加印证了孔子的观点：一个人不可能自我为人。也就是说，从出生起，我们就不可避免地社会化。对此，芬格莱特曾言简意赅地指出："孔子认为，如果世界上只有不到两个人的话，便没有人存在。"

当然，根据甲骨文的字形，"仁"字或许应作另外一种解释。在甲骨文中，"二"实际上是"上"字的雏形，"上"即写作"二"。这种诠释凸现在"成仁"过程中日渐显著的高下之分。因而，我们就需要为人文社会制订一个标准，即："仁者乐山"，"仁者静"，"仁者寿"。

在英文著作中，"仁"通常被译作 benevolence，goodness 或 humanity；有时也会见到 human heartedness 的形式；在极少数情况下，可能还会遇到艰涩而强调男性至上的 manhood-at-its-best。

诚然，benevolence 和 goodness 可能是翻译"仁"字的选择。但是，经过深思熟虑之后，我们决定采用相比之下不够雅致的 authoritative person。首先，"仁"是指一个完整的人而言，即在礼仪角色和人际关系中体现出来的，

后天所获得的感性的、美学的、道德的和宗教的意识。正是人的"自我领域",即重要人际关系的总和,使人成为完全意义上的社会人。"仁"不仅体现在精神方面,而且还具有物质指向,比如人的举止与态度,手势和肢体语言。因此,如果把"仁"译为 benevolence 的话,那就是在一个并不以"精神"概念作为定义人类经验的方法的文化传统中,强行对"仁"进行心理分析。结果,不但因为截断与其他德行的联系大大削弱了"仁"的丰富内涵,而且得不偿失地将为人复杂化。

英文 humanity 中暗含了"所有社会成员共同分享"这样一个基本条件。可是,"仁"绝非如此简单。"仁"是一个美学范畴,是一项已经完成的工作(《颜渊》第一章)。人并非我们所是,而是我们所为和我们所成为。或许,"成人"一词能够更加精确地勾勒出成为人的过程的和突发的特点。但是,这并不是一种天赋之能,个人能够成就为人的东西,恰恰划定了人的原初条件和自然、社会、文化环境之间的界限。

当然,作为各种关系枢纽的人具有天性(《阳货》第二章)。不过,"仁"首先是滋养这些关系,使之成为人类社会重要的、有力的、健康的参与者的过程。

在《论语》中,弟子们非常频繁地向孔子问"仁"。这反映出,孔子总是根据不同的意图重新诠释"仁",而与孔子问答的弟子们显然并不满意于各自的理解。在孔子以前的文献中,"仁"是一个罕见而且无足轻重的概念。这一点正好反衬出孔子对"仁"之内涵的创造性发明。在上古文献中,我们根本找不到"仁"的踪迹,在随后的典籍中,"仁"仅仅出现了三次。而在《论语》的四百九十二章中,"仁"在五十八章里出现了一百零五次。

"仁"标志着一个独特的人的性质改变,不过,它的意义也相当模糊——因为它必须在与个人具体条件的参照下才能被理解。这里没有既定的规则,也没有完美的理想。"仁"就像一件艺术品,它是一个开放的而非封闭的过程,并自始至终地抵抗一成不变的解释和重复。与"仁"本身一样,用 authoritative person 来翻译"仁"也是一个多少有点新奇的表达。而且,这种译法可能会让人急于澄清其内涵。authoritative 与 authority 是同源词,后者是指一个人因成"仁"而成为团体的代表,并且通过礼仪活动,在其身上体现出其文化传统的价值和习俗。在《论语》中，山的隐喻（《雍也》第二十三章）贴切传神地刻画出"仁"的特点：沉静、庄严，极具精神内涵，永恒不朽，被视为地域文化与团体的分界石。

为道之路并不是已然设定的。仁者必须是一个开拓创新者，他参与创造了自己地域和时代的文化（《卫灵公》第二十九章）。而"礼"则是一个内在化的过程——"创造自己的传统"——将决定个人定位的社会角色和人际关系人格化。"仁"的创造性，恰恰就是在各自团体内成为权威代表所不可或缺的因素。

在严密的组织和被迫接受的权威命令，以及权威命令所暗含的倒置的、顺从的意义之间进行分析和对比，是一项大有裨益的工作。仁者是一个公认的典范。其他人在绝无外在强制的情况下，心悦诚服于其成就，并且遵循其模式，修养自己的人格。而对于政治运作中的上下级命令关系造就的权威主义者，和循规蹈矩的仪式化团体赋予法律制度的非强制性结构这两者，孔子均持明显的保留态度。

(节选自《论语》页48—51。)

二、对"仁"不可做心理分析式解读

尽管学者们一般都同意"仁"是孔子哲学中一个（如果不是说最）核心概念，却常会发现他们不知所措的动摇在"仁"的各种各样的分析中，悲叹"'仁'交织着自相矛盾且神秘难解"，"'仁'似乎令人沮丧地复杂"。尽管评注者对诠释"仁"的意义感到绝望，但这当然并不是因为孔子有意使之面目模糊，正如杜维明所指出的那样：

《论语》中"仁"本身从一开始就不是一个确定表述，不应当将之解读为孔子为启发学生而有意设计的隐晦真理："二三子以我为隐乎？吾无隐乎尔。吾无行而不与二三子者，是丘也。"（《论语·述而》）相反，孔子似乎绝对严肃地努力向他的学生传达他所理解和感受的"仁"之真正意义。

芬格莱特则坚决反对地"仁"不合宜的心理分析式解读。英语评注者以各种各样的方式将"仁"翻译为：benevolence, love, agape, altruism, kindness, charity, compassion, magnanimity, perfect virtue, goodness, human heartedness 和 humanity。这些翻译显示芬格莱特是对的，学者们确实一直有将仁"心理学化"的倾向，将其视作一种由"客观"社会标准以及其他我们遵从或适应的礼仪行为所体现的"主观"情感。"仁"在大多数情况下被翻译为心理禀赋，而礼仪行为则显然是它的种种有形说明。芬格莱特告诫我们要反对这种简化论：

> "仁"似乎强调了个体性、主观性、品质、情感和态度；总之，它似乎是一个心理学概念。但如果大家像我这样，认为对《论语》来说关键在于它其中表达的思想并不是基于心理学观念，那么，如何解读"仁"这个问题就会变得尤其尖锐。确实，目前对"仁"解析的一个主要结论就是表明，孔子如何以某种非心理学的方式处理那些我们西方人会自然套用心理学术语的基本问题……我们在《论语》中找不到从指涉作为个体的"人"到"因而"指涉作为其内在精神或心理状态或过程的"仁"的相应运动。

我们必须更多注意到儒家著作中"仁""人"的共同定义，例如《孟子》和《中庸》都明确宣称"仁者，人也"。如果"仁"和"人"都意指"人"，那自然二者的区分就是性质上的："人"的两个不同层次。我们熟知的"有普通的人也有出众的人"的表达就可发现这一区分。"仁"指涉的是一种人性的已得状态，一个印在个体全部行为中的特征，它是获得社群尊敬且拥有感召力量的源泉。《论语·雍也》中的一段表达了这一点：

> 知者乐水，仁者乐山。知者动，仁者静。知者乐，仁者寿。

"仁"的卓越和突出对继承和发扬构成社会的有意义行为是必不可少的："知及之，仁不能守之，虽得之，必失之。"（《论语·卫灵公》）但此单指个人品格的"仁"会产生误导。

卜弼德继而表达了"仁"的另一特征："另外，必须注意到儒家著作中的'仁'不仅被用作名词和形容词，而且还是个及物动词。"这就是说，"仁"应被视为人性的转化,不仅意指已获得"仁"的品格的人,还包括此一品格借以实现的过程。"仁"这一作为"人"的实现过程的定义,明确表达在早期儒家文献中:"成己,仁也。"(《中庸》)

(节选自《通过孔子而思》页 111—114。)

三、"仁"是宇宙观

《大学》乃是儒家思想和典籍之最核心经书,详细描述成仁之过程。只有经严格、系统安排的修身计划,方能从道德上、精神上悟道,进而使得其人生最丰富、最充实。这篇简明扼要的文章之宗旨在于,在我们进行家庭、社会、政治乃至宇宙等方面的作为之前,都必须从个人层面上的修养开始,它与宇宙层面也是互相联系的。《大学》首段说:

> 大学之道,在明明德,在亲民,在止于至善。知止而后有定,定而后能静,静而后能安,安而后能虑,虑而后能得。物有本末,事有终始,知所先后,则近道矣。

即已将个人修养置于首位,《大学》正文接着叙述了古代贤圣凭这个方法而达到的宇宙层面上的道德境界:

> 古之欲明明德于天下者,先治其国;欲治其国者,先齐其家;欲齐其家者,先修其身;欲修其身者,先正其心;欲正其心者,先诚其意;欲诚其意者,先致其知。致知在格物。物格而后知至,知至而后意诚,意诚而后心正,心正而后身修,身修而后家齐,家齐而后国治,国治而后天下平。

对于周围的家庭、社会、政治、世界的状况,每个人具有特殊、独特的视角,若能投身于培养好各个方面的关系,则也能将这一切关系最佳化。《大学》的"学"指的正是有益交际行为的培养和修炼。①

---

① 杜威将这样教养出来的习惯(cultivated habits)叫作 habitudes:"习惯的影响是有决定性的,因为凡是有人类特色的行为都是后生学来的,而学习的核心无非就是培育习惯。……习惯的行为并不排斥思维的运用,但习惯决定思维的渠道和模式。"(Dewey 1998,298 页)

《大学》明确嘱咐我们，为了成为仁人，必须将先后、本末等都调理好：

> 自天子以至于庶人，壹是皆以修身为本。其本乱而末治者否矣。其所厚者薄，而其所薄者厚，未之有也！

《礼记》本的《大学》篇末段又陈述智慧之最高境界便是以成仁为先。其原文曰：

> 此谓知本，此谓知之至也。

务必相互依存，不然则皆无。

　　如上文所述，笔者将用原汁原味的传统中国宇宙观及其相关术语作为分析儒家思想的解释框架，以区别于古希腊形而上哲学中的"多背后的一"那种本体论模式。因为那种思想体系中的知识全是"向后追溯而得来的"，就是说先紬绎出万事万物的基础理念而后能看清其本质。与此相左，中国的互相关联宇宙观更重视事物之间的相辅相成关系、个体与领域间的关系。《大学》篇的思想内容正是可资典范。家庭的意义刚好依赖于其成员的个人修身工夫，引申言之，全世界的意义依赖于其成员的个人修身工夫。一个人的价值即是人类文化之源泉，而反过来说，整个人类文化为我们每个人修身养性提供一个机会和场所。虽说儒家思想从理论上有不少可学习之处，但其真正价值仍然在于它直接本于人生的实际情况。从某个角度来说，它属于实用主义的自然论，因为不依靠形而上假设或信仰，反而本着日常活动去寻求增加个人价值之机遇。以此视之，奶奶对孙子的宠爱既是很平常之事，又是最特别之事。

　　孔子本着日常生活中最为基本又持久的常见事情建立其学说，诸如孝、悌、朋友之间的信用、耻感、教育、社交活动之类。这样，他的学说永远脱离不了现实。最能让儒家思想有效地历时旷世的一个特点便是其包容性与灵活性（porousness and adaptability）。孔子立说论证，实际上只不过是将上古之文化遗产身而体之，使其智慧适合于当代时势局面，然后叮咛后世也这样做。（《论语·述而》第一章）

　　《论语》中所塑造的孔子本人的形象和标榜，并未铺垫一般的公式，进而要求一切人遵循恪守。相反，其文字所记载的只不过是一个人，一个特别的人，及其所过的日子：其通过与他人交往来修身为仁，其日子过得丰富充实，并得到了身边人的钦佩和仰慕。或许对这部经典的书名本身我们也可以做一点自由诠释，将论证式的"论语"进一步具体化而缩改为以身份伦理为论证重点的"伦语"。的确，阅读《论语》时，我们时时所碰见的孔子是一个带有丰富社交关系而时刻试图使之最佳化的人物。他所承担的众多身份包括：慈爱的家长；严格的教师；细心清廉的仕宦君子；照顾邻居的社区成员；敢持异议的政治顾问；先贤先圣的知感知恩后嗣；热情的文化遗产继承人；甚至在从沂水回家路上陪同老少十数人载歌载舞、心旷神怡的人。他为后世所留下的便是一个值得模仿学习的标榜，不是原则；是建议而不是命令。我们试图表明的是，孔子的见解之所以有持久的价值，是因为其从感悟层面上具有说服力，并且很容易适用于后世时事，包括我们今天。

的确，正由于我们用中国自然宇宙观当作思想框架，因此儒家哲学可以被视为从根本上比经验主义更加重视经验的思想体系。此所谓根本上的经验重点在于儒家认可个别物体的独特性，也认清了若欲筹备有益的未来，则必须考虑到具体事物的独特性。儒家思想并不主张普遍原则与抽象的自然"神"；反而从历史与文化的具体事件、人物中吸取道德教训，引为鉴戒，奉为临时规范。孔子本人便是最典型的实例。

（节选自《儒学角色伦理学》页 92—95。）

四、忠

1. 尽力

"忠"通常被简单理解为 loyalty，刘殿爵对此的纠正很重要，他坚持认为其更原始意义应是 doing one's best。忠字由"中"（into, interior）和"心"（heart-and-mind）两个成分构成，意思是对手头的任务"尽我所能"或"竭尽全力"（giving oneself fully）——实际相当于对你所做的事情尽心尽意。当忠被用于君臣关系上，"尽力"就被翻译为 loyalty。

《论语》中，忠恕被一起用作行义之途。只有设定了此种相互性与共同关心，才会判断出何为尽力，像"忠"那样既有热切的顺，又有真挚的谏。正

如《孝经》所言，上下彼此相亲，需要事上者能"将顺其美，匡救其恶"。（《事君》）

（节选自《孝经——生民之本》页 91—92。）

2. 敬业尽己

《中庸》有一个耐人寻味的措词，值得我们分析一下，那便是君子以人治人，"改而止"。除了"恕"亦即推己及人以外，孔子道德是非观中又有一个核心概念，即忠："尽己所能。"对造福社会而坚贞不屈，耿耿于怀，这也是一种道德动力。刘殿爵对忠的真义持有与众不同的观点，以常用 loyalty（"忠心""忠贞"）为不妥，将"尽己所能"视为忠的本义：

> 翻译者偏向单面地用 loyalty 诠释"忠"，即便是翻译早期文献的时候。这样是大错误，是没有足够考虑到词字的历代演变之理由所引起的。……"忠"意味着尽己所能，经过"忠"而能够落实"恕"的心得。

从《说文》字典见以印证。《说文》用"敬"（respectfully attentive）训忠。也有《论语》的后代注释家训忠为"尽己"。

青铜器铭文的忠字为忠，从中（中心、中央、集中、内部），从心。对中字形义进行分析，是凭着视觉（旗帜）与听觉（鼓）召集人群。另外，"心"可理解为"思想与情感"。合起来便指尽心、尽己，即全心全意而为之。由此不难看出，将这一意思的忠应用到君臣之间政治关系上来，"尽心"微缩为传统意义上的"忠心"（loyalty），不过尽管如此，依然属于动脑的忠心，而非盲目忠顺。

"尽己"的忠便是对自己言行的细心负责任态度。我们知道，平时谦虚礼让的孔子，自称好学。孔子更倾向于指导人"如何"过仁的日子，而罕说"什么"是仁的日子，因为每个具体情况需要重新寄予针对性的权衡思索。由此可见，一般说法与命令无法指导道德行为。

（节选自《儒学角色伦理学》页 200—201。）

3. 一以贯之

《论语》还有一些重要概念。《里仁》第十五章说能以"一以贯之"诠释孔子核心思想的就是"忠恕之道"。我们是把"忠"译作 doing one's utmost（尽力），把"恕"理解为 putting oneself in the other's place。"忠"与"恕"就是孔子对如何做出明智决策的谆谆忠告。或许大家觉得，用忠、恕两物来"一以贯之"颇令人费解。其实忠、恕不仅是一种方法的两个方面，而且也同为心理活动。

儒学中没有超越情境的原则或规范。孔子认为："能近取譬，可谓仁之方也已。"（《论语·雍也》）

（节选自《论语》页 91—92。）

五、"恕"由己出

1. 推己及人

孔子曾声明他的完满生活的理念（即"道"）的条件都连贯一块，贯穿一个主体（"吾道一以贯之"）。其年长弟子曾子为在场另一学徒对此进行阐释发挥，道：

夫子之道，忠恕而已矣。（《论语·里仁》）

还有一次，孔子着重强调"恕"，自己为"恕"下定义：

子贡问曰："有一言而可以终身行之者乎？"子曰："其恕乎！己所不欲，勿施于人。"（《论语·卫灵公》）①

毫无疑问，在儒家伦理词汇中，"恕"占据首要地位。恕既包含着道德的困惑，又表达对最佳解决方案的追求。经典文献及《说文》字典为恕提供解释说法，往往与"仁"联系起来，以仁为恕的结果。其实恕与仁从功能上有关联。就像仁本身具比拟、类推的性质一样，即在自己关系、角色中调节好异处与共同处，恕也要求把自己的行为与他人的行为适度妥当地调节。

"恕"的中心地位反映着想象力在调整个人行为与磨炼道德判断力功夫中

---

① 又可比较《论语·公冶长》第十二章与《论语·颜渊》第二章。

的重要性。这类想象力不是附属、从属的因素,而是一种极为重要的同情力,我们需要尽力为之,展示自己的教化与涵养。如同任何审美判断似的,想象力试图将具体细节调停于整体效果,因此想象力可以扩大、加深道德思索的余地。

恕,有"大方""宽容"之义,又在不同哲学著作中分头被译为 altruism ("利他主义",陈荣捷)、reciprocity ("互惠主义",杜维明、雷蒙·道森,Raymond Dawson)、consideration ("照顾",阿瑟·韦利)、mutuality in human relations ("相互人际关系",芬格莱特)、understanding ("体谅",森舸澜,Edward Slingerland)、using oneself as a measure in gauging the wishes of others ("用自身为水准,测量他人的心愿",刘殿爵)。恕所固有的"推及""利他"等比拟思想成分,从其字本身有所显示。恕字从如,即"如同""像"等等,从心。事实上"汝"(你)字也暗示类推礼让这种观念。

这种"恕"概念与抽象、计算的分析性战略或者理论战略迥然不同。我们可以将恕理解为推己及人,是互系性道德性情最基本的举措。"推"己及人同时概括着两层重要的意思。首先,遇见道德疑惑时,还没有想出合适的解决反应,便必须推迟行动;其次,在那个过程中也需要推测他人的心理与利益。

恕有审美特质,一开始受孝悌影响最深。在孝感与悌感的指导下,"人"通过尽力发挥自己关系与角色而得以形成。例如孙子对待奶奶,同时又把她当作尊敬的对象,又把她当作自己个人成长的精神资源。久而久之,这种恕感与习惯可以推广到家门外,用以建立与深化社会上的关系。由此可见,推己及人,即"恕",是完满生活不可或缺、无所不在的人格性情。

恕的运用总是不确定因素所引起的,对正确反应方法的困惑疑问,然后我们需要凭借自己的想象力,构思一切解决办法及其可能后果。最后我们用推己及人即恕的心思来断定最佳性情与行为。我们用类推思维方式来形成妥当的反应,拿当前的情景与过去的或虚构的类似情况进行比较。总括起来,我们可以说,恕指的是生活中有具体背景的道德疑惑,并一直在探求临时的指导原则,以便使自己的心理与行为稳定了。在理想情况下,行恕的人应当博闻强记,随时记起类似的情况,应有精辟的洞察力,能够有效地触类旁通,举一反三；应有丰富想象力，能够比较精确地构想出来情况继续发展下去的各种不同可能性及其相应的妥当行为。《论语》有一个经常被引用的名言，刚好体现这个意思：

> 能近取譬，可谓仁之方也已。（《论语·雍也》）

恕的活动固然要包括一定的思辨能力，但我们千万不能把这个过程过于理性化。恕的反应态度是综合的，要求兼顾情况的各个方面。比起理性思维方式，更具中心位置的则是感情，即通过感情而知识，用同情与关心作为权衡轻重的标准。如同批判的怀疑态度可以逐渐发展成为明智的思维习惯似的，以同情为出发点的反应同样可以逐渐变成为沉淀而又自发的道德行为规范。其实，恕习惯的这种实质进化，正由于其能够从有意的思考判断转型为日常交流中即兴的、无自我意识的道德技艺。

最能说明技艺与想象力在儒家角色伦理中核心位置的一段经文便是《中庸》第十三章对"恕"的阐述：

> 子曰："道不远人。人之为道而远人，不可以为道。诗云：'伐柯伐柯，其则不远。'执柯以伐柯，睨而视之。犹以为远。故君子以人治人，改而止。忠恕违道不远，施诸己而不愿，亦勿施于人。"

道从每日行恕行忠的实践中产生而来。这段文字及其所用的削斧柄的形象颇有启迪意义。正当合宜的立身处世方法总是从身边附近的资源与具体情景类推来的，所谓"能近取譬"。虽说近人，但这个功夫一点都不容易。斧柄的典范离得近，这个模样与最后成果之间的距离，既成的规范与当前现成的斧柄之间的距离，只有刻苦细心的功夫与毅力方能把它合上。现存斧柄既是模样又是工具。新的、独特的斧柄不光效仿既成的，而且既成斧柄是新柄形成的手段，并其所形成的新柄，将来也会转而给未定型柄当既成典范。有此削柄的例证里，形式因与动力因是一回事，手段与结果间的区分也就消失了。只要实行仁的行为，那么仁的目标也就已经达到。

另外，成仁过程不可消减社会特性，恕这概念也包含既成品与现成品间类推比较的活动。第一，在人际交往中，我们不得斜着眼相看他人（睨）。我

们必须抛弃一切斜视与蔑视倾向。在相礼让与效仿过程中，人与人之间互相影响，每个人的个性于是就形成了。为了达到此目标，我们还需要全心全意、专心致志地利用各方面的个人资源：记忆、智慧与想象力。在人与人之间有个循环流程，一个人的行为当做他人的模范，他人于是学会成为仁人，之后其行为又成了其他人的模范。在这个过程中，手段与目标不可分开。仁的行为与仁的境界互相包容，因而复始。

"己所不欲，勿施于人。"它表达的正是一个"消极"版的"黄金法则"（即基督教《圣经·新约》里待人原则：你想人家怎样对待你，你也要怎样对待人），这种表达显得更为谦逊。因为恕不要求我们设想一个客观、一般标准，可以放诸四海而皆准。好比说削斧柄时，既成的斧柄只不过是个榜样而不是楷模。与这个道理相通，人与人之间的互相学习及个性的形成，所追求的是一种包容的和谐，不是强制的规范化。简简单单的仿效与复制不足以实现真和谐，更要紧的便是技艺。所谓"推己及人"要求我们认识到，有不同的人与不同的情况。换句话说，在没有通用标准的情况下，我们不得自以为已经很了解他人的意愿，这样态度对人十分不恭敬。相反，我们必须保持开阔灵活的思想，还必须意识到行之有效的关系培养与发展，乃是一种因人因事而制宜的功夫。尽管如此，"己所不欲，勿施于人"仍然是个较好的出发点。一旦采用了这般笼统开端以后，剩下的路程我们需要充分利用机灵的脑袋与丰富的想象力。

现实人生中的道，将恕、忠的培养与家庭关系、角色联系起来：

> 君子之道四，丘未能一焉：所求乎子，以事父，未能也；所求乎臣，以事君，未能也；所求乎弟，以事兄，未能也；所求乎朋友，先施之，未能也。庸德之行，庸言之谨，有所不足，不敢不勉；有余不敢尽。言顾行，行顾言，君子胡不慥慥尔。（《中庸》第十三章）

这一段重点论述家庭、社会关系中合宜礼让态度的培育。《论语》一书中处处出现这样的例子，孔子对待与答问他人，……充分展现合宜礼让态度。每遇见新的疑难，首先要考虑到对方是什么人。如上文已述过，不止一次有困惑徒弟找孔子请教"仁"，而孔子每当指点赐教，按其"恕"性情加以回答，因人施教。

孔子给学生指点迷津，其说法往往相互矛盾。这一点正能体现其因人制宜的教育特色。冉有与子路皆领教于夫子，所给予答案正相反。有第三者追问理由，孔子理所当然回道："求也退，故进之；由也兼人，故退之。"（《论语·先进》）

其实，孔子之所以对此予以那么大重视，正由于恕代表着繁荣社会所赖以形成和发展的灵活礼制。既然世界由错综复杂关系网络中的个别人物组成，因此只有大家互相礼让、体贴，方能把各自的关系与角色发挥得淋漓尽致。当学生尊师重道时，便学得更有收获；当老师虚心地接受学生的意见与参与时，那全班同学还有老师倍受裨益。

（节选自《儒学角色伦理学》页 194—199。）

2. 一以"敬"而贯之

实现人际与社会和谐，是遵从礼、言、乐构成的审美秩序适当模式结果。这些交流形式为圣人作为沟通大师提供了基本工具。"礼""言""乐"的功能是一样的，都促进审美秩序形成。在"恕"这一概念中，人们能发现孔子以其独特风格被尊称为沟通大师的线索。其实，"恕"是孔子思想中贯穿全篇的主题：

> 子曰："赐也，女以予为多学而识之者与？"对曰："然，非与？"曰："非也，予一以贯之。"（《论语·卫灵公》）

不仅孔子多次提及其哲学思想的一致性及意义的方法论，而且，他最亲近的弟子曾子也用观念性术语为该方法论给予简洁说明：

> 子曰："参乎！吾道一以贯之。"曾子曰："唯。"子出，门人问曰："何谓也？"曾子曰："夫子之道，忠恕而已矣。"（《论语·里仁》）

但什么是"忠""恕"？"忠"的流行翻译为 loyalty。刘殿爵认为此译过于狭隘，提出了重大的纠正，等于重建了这一概念的更原初意义"尽己"：

> 译者们甚至在翻译古代著作时也倾向于把 loyal 作为"忠"唯一的对称词。他们所犯的错误在于不能够充分理解该词随时间变化而产生的意

义变更……"忠"有"尽己"之意,只有"忠"才能行之有效地实现"恕"。

刘殿爵对"忠"的解释可在《说文》中找到根据。《说文》将"忠"解释为"敬"(reverence)。之后,注者们又对《说文》的解释做了进一步阐明:"尽己曰忠,忠乃有诚。"即是说,"忠"有为当下责任竭尽其力的意思。将刘殿爵解释再推进一步,这一观念中的"己"应指个体独一无二的特殊性。因此,"忠"之义也即"以己尽己"(doing one's best as one's authentic self)。

而理解"恕"这一概念问题则更大。看看该概念流行译法之多,意义差别之大就明白了:altruism(陈荣捷),reciprocity(杜维明),consideration(韦利),do not do to others what you do not want them to to to you(芬格莱特),using oneself as a measure in gauging the wishes of others(刘殿爵)。但不管"恕"是什么意思,其中一点是毋庸置疑的,即孔子把"恕"视为自己的方法论——其"一以贯之"之"道"。孔子恰是这样来描述"恕"的:"子贡问曰:'有一言而可以终身行之者乎?'子曰:'其恕乎!己所不欲,勿施于人。'"(《论语·卫灵公》)"己所不欲,勿施于人"这一思想在《论语》中反复出现。《中庸》和《大学》也都有新表达。尤其《中庸》将"恕"特别阐述为"人""己"之间建构起"关系域"的彼此譬比,这似乎更为恰合孔子的意思:

> 子曰:"道不远人。人之为道而远人,不可以为道。《诗》云:'伐柯伐柯,其则不远。'执柯以伐柯,睨而视之,犹以为远。故君子以人治人,改而止。忠恕违道不远,施诸己而不愿,亦勿施于人。"(《中庸》第十三章)

这里有几个很核心的观点。首先,人之"道",即人的秩序或模式始终就在身边,就出自特定、具体的个人。引《诗》的那段话以及《中庸》的评论都形象地描述了这一点。尽管"道"(或曰行为模式——译者注)并不远,然而在定型模式与其产物之间,已建模式与当下塑成的模式之间却始终存在着必不可少的差异。独特的新柯不仅依靠已有之柯伐之,而且现有的柯本身实际是主动参与到创造新柯形式活动之中。人类世界同样如此——"以人治人"。

也许该段道理最为明白的一句是"改而止"。它是说，就像打造出的新柯，尽管与旧柯相似却仍可看出差异。因此，人的塑造也一样，其目的是向着"和"而非"同"。已有模式与新塑造物比拟的这一动态过程用到人类秩序的创造，在观念上就蕴含"忠""恕"二字的意义。

《中庸》这段"人""己"之间恰宜关系的话还有更深意义。"恕"在经典之中常以"仁"解释。《说文》就是例子。我们指出过，"仁"在词源上是由"人"和"二"组成，强调的"成人"过程不可化约的关系性。"仁"与"恕"这种关联有助于我们理解它的譬喻性。"仁"不是两个相同人之间的关系，而是由相似性与差异性、德行与相敬一起建构起的人与人的和谐。"恕"之"道"要求突出"德"或认同"德"，将它作为唤出或表述"相敬"之方法。"恕"之"道"，还要求，在一种特定情况下，人或者显示其自身的德行（想到这是可受人尊敬的），或者尊敬他人之德行。仍是这种意思，"恕"总是特殊的人的，体现的是"忠"：以己尽己。

"恕"以特殊人为出发点及他的人际关系种种含义，于孔子"仁"思想中是一目了然的：

　　夫仁者，己欲立而立人，己欲达而达人。能近取譬，可谓仁之方也已。（《论语·雍也》）

"恕"由其同源词"如"（意思是"像"，like, as if, to resemble）和"心"（heart-and-mind）构成。但再进一步分析，仍然有两个重要问题需要解决。一、如果说"恕"是《论语》传统注者们所解释的那样，是"推己及物"和"以己量人"，那么似乎"己"之判断力就是"恕"的起点。如果确是如此，那么，"恕"似乎成了单向度的，也即对关系到他人的行为如何去做的判断，就成了取决于个人德行的问题，个人自我成就得如何，个人自己道德如何。这样一来，"敬"何以产生？什么情况下"恕"体现为"敬"？二、为什么"恕"的"己所不欲，勿施于人"解释，用的是否定式而非肯定式表述？

回答第一个问题，可以研究一下《孟子》中唯一出现的一处"恕"：

　　孟子曰："万物皆备于我矣。反身而诚，乐莫大焉。强恕而行，求仁

莫近焉。"(《孟子·尽心上》)

这一段含有几层意思。首先,"我"是根据"我"与万物之关系认识的。正是这个原因,"万物皆备于我"。行"恕"之道,"我"必须首先"反身"——由人及己,而后明己。说"反身而诚,乐莫大焉"就是说这个具体人必须清醒地意识到"我",并且以此赤诚之"我"行事。"义"(appropriate)始于"诚",而且以"诚"为基础建立与其域境的和谐。此为"乐"之源泉,因为"乐"是深在"顺应"构成域境特殊人们之"志"。

特殊的人只有在由人及己,继而明己情况下,才有可能"反身"及人,确认如何行为才是恰宜的。同样的思想也包含在"克己复礼为仁"(《论语·颜渊》)这种表述中。"克己"是据"人"而向内明"己"的行为,"复礼"则是向外而延"己"的行为。这样,"恕"就是双向性的,因此可被界定为相互性的,可根据德行与相敬描述的。"恕"不是只将自己视为典范而以己之心揣度他人,它毋宁是首先因人明己,之后或是行己之德,或是敬"人"之德。这样,"恕"是相敬,也是需要。

为什么"恕"总是被以一种否定的形式表达?"恕"作为一种"譬",既是连续性也是日新性。"礼"作为现成模式而言是连续性,人按"礼"行事,才定然明确其应为之事。而现成"礼"并不确然显示所有含义之行为,且因任何礼仪行为都必然是具体人特殊性的,也就必会在某种程度上融入创新。那么,又是什么会对这种创新有制约作用?鉴于作为自己,人不能充分想象到他人会做什么,因此,"恕"必是包含"新"的可能性,也就必是否定式的表述。这时这个"新"是不确定的,唯一可划出的界限就是从本身出发的具有局限的可能性——"己所不欲"。

当要根据"给予"与"获得"上的相敬来理解"恕"之时,实际上的意义其实还更深。这是因为,如果孔子将"恕"作为他一以贯之的思想之道,而且如果我们根据"相敬"关系性理解"恕"的话,那么"相敬"就必然可在诠释意义的各种不同途径上成为理解孔子哲学的方法论。作为"相敬"意义的"恕",一个最重要之点是思想活动本身必须以"恕"为意义。要把这点说通,必须深入到细节中去探讨语言,这种语言,必须是作为"相敬"、类比之活动的，既是思想发生之前提，也是所思想之前提。

（节选自《通过孔子而思》页 283—290。）

3. "恕"的语言

"相敬"之语言就是"恕"的语言。对"相敬"的"给予"与"接受"都涉及比较，也即"譬"。对传统"德行"的接受，或者在人与人关系场合中遵从那种"德行"，因为如果交流恰宜的恶化，这种"德行"就被视为一种模式，其他人也会遵从它。这一"遵从"，一开始是"听"。孔子首先是对传统以及人们践行"德行"的"听"，通过这一"相敬"行为而使自己"顺"应。正是这样一种"相敬"，他使自己变成一个楷模，引得其他人"相敬"。孔子自己与传统"顺"应，达到与传统相通和弘扬传统。又是他对传统的弘扬之举，使他变成传统之"心"，成为传统之集大成。正是这样，孔子成为一位圣者。

"相敬"语言依赖于对传统过去的延续，也依赖于对那传统过去的日新使用，这种与时俱进在于它根据现时的特殊环境进行相应改变。"恕"，作为"相敬"，依赖于"楷模"性的关系，它承认个人、行为或环境之间的相似性，使其作为恰宜的个人、人与人以及社会和谐之条件。不过这样的相似，总是以变新、差异的背景作为前提的。正像我们曾讨论的音乐模式沟通所显示的，"音乐"之"和"的前提条件是相似性为基础的即兴创作。社会和谐就像音乐一样，它是在复杂的相似性与差异性实现平衡之中呈现出的。

"恕"的语言是类比性的，这是肯定的。但是讲了这么多，却指不出所谓的"类比性"（譬）为何物，相当于制造出多困惑。对"恕"（相敬）与类比性（譬）之间关联进行分析阐释，将为理解圣者行为之意义，提供重要启示。

（节选自《通过孔子而思》页 295—296。）

圣 人

一、博施于民而能济众

"圣人"一词在《论语》中出现了八次。在《述而》第三十四章中,孔子自述不敢恭列于圣人之侧。在另一处,孔子哀叹自己从来没有,可能永远也不会见到圣人(《述而》第二十六章)。而在《子罕》第六章中,当子贡以"圣"赞誉孔子的时候,孔子婉转地表达了批评。即便是提出"人人皆可为尧舜(即圣人)"的孟子,也明确指出,这个目标超出了大多数人的能力。

不过,"圣人"确实存在,而且其境界远远高于"君子"。在《季氏》第八章中,孔子指出,"君子"畏"圣人"之言。而在《雍也》第三十章的问答中,孔子认为,"博施于民而能济众"者就是"圣人"。

子夏则认为,只有"圣人"才能够有始有终地成就大道(《子张》第十二章),这颇有几分《论语》中罕见的神秘意味。如果这种看法可以被归作神秘主义的话,它也应该是一种非同寻常的神秘主义——它出现在一个卓越人物的鼎盛时期,并且产生于社会、政治生活之中,"下学而上达"(《宪问》第三十五章)。假如我们把孔子看作"圣人"的话,"有始有终"则是对其生平的最好概括——孔子在晚年已经达到了"从心所欲不逾矩"的最高境界(《为政》第四章)。

士、君子、圣人的性质特点和相互关系的概括:所有"圣人"都是"君子",一切"君子"全为"士",反之则不然。如果由低到高按修身境界来排列的话,"士"最低,"君子"胜之,"圣人"最高。就数量而言,"士"的人数相对较多,"君子"则大大减少,"圣人"因"任重而道远"(《泰伯》第七章)成为凤毛麟角之属。

"士"是百折不挠的求道者,"道"则集中体现于"礼"之中,"礼"影响决定了"士"的各种身份角色的人际关系。"士"在为学践履的道路上深入前进,就会达到"君子"之境。

"君子"精通"礼"。所以,即使是在没有先例的情况下,"君子"也能清楚地阐述自己的思想。他们得心应手地扮演着各自的角色,而且从优雅高贵的气度张弛相宜的状态和旺盛的创造力(此即"君子"与他人——无论是陌生人还是家族血亲,相处交往的方式)中获得了极大的满足。也正是出类拔萃的"君子",以其在各自社会政治角色中的出色表现,为我们树立了一个行为典范。

"圣人"达到了寻道者的最高境界。除了具有"君子"的所有特质之外,"圣人"在广泛划分整合人类社会(包括过去的和将来的)的同时,也在探究风俗礼仪和传统。"圣人"的感知力是一种赋予人超越现在特定时空能力的意识:它塑造了一个始自前代先人,经由我们自身,并延及后世子孙的绵长系列。

《论语》描述"圣人"的比喻颇具宇宙意义上的神圣意味:"仲尼,日月也,无得而逾焉。"(《子张》第二十四章)关注孔子这个特别人物的中国文化,将人类经验提升到意蕴深远的美学的和宗教的高度,从而使人类能够与天地相提并论。"圣人"光耀万代,泽被四海。他的存在不仅有效地维护了社会安定,而且也成为推动文化发展的动力。正是"圣人"引导人类走向更加确定的未来。

在探讨"士""君子"和"圣人"三者关系的时候,将之看作三个渐进的层次。必须强调的一点是,这种垂直分层并不纯粹是我们的想象,而是一种先验的认定。我们致力于发掘"道"的丰富意象,而"圣人"却早已循"道"而行,远远超越了"士"和"君子",并且成为后二者跋涉中的指路明灯和光辉榜样。大儒荀子曾在《礼论》篇末简洁地概括了"圣人""君子"和"士"的关系:

苟非圣人，莫之能知也。圣人明知之，士君子安行之，官人以为守，百姓以成俗。其在君子以为人道也，其在百姓以为鬼事也。

以上就是我们对《论语》的文化语境、相关人物以及存在于其社会历史背景之中并且重构其思想世界的语言的扼要诠释。我们希望借此帮助西方读者理解中、西方文化的差异。莎士比亚笔下的哈姆雷特曾言："天地之间的事物远远多于我们的想象。"而中国的哈姆雷特则会喟叹道："感情天地的道的数量远远超出了世人的想象。"

(节选自《论语》页63—65。)

二、圣人行，彰显宇宙意义

圣人（sage）跟君子的共同之处在于这两个行为范畴都体现有效沟通。对古典儒家来说，昌盛的社群就是一个沟通的社群，圣人是最佳沟通者。该字字形"圣"表明，圣人有"耳"当听，并基此沟通或"呈"其所当是。圣人的效能是靠成功凝聚百姓，实现人之所谓人的共同目标来衡量的。圣人这个艺术大师吟唱的是鼓魅世界的歌。圣人高于君子，君子"畏圣人之言"（《论语·季氏》）。儒家的圣人不是英雄式的表演超人行为。他们毋宁是那些能够以某种非凡的方式做普通事的人，能够赋予日常生活以灵感的人。如果说儒家宇宙论中的人是由其关系建构的，圣人暗含的就是一个和谐奏出的更高世界。

圣人除了拥有君子所有品格外，还似乎能整体性地看待感受风俗、礼仪、传统，将之视为对人类社群的宽泛界定与整合，亦是对过去与未来社群的界定与整合。圣人此观感可被描述为某种给予我们能够超越自身所处特定时空的意识，使我们不仅可以跟我们的时代紧密相合，而且亦跟过去与未来连贯一致。

圣人的象征都是宇宙且神化的。此罕有之人身上集中的文化将人类经验提升到深远的审美和宗教精修高度，使人类成为天地的可贵同伴。圣人的榜样光耀世代且穿越地缘边界，不仅是稳定保全人类世界之光，亦是人类文化繁荣昌盛之源。圣人将人道（the way of becoming human）带人其更确定的未来。

尽管圣人行为是宇宙意义的，但曾子在《孝经》中问得很清楚："敢问圣人之德，无以加于孝乎？"

孔子的回答亦很简单："天地之性，人为贵。人之行，莫大于孝。"（《圣治》）这就是孝的重要性。

（节选自《孝经——生民之本》页84。）

三、独见前瞻，与神通精

中国思想各种彼此对立的学派中"圣"的意义是灵活的，但却有一个基本的根义奠定了这种种不同解读的基础，借此以说明不同学派间的重要差异。

《论语》用了几个不同范畴来指称"成人"的各种不同维度（比如，"仁者"作为人与人关系的成长，"君子"之为社会政治的成长等等）。一旦我们明了这些范畴，将会非常有助于我们理解"圣"的涵容性。这就是说，"成人"（self-realization 自我实现）的其他范畴描述的是"成圣"（realizing sagehood）活动的各独特焦点。

或许，理解《论语》中的"圣人"最重要的一个资源就是历史人物孔子本人被塑造的形象。尽管孔子谦逊地拒绝"圣人"的头衔，但此一谦虚还需比照这一事实，即他宣称自己是周文化的化身，是圣王（文王）的承继者。而且，有一处太宰称孔子为圣人时，孔子承认太宰"知我"。不管孔子认为他本人是圣人与否，都很少有人会怀疑《论语》正试图按这一方式来描绘他。

《论语》后几章中，孔子几位最谨慎持重的弟子都说"仲尼，日月也，无得而逾焉。"（《论语·子张》）而孟子也一再声称孔子是"圣之集大成者"。因此，"圣"逐渐与孔子相提并论，并逐渐被接受，以至传统上"圣人"就专门指涉孔子。正因此，《论语》中的孔子更是一个正确理解该概念可资利用的资源。

一个人是"所有自我的聚焦点"（focus of selves）。人的这一集体概念暗

示,"孔子"可被理解为自其逝后跨越世纪且一直延续到我们这个时代的一种筹谋。

《说文》是这样定义"聖"的:聖,通也。从耳,呈声。

无疑,"聖"因为"耳"这一部首与其同源词"聽"(to hear, to listen to)有密切互系。"耳"这一词根又进一步将"聖"与"聰"(keenness of hearing)相联。"聖"的词源学分析必然引出的一个结论是"聖"乃听觉锐敏者。传统上"圣人"都被描述为有大而下垂的耳朵,这体现了"聖"与"聽"的关联。另外,古典著作中圣人被描述成首先乃辨音识律之人的形象比比皆是:圣人可听音而洞晓时代和文化特征。《论语》自然也将圣人孔子塑造为具有发达的听觉意识。刘殿爵在他所译《论语》的导论中谈到"聽"在孔子修身过程中拥有核心作用。评注者们为证明圣人乃"倾听者",常会引用孔子自论:"六十而耳顺"(《论语·为政》)。

然而,圣人也同样敏于口——我们的意思是"聖"之"呈"这一方面则较少获得强调。这体现在"圣"常常根据其同音字"聲"(to sound, sound, voice)来定义。例如,《白虎通》对"圣"的定义:

圣者通也,道也,声也。道无所不通,明无所不照。闻声知情。与天地合德,日月合明,四时合序,鬼神合吉凶。

这样描述圣人的语言极为生动。圣人就像天地日月、四时之序,它也体现了一种秩序而且四处播散。圣人这一表达在《尔雅》中获得说明。《尔雅》是周朝后期出现的一部词典,专门解释古代经典著作中的字词。它将"圣"定义为"献"(to present, exhibit, show, to be prominent)。

《论语》中的"圣人"被描述为以其言改造世界的人:"君子有三畏:畏天命,畏大人,畏圣人之言。"(《论语·季氏》)《论语》中君子的成长,"圣人"的"社会政治"维度,都处处密切关联于推动行为的语言力量。孔子就被描述为时刻注意自己言论之人。

孔子很是谦逊,绝不自称为"圣":"若圣与仁,则吾岂敢!抑为之不厌,诲人不倦,则可谓云尔已矣。"(《论语·述而》)但《孟子》中所出现的这位拒绝称圣的孔子,则恰恰因为在教与学中致力于交流和沟通,而有资格成为

"自有生民以来未有之"的"圣人"："子贡曰：'学不厌，智也；教不倦，仁也。仁且智，夫子既圣矣。'"（《孟子·公孙丑上》）

除了语言学资料外，还有其他因素促使我们恢复"圣"此一创造性贡献的维度。古代经典中，"圣"这一概念常常与"作"（to create）相关联。按照《易经》的说法，"圣人作而万物睹"。《礼记》则曰："作者之谓圣，述者之谓明。明圣者，述作之谓也。"事实上，《白虎通·圣人》一章在引述几处经典文本之后这样说道："文俱言作，明皆圣人也。"当然还有那句著名的孔子自谓"述而不作"（《论语·述而》）的话，这自然说明孔子谦虚之至不愿称圣，但这句话也反映了"作"的能力与成圣同样的密切关系。

或许这一重新定义的"圣"最重要之处则在于成圣根本上意味着沟通：圣人是沟通的大师。最初《说文》的定义中"耳"被界定为"圣"的指意部分，这说明其相当强调交流中"听"的作用。而若进一步考察此一词源学意义，获得对"圣"更为整体全面的把握，则必定既要突出沟通之倾听的一面，也要强调其表达的一面。

圣人就是那些以倾听、"耳顺"达致人事洞明的人。圣人"顺"（协和）而后言，则他的话就能产生真正的交流所需要的和谐沟通。

《白虎通》谓："圣人所以能独见前睹，与神通精者。""神"这个词的词源含有拓展、整合以及丰富的意思，而这正是圣人与其他聚合的自我之间关系的意义。该字由"示"（to display）和"申"（to stretch，to extend）两个词根构成，"申"与其古同音字"引"（to draw out，to stretch，to guide）通用。如果我们将"圣"的扩充和整合理解为世界意义之源，那么就不难解释为什么"神"既有人类精神性和神性的含义，又常常会与有节律的"天"（通常译为 Heaven）相关联。这就是说，一个使自身成为意义之源的人正接近于神。另外，这一扩充和整合也具有整体性：人在增强"德"（particular focus）的同时与天合而为一。

（节选自《通过孔子而思》页 256—260。）

四、乐大师："神人以和"

对孔子来说，言、礼和乐都是自我得以成长的形式媒介。它们既是建立和传承"义"的结构又是意义的源泉。而音乐最与众不同的特征在于，它或许是最少依赖指涉的形式媒介。

孔子严格地说并不在指示的意义上使用语言。他并不热衷于表达"名—物"关系，也不试图为阐明描述"事态"预设前提。他同许多中国哲学家那样主要兴趣在"正名"（to order names）。孔子自己已"耳顺"，他也希望协顺语言，以唤起人们心中和谐行动的禀赋。孔子的不强调"名—物"命题，表明他曾充分考虑到音乐是沟通的主要形式，而实际似乎确是如此。至少，孔子对音乐的看法使我们得以更好理解语言和交流行为的品格。

孔子将音乐（不仅指器乐也包括诗歌和舞蹈）看成为展现个人精神风貌和价值提供更大可能性的活动。在音乐表演（尤其是那些创作和表演一体的作品）中，突出体现了个人以一种有意义的方式向观众展现自我。

对孔子来说，音乐的功能已超出了意义简单的代代相传。只要行之有效地运用，"乐"当下便会产生和谐和富有意义的关系。孔子对音乐的理解似乎受到他卓越的先人舜的影响，正如《尚书》所述："诗言志，歌永言，声依永，律和声。八音克谐，无相夺伦，神人以和。"

孔子自己深知滥用语言的危险。一些能言善辩的伪君子就是用语言制造混乱，而非创造和谐：

巧言令色，鲜矣仁！（《论语·学而》）

恶紫之夺朱也，恶郑声之乱雅乐也，恶利口之覆邦家者。（《论语·阳货》）

而无言却可能实现许多意义与和谐：

子曰："予欲无言。"子贡曰："子如不言，则小子何述焉？"子曰："天何言哉？四时行焉，百物生焉。天何言哉？"（《论语·阳货》）

尽管表达有这些保留和限制，但文献中也一再重申向音乐的高度提升表达水平的观念：

> 仲尼曰："《志》有之：'言以足志，文以足言。'不言，谁知其志？言之无文，行而不远。"（《左传·襄公二十五年》）

《易经》引述孔子的话："书不尽言，言不尽意。"

孔子将语言和音乐（根本上还是音乐）视为沟通的媒介，借此表达自我且从中获得乐趣。"说"这个字在古代典籍中既有"言"（to speak）又有"劝"（to persuade）的意思，当它的发音是"yue"时，还有"喜悦"（to enjoy）的意思。同样，"乐"有"奏乐"（to play music）的意思，而当发"le"或"yao"（樂）音时，同样也意味着"欢乐、喜悦"。"说/乐"这两个字都表示"悦"，又分别自然关联于语言和音乐，它们同时出现在《论语·学而》首章中："学而时习之，不亦说乎？有朋自远方来，不亦乐乎？"

可见，语言和音乐二者都被认为是产生深刻喜悦的沟通模式。对孔子来说，圣人不仅是"礼仪大师"，他更是一个"作曲者"（a composer）（使各个部分获得组合）和"调解者"（compositor）（一个调节和解决纷争的人：仲裁者，调解人）。这就是说，圣人通过沟通和交流的种种模式推动和培养着协调性的"和"——获得一致性的同时保存着多样性，既显示稳定性同时也怀柔友好的不序。圣人就是这一交响曲的指挥，他指导着所有的独特性同奏协和。

《论语》中音乐常常（有时明确，但常常是含蓄）地与"礼"相提并论，以至于绝大多数涉及"礼"的地方都得把音乐作为其不可分割的一部分解读。"乐"与"礼"共同拥有秩序分享的个人化特征，对多样性和成分持久的独特性非常敏感。

《论语·阳货》收录了一段极为有趣的轶事，讲的是孔子用音乐极个人性的表达而有意怠慢一位来访者："孺悲欲见孔子，孔子辞以疾。将命者出户，取瑟而歌，使之闻之。"

对孔子来说，音乐像"礼"一样，最终的根源还是"语境中的人"所奉献的"义"。音乐能在多大程度上传承传统价值和体现演奏者的个人之"义"，始终都是赋乐者品格的一个功能："人而不仁，如礼何？人而不仁，如乐何？"

（《论语·八佾》）没有个体的真挚和倾心奉献的礼和音乐是空洞和没有价值的："礼云礼云，玉帛云乎哉？乐云乐云，钟鼓云乎哉？"（《论语·阳货》）事实上，正如刘殿爵在《孔子〈论语〉》的导论中所言，空洞的形式不仅仅是没有价值的——对孔子来说，它更是狡诈的欺骗。

孔子喜欢韶乐，因为它灌注了舜的文化贡献。舜是韶乐的创造者，他是一位由于个人道德成就而获得尧禅让为王的平民。孔子对韶乐的热爱实在深沉："子在齐闻《韶》，三月不知肉味，曰："不图为乐之至于斯也。"（《论语·述而》）

孔子如此强烈热爱韶乐的原因在于韶乐中有舜之"义"的积淀："子谓《韶》：'尽美矣，又尽善也。'谓《武》：'尽美矣，未尽善也。'"（《论语·八佾》）歌颂周朝建立者周武王的《武》乐，充满了对这位武力讨伐者威武精神的表达，但却不能公正地说它表达了善。乐与礼一样一开始也是被视为从中意义得以传承和获取的贮存库。但正如上文所示，乐更被用来作为展现个体自我创造性贡献的可塑工具。《论语·八佾》论及音乐的个人创造性，其中，孔子的音乐修养丝毫不比鲁国的音乐大师差：

> 子语鲁大师乐，曰："乐其可知也：始作，翕如也；从之，纯如也，皦如也，绎如也，以成。"

音乐对孔子来说，是人们在社群中获得审美秩序的表达媒介，是毕生修身所获的和谐，是自身个性的充分表达，是个体与其所在的世界之间的完美协调（attunement）："五十而知天命，六十而耳顺（attuned），七十而从心所欲，不逾矩。"（《论语·为政》）

理解孔子哲学中乐的地位，重要的是要理解百姓生活中无处不在的审美和谐。

而对孔子来说，音乐在严格意义上并非模仿性的，而是力图协调诸独特焦点以构成整个场域的和谐。独特个体在诠释这一和谐上具有决定性的贡献。音乐教育的目的不是纯粹的知识。毋宁说，它是实现（知）"焦点/场域"互融的和谐以及由此成就带来的喜悦（乐）之同在、"共感"（constatic）的经验："知之者不如好之者，好之者不如乐之者。"（《论语·雍也》）这一"知"

世界与"乐"世界的关系在以下句子中得到重申:"知者乐"(《论语·雍也》),而仁者不仅"知"世界,他更无忧地"乐"此世界:"仁者不忧"(《论语·子罕》),孔子实际在《述而》中用同样的语言描述他自己:"乐以忘忧。"鉴于"忧"会造成分裂、崩溃,因此,仁者的标准是追求和谐以达到整合的程度。

"乐"(music)和"乐"(enjoyment)由同一个字表达,这似乎绝非偶然。它表达已实现的和谐与可能随之而来的快乐之间的关联。孟子巧妙运用"乐"(music)和"乐"(enjoyment)表达和谐秩序的相交意义来描述"乐"和"为政"的关系:

> 他日,见于王曰:"王尝语庄子以好乐,有诸?"
>
> 王变乎色,曰:"寡人非能好先王之乐也,直好世俗之乐耳。"
>
> 曰:"王之好乐甚,则齐其庶几乎!今之乐犹古之乐也。"
>
> 曰:"可得闻与?"
>
> 曰:"独乐乐,与人乐乐,孰乐?"
>
> 曰:"不若与人。"
>
> 曰:"与少乐乐,与众乐乐,孰乐?"
>
> 曰:"不若与众。"
>
> "臣请为王言乐。今王鼓乐于此,百姓闻王钟鼓之声,管籥之音,举疾首蹙頞而相告曰:'吾王之好鼓乐,夫何使我至于此极也?父子不相见,兄弟妻子离散。'今王田猎于此,百姓闻王车马之音,见羽旄之美,举疾首蹙頞而相告曰:'吾王之好田猎,夫何使我至于此极也?父子不相见,兄弟妻子离散。'此无他,不与民同乐也。今王鼓乐于此,百姓闻王钟鼓之声,管籥之音,举欣欣然有喜色而相告曰:'吾王庶几无疾病与,何以能鼓乐也?'今王田猎于此,百姓闻王车马之音,见羽旄之美,举欣欣然有喜色而相告曰:'吾王庶几无疾病与,何以能田猎也?'此无他,与民同乐也。今王与百姓同乐,则王矣。"(《孟子·梁惠王下》)

《孟子》这段话可作为孔子《论语·子路》中"叶公问政。子曰:'近者悦,远者来。'"这句话的详细说明。

吸引远人参与和增强自我社会政治和谐的观念是《论语》一再出现的主题：

> 盖均无贫，和无寡，安无倾。夫如是，故远人不服，则修文德以来之。既来之，则安之。（《论语·季氏》）

即使常会出现物质匮乏的情况，但只要财富分配均匀就不会少"乐"。通过音乐和社会政治秩序实现的和谐是巨大的欢乐之源，这欢乐取决于各参与部分的丰富性和多样性。

传统的但最终也是特殊人的音乐，它根本是"主体间性"（人与人之间性质——编者注）的需要，拥有创作和即兴发挥的种种可能性。"乐"所带来的快乐视它本身的丰富性与和谐的性质而定，这或许都体现在孔子本人之"顺"（attunement）上："子与人歌而善，必使反之，而后和之。"（《论语·述而》）

孔子用音乐作为自我诠释和沟通的一种模式，他所依据的是"始作，翕如"进而"纯如"的观念。这让人想起与"正名"相关的圣人的行为：圣人听先言后。听而后言对圣人来说同"从之"而后"和之"、"纯如"的行为是一样的。只有首先倾听，置身于潜在和谐得以发生的情境中，然后为使之"成"而调整可获最佳化和谐的成分，这样，协调（顺）才会产生。这种先参与既定环境，然后致力于建立秩序以实现和谐的方法，也就是"恕"（deference）的方法。

（节选自《通过孔子而思》页275—283。）

学、思、知（智）

一、"学"与"知"

孔子之"思"的动态过程可被解释为"学"与"思"的不断相互作用，其结果是由"信"而达"知"（realizing）。学/思的偶对性可大致被解读为主流西方范式 reasoning（理性——编者注）的功能对等物，realizing（获知）与 knowing（知）相对应，"信"对应的至少是 truth 的一个意思。在此，我们必须立刻说明——这些范畴都是孔子的"思"活动的起点，但绝不是完全的思想活动。我们每一步研究都必须警惕由我们自己传统的信仰和趣味决定的对孔子思想的终极心理学化，它只能阻碍我们对孔子思想的重大差异性的认知。"思"对孔子来说，不是一种抽象的推理过程，而是根本的"表述行为的"（preformative）。这是因为它是一种直接获得实践结果的活动。远不是什么让个体超脱经验世界的手段，"思"对孔子来说，是根本一体性的，是一种寻求对种种现有可能性和有利条件潜能实现最大化发挥的具有深远意义的具体活动。因此，孔子之"思"不是纯粹对一套客观事实和（或）价值进行评定的活动，而是对世界丰富意义的认识或曰"知"。

"学"（learning），是一个直接牵涉"觉"（becoming aware）的过程，而不是关于客观世界概念意义的间接知识，这一点非常重要。"学"字本身是"斅"的简写。"斅"的意思是"教"（to teach）和"觉"。在先秦，"觉"的意思是，力求学有所成的学者在教和学的双向过程中获得深刻认知；到后来，

可能随着更大量文化传统的积淀，"学"才转变到侧重于"学习"的意义上。

"学"的第二个喻意涉及文化遗产的传承。通过"闻"（hear）与"学"的关联以及"学习"过程的字面含义可明显看出："学"作为通过"闻"（教与学的相互作用和交流）而拥有与体现文化传统（文）的意义。

治"学"对象是传承"文"（human culture）。"文"的根源意义是"刻画"或"纹饰"，常常与陶器上装饰的整体设计主题相连。它是人类对世界存在的精心组织和殚精竭虑的表述，是人类运用象征符号所清晰表达的人类价值和意义，进而使之代代承传。文化在这种累积和传承的过程中逐渐提炼精髓："周监于二代，郁郁乎文哉！吾从周。"（《论语·八佾》）孔子认识到自己处身于一个有传统的社会域境中，他把体现和传承自己文化的精粹视作个人的使命。

文化传承有许多模式和框架，恐怕最明显的体现在书面语言上。历史上的孔子实际上或多或少都担负了对归于他名下的各种古代经典的编纂和整理工作。显然，他相当强调熟知（如果不是死记）历史文献和文化典籍。这并不是说，书是仅有承载文化意义的知识库。许多传统智慧是经由口头传承或存于社会制度、礼仪和音乐中。尽管孔子将古代典籍视为必修之学是毋庸置疑的，但"学"是一个人的一项必须从精神到肉体、从认知到经验全身心投入的事业。从孔子为其弟子设立修习的根本学科"六艺"（礼、乐、射、御、书、数）中也可看出，"学"是一项让人全面发展的事业，书本知识仅是学者生涯中的一个（尽管很重要）部分。

孔子如此强调"学"的重要性，以至于他毫不掩饰自己学而不厌（尽管是出于谦虚）的自豪。而且，他也用类似的话赞扬他最钟爱的学生颜回。其教育哲学的"三面"基于能学、机会和努力。他把最后一点，好学，作为他首要的关注。在孔子看来，人的学习能力（才）本质上是相似的，它实际是人类独有的天性。但是，机遇与努力，标准就较难确定：就像颜回，只要有足够的学习热情，就可得"学"之乐。事实上，孔子招收弟子一个最重要的标准就是这个学生看起来是不是"愤发"于学。而且，与他推崇学之"力"相一致，孔子最痛恨的就是"困而不学"的人（《论语·季氏》）。

孔子对"学"之重要性的认识还扩展到他对学习人文知识和获得实践技

能的区分上。孔子竭力将拥有文化与拥有功能性、工具性的知识区分开来。因此，他把通过文化提升获得的生命的丰富性看作生命本身的目的。对孔子来说，"学"不是谋生手段，它是生命本身的目的，是生命的存在方式。

"学"意味着获得和拥有先辈们投注到文化传统中的意义。这样，一个社群就会拥有一个所有成员以此为基础进行彼此影响、沟通和交流的共同世界。《论语·阳货》清晰地表达了参与社会对个人全面修养的必要性：

> 好仁不好学，其蔽也愚；好知不好学，其蔽也荡；好信不好学，其蔽也贼；好直不好学，其蔽也绞；好勇不好学，其蔽也乱；好刚不好学，其蔽也狂。

(节选自《通过孔子而思》页 43—46。)

二、学而不思则罔

"学"严格说是对意义的拥有——是对文化遗产光辉成就的敬仰。因而，"学"不要求学者这方面要对所拥有的文化做什么改变或产出什么新意义。正是出于这种精神，孔子自称"述而不作"。《论语》中还有将孔子视为学习的典范，据《论语·卫灵公》一章所言的："吾尝终日不食，终夜不寝，以思，无益，不如学也。"孔子清楚地把"学"置于"思"之上。毋庸置疑，孔子相信学习传统文化是培养德者的必要条件。自然，如果没有对特定事物的"学"，又哪里有对它的批评与评价——"思"？所以，孔子尽管强调人对文化传统的把握，我们还是认为，孔子所说的"思"（thinking）既包括获得和享受已有的文化，也包括对这一文化的顺应与与拓展，使其达到对现实环境条件潜力最大限度发挥。作为孔子思想活力的来源，"学"和"思"相系不分的两方面，是一种偶对关系，二者任何一方都不是单独存在的。

"思"的概念有几个确定特征。其属性包括一些不同思维模式：沉思、掌握、想象等等。它又常常很自然与"宽容"相联系。它还包含"牵挂"之意。还有，"思"也并非仅指心理层面，就是说，它并不排除"思"过程中牵涉的身体器官系统。我们认为，中国传统总体而言，特别对"思"而言，心理与身体是当作一个连续体的不同方面认知的。如果我们把古代中国对"思想者"观念只是武断地理解为外在于身体的纯粹精神活动，那就是在不经意之中严重曲解，甚至可说是残害这个概念。

因此，在孔子这里，思想过程活力性与整体性是明显体现在宽泛"思"与"学"范畴的相互依存之中的。对这种关系的经典表述即是《论语·为政》中的"学而不思则罔，思而不学则殆"。意思是，如果一个人仅仅学而无有对所学之物（判断性的）"思"，则不会有行为"恰宜"（"义"）；就是说，把所学变成自己的东西，在自己所处的特殊环境条件中做到适当地、有意义地运用。结果他只能人云亦云，随波逐流。而且，他一旦在现实中碰到超出其所学知识范围之外的情况，则会表现为手足无措，无所适从。从另一方面说，孔子所致力的对现实存在的过程性观察，每一现象都是一系列独特条件造成的结果，如果完全重复使用如同纯粹历史资料那样的所谓个人知识，是行不通的。因此，在某种程度上说，食古不化的学究注定在人生道路上要处处碰壁。

"学"与"思"的相互作用——即广泛吸取传统文化与通过个体创造性对传统诠释和发扬，这二者之间的相互影响——是《论语》的主旋律："博学而笃志，切问而近思，仁在其中矣。"（《论语·子张》）每一现象都是绝无仅有的，这一原则要求我们将所学之物创造性地用于新环境："温故而知新，可以为师矣。"（《论语·为政》）

孔子非常重视具有批判性的"思"，这一点充分体现在他告诫自己学生，即便是老师的话，也要用自己头脑来思考和鉴别："当仁，不让于师。"（《论语·卫灵公》）否则，如果重"思"而轻"学"，那么造成的思想过程不平衡现象甚至会危害更大。如果有人不是在前人已有的经验基础上去"思"，那么，他就失去可与社会沟通、交流的共同基础。一个人若是只生活在自己孤立世界中，那么他会被认为精神不正常，是对公共意义与价值的一个威胁。更有甚者，则他激进的程度会达到偏执、反复无常、徒劳无功乃至走上危险道路。孔子认为这样的"思"毫无意义，而且荀子也与孔子一样谴责这种对增长智慧一无是处的做法："吾尝终日而思矣，不如须臾之所学也。吾尝跂而望矣，不如登高之博见也。"（《荀子·劝学》）孔子"学而思"的思想在《中庸》有更明确阐述："博学之，审问之，慎思之，明辨之，笃行之。"

在孔子这里，思想之于人是一个整体的过程，以"身/心"二元对立的范畴运用对它解读是不适合的，"理论/实践"二元对立范畴也同样不适合。综观整部《论语》，孔子心目中的君子都是言行一致、言出必行的人："子贡问君子，子曰：'先行其言而后从之。'"（《论语·为政》）

甚至还有更确切的表达："君子耻其言而过其行。"（《论语·宪问》）思想及用来诠释思想的语言不仅仅是学术和理论，而是拥有真正促动行为的践行分量。因此，孔子也谴责"乡愿"，没有修养出道德态度却侈谈道德行为。他不仅强调言不可过于行，而且行不可过于"意"，即所谓"乡愿，德之贼也"（《论语·阳货》）。孟子言孔子对"乡愿"是这样说的：

> 言不顾行，行不顾言，则曰："古之人，古之人，行何为踽踽凉凉？生斯世也，为斯世也，善斯可矣。"阉然媚于世也者，是乡原（愿）也。（《孟子·尽心下》）

孔子本人反对成为学究，成为那种"多学而识之者"（《论语·卫灵公》）；认为应靠服务于人的实际行动衡量所学知识的价值。

（节选自《通过孔子而思》页 46—50。）

三、"学"与"思"相辅相成

与"学"相比，"思"则有多个义项。它涵盖了"思考"的诸多形式：权衡、酝酿、设想、推敲等等。于是，"思"也就顺理成章地与隐喻了直接利害关系的"容忍"一词联系了起来。在此，我们必须提醒读者们注意，"思"存在于内心之中，而且，"思"并不仅仅是一个认识过程，它同时也是一个情感的过程。孔子这样总结"学"与"思"二者之间相辅相成的关系："学而不思则罔，思而不学则殆。"

（节选自《论语》页 60。）

四、填平"知识"与"智慧"之间的沟壑

"知"或"智"的几种常见英译是：knowledge，wisdom 和 to know。唐纳德·芒若（Donald Munro）曾经将之译作 moral knowledge。这不仅毫无根据地为"知"涂抹上一层道德的光环，而且在强调了"知"的重要的价值论的同时，为对智慧的更加全面的理解设置了一道障碍。我们始终如一地将"知"译为 to realize。在英文中，to realize 与 to know 和 knowledge 一样，都含有强烈的知识的寓意。

你可以声称自己喜欢所有的一切，但是，你只能了解或认识世界上的某些东西——而且它们对你来说确实非常重要。除此而外，我们的译法也向英文读者强调指出了汉语"知"字表述行为及其后果的内涵：我们需要创造一个情境，然后实现之。我们确信，用 to realize 来翻译"知"能够促使我们给予"知行合一"这句儒家箴言以应有的关注。古汉语中的"知"字侧重强调了思维活动——这一点恰恰填平了英语"知识"与"智慧"二者之间的鸿沟。如果定案就是接受确定结果，人格化就是使之成为私人所有，那么，to realize 的含义就应该是"使之成为现实"。所以说，to realize 这种翻译在深入开掘英文丰富内涵的同时，也巧妙地截断了 moral 和 knowledge 引起的所有哲学联想。

（节选自《论语》页 55。）

五、"知"不是心理学

"知"通常翻译为 to know，to realize，to be wise，wisdom（这几个英文词分别意为认识、了解、明智的、智慧），我们要从几方面将它与主要是作为理论活动的认知（knowing）区别开来。第一，根据高本汉（Bernhard Karlgren），"知"的词源大概是"人"和"口"的结合，这表明知是社会学上的事，而不是心理学上的事。知是在富有成效的交流中产生的共同成就。

知的特点是，它总是与人的特殊的、不断展开的情境相联系，它不能归结为精神状态。它不是一个抽象的过程，而是非常具体的活动，目的是最大限度地增加现有的可能性和有用条件。认知是从任何一个情境中获取最多。它是展示世界潜在的东西，或者说是"体悟世界"。就此而言，"体悟者"并不独立于被体悟的环境之外，相反，他是构造世界的创造性活动中的构成因素。由于这种浓厚的实行涵义（performative connotation），知经常被理解为"预知"（foreknowledge）。它不是要获得天启的预兆，而是一种特殊的预知未来的能力，又是一种能够实际地安定人类社会的品格力量。

仁与知在早期儒家文本中经常一起出现，这表明知以某种程度的仁为前提。仁所涵衍的健全的关系是社群和谐的必要条件，这种和谐产生了知。

与知相联系的另外一个词是"乐"（enjoyment）。知识与幸福是相互促进的。思想与感情是不相分离的，它们作为特定环境中的心的合乎人性的具体表达总是一起出现。因此，知像"理"和"心"，也完全处于情境中，它将人的世界与其自然的、社会的和文化的环境整合在一起。

（节选自《汉代起始之思维》页 30—31。）

六、"知"与"仁"

当然，如此把仁理解为互联人生的熟练技艺，也联系到智慧（知）的人生，因此不奇怪，这两个字往往相提并论，如："子曰：知者乐水，仁者乐山；知者动，仁者静；知者乐，仁者寿。"（《论语·雍也》）孔子还认为，"仁者安仁，知者利仁。"（《论语·里仁》）

"知"字，底下带"曰/日"字[①]，即"智"，一般翻译为 knowing, knowledge, wisdom, 知也可以指"知己"，这样等于是把互相关联的知识与智慧给人格化。如果追溯"知"的字源，由"矢"（即箭）与"口"组成。这个"口"字能代表说话、交流、沟通等义。此"口"字与其他类似偏旁，

[①] 有的现代词典把智字收在"日"部下。

诸如"言""示""耳""心"之类,在相当多的中国古代哲学的关键词与字里都会出现。再加上"智"字的"曰"部件,这说话的现象便显得更为突出,正能反映知识/智慧的社会交流一面。其实大名鼎鼎的欧洲汉学家高本汉,可能受了甲骨文形体的影响,推测"矢"原来是"人"。假如确是这样,那么"智"的社会知识方面便更明显了,而不是真空里的知识。基于儒家仁人的不同消减社会交际特性,知识与智慧的所在地并不在于个人而在于全社会,知识便是智慧,是造福全社会的无穷资源。

知的社会一面还有另一方面的意义:知有改善的倾向。就是说,知致力追求改良世界。孔子道:

> 知之者不如好之者,好之者不如乐之者。(《论语·雍也》)

知包含认识、思考的一面。不过光认识、知道是不够的,认识力需要加以扩充,培养成能造福社会的有效交流方法。这种有方向、有目的的知识胜于简单的认识,而能致使社会幸福与和睦的知识则是最好的。斯宾诺莎的《伦理学》最后一条命题是:"幸福不是美德的报应,而美德本身才是。"顺着这样的思维方式我们或许可以这么说,快乐不是智慧人生的报应,而智慧本身才是。更清晰言之,不该以快乐为智慧人生的目标,快乐是智慧人生的感情表现。

古代汉语不分"知"与"智",即知识与智慧。在没有严格的理论/实践、自我/他人二分体系的情况下,真正知识必须取证于社会的实践,必须派上实际作用。既然"知"包括着实用主义这一重要特征,我们应该把"智慧"理解为"聪明的社会实践"。又因为"知"离不开实践,所以可以视为可定场域的知识,有着落的智慧。没有所谓"从无的角度""上帝的角度"可为我们提供完全"客观"的视角。既然如此,认识世界是一个反思的活动:从其中而认识世界。

从睿智的社会实践这个意义去理解,"认识"不但可以增进知识(informative),而也有履行(performative)力量。"认识"是一种动作,能够改变世界。从这个意义上"知"也可以译为 realizing(实现),意即使想要的结果成真,也就是使一种具体的世界实现。认识世界便是一个有标准的创造世界的方法。"知"要求我们认清感情。如若几个人能用同情的、推己及人的心理互相认识,那么互相认识便等于互相影响。这般的知识能够使人从心理上发生真变化。①

中国认识论的习惯用语强调主要的意象,乃"寻找自己的路",即"道"。正路是大家一块走的,共同摸索的。这方面意思在现代汉语里也可以体现。一般要表达自己明白或晓得,就说"我知道",也就是"我知晓道路"。这句话暗示着说话的人心里已经认定方向并知道最好路线。"知道"包含好几层意思:对现状具有清楚的掌握;有想象力与远见以揣摩不同路的不同后果;通过仁的行为,鼓励人群同心协力,一起创造美好的未来。根据中国古代思想,"知道"便是快乐智慧的源头。在理想情况下,如果这样的"社会的聪明"能得以广泛展开,那些令人困惑的道德纠纷、矛盾及其所求助的道德标准、规则便不会发生。

应该指出,"主-动-宾"结构的"我知道"的"道",不宜视为客观对象,实际上有主观特征。同"生活""历史""经验"等词一样,无法划出简单的二元体。道是兼容并包的生活方式,既有主体,也有客体,这个生活方式受影响于主体的个人特点及其行为态度。儒家的"道"极力挑战亚里士多德的"范畴",因为主体与客体同等重要,外面世界的实际条件与认识的质量同等重要。从认识这个活动,我们又能看出"知道"的对象,又能看出"知道"的人的仁性;又能看出行为本身的性质,又能看出施事者的性情与倾向。

(节选自《儒学角色伦理学》页 190—193。)

七、知:先言而后当

孔子是怎样认识"思维"的?有一组观念群对这一问题有直接阐释。这

---

① 杜威也提出过类似论点,即"知晓"与勉力上进具有实用关联:"如果念头、意义、感知、观念、理论和体系有助于对某一特定环境进行主动的重组,有助于排除特定的麻烦和困惑,那么,检验其有效性和价值的方法则是看他们能否成功地完成这一工作……那些能够给我们提供真正指导的,则是真实的——已得到验证的提供这一指导的能力,我们所说的真理,就是这个意思。副词'真正地'(truly)比形容词'真实的'(true)和名词(truth)都具有更根本性的意义。副词揭示了一种方法,一种行动的样式。"

一观念群的第三个要素是"知"。"知"一般被译为 to know，to understand，但在儒家域境，最好在"实现"（making real）的意义上把它译为 to realize。在古代经典中"知"与"智"（wisdom）是可以互换的，显示着不是将理论/实践分别开来的，不像英语的 knowledgeable（有知识）与 wise（有智慧），已经隐含着二者明确的区分。

从词源上来说，"知"含"矢"（arrow）与"口"（mouth）。我们可以想到，"矢"显然不是该字发音，可能隐喻着"投注"（casting）或"方向感"。"口"显然是与"口头"的意思相关的。无论它是 to know（知晓）还是 to realize（意识到），这一过程所指的都是言辞交流。除了"知"的词源意义，它的相联系语义首先蕴涵的是关系性参与，在这里"知"隐含相互的感知或亲近。另外，"知"也携带主动执事行政或政府官职（如"知国""知州"）的内涵之意。

下面引自董仲舒《春秋繁露》的一段话提及所有关于"知"的各种词源成分和意义：

> 何谓之知？先言而后当。凡人欲舍行为，皆以其知先规而后为之。其规是者，其所为得，其所事当，其行遂，其名荣，其身故利而无患，福及子孙，德加万民，汤武是也。其规非者，其所为不得，其所事不当，其行不遂，其名辱，害及其身，绝世无复，残类灭宗，亡国是也。故曰莫急于知。知者见祸福远，其知利害早，物动而知其化，事兴而知其归，见始而知其终，言之而无敢哗，立之而不可废，取之而不可舍，前后不相悖，终始有类，思之而有复，及之而不可厌。其言寡而足，约而喻，简而达，省而具，少而不可益，多而不可损。其动中伦，其言当务。如是者谓之知。（《春秋繁露·必仁且智》）

董仲舒此处陈述讲清楚了"知"的几层意义：一、如一般译为 to know 的"知"与译为 wise 或 wisdom 的"智"，二者是可互换而用的。它表明这个传统没有类似西方"事实/价值"或者"理论/实践"那样将"知识与智慧"分离的模式。二、这是要强调的一点，"知"内涵着事先而晓或已经想到以预知者本人参与的一系列连续发生状况结果的倾向。"知"的这一表达基于已知情况可预测未来能力的含义,在早期文献之中是很普遍的。如《白虎通·性情》有:"智者知也,独见前闻不惑于事,见微知著也。"《中庸》则有:"至诚之道,可以前知……祸福将至,善,必先知之;不善,必先知之。故至诚如神。……诚者,非自成己而已也,所以成物也。成己,仁也;成物,知也。"

《论语·卫灵公》也有关于"知"类似意义的说法:"知德者鲜矣。"许多评注者解释这句话根据的是反反复复所说的孔子提倡的"知行一致"思想。倘若行动检验是"知"的一个必要条件,那么将"知"理解为 knowing,同时有这样一个限定条件,就是将其解读为 realizing。《论语·卫灵公》另有一段话精辟地说明了"知"(realizing)、"仁"(authoritative humanity)与"礼"(ritual action)之间的关系:

> 知及之,仁不能守之,虽得之,必失之。知及之,仁能守之,不庄以莅之,则民不敬。知及之,仁能守之,庄以莅之,动之不以礼,未善也。

如果不把"知"作为具有叙述行为的力量,此段实在是解释不通。韦利(Arthur Waley)在翻译《论语》时曾无可奈何地讲道:"此段因为高度的文学性,言论空洞;它将'礼'高高置于'善'之上,无疑该是后人所加。"在紧接着此段的对"君子"论述中,更清楚地说明"知"既是"所行"也是"所知":"君子不可小知而可大受也,小人不可大受而可小知也。"这里的行文突破了语法限制,力求表达出"知"的深刻含义。因为"君子"的"知"(他要"实现"之事)是圆成、整体性的,对他来说是充满意义、令人欣喜而为的。尽管君子当然可以应付"日常"事物,却不能处理"小知"(即小的作为:small realizations)。因为君子所做每一件事都充满意义与重要性,乃至他"日常"行为也是蕴涵"大义"。

另有一段蕴含此种深意的话是:"知之者不如好之者,好之者不如乐之者。"(《论语·雍也》)孔子此处说的是,充分的"知"需有人的全力奉献和参与。这里存在三层意义:"知""好之之知"和"乐之之知"。对孔子而言,最后一个是最富于意义、最可贵的"知"。不伴随向往、不产生欢乐的"知"是"小知"。《论语·雍也》有一段突出以隐喻传达的文字,论述"知"根本

性的活力性质及与之相伴产生的愉悦感：

> 知者乐水，仁者乐山。知者动，仁者静。知者乐，仁者寿。

那些以自己的践行智慧实现（改造）世界的人，是具创造力与能动力的人，将他比作水，因为水也是流动与生生不已的。那些修德而成的"仁人"，他们是价值与意义的守持者，像山一样巍然高耸、地久天长。仁者之德具有榜样性，影响社会，成为永受尊敬的焦点、效仿的动源。"知"（智）和"仁"的两个层次人格，如此被解读为显示创造力与经久延续性之区分，体现于"思"和"学"互相的联系之中。正像"山"和"水"，历来传统都将二者视为实现风景画（山水画）自然美的必不可少元素，同样地，韧性与创造力二者也是成为一个完整的人必不可少的素质。

另一处强调"知"（智）为世界地久天长之源的文字是《论语·阳货》："唯上知与下愚不移。""下愚"之人意识不到自己的局限性，保持着某种倔牛般的冥顽不灵，就是那种"困而不学"之人。"上知"之人外貌的岿然不动不是太好解释，尤其与我们所说圣人的胸怀开阔、摒弃任何绝对概念的观念不一。我们必须把"知者"视作"域境中人"（person-in-context）理解，必须将"移"作为相对意义理解。这一段不是在说"上知"之人已终结成长，相反是在说，他仍处在成长过程，代表着持久性的普遍尺度。他是意义与价值之体现，这意义与价值是作为人类文化的秩序与内涵结构的。《论语》之中孔子自己被称为"圣人"："天之未丧斯文也，匡人其如予何！"（《论语·子罕》）孔子把圣贤君主比作"北辰居其所而众星共之"的话，表达了这样的观点。（《论语·为政》）这里并非是在说北极星完全静止了，自己不运转了；相反是在说，其他星体运转，是以它为参照的。它虽自己运转，却内含着不移性。在变动不已的作为"榜样"之过程中，"知（智）者"在圆成之"德"意义上，成为一个相对清晰之"有序"，可发挥类比性效仿之作用。

孔子是以一种圆融一体之说论"知"，这样的视野超越人的纯知性能力。这样也使得较少知性的人同样有可能成为智慧的体验者，从不同的但可同样奏效的方面，达到"知"（实现或改造）世界。我们甚至可以想象，对孔子而言，即使所谓的"智障者"，都可对传统有所贡献，他们可成意义与价值之来源，对"实现"（改造）世界，发挥特有的选择力。

语言对"知"（实现）世界发挥着重要的功能。所谓"知"，是基于知晓将要发生什么和作为一种社群行为，用语言清晰述说这种"知"的能力："君子一言以为知，一言以为不知，言不可不慎也。"（《论语·子张》）就一种客观实在而言，预言未来事物发展无非就是预知言说——宣称以未来名义、以权威性说话，这只不过是提前说出必将经历之事。以"知"声明"预告"，不是这种仅仅"提前说出"，而是涉及两种至关重要的活动：首先，"知"要做的，是把已然选择的可能未来现象，连同过去与现在起到制约作用的条件特点（是构成这些现象将要出现的域境）带入聚焦点。其次，"知"要做的还有塑造未来形式，这一塑造是以这样一种样式，是这样地具有说服权威性，全在于引起同情与广泛参与。

将一个可能性未来带入聚焦点，它是出自继承至今的传统与新生环境条件的情境交融激荡而产生意义的迷乱之中，这与任何形而上思辨或臆测性推理毫无关系。在孔子这里，不存在对这种抽象意识方法途径的采纳。所做的聚焦是创造力的，是更与艺术性创作活动紧密相联，而不是那种假定—还原性的思辨活动。

"知"是一个言辞述说与把握这个世界的过程，不是对一个前提性先定的本质实在被动地去认知。去"知"就是去影响人可行的可能性范围之内的存在过程：

> 樊迟问仁，子曰："爱人。"问知，子曰："知人。"樊迟未达。子曰："举直错诸枉，能使枉者直。"（《论语·颜渊》）

一个困惑的头脑是个不同思与行的路向一起交织状态的大脑。假定推理是依赖不同的选择性可能及对其选择后的结果。但"知者"不是二心的，所以也不能说，他进行的是科学文化才推崇的那种虚设性"思辨"。这样鲜明的差异就是在我们所谓"理性的"与"审美的"思维模式之间呈现的。

（节选自《通过孔子而思》页50—55。）

天

一、"天"译为 Nature 不可取

对于"天"这个词，我们用音译。这在很大程度上是因为，通常所用的英文译法 Heaven，为之强加了若干中国文化没有的、源自耶稣－基督传统的意象。而 Nature 也同样不可取。在很多语境中，单独使用的"天"字实际上是在指代"天地"——它暗示"天"并不是独立于世的。《圣经》中的上帝常常被转喻为创世之 Heaven，而文言文中的"天"即是世界。

"天"既包含有世界是什么之意，又隐喻了世界如何为之的反思。"万物"是中国人指代所有客观事物的成语。但是，万物并不是独立于秩序世界之外的"天"的创造物。恰恰相反，万物构成了"天"。"天"既是造物者，又是滋养创造物的沃土。在秩序本身及其规定性之间并不存在严格的界限。正是因为超秩序的缺失，道家之"道"和佛教的 dharma 这两个概念才颇具相似性，而且二者都曾经提及具体现象和从中总结出来的规律。

因此，"天"应该是一种从其自身组成成分中抽绎出来的、自在自现的秩序。但是，"天"并不仅仅是"事物"，它是一种活生生的文化——发生、流传，直至成为人类社会中不可替代的元素。"天"是一个神、人同形同性的概念。这种性质揭示出它与"神话即历史"的观念的密切联系——历史人物被尊崇为神灵——此即中国人祖先崇拜的渊源。很可能，正是祖先崇拜这个共同基础，使得商代的人文化的"帝"，与盘踞于黄河谷地的如罗马人一般嗜血

好战的周人所拜的"天"相融合。艾兰和亚亨认为，中国的诸神基本上都是亡人演化而来。根据上文的分析，她们的观点确为不移之论。由于并不存在什么超然的造物主作为真、善、美的源泉，"天"似乎是一种聚焦于前人精神的，经年迭累而成就的文化遗产。因而，当我们发现在这种文化中，神话、理性和历史的纷繁关系与西方传统迥然不同时，并不感到丝毫诧异。诸如周公和孔子这样的重要文化人物常常被神化为"天"，而"天"本身也在与人合一的过程中具体化为上述人物。

不言不语的"天"通过神谕、反常的气候现象和自然条件的改变等方式与人类进行有效的但意图并不总是那么明确的交流。"天"由此进入人类社会的话语系统——并且成为其中最为重要的元素。儒家世界中的各种秩序相互依存，相互影响，一荣俱荣，一损俱损。人文社会的衰败紊乱将会波及自然环境。尽管"天"不是耶稣—基督文化传统中的那种回应个人需要的人格神，但是作为祖先的集合体，"天"毫不偏颇地护佑其子嗣尽可能地在所有方面实现和谐圆满。也就是说，"天"不是先验的，而是尽心尽责地服务于子孙后代。对此，《尚书》早已明言曰："天聪明，自我民聪明。"

（节选自《论语》页 46—49。）

二、"天"谓"自己然也"

天，这是一个我们不准备翻译的术语。主要原因在于我们认为它的传统译法 Heaven 不可能不引发与我们犹太—基督教传统相关的歧误联想。该译法不加批判地假定中国宇宙论与我们神学感受性的某种一致，使之欺骗性地显得熟悉，确实造成混淆。因为中国经验虽然与这些神学联想基本上不太相干，但这些异于中国文化实践的前提却还是常常将之改写了。因此，要获得对"天"的更准确的理解，我们就必须尽力让这一术语从这种误导性联想中解脱出来。

我们对天的理解也是讨人厌的模糊，恰是因为其本身在中国传统内也是模糊的。历史上来说，"天"在《尚书》《诗经》这些更早的古典文献中常常

是人格化的，说明它同神话即历史论（euhemerism，就是将历史英雄提升到神的地位）的形成的亲密关系奠定了中国祖先崇拜的传统。用 euhemerism 这个希腊术语来描述祖先崇拜传统在古代中国的发展必须得解释一下：也即，古希腊的神话即历史论是 a 成为 B，而在中国则是 a 成为 A。也就是说，我们可以充分假定："天"的观念不是"中国的神基本上都是死去的人"这一观念的一个例外。尽管并非毫无异议，但至少我们可以说，由于不存在什么超验的创造者——Deity（神），古代"天"的概念似乎代表了一种集中在那些逝去的先人的人格和精神上的一种累积且不断延续的文化遗产。

文化上发达的商代"帝"的观念（先祖之灵）同富有战斗精神和古罗马风范的周代氏族联盟（在向公元前第一个千年转折的历史阶段，他们攻占了黄河流域）推崇的"天"的观念合并，或许是中国祖先崇拜的共同根基。周代对"天命"（the mandate of *tian*）的吁请是为其政权合法化服务的一个策略。他们宣称"天"会命令某一世系进行统治，只要这个世系后代的所作所为博得天的尊重；而且"天"意是从民众对"政"的反应获知的。

天不仅是 the sky，亦是被阐明和规划的天。因此，天可被理解为拢聚文化的"天们"（skies），而非某种更独立的、非时间性、非空间性的"他者"，存在（Being）之本体上的不同秩序。重要的是，一般意义上的自然显现与人类文化铭刻有种一致性。此一昌荣社会观念的必然结果乃是：感与无感，生机与无生机，活力与无生命力之间无任何决定性界限。神性与生命相互配合，神性就像生命一样渗透于万物中。

但神性也并不独立于物性。的确，"天"和自然物理环境之间也有一个强有力关联。"天"不直接言说，其有效沟通（尽管并不总是很明晰地）实现于人类创造的神谕，气候的摄动，以及构成人类世界生存背景的自然状况的变更。"天"同人类社会最可崇敬之人进行无言交流。倘若人类社会的一种秩序出现问题，自然环境就会以一种感应性秩序破碎做出反应。尽管天不是"世人的"神，不像犹太—基督教世界观那样回应个体需求；而其作为祖先聚合体，似乎在为后代公正地从各层面最大化自然生发的可能和谐而发挥作用。古代中国宇宙论中，诸秩序乃彼此关联相互依赖，如其中之一受到影响，必然会牵动全体。

中国早期一些著作中，"天"更为精神性的一维不断得到强调。而当人类发展了对其周围自然环境的控制感后，这种观念就逐渐转换为一种日益非人格化的"天"——纯然表示自然有规律的运转——尽管此自然仍然充满了某种精神感。天有自然环境的含义后，便常被用作"天地"（the heavens and the earth）的缩略词，暗含"天"非独立存在于这个世界。《圣经》中的上帝（God）创造了这个世界，但古典汉语中的"天"就是这个世界。这就是说，"天"既是我们世界之所是，又是其之所以然（what our world is and how it is）。

(节选自《孝经——生民之本》页 85—86。)

三、"天"观念的历史演进

"天"字的词源引发了许多思考和推论。高本汉的诠释很有代表性。他认为"天"是拟人的神的象形字：大写的人。另有人认为，天是"大"字加一横，"大"字代表成人，一横则代表头顶的苍穹。《说文》用"颠"来定义"天"，"颠"与"天"读音类似，并且多次用以表达"天"。"颠"是头顶的意思，引申为"至高无上"。这样，该字就被认为是由"一"和"大"两部分组合而成。这使得一些注者将"天"视为会意字，两个成分都跟"天"的意义有关。《说文》将"天"定义为合"一大"之意很是重要。《道德经》这样形容"道"：

> 吾未知其名，字之曰道，吾强为之名曰大。大曰逝……。（第二十五章）

另外，"道"在《道德经》中常指为"一"。可见，在老子的这个"道"与《论语》的"天"的表达中可找到一种很实用的遥相对应关系。孔子说过"唯天为大"（《论语·泰伯》），而另一章，孔子也表现出不寻常的玄思，用上面所引《道德经》描述"道"那样的语言来描述生命存在的节律："逝者如斯夫!"（《论语·子罕》）

有关"天"的词源的这几种说法导出了对"天"的一个解读，即，天既是拟人的神，又是对存在过程一般的、非人格表述。这一事实更让西方诠释

者围绕该字争论不休。那么"天"是否应完全被视为拟人化的神，还是某种非人格力量？事实上，这一争论根本上都是错误的。尽管正确翻译该字确实需要找到"天"和西方 deity 概念之间的重要差异，但这些差异却集中在超验而非拟人化神论（anthropomorphism）问题上。因此，我们的论证就必须考虑到，"天"出现在那些与孔子最为密切相关的文献之前的历史渊源和发展。

对现存历史资料的分析表明，在中国文明发轫期，存在着几个主要的"神"的不同概念。甲骨文和青铜铭文上的考古学资料表明商代人并不认为"天"是"神"。更准确地说，他们的宗教仪式——至少宫廷的庆典——集中在"帝"或"上帝"，一个与祖先崇拜密切相关的概念上。"上帝"被赋予拟人的个体神的形象，以与现实世界君主一样的方式统领人类和自然世界。他的规律性和确定性能够干预人类事务，而且也确实如此。

已故的君主也被称为"帝"，也会加入"上帝"的世界。这一事实强化了这一认识，即神是与已知世界没有隔阂的人的延伸。神的世界与人类社群有着同样的结构和状况，并且也多是以同样方式运作的。事实上，"帝"的世界就是现实世界运行的一个活生生的方面，是为社会提供语境和意义的另一维度。

这种对祖先世界的关注和依赖是祖先崇拜发展的基础。宗教仪式重在其影响现实世界事务的能力。其中，重要的是占卜，我们或可将其解释为大臣们无须打破他们维护的政治权威而向君主进谏的一种形式工具。

"天"对周人来说似乎有了某种宗教意义。周于公元前 11 世纪克商。而在此之前，它是尚武的半游牧部落联盟。没有文献确证"天"是否或在何种程度上被认为是人格化的神（personal deity）。"天"也指"天空"（sky）。这也许意味着，在史前时期，"天"很大程度上是一种非人格化的统一力量，与人类世界保持着一定距离。

周代哲学文献中，"天"有一个逐渐向非人格化转变的倾向。这首先表现在早期将"天"的意志等同于公论，进而将"天"定义为存在展开过程可察觉的有规律模式。前一种倾向在《尚书》中已初现端倪，到《孟子》则有了更充分的发展；"天"的后一种表达当然出现在道家文献中，儒家著作则集中体现在《荀子》一书。卫德明在对《易经》的研究中谈到，在古代，"帝"和

"天"的地位和性质是一样的,在这一点上,彼此可互换使用:

> 但在《易经》产生的时代,"天"字用得多。而在那些非常具体表达神的地方则会用"帝"。例如,象征创造的帝们之间的较量。

尽管如此,将"天"理解成某种非人格化力量,是否就是恢复了周的原初思想,还只能是一种推测。认为"天"应被理解为某种非人格化力量的第二个理由是:事实上在这一时期已逐渐发展出这样一种观念,即天、地、人的统一构成了存在的万事万物。三者各有自己的特点,每一个都与其他两个彼此关联。重要的是,这一过程是没有终始的;或者确切地说,它是一个有着相同韵律、内在秩序和某种循环节奏的过程。

有充足的文献资料表明,随着周取代商,文化上比较落后的周代统治者将他们原初"天"的观念与文化上较为先进的臣属的商代更为人格化的神进行了同一。"天"和"上帝"在《尚书》和《诗经》中常是互换使用的。在此,我们或许可以推测,周人模仿"帝"与商王室的人际关系,也主张一种类似的与"天"的家庭关系。这反映在周朝统治者所谓"天子"的称呼上——受命于掌管的天"父"。没有理由认为,在将"天"等同于"帝"之前,"天"曾像"帝"那样被视为是人类的祖先。不管周代"天"的最初轮廓是什么样子,它无疑在西周时已具备了拟人化的特征。它在文献中被描述为奖惩随意,感觉就像人类统治者那样行事。

尽管周似乎确实将宗祖神("上帝")提升到某种原始宇宙力量的更高层面,但无疑商却对"天"的人格化是有贡献的。然而对我们这里的分析意义重大的是,尽管该时期有一个明白无误的神的拟人化解释,但"天"和"帝"二者谁都不曾表现出某种超验的神。正是中西文化传统形成的这一区分,必然决定着描述它们的范畴和概念结构的差异。

(节选自《通过孔子而思》页 201—208。)

四、"天"与"超验"

在"超验"对古代中国哲学传统的"适用性"问题上,评注者们的观念

相当混乱。例如，尽管"天人合一"是杜维明用以诠释早期儒家的核心特征，但他却在众多情况下都坚持认为"天"有某种超验维度。牟宗三在用康德诠释中国哲学特质时，也谓：

> 天道高高在上，有超越的意义。天道贯注于人身之时，又内在于人而为人的性，这时天道又是内在的。因此，我们可以康德喜用的字眼，说天道一方面是超越的，另一方面又是内在的（immanent 与 transcendent 是反义词）。天道既超越又内在，此时可谓兼具宗教与道德的意味：宗教重超越义，而道德重内在义。

牟宗三和杜维明的解析都表达了"天"的内在性，二者也都强调"天人合一"。而 transcendence 这一概念是含有独立性的，并不适合诠释儒家思想。

选择 transcendence 来诠释古典儒家思想的一个原因在于，该词一个权威却也相当含糊的翻译"超越"掩盖了严格的超验存在或原理那根本的独立身份。而另一方面，描述那些使超验原理和世界相连所必需的范畴的 dualism，其中文译法"二元论"（"二元论"字面含义是 two-source theory）却很好地抓住了"独立性"内涵。但牟宗三的情况不仅仅是一个翻译的问题。他还认为：

> "天命"的观念表示在超越方面，冥冥之中有一标准在，这标准万古不灭、万古不变，使我们感到在它的制裁之下，在行为方面，一点不应有差错或越轨。如果有"天命"的感觉，首先要有超越感，承认一超越之"存在"，然后可说。

他还说："那是一个道德秩序，相当于希腊哲学中的'公正'（justice）。"牟宗三显然想把一个绝对的超验归之于早期中国传统，这恰恰是我们没有办法同意的。

《论语》中的"天"毫无疑问是拟人性的。但在它从周初等同于拟人化的神——"上帝"，到晚周几位哲学家将其描述为自然规律和秩序的过程中，"天"则有一个逐渐却显然可察觉的去人性化倾向。尽管孔子的一个重要贡献是强调人应对自己及其环境负责，但他仍然认为"天"可随意干预人类事务，可见，他对"天"的认识无疑还保留了拟人性的神的痕迹。他认为自己担负传承祖先文化遗产的神圣使命便充分说明了这一点：

>　　子畏于匡，曰："文王既没，文不在兹乎？天之将丧斯文也，后死者不得与于斯文也；天之未丧斯文也，匡人其如予何！"（《论语·子罕》）

"天"同样还被描述为圣人的创造者、社会地位和财富的决定因素。

　　既然"天"是一种能够知人，而人却无法欺它的力量，所以，我们得"畏天"。事实上："获罪于天，无所祷也。"（《论语·八佾》）"天"除了具有这些明确的拟人特征，它更被描述为万事万物生生不息的根源："子曰：'天何言哉？四时行焉，百物生焉，天何言哉？'"（《论语·阳货》）

　　《论语》中所描述的"天"的形象显然是拟人性的神。但并不因此可得出"天"就等于西方的 deity。相反，只要对照一下二者深刻的差异，这种相似性可能助长的任何对比都行不通了。这些差异首先集中在西方 deity 的超验性（外在性——编者注）和"天"无可置疑的内在性之间的不同。这一落差更重要的层面在于，孔子"人"的概念表面似乎也拥有同样"神性的人"的特征，而实际却绝非如此。我们马上要涉入的恰恰就是这些密切关系到孔子"宗教性"概念的差异。

　　古代中国传统总体上表现了借助内在和自然概念解释存在的浓厚兴趣。这类概念却没有发展那些打算解释宇宙本身发生的理论。现象就是 so of themselves——自然。即便偶然有对起源理论的指涉也暗蔽在对转化更为突出的探讨中。上面所引《论语·阳货》"天何言哉？四时行焉，百物生焉"即是明证。据此而言，"天"就不是一个生成了独立于自己的世界的先在创造性原理。它更确切地说是一个自然产生的现象世界的总称。"天"完全是内在的，所有建构它的成分都不是独立于它而存在的。说现象创造"天"和"天"创造现象都同样正确。因此，"天"和现象的关系是一种彼此依存的关系。"天"的意义和价值是其种种现象意义和价值的一个功能。"天"的秩序由彼此相系不分的成分之间获得的和谐来表达。

　　中国古代思想使之成为最终主宰化身的"天"的形象与我们将之解释为宇宙论整体的"天"并非一致。"天"作为其代理人——"天子"的始祖与其

子孙后代有着内在的关系。生身之父活着是儿子的楷模，死后子孙亦受其眷顾和保护。而子孙辈则成为祖先精神的化身和延续。他们彼此相系，彼此诠释。"天"作为统治者与其"帝国"有种比拟关系，统治者就是其"帝国"（或其"命"），而"帝国"也正是统治者。

在考察"天"这一观念时，须根据适合该传统的身心偶对范畴来界定。这就是说，应当充分意识到在孔子思想的坐标系中，任何对天的诠释只要参照身体的特征就必然意味着（如果不是明确）默认了其所关联的心理方面。

古代中国思想观念的这一特殊现象，不是靠事物来证明的某种先在理念预先决定的。既然个别性决定整体也为整体所决定，那么，它的成长与成熟就是根据展开过程质的意义的偶然性行为：诚（sincerity）、中（focus）、全（integrity）、义（appropriateness）、和（harmony）、感（intensity）。

(节选自《通过孔子而思》页 204—208。)

五、天道

从莱布尼茨直到当今，那些致力于解释中国文化的西方人士，一直想用这种高度发展的文化，来确证17、18世纪欧洲文化所追求的启蒙运动的普遍观念。对待中华世界的这种态度涵衍了关于以下事物的基本假定：一个无所不在的上帝，一个以自明的真理为基础的确实可靠的几何学方法，一种客观的科学，一种通用语言，占有特殊地位的历史发展模式，以及普遍的人权，等等。从17世纪早期与中国文化相遇，直到当代，西方的汉学家们一直在用他们的术语重塑中国传统，他们一直很警觉，力图抹煞中华世界的根本不同。这一点没有比在宗教中表现得更清楚的了。在西方，宗教既是超越观念的诞生处，又是滋养它的主要环境。

为了研究中国的宗教感悟方式，我们必须首先取消我们已做的事情，因为在将犹太教—基督教的基本假定强加给中国文化以后，连许多中国人也被说得相信——中国文化不是一种有宗教性的文化。由于力图改变他人宗教信仰的基督教徒对中国文化的攻击相对而言不太成功，再加上近世马克思主义感悟方式的影响，许多当代中国人不再责备中国曾经长期赞成宗教的价值和经验。

我们提出的是，中国有这样一个传统，它既是非超越的，又具有深刻的宗教性。为此，我们先聚焦于"天"，对中国的精神性的任何一种认识都要诉诸这一核心观念。我们需要弄明白，将"天"翻译为 Heaven 的惯用译法意味着什么，因为不适当的翻译不仅在非专家的读者心中，而且在无批判力的专家心中产生超越的观念。虽然突出了我们自己的哲学价值，这种译法却造成了不能接受的后果，即掩盖了这样一些意义，它们对于掌握它的不同之处恰恰是最重要的方面。

我用一次与葛瑞汉的交换意见来把问题弄清楚。葛瑞汉在他去世前不久曾责备我们，说我们未能清楚地区别翻译与解释（exposition）：

> 即使关于什么是合乎规范的翻译可能有不同的意见，仍然有理由坚持要求哲学翻译家尽最大的努力尽可能地接近原文的主要概念的本义和概念间的逻辑关系，尽最大的努力弄清楚思想的结构，而不是对这思想进行再加工；如果一个人用解释取代翻译，那么翻译就是不合格的，当然就不可能获得完全的成功。

葛瑞汉在这篇文章中所关注的特殊的术语是"天命"，它通常译为 Fate 或 Destiny。由于〔在英语中〕这种语言依靠西方哲学传统中常见的严格的超越的观念，因此，对于"天命"我们采用意译（人与其世界的关系），它舍弃了隐含的"命令"比喻，强调了"天"与"命"的关联方面。非常有趣的是，葛瑞汉在同一篇书面回答中，赞成那种拒绝将超越视为儒家宇宙论特征的做法，而我们使用意译，而不是严格的翻译，要表达的正是这一观点。我们再引一段葛瑞汉的话：

> 在中国人的宇宙中，所有的事物都是相互依赖的，没有那些超越的原理被用以说明它们，或者说，没有一种它们出于其中的超越的根源……。这种立场给我的印象极深，其中的新奇之处暴露了西方解释者的先入之见，即以为"天"（Heaven）和"道"（Way）这样的概念必定有我们自己的终极原理的超越性；我们很难理解这样一种看法：即使是

道也是与人相互依赖的。

当葛瑞汉坚持要"忠实地"翻译诸如"天"和"道"这样关键的"概念"时，他的意思是，要与我们的专门词汇所提供的固定的定义相一致。然而，在一个不能诉诸超越的准则所许可的客观性的传统之中，坚持任何一种照字面意义直译的做法都会产生问题。甚至"概念"这个观念，就其依赖于单一意义来说，可能也有问题。"概念"的历史实际上发端于柏拉图的永恒形式（Eternal Forms），虽然这些形式由于亚里士多德而有点自然化了，但被当作主要的逻辑形式保持了下来。葛瑞汉在拒绝将超越当作认识中国传统的有意义的框架之时，需要避免〔理解为〕客观的因此是单一的意义的可能性。事实上他有效地避免了使用那种形式上的和专门性的概念语言。

就像我们在前面指出的，舍弃超越的语言，以及伴随它而来的客观确定性的基础本身（柏拉图的形式、上帝的神智、康德的绝对命令），这意味着，严格按照字面意义理解的话语就不可能有了。如果情况是这样，葛瑞汉就必须承认，按照中国人的世界观，只有在读者自己理解了文本以后，翻译的行为才是完备的。这只是表示中国秩序的连贯性必须充分顾及环境，包括其读者的人生。对那些身处以犹太教—基督教的基本假定为基础的文化之中的读者，将"天"翻译为首字母为大写的 Heaven，就会直接导致歪曲的理解。如果这样，那么翻译可能需要解释（即 exponere，"阐明和显示"），而这种解释还要预计到特殊的读者。意译和解释是翻译家的主要手段。

我们目前所拥有的词典，对于翻译家寻求一个词的"最佳"意义，常常帮助很少。以葛瑞汉自己的用法为例：汉英词典对于"天"的标准翻译有：（1）物质的天体、太空、天空；（2）天气；（3）一日；（4）天国、天命、上帝、〔拟人化的〕大自然；（5）丈夫；（6）必不可少的。尽管有某些重叠，这些释义与汉语词典所提供的解释成为相当鲜明的对照：（1）天空；（2）气；（3）天的运动和天象；（4）太阳；（5）神；（6）自然界、自然的；（7）君；（8）父亲；（9）必不可少的；（10）一段时间；（11）一日；（12）阳；（13）一个人的命运；（14）一个人的自然倾向或天性、身；（15）巨大、伟大。

这两方面对"天"的规定最大的不同是,汉语词典中明显地缺少天国、天命、上帝、〔拟人化的〕大自然(Heaven, Providence, God, Nature)的释义。事实上,西方传统中需要诉诸超越的神的二元论,与中国文化根本不相干。这里发生的事是,犹太教—基督教语汇提供者首先企图用"天"将超越的神的观念传达给他们的中国对话者,然后就是将这一界定载入词典之中。

"天"并非是一个孤立的事例。西方的翻译将"道"当成一种实体,而不是一种方式、性质或行动,当成一种客体,而不是主体,这同样很好地说明了这种情况。将"人性"本质化为人的"本性"(nature)也是如此,在这方面葛瑞汉自己就曾说过:"用 nature 来翻译'性'就预先决定了我们将它错当成一个超越的根源。"在孟子的学说中的人性,也将会被当作一个超越的目的。事实上,现今我们的汉英词典渗透了一种与它们想要翻译的那个文化不相容的世界观。

这就是问题的重要性所在。儒家的"天"的那些独特的特征,在我们对经典的必然是狭隘的理解和解释中,有消失的危险。而我们在这里所关切的是,辨清这些特征,使它们变得明显。通过考察我们的语言的界限是否就是我们的世界的界限,我们可以发现,有必要增加我们的语言。这就是说,就像理解 nous, physis, nomos, logos(按:均为希腊哲学范畴,分别意为理性(或最高理智)、自然、法、逻各斯)这些词时,需要我们弄清它们在拉丁化话语中的译法,我们同样需要保护诸如"天""道"这样一些古代中国的术语免遭经过西方语言而来的、通行无阻的渗透,而西方语言由于具有迥然不同于中国人的世界观的基本假定,而显示出强烈的倾向性。

为了重新确定"天"的意义,我们想努力恢复在通行的翻译和解释中所失去的意义。为此,第一步要确立"天"所包含的意义所达到的最广泛的范围和最大的深度。这种做法所要求的,不仅是收集词典的界定中对内涵意义的通行的概括,而且要去发现和阐明那些预设假定,它们使"天"根本不同于被认为是 Heaven 的那些含义。

在研究中国典籍时,人们查询的词典促使我们相信,许多——如果说不是大部分的话——像"天"这样的字,具有多重的、可加选择的意义,翻译家身处一定的环境,被要求选择最适合的一种。对待语言的这种态度,翻译

家是很熟悉的，它所显示的，正是我们在前言的论述中所担心的问题。

我们要提出，随着文本中一个特定的字的出现，那些非常广泛的、融为一体的意义就被引进了。我们作为解释者和翻译者所要做的事，就是对一种理解加以推敲斟酌，这种理解对于某字被使用于其中的特定语境非常敏感。例如"神"就是一个复杂的观念，它所表示的意义既有"人的精神性"，又有"神灵"。"神"并不是有时表示"人的精神性"，有时意为"神灵"，它总是表示这两种意思。不仅如此，我们所要做的事，就是企图从哲学上去理解，它怎么能同时表示这两个含义。在人和神成为一体之时，这一特殊的意义范围蕴涵着什么？它是怎样被纳入"天人合一"这个熟悉的公式中的？实际上将任何一个词的几种意义重新构成一个完整的整体，再去弄清加以讨论的那个字何以能够具有在我们看来很可能是奇怪的，常常是出乎意料的，有时甚至是矛盾的意义组合，正是这种努力，引导我们最直接地去把握差别。

(节选自《汉哲学思维的文化探源》页233—236。)

六、天命：天地之中以生

对古代文献中"天"用法的考察，可为孔子思想建立起一个历史语境。尽管《论语》本身并没有给出"天"完全清晰的表述，但把这一历史倾向与《论语》相关章节的研究结合，可恢复出一个与其本义相适的"天"定义。另外，我们也尝试向孔子思想的其他维度扩展，以求一种连贯一致的方式，可解读"天命"观念的宇宙论结构。

古代经典为揭示"命"的各种不同意义提供资料。《说文》在词源上把"命"分为"令"和"口"两部分，并将其解释为"使"（to command, to cause）。古代经典中可找到无数"令"与"命"换用的例子，显示出"命"所表示的一种根本意思即是"下令、使执行"。

"命"在与语言和沟通关系上，似乎与另外数个构成孔子思想基本框架的核心观念都一样，突出"口"的重要性。"命"在其他数种古汉语词典中的解释也都强化"口"在"命"中作为某种用言辞表达和传达命令这一意义的限定作用。《尔雅》将之释为"告"（to inform），《广雅》释为"呼"（to call, to speak）。或许，最值得注意的是，"命"不仅同"名"一样意味着"命名"（to name），而且有时也与"名"换用。

"命"后来逐渐用来表达某些世上存在现象的具体状况：寿命、禄位、福寿——不只是一时之"命运"，而且是"生命"本身。至少早在周克商时，"天命"（the command of *tian*）就用来作为君主能否继续在位的一个条件。古代文献中，"天命"常被描述为与治国威望有关，并彼此牵动。唐君毅在概述古代哲学文献时总结道：

> "命"这个字代表天和人的相互关系……我们可以说，它既不是仅外在地存于天，也不仅内在地存于人；而是存在于天人的相互关系中，即存在于它们的相互影响和回应，彼此取予之中。

唐君毅的这种解释反映了《左传》对"命"的定义："民受天地之中以生，所谓命也。"《孟子》有所谓"莫非命也"，《孟子》解释了"命"的普遍存在且试图将之与"天"区别开来："莫之为而为者，天也；莫之致而至者，命也。"这里似乎在说，"天"指的是自然和人类世界自然生发的过程本身，而"命"则表示为它的生发提供域境的特定现象产生的条件和可能性。"天"不是"他者"的产物。

"命"作为特定特殊现象产生的起因条件，既是其诸种可能性又同时是其局限性。"命"是所处环境种种局限性协调出的可能性未来。同样，"天"本身也可被视为对其起特定作用的条件。《中庸》引《诗》曰："维天之命，于穆不已"，随即评论道："盖曰天之所以为天也。"这并不意味着"天"是由"他物"所生，而是由特定因果条件以某种特定方式决定的。

如果"天"确实指称某一特定视角对整个经验过程的认识，那么，唐君毅将"命"定义为"天和人的相互关系"就没有错。这就是说，"命"可比于"势"这样的概念，因为二者都可描述构成既定事件基体的现有种种条件——身体、心理或环境——的结合体。但也正如唐君毅的解释还可表明的那样，由于"命"总似乎涉及人类视角，这两个概念还是有着重要的不同。

如果"命"被理解为对世界特定人类视角的种种条件和可能性起的特定

作用，那它必然涉及对现象起因渊源的解释。另外，因为不涉及意义和价值的超验根源的宇宙发生论的概念，那它准确地说就是对某一特殊人条件制约环境的阐释；因此，"命"完全是某特殊人"创造的世界"。这说明了"名"和"命"之间显而易见的关系："命"就是"命名"世界。

"命"以一种话语方式体现了对存在过程的观察。区分个别事物既是对它的"命名"，也是意识到它所出现的域境。而该域境被理解为"自我"域境还是"他者"域境取决于特定焦点（particular focus）命名行为的功能。如果一个人的取向是一种根本被动性生存，他的有序性与价值意义是从他的物理与文化域境衍生的，他则大体上是一种外在权威性的产物。而如果一个人将自我之有序性与价值意义浑然于世，那他就是他的环境的物理与文化组成起到创造作用的重要因素。当然，这个"创造世界"过程是一种互相创造的阐释，是由"天"所呈现的可能性范围与具体个人对这些可能性的认识、选择和施与作用。

"命"与关系性观念"礼"有重要相似之处。"命"作为"起因条件"的"宇宙论层次意义"似乎是一种历史发展线索的，是来自"领导者为中心"的"命令"之"命"。这一发展轨迹与"礼"的拓展是平行的，"礼"也是从早期仅限于表达统治者与神的关系，发展成泛指整个社会结构的一般概念。"命"蕴含"礼"是因为文化共识本身就是一套首要的起因条件；而"命"的延伸又超越"礼"，因为它包括一切条件——生物学、社会、经济、地理、历史，不一而足。

"命"和"礼"的另一个相似之处在于它们都是可以转变的。因为人是意义和价值的根源，因此文化共识性就随时可以重组与再诠释。事实上，尽管"命"为未来起到某种制约作用，但没有哪一种既定因素在任何意义上是颠扑不破的。每一要素就其相关于人类社会而言，都有人类意义。因为人类是命名的根本所在，他可通过改变"名"的意义来改变世界。从历史上看，基本类似的环境却形成人类经验如此不同的文化结构，这一事实正表明了受诠释行为影响的条件的可变性。

尽管古代文献中出现把"天命"专门用作朝代延续更替的政治理由的传统，但正如我们上文所论，在孔子的时代，该起因条件的概念已从君主及其朝廷扩展为用到一般人身上了。

《论语》中"天命"和"命"都在这一宽泛的意义上使用。如果说它们之间有某种区别的话,那就在于"命"可同时在狭义和广义上使用。"天命"特指从特定视角建构的存在整体的诸因果条件,"命"却不仅指涉整体,还可专指个别现象构成的因果关系。

另外,将"命"译为 Fate 或 Destiny,且将"天命"解释为某种道德诫命,都带有强烈的超验意味。to destine(注定)这个动词在盎格鲁—欧洲传统中的意思是"打结、牢固"(to make fast or firm)、"预先固定"(to fix beforehand)、"先定"(to predetermine)。Fate 有着类似的意思"已给出"——神的判决。这些术语的专有名词都强化了这样一种语感,即某种独立于人类的原则、力量或动因在为人类存在立法,或者至少命定其中的某些方面。因此,把"天命"视为某种外在、客观存在的道德诫命就与天人的"合一"关系相抵触。因此,我们将说明:"命"建构了存在的因果条件,这些条件既不是先定也不是不可动摇的。这也就是说,人是他自身所在这个世界上的决定性力量,现有条件及其境遇都会因他的参与而改变。一个特殊人的成熟是对种种可能性做出回应的结果,而这些可能性本身是由他的行为与其环境相互作用决定的。

将孔子诠释为命定论者似乎最有力的例证就是《论语·雍也》中这段话:

> 伯牛有疾,子问之,自牖执其手,曰:"亡之,命矣夫!斯人也而有斯疾也!斯人也而有斯疾也!"

这里好像说人几乎完全不能掌握自己的命运。但这并不就是说,人完全只能听之任之。实际上,《论语》中的子贡就同其经济和社会地位进行抗争:

> 回也其庶乎,屡空。赐不受命,而货殖焉,亿则屡中。(《论语·先进》)

君子是被认为他要选择去掌握自己生死的人:

> 今之成人者何必然?见利思义,见危授命。(《论语·宪问》)

显然,如果"命"先定而不可动摇,那么子贡既不能拒绝也无法改变它,君

子的死生也不会受他自己支配。下面还有：

> 司马牛忧曰："人皆有兄弟，我独亡。"子夏曰："商闻之矣：'死生有命，富贵在天。'君子敬而无失，与人恭而有礼，四海之内皆兄弟也。君子何患乎无兄弟也？"（《论语·颜渊》）

此段常被引述论证"命"的"命中注定"（Destiny）观点。但事实上这段话意思似乎恰恰相反。这里子夏引用了一句广为流传的名言，表明有些情况常被认为不是人力所能左右的。然后，他又以其中一个似乎肯定无法改变的情况（无兄弟）为例，说明可改变的条件。

首先，我们知道历史上的司马牛其实有一个兄弟桓魋。这个人曾威胁过孔子的性命。司马牛在这里不认这个兄弟，不根据"确凿事实"讲"兄弟情谊"，改变了一个明明白白无法改变的事实。子夏却给出一个更好的视角，提出反之亦是有效的，一个无兄弟的人可通过重新定义什么是有兄弟（即通过改变其意义与指涉的基础，即其"名"），来改变这一使得他无兄无弟的状况（他的命）。他认为手足关系道德上（兄弟般）的标准胜过生物上（同胞）的标准。这段话根本不是讲宿命论，而是讲"命"的变动性，讲个人的因果环境的"命"，事实和价值的不可分离性。

"天命"和"命"之间的关系或许可这样表述：一个已获得像君子或圣人这种高度的整体性的人，建立了某种与"天"的内在关系，这种关系使他通过领悟力和影响来运用"天命"。一个人自控力越弱，他把"命"视为无法抗拒决定性条件的感觉就越强；一个人的自控能力越强，他自悟到自己在决定外在条件时所起的主导作用就越大。当世界尊重他的道德，他就为世界"言说"，即他为"天"说话。这样，从环境强加给一个特殊人以意义以及他主动为域境引入意义这两个不同角度，体现了一个特殊人域境意义的不同。

控制力主要是由一个具体的人的自我实现程度所决定的，同时，这也是衡量是否值得他为其付出最大努力的部分标准。为了为真正有意义的事业积蓄力量，终究是有一些战役我们绝不会去抗争的。原则上君子或圣人富有意义的影响环境的能力是无限的。用西方哲学传统的一个至理名言来说就是：

"哲学无非是学习如何去死。"人只要能做出有意义的反应，甚至最"命中注定"的环境也会显著改变。无论如何，孔子对"命"和"天命"的理解比传统上对他的认识至少在很大程度上是不保守的。

（节选自《通过孔子而思》页 208—215。）

七、"天人"场域观

关于"部分/整体"关系的概念有几种。部分有可能是在作为某一更大整体的一个构成成分的意义上，仅是后者的其中一份；或者，部分是构成有机体功能上的相关成分。前一个例子是，各部分并非本质上相关；第二个例子是，各部分在符合有机体的目的或功能的意义上彼此内在关联。第三种情况则是，整体作为一种普世体或原生型，部分是作为个别或者一个样例。在这一情况下个别体是宇宙体一种类型样例的一个。不过与我们的研究最相关的还有一种，这个情况是，在囊括意义上，个别体反映或者蕴含着整体，这个样例是全息样例。

从全息的观点看，"部分"与"整体"的关系最好根据"焦点/场域"（focus and field）的观念表述。个别是个焦点，它既为域境（它的场域）所限定又限定后者。场域是全息性的，也即，它的构成方式是每一个可识别"部分"都包含着整体。从根本上说，一个特定部分与其整体，在整体以很强烈的方式被聚焦之时，能变得十分一致。在这样焦点/场域意义上，"德"指的是确定某一可识别"部分"（比如一个人）对"整体"（即其社会域境）做出分析解释的方式的特殊聚焦强度。就像我们曾阐述的，"天"是"德"（作为其确认性焦点）的万物场域。

我们用特殊焦点（particular focus）旨在强调这样一种观念，即每一焦点都是构成其特殊域境的不同整体的焦点。所有的可变性焦点体现了可变的整体的观念。在这一模式中，没有一个严格完整的整体，没有一个囊括一切焦点的单一域境。特殊焦点间的关系是由每一焦点提供给全体的不同视角决定的。从种种可变性特征中抽象而出的"全体"本身，仅仅是由诸可变性焦点

限定的有序附加的总和。

"道"（整体指称）是"天"功能上的对等物。儒家和道家或隐或显都把"存在"认识为某种由种种互补力量的相互作用构成和产生自身运动的不断进行的过程。该过程是由循环式的语言来描述的：盛/衰、盈/亏、浓/淡、聚/散。所有存在构成一个连续体，据此，每一状态都建构于由它自身推动力和确保它的诸条件基体决定的转化过程中。"德"（个别焦点 the particular focus）不是根据分离不联系的、本质论意义的"一己性"（self-nature）来理解的，而是被认识为存在过程的一个焦点。当显出其独特性和差异性时，它是个别；当根据决定它的诸条件整体去看时，它是万物的场域。

我们的根本观点是，早期儒家和道家在很大程度上分享一个由"焦点/场域"观解释的共同的过程宇宙论。道家传统中，这一宇宙论在《道德经》（"道"与"德"之经）中"道"与"德"的偶对性关系以及其他相关文献中有明确阐述。从个体"德"的视角在全体和整体性意义上看待的存在过程（或场域）被称为"道"。但当根据诸单个统一体的整体来看，该场域又是个别化焦点（或德）的组合。

早期儒家传统中同样隐含的宇宙论体现在作为场域的"天"和作为焦点的确定的社会关系中。由于儒家的关注重心主要在解释人类世界，因此，道家道—德偶对性功能上的对等物即天—人，即"天"和特殊性的人。"天"和特殊性的人之间的偶对性关系体现在对"天人合一"根本的信奉中：天和特定人的合一。

孔子理解的社会关系观念使他根据礼和社会角色来描述个人，此观念与汉语本身的功能性特征是一致的。尽管我们确实承认孔子极少愿意谈他思想的宇宙论含义，但我们仍然认为，倘若他愿意谈的话，他的观点跟道家或华严宗的宇宙论思想也不会根本上截然对立。

不应该过分强调在宇宙论思想上的这一共性价值。孔子声称不愿明确谈玄思有其重大的社会观深意。孔子思想中的救世主义倾向强调的是自我实现的具体人际和社会环境。孔子不是通过玄思提供"救助"。空洞的玄思不仅无用而且实际上还是有害的，因为它会妨碍"成圣"的努力。尽管如此，我们还必须注意到隐含在孔子哲学思想中的宇宙论信念。

考虑到《论语》对社会政治问题的首要关心，尽管它并没有提供部分和整体（焦点/场域）之间这种延伸关系完全清晰的表述，但却强烈暗示了这一效果。例如，尧就是因为具备为君为人的典范的资格，因而被描述为可比于"天"："大哉，尧之为君也！巍巍乎！唯天为大，唯尧则之。"（《论语·泰伯》）孔子本人也被用专有的宇宙词汇描述："仲尼，日月也，无得而逾焉。人虽欲自绝，其何伤于日月乎？多见其不知量也。"（《论语·子张》）一个可比于"天"的人，也愈加为世所瞩目：

> 君子之过也，如日月之食焉：过也，人皆见之；更也，人皆仰之。（《论语·子张》）

《中庸》对孔子的描述或许是"天"与"完人"之间暗合关系最清楚的表达。一个人因为有德行且获得同社群其他人的尊敬，以致逐渐变得可比于"天"，而"天"也相应会变成孔子式的人，因为孔子从自己角度以同样的敬意模式所诠释的整体的"天"，为人的世界设定了榜样：

> 仲尼祖述尧舜，宪章文武。上律天时，下袭水土。辟如天地之无不持载，无不覆帱。辟如四时之错行，如日月之代明。……唯天下至圣，……溥博如天，渊泉如渊。……故曰配天。

圣人因与世界合德进而滋养和发展了万物的归一，因而，可称之为"配天"：

> 大哉圣人之道！洋洋乎，发育万物，峻极于天。（《中庸》第二十七章）

和其他几个观念的情况一样，我们这里对孔子的诠释在某种程度上也与西方存在主义传统有所呼应。我们承认这一相似性，但却强调孔子的"存在主义"在为个人—社会关系的"焦点/场域"模式限定时，则会失去它许多"存在主义"的典型特点。

"天命"作为意义的最普遍表达，是由现存事物之场域中所有相关之焦点建构的。尽管它似乎指涉任何个别焦点，但在孔子看来，似乎只有在那些已拥有"德"性，通过榜样的方式使之成为意义和价值聚焦点的人身上，才可获得"天命"。获得该成就的前提是明"古之道"。明"古之道"的人成为"天"之"焦点"，其为"天人"。

(节选自《通过孔子而思》页 237—241。)

性别观、孝和谏

一、"阴阳"的动态平衡

1. "阴阳"不是二元对立

在西方文化中,性差别是广泛地以二元主义范畴作为话语的。同样二元主义的范畴话语也为男女性别区分奠定基础。它不过是说,男子与女子的分别常被带入以刚强与娇柔为主要特征的构建中,男性主宰导致对真实人的定义以男性素质为准。所谓充分实现自己的抱负,不言而喻地是男性的实现;女性实现自我,须以追求男性阳刚者为榜样。

在理想意义上,儒家文化社会中,人类特点作为一种广义延续性,被视为互为补充的两方面,二者共同作为一个人自我教化之可能性的范畴。在传统中国,自我实现之个人是以"阴"和"阳"特征的动态平衡来对待的。

(节选自《先贤的民主》页200—201。)

2. 性别的互系性

《道德经》的文本以下面几种方式支持女性解释:文本直接确认女性胜过男性,由此必然推导出诸如柔弱胜刚强的论断。文本自始至终似乎都将女性的生殖器官与生养万物的"道"相联系,这方面可以举很多例子:经常用隐喻的方法说女性的阴道,如"渊""谷""玄牝之门""天下谿"等等。主要的隐喻有水、婴儿、溪谷、母、根等。它们都与女性相对应,并且都用柔、弱、黑、静、受等形容女性性别特征的语言加以规定。这些特征还被用以描绘理想的治理者。

"母"是一个怀孕了的妇女，她是雄性与雌性的统一。还有一句话与此相关，它也是把和谐和生育描绘为阴与阳的结合："万物负阴而抱阳，冲气以为和。"（《道德经》第四十二章）

非常重要的一点是，要知道在中国古典传统中，所有的相互关联的对立面本身是有等级的，主导的方面通常首先提到：如天/人、心/身等等。在阴阳关系中有一奇特之处，它把这种关系与儒家标准的关联关系区别开来，这一奇特之处是"阴"为首。这意味着所采取的态度确实是男女不分，但是总的来说，阴的品性特征优先于与阳相联系的那些特征。

性别在互系的理解（correlative understanding）中更有灵活性而缺少排他性。关联性比二元论模式更易于促进对身份和性别的特征重新规定，虽然如此，在实践中，传统的力量对于这种重新规定的实现是一个难以克服的阻碍。不过，由于没有相反的观念，即超越的信念，在实践中就比较容易做出更动。只要相应地改变那些加强性不平等的文化的态度和实践。

在儒家这一方面，在不同性别的身份个性化的过程中，不同的实行者能够表现他们自己作为个人的独特性，其方法与礼相似，人们根据礼确立自己在社群中的地位。不论是人性还是性别都不是给定的。一个人并不是天生的女性，而是在实践中成为那样的人。性别的同一性归根到底并不是种类的同一，而是相似性。这样，性歧视的问题就将是不同程度的差异的问题，而不是等级森严的不平等。男性与女性是作为强调上的差别（difference in emphasis）而不是作为种类上的差别（difference in kind）的功能而被创造的。理查德·圭索（Richard Guisso）在规定中国文化中的"差别"时也表达了同样的意思：

> 它们（指中国的经典）所提出的根本观点是，所有的东西中最基本的——男性与女性是不同的，就像天与地、阴与阳那样的不同。然而由此推导出的论点就将中国的观点与中国之外的大部分观点区别开来了。在一个有机地构成整体的宇宙之中，男性与女性不可分离地结合在一起，

> 每一个人都被给予一个有尊严的、受尊重的身份，每一个人都被寄以这样的期望在相互合作与和谐中与他人互相作用。不过，事实仍然是，关系是不平等的。

圭索在审视经书时试图阐明服从与差别的关系：

> 虽然在宇宙论中隐含了高等和低等之分，但是更加强调的方面是男性与女性的区别。每一种性别都有其不同的、互补的功能，女性的地位既非不光彩也非必定低于男性的地位，除了在地低于天、月亮低于太阳这个意义上的高低之外。

在这种关联模式中，最富有意义的关联关系是那些处于最大反差之中的关系。因此，那种按照单义性和一致性加以规定的平等是对差别性多样性的否定。与此不同，审美的连贯性要求将差别引入和谐的中心，这些中心包含的意义范围更加广泛。自差别产生的是等级的必要性。没有等级就没有中心。创造性依赖于存在于男女之间的差别的程度以及它产生的张力。

> 儒家解决男女冲突的方法因而是三重的：分离功能，承认等级，以及理想主义的命令（idealist injunction）。这样，相互关爱和尊重就会融入关系之中。

文化上规定的功能差别促进了男性与女性的相互依赖，这种相互依赖不断增多，理想的情况是，它产生相互关心、需要和爱慕。在西方传统的主流中，即使一个女性必须放弃她的差别，以成为一个人，她仍然能自以为具有把她与她的环境区别开来的基本的人性。基本的人性是一个保证。不论怎样贬低女性的角色，她仍然潜在地、不可更改地是一个人。关联模式与二元论模式相比更为灵活，稳定程度较少。伸缩性允许关联模式有更大程度的创造性，同时也允许对人的尊严更大程度地滥用和更恶劣地侵犯。

限制二元论模式中的创造性的局限性也确立了判断什么是可以接受的行为举止的界限。例如，古典儒家有一个思想，以为禽兽、人和神之间的区别只是文化上的，这意味着那些是文化的重要来源的人，能要求尊严，而那些抵制教化的人，主要从字面上说，是禽兽。

由于没有某些基本人性保证所有人类生命的尊严，就有理由崇拜某些人，与此同时把另外的人当作奴仆。在二元论模式中，一个人可能会争辩说，一个女性还没有被认为是一个人（man，主要指男人）。而在关联的格式中，女性在历史上并未成为人（persons，此处当指自然人，即依法享有权利和承担义务的人）。关联模式的另一特征是，男性／女性的互补不能与别的重要的关联关系分离。如圭索所说：

> 如果说"五经"助长了女子对男子的服从，那么它更加助长了年轻者对年长者的服从。这样，在中国历史上推崇儒学的每一个时代，丈夫死后的妇女，那些年长的、并且由于年长而有智慧和经验的妇女，受到尊敬、服从和重视……即使她的儿子是皇帝。也许正是这一事实比任何别的因素都更能够使传统中国的女性在那样长的时期内接受强加给她们的地位。

如果我们从这样一个基本假定出发：即人性是一种成就（achievement），那么年龄就成了一个重要的因素。女性靠年长而取得地位。然而头脑简单地尊敬年长者是不加鼓励的。孔子自己反复地讲，上了年纪而没有成就应是苦恼的原因：

> 后生可畏，焉知来者之不如今也？四十、五十而无闻焉，斯亦不足畏也已。（《论语·子罕》）

然而，尊重文化贡献以及必然与之相连的年长，其负面是降低了年轻者的相关价值，其极端甚至成为杀害婴儿的理由。不仅如此，为了检验这样的主张，根据古典中国的世界观，人性的实现先于人的特征的性别化，我们可以这样发问：当一个女性成了一个家长，在这样的情况下，她是按照与男家长相同的标准加以评价，还是运用相当独特的女性标准？

二元论与互系论的性歧视还有另一重要差别，可以通过思考公私对立来对它加以集中的考察。吉恩·格利姆肖指出，在西方传统中，不论是妇女本身，还是与她们相关的活动领域（家族、家）都是被贬低的："雄性，男人社群的成员，都是高于并且排斥日常生活，都是靠摈弃日常生活、逃避家庭女

性世界而获得的。"

在中国人的世界里这类情况似乎不一样，在那里公和私并不严重地分离。事实上，在中国人生活的所有方面——社会的、政治的、宗教的方面——都是家庭而并非个人，才是组成人类社会的基本单位。一个人在宗教上、政治上和道德上最重要的意义是来自于他或她参与按照礼仪管理的家庭世界，与家庭的关系达到了这样的程度，如果没有家庭，一个人不能奢望实现其人性。一个人生存于各种变化的关系之间与规定家庭及世系的等级顺应方式之中，他的人性的实现是加深这些关系的意义的一种功用。

正如我们在上面所见到的，家庭的一体性和完整性意味着对家庭秩序所做的男性的和女性的贡献集中于一身，此人体现了传统的权威。在儒家传统中，治理者并不只被描绘为父亲，而且还描写为"父母"。就像统治者是帝国，男家长就是家。实现了人性的一个人的"圆满"（roundness）就在于不分男女，这使他或她能够利用男性和女性两种性别特性，并且富有成效地对所有的环境做出回应。

由关于人的"成就"概念而生的是关联模式的最后一个特征。成为一个人就预设了一个持久的革命，即不断地重新调整和重新确立身份和礼，它们构成了社会。历史上妇女的形象肯定是由历史的情势所决定的。但是，当今时期的独特性和变易性确实也在一定程度上允许出现男性/女性角色的新格局。我们必须承认，生物学上的女性被剥夺了富有意义地参与文化的权利，这对人类的潜在价值的展现造成了损害。从另一方面来说，当妇女从男家长的支配下被解放出来时，中国的个人无疑是很不相同的，从品质上看更引人注目。

不过，我们对中国社会中的妇女解放事业一直有一种忧虑。在二元论的模式中，由于妇女追求男子的性别特性，因而能够取得某种平等，与此不同，在关联结构中没有这样的基础提供重要的平等。等级似乎是不可避免的。似乎可以接受的唯一可能的情况是品性的等级，在这种情况下，地位是由非性别的个人成就而不是生物学上的性或文化上的性别决定的。

我们阐述中国传统中的性别意义，动机不是进行辩解。确切地说，只不过是在研究中国文化时努力把婴儿与洗澡水分离开来。我们在报道中国的性别问题的著作中,常见到一种做法,即把中国传统文化与儒家加以等同,然后谴责儒家,因为它主张冷酷无情的男家长统治。这很像否定自由主义的民主思想的一切成就——人权、代议制民主、现代大学、大众传播技术等等,因为这一传统中有难以消除的性歧视问题。无论是中国传统文化,还是儒家,都不能归结为裹小脚,正像丰富多彩的西方美术和音乐不能归结为隆胸术。我们的论点是,对中国社会中的性别意义以及伴随它的偏见的认识,可以用作反思我们自己经验的材料,为了一个新世界,进一步把它用作构造关于人(person)的新观念的补充材料。

(节选自《汉哲学思维文化探源》页91—103。)

二、孝:德之本也

1. 德之本也

正因为家是儒家世界观一个无所不在的隐喻,孝才成了儒家学说的核心。既然家在儒家思想中起核心作用,那么相宜的亲情便是形成生活之路之源泉。《孝经》之始便要在成仁的事业中树立孝的中心性。开篇即开宗明义——亲情乃德教之本:

> 子曰:"夫孝,德之本也,教之所由生也。"

教和孝是同源词。孝由"老""子"二字构成,而"教"字加了个词根"攴",表明年轻一代的成长是以前代人为基的。《说文》将"教"定义为:"上所施,下所效也。"重要的是,教字本身强调了孝乃实际教育内容的核心,如同二字跟"效"(emulating)的同源关系,强调了老一代对后代的榜样作用。

《论语》开篇第二小节也视亲情为君子之行的根本:

> 其为人也孝弟,而好犯上者,鲜矣;不好犯上,而好作乱者,未之有也。君子务本,本立而道生。孝弟也者,其为仁之本与!(《论语·学而》)

孝的一个基本宗旨是,人终其一生肩负"身体发肤受之父母不敢毁伤"的

使命。

值得强调的是，孝所强调的子女对长辈应有的自下而上的敬意与尊重，必须与罗马文化的 paterfamilias 家长明确区分开来，其指涉父亲拥有的自上而下的权威与特权。确实，有时家庭中真正的孝，就像做个朝廷忠臣，需要诤谏而非机械的顺从。《孝经》第十五章，曾子把孝简单归结为"从"，孔子便很不耐烦：

> 曾子曰："若夫慈爱恭敬，安亲扬名，则闻命矣。敢问子从父之令，可谓孝乎？"子曰："是何言与？是何言与？昔者天子有争臣七人，虽无道不失其天下。诸侯有争臣五人，虽无道不失其国。大夫有争臣三人，虽无道不失其家。士有争友，则身不离于令名。父有争子，则身不陷于不义。故当不义，则子不可以不争于父，臣不可以不争于君。故当不义则争之，从父之令，又焉得为孝乎！"

但这种质疑权威的责任感有其限度，而且亦不是顽固将自己观点凌驾于长辈观点之上的理由。子女有谏诤的责任，并不意味着一定会被采纳。正如孔子所言：

> 事父母几谏，见志不从，又敬不违，劳而不怨。（《论语·里仁》）

（《孝经——生民之本》页87—89。）

2. 孝与教

《论语》中再三反复的，也是《大学》呈现的人对自己修养的那种辐射结构。人生至善的视野在这个结构中展开，从直接家庭关系展开，而且此时，作为家庭"角色"的一个直接展开，向外推延，充实到更为广大社会人的对待中去。其实，正如家庭是儒家世界观无处不在的比喻，"孝"既是手段，也是目的，还是儒学的灵感和反响。正如行仁为的是成仁，行孝也为的是成孝。由于在儒家思想中，家庭具有中心作用，适于家庭的亲情是基础，是从这个基础，形成我们领受人生的路径。《论语》出现多次的期待，人的旅途从与父母相伴启程，而且在整个人生期间，在实际上或精神上，在任何境遇中都不远离。①。儒家的人生是家庭的人生。

正如《论语》一样，《孝经》提倡"仁"，也是以孝为本的。它的首章明确提出，人的价值与教化来自家庭亲情：

> 子曰：夫孝，德之本也，教之所由生也。(《孝经·开宗明义》)②

翻译为英语 family reverence 的汉字"孝"，字形由"老"与"子"构成，这样的意象特殊组合要传达的，是一种生存主义意识。"仁"需要人走向或开拓自己的存在意识，在与他人的关系中，"成仁"作为人，意味的是什么。正如"仁"，"孝"也是直指我们生存的经验。其实，"老"字在甲骨文中的最早字形，是个长发老人拄着拐杖，后来到了小篆中，它变成了。拿这个"老"比较金文"孝"的字形，就发现，拐棍改成了"子"，变为年青人搀扶着老人。

《孝经》开头这段文字，孔子把"孝"与"教"联系起来，利用这两个字的同源词关系。"教"只是给"孝"字加了一根棍（教鞭）为偏旁。出现在甲骨文的"教"，似乎给人一个熟悉却已不流行的"教"意象，它的形象的最生动之处是"手""棍"和"学生"的适时结合。③《说文》将"教"定义为关联性和辈分的"教，上所施，下所效也"。重要的是，"教"字本身已是强调，对于教育的实在内容与目的而言，以体悟"孝"为本。这也正如"孝""教"同时享有与"效"的同源词关系，强调长辈对其子孙施教的榜样作用。

《孝经》第一章中，"孝"的内容，又一次被定义为如《大学》的那种辐射与远大志向的结构，这一结构从最具体的呵护自己身体开始，再使之外延，直至取得光宗耀祖的荣誉：

> 身体发肤，受之父母，不敢毁伤，孝之始也。立身行道，扬名于后世，以显父母，孝之终也。夫孝，始于事亲，中于事君，终于立身。

---

① 《论语·里仁》："子曰：'父母在，不远游，游必有方。'""子曰：'三年无改于父之道，可谓孝矣。'""子曰：'父母之年，不可不知也。一则以喜，一则以惧。'"
② 《孝经》的英文译文，可参见 Rosemont 与 Ames (2009)。
③ 见关子尹 *Multi-function Character Database*，甲骨文合集 CHANT：0039A；小篆（康熙图）；西周晚期 CHANT：3937；甲骨文合集 CHANT：3233 等出处。

(《孝经·开宗明义》)

围绕"孝"的核心观念的一套词汇,以认可一切"善"、价值和德性,认可它们实际的、处于情势的、相互渗透的、人气质的性能,为道德行为提供具体特殊的规矩。虽然在母亲如何对待儿子,伯叔、娘舅如何对待侄子、外甥,包括必要时勇敢地对他们施加保护,或者以正当态度对待他们等方面,我们是有"被驱使感"的。但是当把"勇敢"和"正义"作为"抽象德行"之时,在具体究竟怎样去做问题上,我们是必然感到不知所措,必须进行挣扎性的求知。在给道德行为寻求一个标准的时候,僵化不变地参加到人对实际情况的理解是一种歧义含糊性,因为实际情况是复杂家庭关系,而我们正在努力辨别、约定和采用道德原则,这种歧义含糊性就会发生一种走偏,看上去,它挺坦率直白,在实在意义上,它却一点也不明确。

(节选自《儒学角色伦理学》页 183—185。)

3. "孝"的互相性

人们往往不能对"孝"达到深刻理解的障碍,是来自普通、简单化地在"孝"和"顺从"之间划等号。[①] 重要的是须注意到,儒家世界观把家庭作为普遍秩序模式来提倡,不是认为,等级社会群体形式是必然一点好处也没有的,或说,简单平均主义是永恒的价值。作为从开放性现实生活的人类经验获得道德感,儒家思想对人一代一代之间对待家庭生活结构,总是存在差别的情况,必须是认可的。其实,儒家事实上是依赖等级性和恰当的尊敬方式的,只要它们确定是作为达到家庭凝聚性必然条件的。根本来说,毕竟并非是等级必然危害关系,而是等级结构内部的强制性。关系遭受困难来自关系意义的简约化,它发生在不管什么来源,只要有瓦解、强制和压迫的单极性对关系产生染指。

子女对长辈应有的"下对上"遵从与尊敬,必须要与"家长制"和"父权"——那种古罗马式"一家之长"制的、自父亲的从上至下、单向权力与

[①] 我们可参见 Sim 对孔子的类似这样一种思考,她正是借用亚里士多德的话,企图纠正孔子:"就是说,我们今天认为,孔子提倡的对虐待型父母或暴君式统治者要盲目服从与忠诚,它对接受这种愚忠的人的损害,不亚于对这种愚忠的执行者。"Sim (2007),第 14 页,注 3。

特权的——严格区别开来。其实，家庭关系，就像传统生态中国宇宙观中的一切所有关系一样，都是双边性的。长辈以自己为表率对下一代施行教育，在他们自己时代，自然是受到年轻一代的尊敬，但是值得期待的是，年轻一代的成员们，他们从长辈那里学得很多很多，也从对长辈之需与亲情的服侍中获得很大的愉悦：

> 礼者，敬而已矣。故敬其父则子悦，敬其兄则弟悦，敬其君则臣悦，敬一人而千万人悦。所敬者寡，而悦者众，此之谓要道也。（《孝经·广要道》）

从生存意义上，我们可以理解，女儿悉心地照料自己年迈的母亲，更像是将这样的尽道德之责，当作孝敬机会，而不看成负担。

理解孝道究竟是怎么回事，一个很重要的考虑是，教诲是以身立则做出的，不是命令出来的。老一辈教育自己子女怎样恰当地遵从，效果最大的是，在跟对待孩子们的祖父母上表现同等性质的尊敬态度，也在对孩子们列祖列宗祭拜场合表现出这种态度。孩子们则会效法长辈在家里或在社会上的行为作风。

(节选自《儒学角色伦理学》页 185—186。)

4. 孝、忠：家国不分

家庭始终是出发点，世界繁荣昌盛是目标。用"角色"作为一个生存内涵与赋予道德性的词汇，打通了家庭、社会与国家的隔阂。这一具有辐射性、有机性概想的关系秩序，所表达的儒家思想是，美满家庭才是昌盛国家的直接、真正的源头。这一点孔子讲得很清楚：

> 季康子问："使民敬、忠以劝，如之何？"子曰："临之以庄，则敬；孝慈，则忠；举善而教不能，则劝。"
>
> 或谓孔子曰："子奚不为政？"子曰："《书》云：孝乎惟孝，友于兄弟，施于有政。是亦为政，奚其为为政？"（《论语·为政》）

《孝经》对"孝"与"忠"的直接关系讲得非常充分，以致不少评论者都从现代意识形态出发，错误地认为，尽管《孝经》没有开宗明义，但它的首

要目的还是给老百姓灌输顺从统治者压迫的思想。

（节选自《儒学角色伦理学》页 188。）

三、谏：儒家社会批判性参与

1. "谏"与"论争"差别

"谏"一般译为 remonstrance。理解儒家社会批判性参与的一个关键，是要区分强调辩证论争和"谏"观念的重大不同。前者假定有两个独立排他的竞争视角，后者作为劝导的包容模式，假定是要共同致力于共同的目标。该区分也体现在对 protest（反抗）两个相当不同的使用上。前一个用法，是反对某种事情（我反对战争）（I protest against the war），而后一个则是严肃的确定（我申明我的清白）（I protest my innocence）。反抗的前一个意义是辩证和剑拔弩张的我试图取代对方，从而也取代跟我"相反的"观点。其指导方针的立场乃是排他的，一个是对的，另一个就是错的。反抗的后一个意思假定有一个共同的关心，寻求用我真诚的品质为我们的共同目标劝导他人。

论辩参与和劝诫参与这两种模式都试图改进和提升某种情况。前者更纯粹理性和决断，立基于某种允许争论双方保持自我尊严与其平等意识的外在关系感。后者更具修辞性、劝勉性，假定有诸内在关系限定着相互包容的家庭成员或其他团体成员，他们尽管有等级差别的关系，但都是为了维持家庭或社团共同的完整性，而非某个体成员的完整性。

《孝经》沿袭《论语》，在解决差异上也主张将谏而非争作为最首要适宜的方法。家庭和政府中等级较低的成员不仅有谏的权利，而且还负有谏的责任，因为就像《孝经·谏诤》所强调的，此种劝勉关涉到每个人的利益。

谏的几种情况不容忽视。首先，公认的目标是要改变行为。为达到这一目的，就必须最机智最尊敬地表达关心——如果希望它们产生影响。过分坦率很容易被视为侮辱和冒犯，被视为一种盛气凌人而非尊敬。其次，劝诫中抱持的真诚是说服力的关键。真正共同怀有的关心与非难二者之间有极大差异。再次,谏不是一种选择,而是责任。谏的少就是没能完成某一严肃神圣的职责。顺与谏一前一后构成"忠"(或者更宽泛理解"尽忠",doing one's best)的实质。最后,谏有其限度,而且只能到此为止。到了某种程度谏者就必须和缓下来。进谏者绝不能就认定他们的判断比他们的父母或长者好。但再说一遍,儒家作为特殊主义者,是从来不会事先指定或抽象出哪一点上我们必须缓下来。

(节选自《孝经——生民之本》页71—72。)

2. "谏"对于孝不是可有可无

《孝经·谏诤》中孔子激烈批评曾子把孝跟盲从混为一谈。的确,在孔子看来,谏对孝不是可有可无,而是不可分割的整体。谏是一种值得尊敬和践行的义务,会让家庭和国家正常运转。《论语》《孟子》尤其是《荀子》也有一些类似的说法。前面我们已指出,无论何时,一个人首要责任就是做事要合乎情义。就像孔子所说:"见义不为,无勇也。"(《论语·为政》)

然而,"遵从"只是"孝"比较明显一方面,它还有有时被忽略的另一方面。时常是在家庭中真做到"孝",也如同朝廷上的忠君之臣,需要进"谏",并非只是恭顺而已。进"谏"远不是随意的或可做可不做的,而是严格问责要求的。例如《孝经》中,学生问"孝"是否可认为是顺从,孔子是强烈地不认同的:

  曾子曰:"……敢问子从父之令,可谓孝乎?"子曰:"是何言与?是何言与?……故当不义,则子不可以不争于父,臣不可以不争于君。故当不义则争之。从父之令,又焉得为孝乎?"(《孝经·谏诤》)

《荀子·子道》也是这样观点,该篇一大半内容都阐述复杂的关系,都是对把"孝"或"忠"理解为盲目顺从的批驳,并以大量现成事例说明,对长辈或上级权威要求不加分析地顺从,恰是不孝、不忠。

进"谏"是一件包容性和思考性事情,思考集中点是在于"我们",是一种对"我们"责成的询问:"'我们'怎样才能做得更好?"是这种情况,进"谏"必须与那种抗议性的表达行动区别开来,抗议性批评是排斥性和对立性

的，是一种反对：只是针对"你"的。当然，为了有效地使人接受行"谏"，改变原来的做事，进"谏"说服别人，必须对对方的感受与态度十分敏感，并善于应对，有丰富想象力。不过，这种对上级权威的进"谏"是有底线的，它决不容许顽固地以自己的判断与长辈抗争。虽说作为后辈对父母有进"谏"之责，却不意味长辈就一定听后辈进谏的道理。孔子这样说：

事父母几谏。见志不从，又敬不违，劳而不怨。(《论语·里仁》)

(节选自《儒学角色伦理学》页 186—187。)

信、心、性和义

一、信

1. "信"是双向的

我们将"信"译作 making good on one's word。伊泽拉·庞德（Ezra Pound）继承了欧内斯特·弗诺罗撒（Ernest Fenollosa）的观点，将"信"释作"遵守诺言之人"。不少学者因庞德在语言学上过分大胆的想象而质疑他的观点。其实，每一个汉学家都以同样的方法分析这个特别的字。这是由立于左侧的单人旁和"言"字构成的左右结构的合体字。如果我们反思一下，在古代儒学辞典中，有多少字在实质上属于象形字或会意字的话，就会乐于接受庞德和弗诺罗撒的看法。现代研究已经证明，《说文解字》错误地将"信"字归于六书中的"会意"类。显而易见，"人"应该是"信"字的声旁。对于字形的语言学分析的卓越成果当然不能抹杀如下事实的重要性：《论语》的每一个读者都看到了由"人""言"组合而成的"信"字。在英文中，"信"通常被译作 trustworthy，其言下之意为：某人的言行还不够好，必须经高人指点才能完成工作，达到预期的目标。有趣的是，与大多数文言文词汇一样，在理解"信"字的时候，我们必须充分考虑到其先决条件。也就是说，"信"字从两个方向描述了人们信守诺言的情况：既有承诺者承担的守信的责任，也有受益者心怀的信任。"信"字阐述了一种双向的、完美的信任关系。

（节选自《论语》页 53。）

2. 信守诺言

《论语》的这句话刚好引来儒家"道"的另一重要词汇。笔者平常把信译成 making good on one's word。或有人译为 trust 或 credibility（信用），但我们需要讲清楚这一点，信不仅仅限于好意或纯动机，还讲究实际成果。仅止说话诚恳老实不足以叫信，还得利用身边的特质与精神资源，付诸行动。正由于信有这方面的实践要求，因此儒家古典文献最显著、最常见的一个主题是言语不轻易出口，生怕自己的行动赶不上。

与其他大部分古汉语哲学关键词一样，信不能从真空里探究，而必须置之于社会现实之中加以推求。便是说，行信时，意义的增长是双方向的：恩人的信用提高，受恩人的信心与信任感又都随之而长。由此观之，信与友谊一样，是信用关系的结晶，而一个独立、单方向讲信用的人无非是从这种信关系绎出来的抽象概念。

《说文》将信与诚互注，即信训诚，诚训信。如前文已探讨过，对儒家观念中仁人而言，"诚"是加深个人关系以及实现个人成长的必要感情基础。这种互相关联的"综合"感使得个人关系日益深化，从此大家能"共同合而为一"。

（节选自《儒学角色伦理学》页 206—207。）

3. "信"与"知"

"信"是与"知"密切相关的一个观念。认知性的知识（指西方的——编者注）是要对事物再阐述为其真实的状态。这样，"知"所依赖的是客观实在事实（相对于表象、思想或者语言）存在，以及思想与该实在要真正"相符"。

而孔子的"知"（realizing）决然不同于这种"知"的概念。现实是内在关联和偶然性的，它是实现的，而非认识的。由于现实并不独立于实现者，自然，真理就不是简单相符的结果。它更关涉的是类似于"得当"（appropriateness）或"诚信"（genuineness）这样的行为。

仔细读《中庸》会发现，"诚"在这一儒家经典中的运用，使人在功能的意义上联想"道"在道家文本中的运用。也就是说，"诚"不仅是人之内在本源，而且也是万物之根本：

> 诚者自成也，而道自道也。诚者物之终始，不诚无物。是故君子诚之为贵。诚者非自成己而已也，所以成物也。成己仁也，成物知也。
>
> （《中庸》第二十五章）

正如我们可以想到的那样，道家的"道"和儒家的"诚"的主要区别源自这样的事实，即前者是从人的自然环境的框架中来解释人，而后者则从人开始且通过人来理解宇宙。道家注重通过存在的演变来理解人类，而儒家则寻求从人类的视角来理解所有存在。道家不愿仅依靠儒家的"圣人"涵盖对人的理解，因此，创造了他们自己的范畴"真人"（authentic person）。同样，儒家后来的诠释者将《中庸》的"诚"（integrity）抽出，亦是不愿用浓厚道家意味的"道"。这样，"诚"就成为实现真正人格的专门人类活动从人自身到存在过程所有成分的拓展。

倘若这个世界是彼此依赖，而知者与被知者又是互相延续的，那么，观念和实在之间体现的相应区分就是无效的。这也就是说，不仅真理和实在本身没有什么切实区分，同样，也没有包含主体性的知者和客体性的所知物的现象与描绘这种关系的真理之间的区分。从根本上来说，"知"（to realize）与"诚"（to be true for oneself, to have integrity）只不过是两种不同的言说方式，两者都适于运用定性评价。

"诚"可译为 integrity。从字源上来说，它是由"言"（to speak）和"成"（to complete, to realize）构成的。因此，它的意义就是"成其所言"（to realize that which is spoken）。因而，可以期待，"诚"也像"知"那样，指的是一种确切、自我圆成的预报。《中庸》这样说：

> 至诚之道可以前知。国家将兴，必有祯祥；国家将亡，必有妖孽。见乎蓍龟，动乎四体。祸福将至，善必先知之；不善，必先知之。故至诚如神。（《中庸》第二十四章）

《中庸》的这种表达有些像《孟子》中较为形而上的部分，可以被解读为一种构成维系儒家社会和政治哲学的宇宙论观点的尝试。因此，我们不会意外，《孟子》发现的对"诚"的用法是它将在《中庸》中更进一步阐发的一个前奏："万物皆备于我矣。反身而诚，乐莫大焉。"（《孟子·尽心上》）事实上，

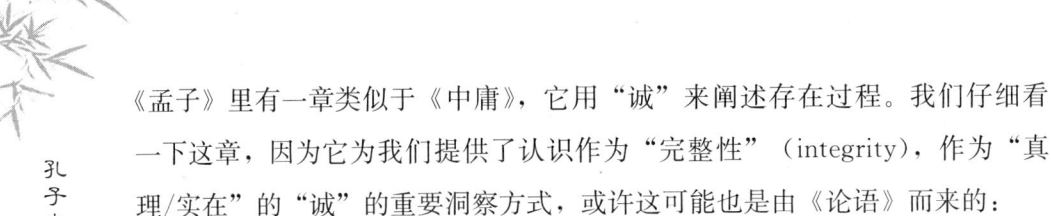

《孟子》里有一章类似于《中庸》，它用"诚"来阐述存在过程。我们仔细看一下这章，因为它为我们提供了认识作为"完整性"（integrity），作为"真理/实在"的"诚"的重要洞察方式，或许这可能也是由《论语》而来的：

> 居下位而不获于上，民不可得而治也。获于上有道，不信于友，弗获于上矣。信于友有道，事亲弗悦，弗信于友矣。悦亲有道，反身不诚，不悦于亲矣。诚身有道，不明乎善，不诚其身矣。是故诚者，天之道也。思诚者，人之道也。（《孟子·离娄上》）

与《孟子》此段相像的《中庸》部分则继续描述了培养"诚"之道的适当方式："博学之，审问之，慎思之，明辨之，笃行之。"（《中庸》第二十章）在这里，孔子的关注点是如何在社会和政治环境当中去实现自己，而不是"人"的种种形而上学推想。事实上，《论语》中有好几处都表明孔子根本就对形而上问题没有兴趣。

孔子关心的是"人道"（或"仁道"），是作为取得社会和政治的"真理/实在"和怎样通过"信"在传播媒介中才能实现。另外，《中庸》和《孟子》讲的"诚道"，涵盖的既是本体论的也是经验的真理。因而，我们想要论证的是，"诚"的意义，作为一种终极本体论的真理特定含义，在《孟子》和《中庸》可能最好应该被解释为是孔子一种社会与政治真理观念的延伸推论。上面所引的《中庸》第二十章文字，阐释修养"诚道"的恰当方式，容易让人想到，是否事实上源自《论语》讲"如何做人"的章节。《孟子》和《中庸》转为"人"的根本定义，但这种转向似乎仍然能在孔子更具实践性和社会政治维度的"做人"观念中找到根源。

段玉裁在《说文解字注》中强调"信"乃"人"之"信"这一孔子思想中最为突出的含义："人言则无不信者，故从人言。"事实上，段玉裁这一评注的基础是《论语·为政》一章，在该章中，孔子将"信"作为人格形成的一个必要条件："人而无信，不知其可也。"

"信"是孔子思想的一个重要概念，在《论语》中出现约四十次。事实上，它据说属孔子文、行、忠、信四教之一。它与"谨"（being sparing in one's word）和"忠"这两个观念不可分割地联系在一起。因为"信"不仅仅是愿意或承诺恪守诺言，它或许更近于古代的"盟誓"——宣称拥有足够的能力、智慧和资本去履行和实现诺言。

如果"信"只是致力于践行诺言，那么，行动成功与否都无关紧要。然而，孔子把没能力实现诺言看作失"信"的一个条件："狂而不直，侗而不愿，悾悾而不信，吾不知之矣。"（《论语·泰伯》）孔子主张，"信"是人在世上实现或"成"（"成"乃"诚"的同源词）就自我之"义"的一种方式。孟子宣称"有诸己之谓信"也强调了"信"的这一意义。正是因为"信"并非仅是一种承诺，所以孔子很高兴其弟子漆雕开就官时能说："吾斯之未能信。"（《论语·公冶长》）

漆雕开当然不是自谓自己不值得信赖，正如韦利对该句的解释所言："我还没有充分完善自我。""信"更确切地说，是能够履行诺言的必要条件，因而也就能够使之实现。《论语》中"信"与"忠"多处同时出现，这一事实也表明，"信"根本上是表述行为的。"信"是笃行诺言。

孔子强调的"信"的另一个特点，即它似乎是"与朋友交"和取"信"于民，赢得支持和拥戴的一个必要条件。这也就是说，"信"是建立人际信任的一个至关重要因素。人际信任对孔子来说是人之为人的先决条件。

尽管"信"对做人来说是必要条件，但却不能就此推之为充分条件。"信"在一般被视为肯定特性的情况下，其"义"（得当性）还要依赖其所要践行的"言"。孔子将"士"按德行分为三等，他甚至将"信"这种品格归在最低的第三等。该德行本身似并没有什么非凡的可取之处使之足以提升到更高层次。对于孔子来说，道德低下者，一个"小人"，也仍然有"信"：

言必信，行必果，硁硁然小人哉！抑亦可以为次矣。（《论语·子路》）

甚至孔子讲自己性格时，总要讲的是自己好学，而不是"信"，这是他将"信"视为一种更为普遍的品格。

"信"要求讲清楚、展示及实现人的"意义"。如果人能信守诺言，就能使自身成为人世的一个意义源泉，可以被他者实现和承传的意义。因此，《论语》有言："信近于义，言可复也。"（《论语·学而》）当然，如果言不及义，那么，就自然无"信"，不值得"言"复了。"信"是阐明与取得人的意义的

365

一个必要（尽管不是充分）条件。由于"信"是基于"人的意义"的，人是有能力为世界赋予意义的。

（节选自《通过孔子而思》页56—61。）

二、心

1. "心"是思想与情感的不分

"心"的字形最初像是大动脉。但是在英文中，却出现了mind和heart两种并行的译法。我们可以找出许多理由来解释这一现象：如果心不能够思考的话，许多中国古典文献就没有什么意义和价值了。但是，将头脑与心情剥离——即，将认知与情感相分离，却是再次进入西方形而上学的领域——尤其是在无历史、无文化的唯理性观念的背景下进行身心两分。为了避免出现上述情况，我们将"心"译为heart-and-mind。这种译法或许不够雅致，但却能够不断提醒读者：对于孔子来说，不存在完全无实体支撑的思想，也没有全然缺少感知内容的痛觉。

在古代中国人的世界观里，过程和变化是高于形式和静止的。说到人体，我们也不难发现，生理学理解远远重于解剖学认识，脏器的功能优先于其位置。这个例子恰好可以证明，"心"是指"思想与感情"。如果进一步引申理解的话，我们可以说，各种经验也都是产生并汇集于心中的。

（节选自《论语》页56。）

2. 心："成人"的譬喻

比喻作为一种修辞方法，用常见的事物来辅助理解难懂之事。在儒家传统中，"人"经常被当作"天地之心"[①]，把人文精神引入自然世界，因此儒家赋予人类在宇宙中的重要意义。心可以与生生不息的生命能量协调一致，无论在何种情况下都能有效地指挥生命能量的流动。

---

① 我们把"心"译为heartmind而不是heart-and-mind，以此为视角我们想证明的是心是一而非二，它既是认知的又是情感的，既是思维又有感觉，既是理性又有激动——心被理解为同一经验的两种互为必要维度的心理活动。没有独立于情感之外的思考，也没有无思考的情感。

在此我们可以把中医理论引入讨论，从新的视角来阐明"人"作为"天地之心"这个类比。正如医学人类学家张燕华所强调的，在具体的生活经验中，"心"起到协调和适应自然、社会及文化环境的作用：

> 心是一种功能的体系，我们成为人的过程由它组成，它还包含着生理的、心理的、社会的各个方面。……这种以流程为本的"心式"生理学说最特别的地方是……它处于不断转变状态中，并且这个转变过程一直符合其社会环境与自然环境的实际条件。

如果一切"事物"皆由其关系所组成，那么我们在探索事物之"所然"及"所以然"的时候就必须先从一整套的综合关系网入手。最终我们发现每个人都是以自己广泛的阅历为基础的独特个体。事实上，在中国悠久的传统中，修身的目的规定要以冷静的思考为核心，不管这种活动本身是身体的还是心灵的（或兼而有之），最终的目的都是为了达到身体功能的协调与平衡，血气平和，无论在何种环境下，整个身体都气脉畅通，毫无气的郁结与阻塞。

"心"的形象可以作为很好的隐喻来理解关注人概念的儒家思想，尤其需要把人置于所处的文化、社会和自然环境中来考虑。心脏这个器官只要脱离其自然环境（即身体）而隔离起来，不到两分钟就会变成一块死肉。可若从生理学角度看之，便能明白它是"体"和"用"两种活动的结合。身体先得力于外在环境：风、水、太阳、空气即生命所需营养物，这些外来因素都支持和养育体内的循环系统，而心正处在这若干系统与关联的中央。在这若干复杂关系中，等心能达到和维持没有障碍的平衡状态的时候，这就叫作"健康"（health），或者鉴于其流程性质，更为恰当的说法应该叫作"成为健康"（healthing）。就心而言，一定要先置之于其所处的一切关系与系统中再加以探讨。我们务必要从综合体着眼，将之视为大体系的一个中心部分。

但心还不止于此，心也有主观和社会性的特点——心有感情、理智、精神等方面，且各方面能互补。在正常生活中，每人都有多样角色及广泛关系，由此而来的情感和思想集中在心上。当我们能够在家庭关系上和社会关系上成功达到畅通无阻的和谐与平衡状态时，这种生活可以叫作"快乐的智慧"。关于"心"这概念，还有四点待说明（推而广之，儒家的人）。第一，无论从

生理学角度还是社会学角度,直接问:"心本身是什么",这个问题是错误的。心最主要的特点便是互动,离不开其所处的环境,一旦脱离关系网,便立刻失去一切功能和意义。第二,虽说心脏具有固定的、独立的性状,但它并不是与其周围器官界限分明的物体,反而是四通八达的中枢,带门带口带管道,不严格区分内外。第三,这样把"心"诠释为处于动态关系中的优化体,不但没有泯灭其自身的独特性与个性,反而承认了其个体的独特性。避免把社会中的人看成本质上一样的自然种类或只是粗描淡写地承认简单的差异性。我们应该从识别每个处于特定关系下的人或事物开始,生物类别应根据特定的标准划分,而不是根据那种自称的、貌似的、相似的特征来归类。第四,考虑到人生存经历的整体性与独特天性,最佳的方式是把人看作处于一定范围内的核心的活生生的个体,避免根据常见的外在关系教条来分类。人远不是橱柜里的羹匙和罐子里的游戏弹子,而是处于一定关系环境中的不能孤立的个体,离开整体个体便消失了,毕竟"我"是"我们"中不可分割的一部分。

中医所提倡的健康生活方法和目标,用"心"这个比喻来解释,就是通过一切社会活动的平衡状态而使人生所有经验最佳化。若能如此,便在施与得、取与舍各方面,既可避免过,也可避免不及。

此意义上的和谐跟"度"有关系。……换句话说,在互动活跃环境下,和谐派生于每个个体适度地展开潜质,发挥作用,相得益彰。①

三、性

1. "性"不是 human nature——西方意义上的"人性"

"性"常常被翻译为 human nature。但是,如果"性"被诠释为需要一种有关人类的"本质主义的"观念,这样一种翻译就是误导性的。这样一种诠释不仅在有关"人性"的经典的西方理解中居于文化的主导地位而颇具影响

---

① 张燕华:《用中医转化情绪:中国当代民族志概论》,551 页。Ames, *Confucianism and Deweyan Pragmatism on the Notion of Person: A Dialogue*,《尼山铎声——"当代儒学创新发展"专题》。

力,对于那些我们打算对其加以诠释的文化传统,包括古代中国的文化传统,我们的解读也常常会染上这种色彩。

对于孟子有关人性的理解,葛瑞汉拒绝任何本质主义的诠释。[1] 并且,我们必须假定,这种拒绝在更为广义的意义上适用于"思孟"一系。葛瑞汉告诫说:"用 nature 来翻译'性',会预先使我们倾向于误认为'性'有一个超越的根源,这一超越的根源在孟子的学说中同时也是一个超越的目标。"撇开这种可能的误解不论,葛瑞汉提出了另一种解读的方式,"'性'更多地是根据沿着一定方向的自然发展来理解,而不是根据其根源或目标来理解。"并且,"'性'将是一个自发的过程,这一过程的方向受到作用于该过程的有意识的行为的不断修正。"

根据《孟子·尽心上》的这一段格言:

> 尽其心者,知其性也。知其性,则知天矣。

"性"受到"命"的塑造。与通常将"命"理解为单方面和决定性的"命令"相反,"命"应当在一种"委任""任命"的倾向的意义上来理解。换言之,要在"托付""委托"的意义上来理解"命"。"命"就是"委托"。在这种意义上,"命"的行为在命者与受命者之间建立了一种契约的关系。

同时,"命"还有一种敬畏和非强制性的意义,在这种意义中,一个人由于其特征和成就而赢得尊重,而从那些仿效这种典范的人之中,则可以引出敬畏之情。

就此而言,唐君毅在有关早期哲学文献的一篇概论中曾经指出重要的一点:

> "命"这个术语代表"天"和"人"之间的相互关系。……我们可以说,"命"不仅仅存在于外在的"天"之中,也不仅仅存在于内在的"人"之中。毋宁说,它存在于天与人的交相感应之中,也就是说"命"

---

[1] 葛瑞汉:《反省与答复》,载罗思文编《中国的文献与哲学性的脉络:献给葛瑞汉的论文集》(*Chinese Texts and Philosophical Contexts: Essays Dedicated to Angus C. Graham*. La Salle, IL: Open Court, 1989), 287—289 页。

存在于天人之间相互的影响和回应以及相互的取予之中。①

《孟子·万章上》有云：

> 莫之为而为者，天也；莫之致而至者，命也。

当偶然的条件规定着一桩特定的事件时，对于该事件，"命"既意味各种创造性的可能，又意味着一系列的限制。"命"是一种可能的前景，这种前景在起主导作用的各种环境的限度内得以兑现，而在那起主导作用的环境之中，处境本身先于任何派生和孤立的能力（主体）观念（notion of agency）。

庞朴利用最近郭店楚简的文献材料，探讨了使"命"的观念更为明确的一些相关问题。他辨别出了同样出现于《语丛》中的几段押韵的话："有天有命，有物有名，……有地有形。"

"天"之有"命"，和"地"之有"形"，以及"物"之有"名"，是相类似的。在中国的传统中，名称（"名"）使我们对于事物能够有一个恰当的理解，正如形状（"形"）使得大地可以通行那样。正是以这种方式，"命"使"天"成为焦点和可以理解之物。庞朴指出，"命"如何起决定作用的问题，可以由郭店楚简中《性自命出》一章获得部分的解答。事实上，他所引用的以下这段话，可以被看作是《中庸》开头那一段话的更为简洁的变相表述：

> 性自命出，命自天降。

正如上引唐君毅所指出的，"命"之所以不仅仅等同于"环境"或"条件"，在于"命"总是需要一种人的视角。依《中庸》，是"命"使"天"得以产生决定性的作用，而当"性"通过"教"而得以转化时，则是"性"使"命"的内容获得了表达。

当一个人意识到，人类文化的成果将无法表达的声音转变成音乐的魔力，将杂乱无章的标志转变成崇高的诗歌，将生物性的关系转变成一种精神升华的宗教性、一种不断进行的过程，这一过程使世界富有魅力，并且在世界持续的展开过程中将人类提升成为一种全然的伙伴。正是在这个意义上，成人

---

① 唐君毅：《先秦中国的天命》，《东西方哲学》，1962年第2卷，第195页。

（becoming human）的不断的成就，塑造了世界展开过程的脉络，正如世界展开过程的脉络塑造了人类的成就一样。

（节选自《中庸》页 27—30。）

2. "性"与"德"

在区分"道"的某一方面以及建构起某一体察视角上，"德"所起的是个体化作用。正是这种个体化功能，使"德"和"性"（natural, process）经常相提并论。"性"这个概念通常被译为 nature，这有可能成为引起种种误解的根源。令人遗憾的是，碰到诸如"天命之谓性，率性之谓道"这样的句子，"性"就被解读为某种类似"本质性"（essential nature）的东西。"性"不是某种天生的本质，一个已完成和终结的先定潜在。考虑到孔子哲学的过程倾向以及"生"的字面意义（生命过程，成长），"性"就必然应该被理解成是 nature-in-context 的过程。这就是说，如果让"事物"脱离"环境"来讨论"人性"（individual nature），则必然只能使之成为一个抽象概念。

"性"进一步表明，尽管存在过程每一关注点都是独特的，但仍然可基于相似性而与其他独特性聚合。表达各自独特性的"异"将被悬搁，而它们的相似性则被命"名"。"异"突出表现于已发展的状态下，而"性"则常与未发展的潜能相连。当然，"性"这个概念有某种功能性价值，但它会受到这一事实的限制，即没有两种个性是完全等同的。连孔子也说："性相近也，习相远也。"（《论语·阳货》）当整体由独特性表征时，其被称之为"德"；而当它由构成成分之间的相似性表达时，则被称之为"性"。或许由于这样解释的"性"违背了道家思想，道家认为万物皆有其"德"，因此，《老子》和《庄子》都不用它。

（节选自《通过孔子而思》页 219—220。）

3. "性"与"情"

《中庸》第一章将"和"本身定义为一个人的情感达到恰如其分的尺度，这种恰如其分的情感使得一个人能够保持平衡，并在世界中"达道"：

> 喜怒哀乐之未发谓之中。发而皆中节谓之和。中也者，天下之大本

也。和也者,天下之达道也。致中和,天地位焉。万物育焉。

在1973年马王堆汉墓和1993年郭店竹简中发现的《子思子》这部儒家文献中,有一个术语格外引人注目,那就是"情"。事实上,这些新发现的文献不仅恢复了"情"作为自我实现过程中的一个重要因素,而且有助于解决"情"这个隐晦术语本身意义的长期聚讼。

葛瑞汉曾经将"情"定义为"情实",即"事物和境况处于其自身的状态,这种状态不依赖于我们如何命名或描述它们"。他进而认为,是荀子首先在"情感"的意义上使用了"情"字。[①] 在早期的文集中,"情"通常与"性"字相联。对葛瑞汉来说,正是在这样一种脉络当中,"情"似乎意味着"事物处于其自身的状态"。但是,问题在于:同样一个字,如何既意味着一种境况的实情,同时又意味着对这种境况的情感呢?换言之,"情"如何既是事实又是价值呢?

葛瑞汉指出,就时间上的演变而言,"情"首先意味着"情实",只有到了后来,才具有了"情感"的意义。这种解释曾经受到批评,批评的理由在于:这两种涵义是如此明显地互不相干,以至于这种语义上的变迁完全是武断的。但是,如果我们根据先前的讨论来重新思考葛瑞汉的主张,我们就会在他的主张中辨识出一种真正的洞见。

如果我们承认"情实"总是涉及一种视角性的主张,那么,认为"情"就是"事物处于其自身的状态"便所言不虚了。进一步而言,这种视角不是一种感知的或抽象的东西,而是一种"情感性的"东西。这种情感性的视角塑造了其中处境和角色的感情特征。在此,人们也许会想起王阳明(1472—1529)"看已是爱"的主张。那就是说,认知或感官愉悦已经假定了某种程度的"兴趣"。这种兴趣是情调的体现。

每一种经验和每一种聚焦的视角都既有其客观的内容,又有其主观的情感形式。而无论是客观内容还是主观形式,每一方都无法从另一方中有效地抽象出来。对于任何视角性的处境都至关重要的情调,显然和客观内容一样,

---

① 参见葛瑞汉《辩道者》,第97—100、242—245页。

双方都贡献其意义。当我们用嘲讽的口吻说"那真是太棒了",其中的涵义无疑与我们用尊敬的口吻所说的同样一句话截然不同。

强调"性"与"情"之间的关系非常重要,它向我们提示:"性"所表示的"自然倾向"本身并非固定不变的,作为潜能,"自然倾向"显然是可以改变的。无论是"性"还是"情",都不只是对于其他某种东西的回应。当"性"和"情"是由发动和承受这两方面构成的事件时,一个人就完全是共同创造者,他最大限度地对经验有所赋予,也最大限度地从经验中有所获得。

对"性"和"情"的这种理解,使我们回想起有关尼采 amor fati 学说的讨论。amor fati 就是对事物现存事实的无条件肯定。[①] 尼采把 amor fati 叫作人们"最内在的属性"和"鸟瞰式的观察"。现实的视角性特征既要求肯定某一个人自身的视角,也要求肯定那种预设所有视角的"鸟瞰"式视角。

进一步来说,新生事物是在相互与合作的情况下产生的,并且,也是自然产生的,所谓"已而不知其然"(《庄子·齐物论》)。爱一个人的命运,就是要肯定过程和事件的丰富性和复杂性,以及那种复杂性所导致的无限可能性。于是,一个人的命运就始终是被共同决定的,被共同创造的。

应当这样说,与其他更早的《子思子》的文献相较,《中庸》并不经常提到"情感",甚至也没有意义明确地使用"情"这个字。事实上,这会导致质疑《中庸》是否属于子思子一系。我们要指出,缺乏明确提到"情"的一个重要原因是这样一个事实:"诚"字带有一种重要的情感的涵义(经常将"诚"翻译为 sincerity 可以说明这一点),并且发挥着"情"的作用。这就是说,翻译为 creativity(创造性)的"诚"强调整合性的过程本身,尽管 integrity 的翻译意味着任何这种整合过程的极致(culmination)。作为 sincerity 的"诚"强调情调/情感的主观形式,情调使得创造性的过程格外地具有视角性。正如我们已经指出的,在"诚"字的每一次出现中,有关"诚"的一连

[①] 有关 amor fati 的讨论,参见西谷启治(Keiji Nishitani):《虚无主义的自我克服》(The Self-Overcoming of Nihilism. Trans. Graham Parks with Setsuko Aihara. New York: State University of New York Press, 1990),45—68页。

串的翻译，都呈现为一种意义的严密无隙的场域。

（节选自《中庸》页35—37。）

四、义

1. "义"不是西方伦理学概念

刘殿爵的《论语》英译本中，"义"字的译法并不统一。有时作 right，有时为 duty，偶尔被理解为 morality，极个别情况下还写作 moral。如果我们像刘殿爵一样，或多或少地按照西方观念，将孔子定位为一位道德哲学家的话，"义"字可能是汉语中对应于 moral 或 morality 的最佳选择。但是，在现代英语中，尤其是在后康德伦理学中，morality 与 freedom，liberty，dilemma，objective，subjective 诸词的语义联系极为密切。但是，我们恰恰无法在古代汉语中找到与上述英文词汇一一对应的表达。正是汉语中这种相关语汇缺失的现象，使我们有充分理由质疑将"义"译作 morality 的选择。况且，在儒家思想中，"义"与礼、仁、信（《学而》第十二章）等迥异于西方文化的概念密不可分。

在商代甲骨文中，"义"（義）有几种异体形式。这为诠释"义"之精髓提供了另外一种可能。从语源学的角度分析，"義"的字形是"羊"字叠放在第一人称代词"我"之上。而"我"字的起源至今仍然晦暗难明。作为题外话，我们不妨提醒大家注意，在一个个人高度社会化的文化传统中，其语言不会刻意凸现单数"我"与复数"我们"之间的区别。单数的"我"已经融入到社会之中，并与后者相互影响，相互作用。

代词"我"的几种早期写法以及《说文解字》中的诠释均显示，其字形是一只持戈的人手。而"羊"则是定期举行的礼仪活动中使用的牺牲（《八佾》第十七章）。那么，我们似乎可以根据字形，将"义"理解为：某人对礼仪中用作牺牲的羔羊的态度和看法。

这种态度和看法使得此人成为团体的神圣代表，并因而能够使献祭动物洁净无瑕，合适可用。如果上述分析是正确的话，"义"就不应该被翻译为 moral 或 morality；而 appropriate 和 fitting 可能更加接近中文"义"的原意。

也就是说,"义"是人对适中的感觉和把握。这种感觉使人在既定的特殊环境下,能够从容恰当地应对(《里仁》第十章、《子罕》第四章和《微子》第八章)。"义"的内涵也是由以"礼"的形式层累而成的传统所赋予的。"礼"限定了"义",即个人遵循自己的各种角色和礼仪制度行事就是"义"。正因为"义"是对适中度的感觉和把握,所以一个相互信任的团体中的种种关系才更加耐人寻味。是以孔子曰:"信近于义。"所以,我们在本书中用 appropriate 翻译"义",并请读者们牢牢记住:在理解 appropriate 的时候,不仅要注意到其美学的、道德的涵衍,还要充分发掘其社会的和宗教的意蕴。

(节选自《论语》页53—55。)

2. 以"仁"为本,刚正之为

恕与忠(推己及人,敬业尽己),与"义"有着密切联系。"义"指"在自己关系中达到最佳适宜状态",也就是根据当前具体情境,凭借自身积累的是非标准而选择最合宜最道德的行动步骤。我们可以把恕理解为心里的排练活动,考虑一切可能,权衡得失,择善而从。恕的"及人"方面要求充分认识与照顾他人所需,然后忠要求为所得出道德结论尽力而为之。

与此相异,义反映我们的判断力,在别人面前,如何展示个人能力而共创和谐,重点在于遵循自己是非感以利他人。在照顾他人时,我们自己心理与见闻乃是重要因素。一切道德难题疑惑,都必须具备恕、忠、义三方面,都在发挥各自的作用。

当我们寻求行为的最佳适宜状态时,则既要从当前视角又要从历史视角予以衡量,看问题要圆满周全。义的行为有众多因素同时发生,所涉甚广,一个行为影响到众多人与事,因此我们需要同时兼顾各个方面,即使是不同人的互不包容、相矛盾的利益。另外还得考虑到一个行为在历史链锁中的地位,其过去与未来,前因与后果,有鉴于史,造福后世。

"义"的甲骨文写作義,铭文写作義。从文字结构来讲,"义"(即義)字从"羊",从"我"。这"羊"偏旁,与牺牲、献祭活动有关,往往带有或暗示吉利之义。善、美、祥等字皆从羊。有意义的是儒家观念中的人既然都具备着不可消减的社会性质,因此单数的"我"同复数的"我们"不加区分。

或许更有意义的是独立、主格的 I 与嵌于社会之中宾格的 me，主格的 we 与嵌于社会之中宾格的 us 都无以区别。

不过像清朝经学与小学鸿儒段玉裁这般传统文字学家建议不该过度从字表面上亦即从字形上探求本字的原义。从甲骨文能知道"我"字写作𢦏，从"戈"，从此有人认为"我"原本指一种兵器，长柄上头安有带齿的刃。过了一段时间，由于其声音接近或相同于古代第一人称代词，于是便假借为"自我"的我。古时，牺羊按期献祭于大规模集体礼仪活动上，有鉴于此我们可以将"義"理解为准备宰献羊时所采取的端正庄重仪表举止。这样把"我"与"义"联系到祭献活动，也合乎其同源字"犧"的意思，祭祀、牺牲、牲畜。因为这个字的甲骨文原来写为"羲"。《说文》用"威仪"训"义"，说明义的行为由"仪的人"施行，即"一位仪表堂堂、态度雍容、温文尔雅的人"。这样相宜合适又郑重严肃的身姿体态不但令参与者作社会的神圣代表，还能从精神上洗清净化牺牲品并赋予神圣特性。

"仁"与孕妇有关系，郭店木简的"仁"字从身从心。这样可以理解仁为一个柔和圆通的态度。与此相似，如果把义理解为"手持刀具，即将献祭牲畜的人的端正威风"，那么可以将义与坚定有毅力的态度衔接起来。《五行篇》对仁与义的这类对照有明显表述：

> 故义取简而仁取匿。刚，义之方也，柔，仁之方也。

义字通常译为 righteousness（正义、仗义）与 meaning（意义、意思），rightness（正义、正确）与 morality（道德）。righteousness 这一词与《圣经》文献、思想、是非观无法分开，带有顺从上帝意旨的含义，依赖于独立、客观、神授的是非标准，跟我们今天商讨的"义"毫无关系。正义与公道固然要求一定程度的坚定果断态度，但是义指的是自我与具体情形之间灵活协调、随机应变、因事制宜的结果。对孔子来说，面对千变万化的疑问，不得引进现成答案。正因为此，他非常注重情景的具体性：

> 君子之于天下也，无适也，无莫也，义之与比。（《论语·里仁》）

这假设的君子的追求其实完全符合于弟子们对孔子本人的描述：

> 子绝四：毋意，毋必，毋固，毋我。(《论语·子罕》)

当然心态圆通迁就并不妨碍态度坚定，做事果断。正如孔子曾道："见义不为，无勇也。"(《论语·为政》)的确，这种恒心毅力便是《论语》一书贯穿始终的主题：

> 德之不修，学之不讲，闻义不能徙，不善不能改，是吾忧也。(《论语·述而》)

孔子专门论述君子行义，也就等于是对灵活与坚定的合并做了一下总结：

> 君子义以为质，礼以行之，孙以出之，信以成之。君子哉！(《论语·卫灵公》)

若为"义"字寻找合适的对应词，那么英文的 appropriateness 与 fittingness 大概最能涵盖"义"的包容性。这样翻译也得力于"义"与其声训字"宜"的关系。"宜"与"义"字一样，起初也有宗教仪式方面的意义，即"祭祀土神"，从此引申为行事"适宜""合宜"。用 appropriate 作译文不光有审美与伦理方面，也有神圣与宗教方面的因素。最佳适宜关系不但本身深有意义，而且下文将谈论这般关系也给人以强烈的价值感与归属感。从这一面来看，其所起作用类似宗教性集体仪式。

由此可见，"义"指根据某一具体情况，让人能够行事妥善的一个积累的适宜感。引申言之，既然关系中的适宜便是意义的终极来源，因此无怪"义"本身也具有"意义"的意思。久而久之，活的文化传统所遵行礼节与习俗渐渐积累起来而成为义的内容；所以说义是种适宜的感觉，在我们关系、角色中采取最合适精当的态度与行为，以体现文化传统所形成的。在这些关系、角色中寻找适宜行为的标准时，义便是我们取法的文化权威。因此握手、敬礼、婚礼的意义全来自于其公认的社会形式与意义，我们对每一个仪式礼节赋予自己的适宜感与是非判断，因此落实起来也有深切的个人意义。

时间长了，义也对社会上的信用与信任感具有大的作用，社会成员互相信任，互相依靠，于是产生广大而有力的公共归属感。孔子对此专门立论：

信近于义，言可复也。（《论语·学而》）

(节选自《儒学角色伦理学》页 201—205。)

3. "义"以为"质"

"义"常常被分成两个概念且分别译作 righteousness 或 meaning。由于该概念非常重要且一直以来都如此严重地受到误读，因此我们将暂时不对之进行翻译，而是在让它的意思从"域境"中显示的过程中寻求一个能够将这个分成两半的思想重新整合的适当解读。我们不仅将要论证充分认知"义"对理解"做人"的动态过程具有根本意义，而且还要说明，近来对孔子思想由于自由化解读，其价值一直以来都由于这一概念的被忽略或误读而显著减损。其实，从儒家传统一开始，"义"的成问题地位就带来了一种对儒家思想的僵化、狭隘和保守的解读。这里要提一下一个（无疑很重要的）情况，即盎格鲁—欧洲文化传统解读中国古典思想所使用的理论语言，很容易把与"义"这样中国核心哲学概念的确切意义相关联的同源概念，以某种容易引起严重误读的方式加以解释。

我们对孔子"义"的意义和功能的阐述和主要观点，可说既是激进又是保守的：所谓激进是在于，我们的语义和概念分析引出一系列围绕"义"的相对新意义，我们这样的研究就与惯例以及当代对孔子哲学的解读都有矛盾。不过既然我们的目的是去接近孔子思想原意，我们的诠释首要目标又会极有理由可宣称是一种保守解读。

如果从对"義"（义）和"我"（personal self）的语源关系分析入手，或许能说清楚。"義"和"我"的关系可得到的第一个观点是：古代儒家传统的"义"，即使不是一种人的突出特性和个人性的，也是被作为一种自然性看待的。《论语》中，"义"是从中君子可开始自我塑造的"质"（raw stuff）：

君子义以为质，礼以行之，孙以出之，信以成之。君子哉！（《论语·卫灵公》）

《孟子》在对孔子思想的阐释中也反复强调"义"的"内在"（internal）性。它成为孟子与告子多次交谈的主题。告子将"义"视作人性的"外在"

(external) 产物。而孟子则根据"良能"和"良知"来谈论"义",使之内在化且存于人之本心：

> 君子所性,仁义礼智根于心,其生色也,睟然见于面。(《孟子·尽心上》)

在孟子看来,"义"不仅限于君子,它就像五官一样,是人人心所发端的自然本性：

> 至于心,独无所同然乎?心之所同然者何也?谓理也,义也。(《孟子·告子上》)

荀子明确将"义"解释为人独一无二的特性：

> 水火有气而无生,草木有生而无知,禽兽有知而无义;人有气有生有知亦且有义。(《荀子·王制》)

汉初哲学家董仲舒进一步拓展对"仁""义"关系的探讨,强调"义"直接针对个人对自我行为是否得当的关心：

> 仁之于人,义之于我者,不可不察也。众人不察,乃反以仁自裕,而以义设人。……义之法在正我,不在正人。我不自正,虽能正人,弗予为义。(《春秋繁露·仁义法》)

董仲舒接着说明,如果行为表达了"义",那么,就是"自得",行为不"义"则为"自失",因此"义"是个人身份和特性的条件：

> 义者,谓宜在我者。宜在我者,而后可以称义。故言义者,合我与宜以为一言,以此操之,义之为言我也。故曰：有为而得义者,谓之自得;有为而失义者,谓之自失。人好义者,谓之自好;人不好义者,谓之不自好。以此参之,义,我也,明矣。(《春秋繁露·仁义法》)

中国古文献中,着重探讨人的身份与个性获得的著作,常会出现像上面这样将"自得"等同于"得义"的表达。

《说文解字》也把"义"解释为一个人本性的正面修成："义,己之威仪也。"基于"义"的这几种解释和讨论可以看出,"义"似乎是一个自我身份

诠释的观念。有一点需要时刻铭记，即孔子思想是基于域境本体论。这样，该域境中起作用的人乃是"过程性"而非"实体性"的。这样，"义"就容易被认为既是自我诠释身份又是自我行为过程。

"我"作为"义"之根源、所在及推动力，且至少最初是由自我展示的"义"所决定的。我们已指出，"我"似乎有两个与这样的分析直接相关的特性：它是表示地位尊贵的第一人称敬语，在古汉语中，其语法功能似乎至少在某种程度上有可从主格转换为宾格的作用。我们发掘的"义"这一概念表明，作为"我"揭示意义的"义"与自我实现过程是同步的。这也就是说，主动参与到自我实现过程中的人才可成为"义"的典范人物，被尊称为"高尚"或获得尊贵"地位"。当然，这也是对"义"同源词"仪"的阐述——以适当风度、举止而成为典范。这样，孔子"成己"（self-realization）行动牵涉的一个主要问题就是，"克己"（to discipline oneself）和克服这一"自我中心"造成的"固"。"固"容易引起对"利"的迷恋，"利"会使"己"试图占有被认为是"人"的东西。"利"与"义"的冲突成为整个早期儒家文献一个贯穿始终的主题。"利"是从"以己为中心"利益出发的追求"好处"，是与尚未修成的小人行为同语的；而"义"则是与"我"（the exalted-self）和追求更大善的君子行为相一致的。

孔子思想中，成为君子的过程既体现在解除了具有障碍性的既定的人我之分，又体现了这一自由的自我通过"义"的展示而主动与社会融为一体的行为。《论语》中一个重要却常受到误解的句子表达了这一过程，这就是"克己复礼为仁"（《论语·颜渊》）。自我与社会环境之间屏障解除的过程牵涉"克己"以成为一个"域境中的人"。这一过程也可描述为自我的"客体化"，因为它意识到"做"人与"创建社会"（community making）且最终"成"（创建）世界之间是一种彼此互相联系共同拓展的关系。

将"我"提升为"域境的人"的意识隐含在《论语·尧曰》"不知命，无以为君子"的表述中。不过孟子对这一观念表达得更为充分，他说："万物皆备于我矣。反身而诚，乐莫大焉。"我们所谓的"客观化"，进一步说即自我的完整化，其最为深刻意义的表达或可从孟子对"浩然之气"的描述中领会到：

> 我善养吾浩然之气。……其为气也，至大至刚，以直养而无害，则塞于天地之间。其为气也，配义与道；无是，馁也。是集义所生者，非义袭而取之也。行有不慊于心，则馁矣。（《孟子·公孙丑上》）

展示"义"的"我"被提升了，因为它成了一个实现自我的"域境人"。它之所以是客观化的，就在于它的诠释经验不再仅根据自己有限的视角来断言，它对世界的诠释没有任何自我与他者的终极区分。换句话说，域境中的人将"我"理解为存在的一个动态且不断变化的中心（焦点），做人过程中特点上的扩展或收缩某个方面，对此进行的诠释是以环境整体为根据和参照的。对"义"做出揭示这种域境化导向，实现过程的人于孟子"羞恶之心，义之端也"的思想，应是一个直接说明。由于"羞"和"恶"是以他人评价为前提，所以它们是依赖域境的。"羞"和"恶"体现从自我角度理解和思考公众对自己的评价。

"义"是某种唯人类独有的品格，它来自"我"，也定性着独特"尊贵"或曰实现中的"我"，并且这种"义"品格以某种正面、约定方式指导人的行动。"义"在最根本层面显示的，是将审美、道德和理性意义引入社会的人的行动中。正由此，"义"作为"意义"（meaning, significance）感才得以产生。一个人就像一个词，在将本身累积的意义赋予域境，又从域境获取意义的互动中获得意义。

人展示的"义"是赋予意义行动的必要条件。各种各样道德、审美和理性行为都最终可追溯且依赖于一个人"义"的性情。例如，孔子坚持认为，"勇"以"义"为先决条件："见义不为，无勇也。"（《论语·为政》）一切道德行为以"义"为定性，因为"君子义以为上"（《论语·阳货》）。孟子呼应这种对"义"的信奉，赋予"义"高尚地位："大人者，言不必信，行不必果，惟义所在。"（《孟子·离娄下》）

对"义"的这一分析的根本价值在于，"域境中人"给世界赋予新意。基于孔子这一"做人"思想首先是一种域境观宇宙论（contextualist cosmology），自然而然下边逻辑是：生存过程中的人类行为事情，其特点是反映新形势的，新形势要求人在生生不已变化的、不断推新的特殊环境中施与"义"。

381

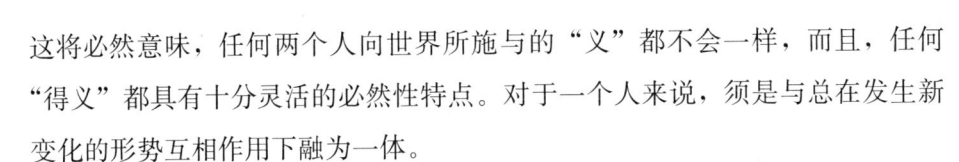

这将必然意味，任何两个人向世界所施与的"义"都不会一样，而且，任何"得义"都具有十分灵活的必然性特点。对于一个人来说，须是与总在发生新变化的形势互相作用下融为一体。

"域境中人"因为有灵活、多"义"性，就此，这个人诠释的"义"就不可能纯粹是对一些外来规范的运用问题。恰恰相反，这个实现自己的人不可能是听从一套绝对决定性的原理，而必须是创造性地锻炼自己判断力，以回应他所处于情势的特殊性："我则异于是，无可无不可"（《论语·微子》）。实现自己之人必须驱动自身进入一个行为程序，这个程序必须是受他自己的"义"感引导和灌注的："君子之于天下也，无适也，无莫也，义之与比。"（《论语·里仁》）

"义"体现了人的一些特殊贡献，起到给一个人做人的定性作用。但这不是"义"的全部。基于一个完整人与其环境之间有着互相依存关系，其环境在某种意义上必然是对他的做人过程起到积极也有限制作用的。这使我们注意到一个重要的哲学问题。通览古代中国哲学与语言学经典，"义"皆是根据同音字"宜"（right，proper，appropriate，suitable）来解释的。然而，"义"与"宜"有意义差别是在于，"义"意指"宜我"（appropriateness to one's own person），也意涵"宜境"（appropriateness to one's context）。"义"指的是"我"主动地、有贡献地与环境融为一体，这样，"我"创造独特行动，并以此创造性方式诠释自我。这个诠释是将"我"清晰叙述，是我之对这一"有机整体"的贡献。而另一方面，"宜"指的是自我的一种让步或妥协和顺宜于域境或环境之意义。"义"的聚焦点在于人之"自我"（也即"域境中人"，person-in-context）的同时，"宜"的聚焦点在于域境（也是"域境中人"，person-in-context）。"义"是根本上的自我强调和做出意义的赋予，"宜"则是自我放弃与从域境"得义"。

因为"我"在施与"义"之时需考虑于域境之"宜"，所以在做出决断时是灵活性的。这就是孔子所谓："不曰'如之何，如之何'者，吾末如之何也已矣。"（《论语·卫灵公》）人必须保有灵活性，不能具体地教导他应该如何做或不应该如何做，是因为情况的特别，总在呼唤要求发挥他自己的道德感。正是这样，孔子之所以被称为"圣之时者也"，乃在于他之于其境皆取予得当。

"义"和"宜"可联系起来的另一方法是二者重叠含有"牺牲"之意。《尔雅·释天》有言:"起大事,动大众,必先有事乎社而后出,谓之宜。"而"義"又是牺(犧)(宗庙之牲,sacrificial animal,pure victim)的同源词。我们所谓"义"和"宜"的"施与义"(meaning-bestowing)与"得义"(meaning-deriving)的区分在"牺牲"数个含义中都可直接表现出来。"牺"作为祭品显然有"牺牲"之"献奉"或"给予"的意义,而祭坛上为重大祭仪准备的相"宜"之行为却反映了一种自愿"让出""恭送"自我愿望或权威,而努力"得义"以及与这更大域境的融合。

"义"为表征个人向世界赋予的意义。作为人所意味的即是偶然性,是不断由其所在不断更新的环境的重塑。"义"不仅是唯独属于人类的行为,而且也是灌注于与制约于"义"的一种特殊个人行动——曰"礼"。

在哲学和语义学上分析可构成一些用之于诠释孔子思想的深刻见解,有几点尤其值得重视:首先,孔子思想的天、地、人,是一个有机的整体,有的是严格内在性的规则与原理,因而对任何超验话语所讲的"义"是一个屏蔽。其次,由于必须诉诸创造性、自发性和凭借域境达到诠释"义",就要求必须使用表述现象的语言而非表述质相的语言。对"义"的诠释要避免使用表述超验的语言,避免使用表述质相的语言,这特别会使那些试图用西方传统范畴来解读孔子思想的哲学家感到困难。因为,绝大多数西方哲学范畴恰恰都是植根且发展于用表述超验与质相语言的种种严格限制的假定。下面所说明的三种近来对"义"的翻译和诠释,都显示西方哲学语言的不适当性,而避免使用它又极其困难。

"义"的一个重要方面是它具有规范性的伦理力量。很自然哲学家们就会采用西方哲学语言,基于西方哲学"原理"来对"义"的规范效力做阐释。这样做常是体现在对这些原理(不管是隐晦还是明确)的假定性,即都是以这些原理具有一个超验基础为前提。

成中英对"义"的意义与功能分析,似乎是与我们类似的向度。但问题是他无批判地借助古代西方形而上学哲学的语言,影响了他一些最重要洞见的价值。他宣称"'义'……决定个体生命和行为的全部意义","'义'是判

定每一情况下行为有无价值的普遍总原理"。将"义"定义为"普遍总原理",而且运用诸如"'义'决定""判定每一情况"这样的语言,表明"义"在某种意义上是先在于表达它的决定和行为的一个给出决断或行动的标准。而我们所做的研究和提出的观点,恰恰正是质疑这样的诠释。

"义"不可能是任何古典西方哲学意义的原理。"义"依赖于域境而且生成于其域境,它涉及并表示富于意义的行为,它体现的行为意义,所要求的,远比只是将现成已有意义赋予到一种行为或者情况中去丰富得多。这些意义行为构成了揭示意义的"弘道"行为。因而,"义"与它获得实现的特定域境内在地交融在一起。"义"具有规范性力量,却又不是自行构建的一个标准。去展示"义"不是去贯彻执行什么严格方针,"义"行为至少在某种程度上是自发和具创新性的。就是说,"义"既是一种决定或行为的原因,又是其结果。"义"的规范性力量从"义"的行为一开始,就是存在的,尽管是开创性的特点。对既定域境的"义"做出诠释,牵涉新意识形成,以判断是否与这一域境相宜,以判断如何最大限度做到与之相宜。诠释与行动本身是同步发生的,不能严格区分"义"是决定性的或者是被决定性的,它是在做出决定与域境的相互作用之中实在化的,而且是在这个过程中达到"适宜"的。

在对行动者与行动相区分义之上对"义"进行阐释应该说是一种误解。如果"义"只不过是派生的仅适用于践行此"义"的人,那么在这个人身上就不会发生"义"的转化效果。这样,一个特殊的人所践行会始终都是正当行为,这就使他成为所谓正义之人的行为,无法在任何真正意义上是内在于他的。这就造成"义"是一种用以衡量行为的完全外在的客观标准。无论在何种程度上都可以说是人类行为特征的"义",都会被说成其根源显然是在他处。这样对"义"的诠释直接造成把道德行为意向性和意义揭示维度从一个特殊人的行为分离开来。行动者与行动相区分对于诠释"义"是没有意义的。

因为将行动者与其行动相区分必然导致伦理规范与伦理原理的区分。如果这样去探讨,那么"礼"作为行为准则是由"义"的标准判定的,也因此,"义"则是由"礼"贯彻的起规范作用的原理。由"义"的原理来衡量"礼"践行规则的可靠性。这一将"义"作为某种原理从对它进行贯彻的规则分离开来的做法,与将行动者与其行动相区分一样,是很成问题的。对孔子来说,

"义"所涉及的是行为和环境的和谐构成的过程，正是这一和谐在实现"义"的同时塑造了有"义"之人。

一个遵照"义"的标准行事而与环境相合的人就是道德的人，这样说是很误导的。没有外在于"域境中人"的"义"的原理。"礼"的相宜与否不是拿正在践行的"礼"对照直观的"义"而定，不是将"义"当作标准或原理，之后将它用作检验是否抛弃或继续保存某些礼仪的试金石。人是在与他的"义"行为相系不分的域境中成长为有"义"的。他对正在践行着的礼是否是"适宜"的采取决断，其本身总是域境性、环境性的。

采取行动者与其行动、规则与其原理相区分对孔子的"义"做探讨，是一种误导，因为它只可说明人可根据客观原理建构出相关的礼行为来。这样的前提是要求有伦理思想的，而伦理思想只能在一般理论域境中找到其合法性诠释。各种不同偏见也是以各式各样的伦理思考表达自己的，它也必然导致出现过剩的伦理理论。

在孔子这里，伦理观念产生的过程与上述的理性化过程几乎没有关系。孔子不寻求统摄人类社会各种规范化域境的原理。而是相反，他要求的是一个具体人保持对"仁"（authoritative humanity）的开放性；对这一"人性"（humanness）在行动和域境的交会中自我实现方式保有一种敏感，这种自我实现之和谐靠的是"义"且本身就是"义"之表达。以"义"践行"礼"而达致这样的和谐，因而使"仁"可通过"礼"来表达。不过，在详细阐释这些纯概念区分时，我们必须谨慎，避免使用手段/结果、目的/方法这样的范畴。例如，我们可以恰当地将"仁"解释为通过"义"而实现的目标，同时也同样可以充分地将"义"描述为目标，而"仁"作为获得它的手段。显然，我们这是受累于（西方古典哲学——编者注）实体语言的种种预设推定。

要想更忠实地表述"义"，显然需要另一套截然不同的语言。这是因为，对孔子来说，"义"显然含蓄着审美内涵。或许诗人或画家所有的那种"创作冲动"最能说明与"义"分不开的伦理规范性力量。艺术家脑海事先并没有一个现成作品模型，他创造性的巅峰状态通常不会出现在按计划创作情况下。对于艺术家所说的规范性力量恰恰出现在审美成就的一刹那，只是那时创造的意义才完全揭示，揭示就像完成创造的恰宜感。审美创造只有在其意义显

现之时才第一次实现。

现象本体论是我们在这里进行研究的预设推定，它要求不能将"义"视为一种静止的"德"，而应是意向性的。"义"的所指是各种人在自己所处的特殊域境中，以这样或那样方式安排着自己。因此"义"，就其指的是"义"的行为而言，意思是各种人以这样一种方式对自己做出安排，为的是确保"恰宜"的意义得以彰显。以"义"的行动而产生的这种意义彰显，对于服务于社会域境之内的维持和谐，既是作为起因也是作为结果。正如所述，意义是在两个方面得以彰显。一方面，在那些对"相敬"与"容纳"有高度吁求的情况中，是一种"得义"；而另一方面，在那些对"积极行动"、创建新形势有吁求的环境来说，是赋予意义。两种情况的目的，都是通过恰宜的行为及随之而即的愉悦实现和谐有序。这种秩序究竟是什么，我们对它的理解是绝对必要的。

"义"不能与那样一种秩序相联系，那种秩序的取得是通过强加于现象的一种事先就已存在的模式。而对于"义"的行为来说，它指的是这样一种"得义"与"赋义"的方式，为的是有益于新做法特殊地适宜于每一具体环境。虽然在这种情况下更明显的是"赋义"，而同时"得义"在其中也是同样明显的。对"得义"来说，如果它是"义"行为，它也是实现恰宜，构成一种新的"礼"实例的行动。它在很现实的意义上，也是绝无仅有、无可替代的。

认为"义"行动是彰显意义，而且和谐的社会秩序可随即而生，这只是说"义"行动具创造性的行为。对创造性与秩序的根本意义如果有清楚理解，就有可能把握在我们对"义"研究分析之中托出的道德之人的与众不同品格。行动者与其行动二者之间的内在关系，使得具有伦理品格的个体人及其行动的特点化描述成为可能，它呈现为一个椭圆中的协同创造性焦点，对这个人最真实意义的形象起着定义作用。这其中当然有行动者创造其行为的意义。但是行为同样也在创造行动者——这种说法只是看上去自相矛盾。

尧、舜和周公皆是因他们所做的事业而享誉人间，由于他们的事迹而被视为"义"的楷模。他们在中国传统延续中不断被称颂的美名，是出于对他们行为所赋予的"义"的信仰。其实，作为具体"义"举的事例，多是对历史人物的援引，而不是对具体行为援引。而且，我们经常看到的是一种从援引转向添加故事情节的过程——历史人物及其所做的轶事被一代又一代地再创作，但是历史人物和他的行为从来都不是被分开叙述的。我们效仿这样的人，做出自己的行为，这样的人是行动者与其行动二者的构和，达到一种高度。圣王和孔子本人被视为"义"的楷模，原因是他们通过自己行为而实现的"义"之中被认为蕴含着高度一贯性。在此意义上，他们既为自己的行为所塑造，也是自己行为的创造者。

这当然似乎是老生常谈，除非我们仔细思考一下传统相对于非传统社会的"人"观念之间存在的非常实在的差别。在颂扬人的英雄行为，将此定性为"伟大"的社会，个人作为自己行为之创造者而被称颂，其意义是很重要的。在这样的域境中，历史是由非凡人物创造的。像古代中国这样更为传统的社会，风俗有一种既定性，即对将造物者与创新者实行孤立剥离的抵制。孔子称自己"述而不作"，就是人对其文化语境不分关系的说明。

对"义"的最深刻说明牵涉到"礼"的构成。正如芬格莱特指出的那样，礼是习俗、惯例，因而其本身必然有人类之根源。任何特殊礼仪的所谓个别人的起源已不可追溯。然而这一事实，并不意味着礼仪行为本身的种种根源，在原则上说，与履行这些礼仪行为的种种根源是不同的，也即不是个别人的"义"行为。我们无法追溯"礼"的确切根源，不是由于任何固有的传统神秘性，而更多的是由于弱化"一己"（ego-self）与将人视为突出"语境依赖性"（context-dependent）的结果。如果一个特殊人是像他创造"义"那样也实在是为"义"所塑造，那么，这个或那个礼仪的起源问题就几乎不是问题。尽管如此，还是"义"的行为建立了"礼"。要不是这样，那就不得不去为"义"探求一个超验的起源（当然，这是判断错误），或者提出"礼"来自一个非人格的源起。后一个就是芬格莱特提出来的。他说，"作为非人格起源的唯一候选是传统或者'神命'"。芬格莱特意识到后一个不妥，他将"非人格起源"定位在传统。

芬格莱特提出的唯人类独有之"智慧传统"却是一种"非人性起源"，这显然是严重的歧义论断。这样表述要好得多：从传统沿袭而来的礼（其中绝大多数已不可追溯）其根源在于"义"的行为，恰在最真实的意义上它是人

之为人的行为。"礼"从过去以生生不已的延续传承，它是作为"义"行为的模型与载体，有利于它们的生存力不断沿袭的有力说明。然而，"礼"的一贯性又不可能本身即是这一生存力的保证。

"礼"除了具有教育功能和展示"义"的形式性手段外，还应当被理解为是通过"义"所表达的特殊人的创造性结果。这样，"义"不仅体现着特殊人的向传统赋予意义，而且还防止任何将孔子思想诠释为是传统含有一套单独意义，是与一套相对不变的礼仪行为相一致地叙述的。通过"义"，"礼"得以缘起，这是后来的"义"行为的模式。

我们的诠释都是以承认"义"的首要意义为建立"礼"的作用为前提的。这当然不是说，最频繁地阐明的"义"的作用，就是建立"礼"。正相反，"义"的这种创新只有在与长久建立的礼仪行为传统提供的延续性的对照之下，才被充分感知。我们意在说明，形式上被认可、被社会支持的礼仪行为，并非是被公众领域采纳的唯一形式。人们可明显地看到一些情况，并没有与礼仪行为意义有什么明显关系。而且，虽然极大多数拓展人道的"义"行为是与已形成的礼仪相一致之下创新的，对建立新礼仪做出贡献的"义"行动还是不能忽视的。

这样的对"义"的诠释为对孔子思想的传统解读增加了一个新的维度，这样孔子可不被视为一个僵化的保守主义者。这使我们可有一种适当角度看待他的形式性的观念。以往对"义"的研究，对任何特殊性的礼仪都是一种屏蔽，他们只是将"礼"视为起到一种不被批评的人类行为本源的作用。儒学的坎坷历史就是一个很好的例子：一旦形式化的行为成为一种不被挑战的惯性，尽管自然发生和创造性行动携带着适当的新生性进入社会，僵化、说教的道德主义就产生了。我们已然试图要说明的是，孔子，与后世许多儒家不同，是站在"义"一边，而且因此为他自己的立场，他所叙述的，包含着对如何成为一个完全人过程之意义与价值的最为深刻的见解。

（*节选自《通过孔子而思》页89—110*。）

正名与政

一、正名：名分设立

"正名"，我们将之译为 the ordering of names，但更流行的译法是 the rectification of names。按照我们的圣人是沟通大师的说法来考虑"正名"是很有启发的。如果说人以及人与人的关系需要不断调节以求更充满意义，很自然，人们所建立、互相联系在一起、一起行为的媒介与形式，比如语言、礼仪和音乐这样的介质，也是需要关注的。

对于孔子的内在宇宙观来说，思想和行为、理性和经验以及理论与实践之间是互系性的。还有，儒家哲学出发点是对人的一种不可简化人际关系的认识。在这一认识上，自我、社会和国家都是通过传播交流所决定的彼此互系的。在这样的条件下，孔子的正名不会是简单地对一已经存在的现实做恰当地贴合适标签的过程。语言的表述行为力量就会招致这样的结果，即通过语言诠释世界就是推动它趋向一种特定现实，使其以某种方式被"知"。而且，一人可影响世界的程度，是他可用言语表达他意义、价值和目的的程度的效果，是这样一种方式，其结果是唤起别人敬意地回应。鉴于对语言寄予这样一份期望，你会发现孔子许多关键观念的词源，都蕴含的是表述人与人之间交流的成分，不至于感到有什么奇怪。知（to realize）与信（to live up to one's word）都表明对言的承诺。君子和善人都显示在追求实现命、和、正名意义上所达到的不同水平的"成人"；君、善、命、和及名这些汉字，都有

一个"口",不是偶然的,都是指以"口"表述的言词。

孔子强调对语言恰当使用的重要性。他提出为政必先"正名":

> 子路曰:"卫君待子而为政,子将奚先?"子曰:"必也正名乎!"子路曰:"有是哉,子之迂也,奚其正?"(《论语·子路》)

子路惊讶说,他完全没有领会孔子的哲学观念,以致孔子变得很不耐烦,回答道:

> 野哉,由也!君子于其所不知,盖阙如也。名不正则言不顺,言不顺则事不成,事不成则礼乐不兴,礼乐不兴则刑罚不中,刑罚不中则民无所措手足。故君子名之必可言也,言之必可行也。君子于其言,无所苟而已矣。(《论语·子路》)

因此,对孔子来说,"正名"思想是"政"的出发点。但我们这样解释这个观念必须小心,不能把思想与行动割裂开。这就是说,我们必须充分表达"正名"的表述行为力量。"正名"的流行译法 rectification of names 则没有表达到位。它是试图依照某种外在于该传统的理论框架来处理"名",使之质相化,因而能被行为所"正",行为是与固定的理论架构相一致的。这样的诠释可能是出于对《论语》这段"正名"文字的过于简单的理解:

> 觚不觚,觚哉!觚哉!(《论语·雍也》)
> 齐景公问政于孔子。孔子对曰:"君君,臣臣,父父,子子。"(《论语·颜渊》)

一般对"正名"的解释是:"觚"或"君"都有一个(它们是什么意义)已确立的定义,因此,理论定义和实际行为之间有任何错离都将是一个乱源。

我们认为,"正名"的这种一般诠释是部分地正确的,但它因为过高强调孔子思想的传统延续性,而造成直接缺陷的,是忽视孔子是真正看重文化多样性、原创性与丰厚性的,其效果是有害的。毕竟据记载孔子曾说过:

> 愚而好自用,贱而好自专,生乎今之世,反古之道。如此者,灾及其身者也。(《中庸》第二十八章)

毫无疑问，孔子的确是深情敬重古制旧典的，但这种敬重，一点也不是说要简单恢复早期周代的文化，而是要求有选择地创造性结合：

> 颜渊问为邦。子曰："行夏之时，乘殷之辂，服周之冕，乐则《韶》《舞》，放郑声……"（《论语·卫灵公》）

还有，孔子"好古"是有实际考虑的，他认为要继承的智慧与制度必须不断改进重组以适应总是不一样的世界不断变化的环境。简言之，孔子相信人类文化是不断累积的，总体在进步的。可是世人给予更多注意的是他的"好古"，未能足够重视他对未来的期望。用语言表达一个可能的世界，与他人进行交流，就是在试图实现它。为它"正名"就是促使它的实现。

"名"这一词既有"给出意义"（to mean）又有"给出名称"（to name）的意思。"给出名称"（命名）就是赋予意义，而"给出意义"就是阐释名称。从《论语》中我们知道尧是传统创造意义者，但是他的人民不能给出他的名；不过他自己是对文化塑造成这种特点，以容纳他赋予的意义，负有责任的。《论语》中的尧作为传统中意义的创造者，虽然百姓无可"名"之，但他本人却负有运用他所贡献的意义塑造文化的责任：

> 大哉，尧之为君也！巍巍乎！唯天为大，唯尧则之。荡荡乎，民无能名焉。巍巍乎，其有成功也。焕乎，其有文章！（《论语·泰伯》）

同样，泰伯高尚的行为在致使周朝得以建立的一系列事件中起了决定的作用，他所体现的无私道德成为后世公认的楷模。泰伯和尧一样，他的行为是新意义之源泉，百姓难以名之：

> 泰伯，其可谓至德也已矣。三以天下让，民无得而称焉。（《论语·泰伯》）

当然，最直接最明显体现一个特殊人意义的"名"就是他自己的名声。这也说明孔子为什么非常关心人的名声："君子疾没世而名不称焉。"（《论语·卫灵公》）

正名的表述行为性和它与意义的关系，可清楚地从"名"常用"命"（to cause certain possibilities to be realized）解释的情况看到。事实上，在中国早

期文献中，这两个词常是互换而用的。《说文》即将"名"解释为"自命"（self-selected causal possibilities）。

要充分解释孔子的"正名说"，另外还要考虑到他对语言是对过去世界创造的表述方式的认同，就必须要说明如何适应不断呈现的环境，能创造性地利用"正名"去创建新世界。我们要指出，孔子的"名"可以解释为一种与"礼"类似的"行"（performance）（一种创造形式，a making of form）。这样的"名"和"礼"之间的关联，从《左传》一段文字看，其实是孔子自己建立的：

> 既，卫人赏之（仲叔于奚）以邑，辞。请曲县、繁缨以朝，许之。仲尼闻之曰："惜也，不如多与之邑。唯器与名，不可以假人，君之所司也。名以出信，信以守器，器以藏礼，礼以行义，义以生利，利以平民，政之大节也。若以假人，与人政也。政亡，则国家从之，弗可止也已。"
> （《左传·成公二年》）

"名"和"礼"皆可看待为保有与流传"义"的正式形式。使用名称或行礼仪之举，其中蕴含之意义，就是导引出对过去和现在环境之间的类比，呼唤内涵与其中的意义。"名"和"礼"共有的一个重要特征，是二者都是"域境特殊性"（context-specific）的，是以一套独特环境条件定性的。它是说，它们蕴含的"意义"，是仅表述"它本身是什么"这样的基因性分析所能研究透的。由于"义"并非仅是得于"名"或"礼"本身，对其完整的表述必然依赖于对关系进行揭示的阐释，这样的关系与意义都与它们所在的总是独特总是变化的域境分不开。

一个既有的"名"或"礼"，尽管可在一种抽象层面阐述，却只有作为一个特殊人的"义"展示才真正是有意义。这可以从"礼"的另一个一般译法 propriety 中看到，假定是取的这个译法原始的意思"使之属于自己"（to make one's own）。"适当"（appropriate）"礼"行为和"专有"（proper）而用语言，两种情况都要求一个"具体人化"和被处理得只适用于该人的具体条件。由于这一原因，像"瓠"和"君"这样抽象的"名"，尽管蕴含着从历史得来的意义，在特殊个性化问题上也必须是保持开放的，才可能得以展示自己的意义。

正如"礼仪"行为只存于一种程度，它们被尊重，被体现，被重塑与被拓展，都因为当下这个时间的特殊条件。所以，"名"与"正名"是动态的作为，其间，已存在的结构和意义是按照理解而定性的，得义之"名"及其实现的和谐，总是流动于其域境范畴之内，总处于不停协调的需求之中。

"名"的流动性及其种种模式，对纯粹逻辑与指涉性地解释"正名"，形成一种挑战，"正名"的行为表述力量强化了这个挑战。"礼仪"不仅仅是由人来作为的，而是因为它积极呼唤一种特定性的回应，在一个重要意义上，它们"行为地表述着"人。同样的，"名"不仅表述独特表征，也产生效果，它驱动着人朝向一种特定的经验。给一个替代物一个"觚"的名字，于此也是赋予了它适当的"意义"，则能有效地将这个替代物转换成名为"觚"的礼器。"名"不仅是用来正名，"名"也用来"正"所"名"之物的"序"。《管子》解释了这个"名"的功能："名者，圣人之所以纪万物也。"

对"正名"观念的阐释，是挑战"形式建构优先论"的，是批评孔子仅是利用"名"来还原性地把人类经验过程组织为一些事先推定模式这种认识的，这种先定模式被作为以定义生命的意义、价值与目的之用的。我们诠释"正名"，提出的是"审美秩序优先"，强调孔子将一个特殊的人看成是处于一特殊域境的，"域境中人"是"意义"之来源。这说明他强调审美秩序的优先性。孔子是将优先性给予人，将其视为一个个别特殊焦点，把以各种名字网络构成的种种阐释模式视为服务于一种"一以贯之"的意义，同时也把它视为一种可塑性构架，并通过这个构架让创新性与独特性得以绽放。

（节选自《通过孔子而思》页 268—275。）

二、"政"，正也

"礼"作为一种影响一般人、社会和政治生活秩序的方法所起的作用，使得在中国环境的任何将这些活动的分离做法都无非是一个抽象。所以，"政"应最好理解为"对社会政治秩序的影响"，而在其最广意义上是人与人的关系

秩序，而不是那种更政治专业性的"政府管理"（administering government）。孔子对这一点的清楚认识可明显地从他对人们问他"为何不为政"的回答看出：

> 或谓孔子曰："子奚不为政？"子曰："《书》云：'孝乎惟孝，友于兄弟，施于有政。'是亦为政，奚其为为政？"（《论语·为政》）

此外，《论语》讲的"政"确实有正负两义。前者指一种审美秩序，是君主和臣民共同参与的自然和谐的表达，该和谐是由具体特殊的人在礼仪行为中体现的意义和价值展示的。该秩序的理想状态是一个在上者修身激励、在下者效仿所实现的榜样化过程。社会秩序的独特性尽管立基于对传统的承续，但却是由具体特殊人的参与所赋予的意义定性的，因而，它总是具有革新性与独特性的。

"政"的负面意义是因一个具体特殊人的修身需要努力投入而产生。很明显，充满意义的礼仪行为需要具体特殊人的践行"义"的才能。即便百姓有君主的楷模行为影响，也仍然不可避免总有一撮人因缺乏智慧或修养而冥顽不化，只致力追求个人私利而不顾及其后果。为了整体性的和谐，这些人就必然受到由法律表达和行使的对违反规约行为底线的制裁。于是有"政"衍生的第二个意义：是由语言表达的（而成为正式的）社会和政治措施，是用来最低限度地保证普遍的秩序感的一致性。这第二的辅助性的秩序，意义是负面的，是因为对那些"政"最直接对他们发生效力的人们那里，所要求的不是"义"。这是些不能自愿参与而是必须强制参与秩序的人。虽然孔子对参与性秩序化的同情心是明白无误的，但他也是非常现实的，认为强制服从秩序也是必须的备用措施。

《论语》多处讨论"为政"，都鲜明提出"政"和与它同音同源的"正"分不开的关系：

> 季康子问政于孔子。孔子对曰："政者，正也。子帅以正，孰敢不正？"（《论语·颜渊》）

> 子曰："苟正其身矣，于从政乎何有？不能正其身，如正人何？"（《论语·子路》）

还是那个中心论点，孔子哲学是不（像西方——编者注）借助任何超验概念的，他所做的是力图运用以内在视角发现的一系列意义，是基于现象而不是根据质相实体对世界做出诠释。孔子对特殊性优先的强调必然是在过程和内在中体现的。理性秩序将价值给予连续性和一致性，回避逻辑分离与创新。相比之下，审美秩序，关注具体特殊性，是在现象本体意义上可达到最充分实现的，因而，这个以一定程度的分离与不一致性为特点的过程，则使得相应程度的创造性潜力获得了空间。

审美秩序中的特殊性优先是孔子认识论一个显著的特征。由"信"而招致"知"，产生一个自然发生世界，这一世界是偶然性的，是依赖于由参与进改造现实动态过程中人们的条件和能力的。也是如此，真理和实在根本意义上是具体特殊人范畴的，每一个参与者的真理与实在，都是自己独特的。

特别性为首要是明显我们对"仁者"的认识，其中"知"是由具体特殊人的独特倾向和环境共同定性的一个过程。这种将独特、个别性作为关注焦点也进一步成为孔子社会政治哲学思想的一个重要方面，清晰地体现于"修身"与"治国"之间的关系特性。这种"部分"与"整体"之间的互系性与任何还原论的政治理论都会构成鲜明对照。

对孔子来说，不管一般人还是社会，都不能降低为他方手里的工具手段。而情况是，他们的存在，都是互含对方、互为目的的。方方面面都体现社会和国家的秩序，最终都可追溯至而且构成着一个人身心修养（与社会组成不分）的完整特质。另一方面，如果没有社会和政治生活提供的域境条件，人的修身也是不可能的。孔子对社会秩序本身与对社会进行特征描述语言之间的类比之中，强调身心养正（personal ordering）的作用："政"得于"正"，这样，社会政治秩序本身亦可追溯一般百姓个人修身的成就汇集之点。孔子很多次都把问题强调在社会政治秩序与"身正"的相互依赖：

> 子曰："其身正，不令而行；其身不正，虽令不从。"（《论语·子路》）

正因此，社会政治和谐就总要始于"修身"：

> 子路问君子。子曰："修己以敬。"曰："如斯而已乎？"曰："修己以

安人。"曰:"如斯而已乎?"曰:"修己以安百姓。修己以安百姓,尧舜其犹病诸!"(《论语·宪问》)

个人、社会和政治秩序方方面面的协同扩展关系,对采用我们熟悉的、从西方哲学理论语汇而来的范畴,是有排斥的。孔子因为有其对于"做人"一套思想的特殊社会视角,所以不把私人利益与公共利益、伦理关系和政治关系以及社会结构和政治结构,看成是西方那样的有那么突出差异的。

按儒家看待社会的观点,一个人是不可简约地社群性的,尤其是与我们西方传统一般关心的问题比照起来是这样。从笛卡尔开始,对于大多数西方哲学家,恐怕最困惑的问题是如何理解人与人之间存在的关系(主体间)经验,因为个体意识是自立与绝对的。而对孔子来说,这是不存在的问题,因为人的经验本身就是人与人之间意义(主体间性)的。

在近年来的西方哲学中,这个"主体间问题"在诠释学传统的代表著作中,受到了恐怕是最为急切的构想。以强调要设身处地"理解"作品,以其作为一种理解历史行为与制度的手段,狄尔泰支持这一深刻见解,它后来成为一种社会诠释学基础。历史学家在他自己与他诠释方法对象之间建立的主体间性范式,创造了诠释者与诠释对象在心灵和精神上跨越时空的同代性。狄尔泰观点的卓越之处在于强调了这样一个事实,即历史最好被理解为是一种时间、次序性的社会意义。另外,历史的诠释艺术建立或者利用的是虚拟"主体间性",传递性与互相性的,不在乎时间距离的。

后来这些西方思想家运用这一深刻见解,即社会理论、社会单位的第一手资料是要在主体间性经验中去找的,他们碰到的第一大问题是,社会哲学家们的理论眼界受到的是政治领域而不是明确的社会领域而来的范畴支配。

长期以来西方政治理论离不开这样一种现象,出于各种并不完全可理解的原因,享受秩序好处的欲望,经常是与要创建与维护秩序的愿望相分离的。这个(最大的)心理离异造成了社会与政治的那种("统治者"倾向创建与维护秩序与"被统治者"倾向享受秩序的好处二者之间)离异。这种统治与被统治离异至今仍定性着我们社会和政治的生活。

比一个社会的统治功能的分工手段具有更重大意义的问题,是关系到究竟分成统治者与被统治者是否就是促进与维持文明秩序基础的一个毋须置疑的问题。这个问题在很大意义上对西方都是个学术问题,因为这种区分一直就存在,一直延伸至现代社会,成为对社会政治哲学来说的一个最大问题。"统治者统治自己"的概想也是把准则与规章同它所要求的社会政治行为分离开来的。"统治自己"的主体是根据促进社会秩序的理性(或者说根据永恒原理)统治的。这就是说,"他统治自己"是通过诉诸客观规章的。这样,统治与被统治的区分的基础,是一种促进、维护社会秩序规章程序同那些需要加以秩序的社会成分之间的区分。

重新理解《论语》所引"正"与"政"的互为性论述,也许很可能会这样悟到:孔子并不认为"正"(personal ordering)对所有人都有政治功效,而只是对那些身居权位的人说的。这一针对性有一个明显的例子,似乎是把问题聚焦在统治者身上,将他视为秩序的最大意义根源:

> 孔子曰:"天下有道,则礼乐征伐自天子出;天下无道,则礼乐征伐自诸侯出。……天下有道,则政不在大夫。天下有道,则庶人不议。"(《论语·季氏》)

然而,这个针对性必须将它理解为,是参与性特点的已取得和谐的情况之下的,每个人都享有自己的权益及与之相应的责任:

> 子曰:"不在其位,不谋其政。"曾子曰:"君子思不出其位。"(《论语·宪问》)

这即是,一个人的贡献大小是由其政治地位决定的。在孔子看来,人之"正"与一个重要地位的社会政治影响是彼此互含的。"正"只能发生在社会与政治的参与域境之中,而社会与政治地位只有作为相应的一个人的修身成果,才是名副其实的。

孔子避开了自天生而固有的本质主义理念。"君子"是一种修养而成的高尚,它不是与生俱来。孔子区分文明的社会与不文明的社会也是持这种态度。

孔子认为,社会与政治的区分反映着一个人的修养及他对社会与政治和谐的贡献。

孔子提倡的"群而不党",进一步表明审美秩序优先性。在一个形式结构优先性社会与政治的过程中,"同"比"差异","一致"比"和谐"价值要高。举个古代中国传统例子,法家政治哲学是基于对已建立标准的服从,"刑名"(accountability)这一观念就是意在确保对一种预先规定的公务与责任的服从。任何背离已形成文案行为都面临严重厄运。这与孔子的观念形成鲜明对比。孔子认为恰当政治的贡献,在于执掌权力之人,具有调整以适应不断变化环境的能力。孔子看到了人群凝聚的有限性,明确地指出虽然一个人一般能信赖他人的意见与良好意愿,但也必须具备在紧急情况下需要的独断立决能力:

> 子曰:"可与共学,未可与适道;可与适道,未可与立;可与立,未可与权。"(《论语·子罕》)

事实上,孔子认为政治的因循守旧表明一个人不是适合在权力岗位公干服务的人物。孔子反复强调"和而不同"思想的社会与政治参与:"君子和而不同,小人同而不和。"(《论语·子路》)杨伯峻在解释这段含义朦胧的文字时,提示我们参照《左传·昭公二十年》:

> 公(齐侯)曰:"唯据与我和夫!"晏子对曰:"据亦同也,焉得为和?"公曰:"和与同异乎?"对曰:"异。和如羹焉,水火醯醢盐梅以烹鱼肉,燀之以薪。宰夫和之,齐之以味,济其不及,以泄其过。君子食之,以平其心。君臣亦然。君所谓可而有否焉,臣献其否以成其可。君所谓否而有可焉,臣献其可以去其否。是以政平而不干,民无争心。故《诗》曰:亦有和羹,既戒既平。鬷嘏无言,时靡有争。先王之济五味,和五声也,以平其心,成其政也。……今据不然。君所谓可,据亦曰可;君所谓否,据亦曰否。若以水济水,谁能食之?若琴瑟之专一,谁能听之?同之不可也如是。"

这里被译为 harmony 的"和"与被译为 agreement 的"同"之间的差异是"协调"(attuning)和"调和"(tuning)的不同。"协调"指的是两种或两种以上的成分相交、融合为一个和谐的整体,同时有利于且加强所有成分的最大可能性而不牺牲其独特、鲜明个别性。"调和"则通过使某一成分符合统一于某现有标准而寻求一致性，以至于某一成分的增强有可能是以牺牲其他成分为代价的。

《论语》有几处也明显表达与《左传》这段文字类似的意思，其中孔子尤其谴责政事之中的党争：

> 君子周而不比，小人比而不周。（《论语·为政》）
> 君子矜而不争，群而不党。（《论语·卫灵公》）

也许最清楚表达孔子好审美和谐而非形式之"同"的例子是：

> 孔子对曰："……人之言曰：予无乐乎为君，唯其言而莫予违也。如其善而莫之违也，不亦善乎？如不善而莫之违也，不几乎一言而丧邦乎？"《论语·子路》

这些地方都表明，孔子主张一种能够顾及参与者种种不同观点的社会政治与和谐。

我们已经特别提示孔子认为"宽"（tolerant）的重要性而且它的确"疾固"（detested inflexibility）的程度。"仁者"行无偏私亦不逾矩。当然，这种"宽"是能够完全展示特殊性的社会政治秩序观念的必要条件。正如孔子所言："君子贞而不谅。"（《论语·卫灵公》）对那些一举一动影响到社群的人来说，这一审美秩序规约的人群社会所必需"宽"的意识是一个首要标准。"宽"观念被以许多不同方式表达，是孔子理想社会组织思想的一个主要成分，且也确是那些堪为楷模之人必备的品格：

> 子曰："居上不宽，为礼不敬，临丧不哀，吾何以观之哉！"（《论语·八佾》）

我们已经知道，孔子的"做人"要求为"克己复礼"，恭、宽、敬这样的态度对任何人成长，都是先决的条件。正如对一个"人"的品格看待是一种社会性的，社会与国家的性质也呈现为传承至今之传统和当今的环境之间、"礼"状态中保留的遗传意义与当今力践行者赋予新意之间的对话。

说到底，这种接受社会与政治秩序自"下"而"上"出现的意义，表达

着理想君主的"无为而治"（不用任何高压或强制行动）。孔子关于传统上最具代表性的君主是这样说的：

  子曰："无为而治者，其舜也与？夫何为哉？恭己正南面而已矣。"（《论语·卫灵公》）

这样的"无为而治"是君主"敬"与"宽"的功能发挥。如此之"政"，可以合理地认为是对那些肩负整合社会秩序人们恰宜之举的精辟刻画。对把自己的具体特殊性通过审美整合实现整体性合一化，具有充分能力的领导者，确实是无为而治，因为他对待自己周围臣民，不施行高压："子曰：'为政以德，譬如北辰，居其所而众星共之。'"（《论语·为政》）成功的领导者，远非是对百姓施与压制力量的，而是将他追求的秩序基础，夯实于丰厚的和而不同，精心把握其百姓的情绪脉动，利导之为朝向审美和谐方向的性质："宽则得众，……公则说。"（《论语·尧曰》）

（节选自《通过孔子而思》页157—168。）

编选参考文献

(一) 英文著作

[1] Ames, Roger T.: *Confucian Role Ethics: A Vocabulary* [M]. Honolulu: University of Hawaii Press, 2011.

[2] Rosemont, Henry Jr. & Ames, Roger T.: *The Chinese Classic of Family Reverence: A philosophical Translation of the Xiaojing* [M]. Honolulu: University of Hawaii Press, 2009.

[3] Hall L. David & Ames, Roger T.: *Focusing the Familiar: A Translation and Philosophical Interpretation of the Zhongyong* [M]. Honolulu: University of Hawaii Press, 2001.

[4] Hall L. David & Ames, Roger T.: *The Democracy of the Dead: Dewey, Confucius, and the Hope for Democracy in China* [M]. Illinois: Carus Publishing Company, 1999.

[5] Hall L. David & Ames, Roger T.: *Thinking from the Han Self, Truth, and Transcendence in Chinese and Western Culture* [M]. Albany: State University of New York Press, 1998.

[6] Ames, Roger T. & Rosemont Henry Jr.: *The Confucian Analects: A Philosophical Translation based on the Dingzhou Manuscripts* [M]. New York: Ballantine [an imprint of Random House], 1998.

[7] Hall L. David & Ames, Roger T.: *Anticipating China: Thinking Through the Narrative of Chinese and Western Culture* [M]. Albany, NY: State University of New York Press, 1995.

[8] Hall L. David & Ames, Roger T.: *Thinking Through Confucius* [M]. Albany: State University of New York Press, 1987.

[9] Ames, Roger T.: *The Art of Rulership: A Study of Ancient Chinese*

Political Thought [M]. Honolulu：University of Hawaii Press，1983.

（二）英文著作中译

[10] 安乐哲. 儒学角色伦理学 [M]. 即将出版.

[11] 安乐哲. 郝大维. 切中伦常：《中庸》的新诠与新译 [M]. 彭国翔. 译. 北京：中国社会科学出版社，2011.

[12] 安乐哲. 罗思文. 生民之本：《孝经》的哲学诠释及英译 [M]. 何金俐. 译. 北京：北京大学出版社，2010.

[13] 郝大维. 安乐哲. 期望中国：中西哲学文化比较 [M]. 施忠连. 何锡蓉等. 译. 上海：学林出版社，2005.

[14] 郝大维. 安乐哲. 通过孔子而思 [M]. 何金俐. 译. 北京：北京大学出版社，2005.

[15] 安乐哲. 郝大维. 先贤的民主：杜威、孔子与中国民主之希望 [M]. 何刚强. 译. 南京：江苏人民出版社，2004.

[16] 安乐哲. 罗思文. 《论语》的哲学诠释 [M]. 余瑾. 译. 北京：中国社会科学出版社，2003.

[17] 郝大维. 安乐哲. 汉哲学思维的文化探源 [M]. 施忠连. 译. 南京：江苏人民出版社，1999.

[18] 安乐哲. 主术：中国古代政治艺术之研究 [M]. 滕复. 译. 北京：北京大学出版社，1995.

（三）中译文章及访谈

[19] 安乐哲. 挑战个人主义意识形态：儒家的角色伦理学与杜威的实用主义 [J]. 孔子研究. 2014（1）.

[20] 安乐哲. 儒家角色伦理学：通向人类幸福与美德的图景与道路 [J]. 世界汉语教学学会通讯. 2014（4）：19—25.

[21] 安乐哲. 儒学与杜威实用主义关于"人"概念的对话 [M]. 张少恩. 译.//尼山圣源书院. 尼山铎声——"当代儒学创新发展"专题. 北京：人民出版社，2013：193—221.

[22] 安乐哲. 儒家角色伦理学：挑战个人主义意识形态 [J]. 第六届世界儒

学大会获"孔子文化奖"演讲论文．2013（9）．

[23] 陈晨捷．儒学：中国的与世界的——安乐哲先生访谈录［M］．//陈炎．颜炳罡．国际儒学发展报告 2012．北京：北京大学出版社，2012．

[24] 安乐哲．"焦点/场域"的主体：儒家角色伦理的博大性［J］．第六届世界儒学大会论文．2013（9）．

[25] 安乐哲．罗思文．早期儒家是德行论的吗？［J］．谢阳举．译．2010（3）．

[26] 安乐哲．原原本本地阅读中国哲学之反思［M］．//和而不同：中西哲学的会通．北京：北京大学出版社，2009．

[27] 安乐哲．东海岸的儒家哲学思维——访夏威夷大学安乐哲教授［J］．北京论坛（2008）学者访谈．

[28] 安乐哲．通变：来自中国辩证法的启示［M］．//田辰山．中国辩证法．北京：中国人民大学出版社，2008．

[29] 胡治洪．丁四新．辨异观同论中西——安乐哲教授访谈录［J］．中国哲学史．2006（4）．

[30] 安乐哲．中国哲学的翻译问题．Chan Sin-wai and David E. Pollard (editors)，*An Encyclopaedic Dictionary of Chinese-English/English-Chinese Translation*（Hong Kong：Chinese University Press，1992）．Article on "Translating Chinese Philosophy"，Chinese language translation as "中國哲學的翻譯問題"，by He Jinli（何金俐），*Positions*（《立場》），Spring，2006．

[31] 安乐哲．儒家思想与实用主义［J］．北京大学演讲．2001．

[32] 安乐哲．孟子哲学与秩序的未决性［M］．田辰山．译．//李明辉．孟子思想的哲学探讨（抽印本）．台湾"中央研究院"文哲研究所筹备处．1995（5）．

安乐哲先生学术年谱

1947 年　出生于加拿大多伦多。

1948—1953 年　居住英国。

1953 年　返回加拿大；于温哥华长大。

1965 年　毕业于罗德宾中学。

1965—1966 年　就读加州雷德兰兹大学。

1966—1967 年　就读香港新亚书院及崇基学院，结识唐君毅先生、牟宗三先生，后师从劳思光教授。

1969 年　与西村良子结婚。

1970 年　毕业于加拿大英属哥伦比亚大学，获亚洲研究和哲学荣誉双学士学位。

1970—1972 年　获台湾大学哲学硕士学位，师从方东美先生。

1973 年　获亚洲研究一级硕士学位。出版《中国哲学问题》（台湾商务印书馆）。

1973—1975 年　就读大阪外国语大学与东京教育大学。

1977 年　与杨有维合作翻译并出版陈鼓应《老子今注今译及评介》英译本（旧金山中国资料中心）。

1975—1978 年　伦敦大学东方与非洲研究学院攻读博士学位，师从刘殿爵先生（D. C. Lau）。完成博士论文：《〈淮南子〉的政治哲学》。结识葛瑞汉（Angus Graham）。

1978 年　夏威夷大学哲学系助教。

1980 年　与郝大维（David L. Hall）合作为纽约州立大学出版社创立"中国哲学与文化"系列丛书（一百五十种）。

1983—1984 年　为台湾大学访问学者。出版《主术：中国古代政治艺术之研究》（夏威夷大学出版社，1983 年初版，1994 年再版）；哈尔·罗斯

（Hal Roth）撰写序言（阿尔巴尼纽约州立大学出版社）。1995 年出版中译本（滕复译，北京大学出版社）。

1986—1987 年　剑桥大学卡莱尔大厅学堂研究员。

1987 年　《东西方哲学》主编。与郝大维合著出版《通过孔子而思》（纽约州立大学出版社）。1996 年出版中译本《孔子哲学思微》（蒋弋为、李志林译，江苏人民出版社）。2005 年出版中文再译本《通过孔子而思》（何金俐译，北京大学出版社）。

1990 年　夏威夷大学和美国东西方中心亚洲研究发展项目主任。获夏威夷大学校董会颁发卓越教学奖章。

1991—2000 年、2004—2005 年　夏威夷大学中国研究中心主任。

1992 年　《国际中国书评》首任主编。

1993 年　香港中文大学哲学系余东旋杰出客座教授。出版英译《孙子兵法》（兰登书屋）。2013 年出版英译中版本《孙子兵法》（李零译，中华书局）。

1995 年　与郝大维合著并出版《期望中国》（*Anticipating China*：*Thinking through the Narratives of Chinese and Western Culture*，纽约州立大学出版社）。2005 年出版中译本《期望中国：中西哲学文化比较》（施忠连等译，上海学林出版社）。

1996 年　与刘殿爵合译出版《孙膑兵法》（纽约巴兰坦图书出版社）。2002 年阿尔巴尼纽约州立大学出版社再版。另有葡文译本。

1998 年　与郝大维合著出版《汉哲学思维的文化探源》（*Thinking from the Han*：*Self*，*Truth*，*and Transcendence in Chinese and Western Culture*）（阿尔巴尼纽约州立大学出版社）。1999 年出版中译本（施忠连译，江苏人民出版社）。与刘殿爵合译出版《淮南子·原道》（*Huainanzi's Tracing Dao to its Source*）（纽约巴兰坦图书出版社）。与罗思文合著出版《〈论语〉的哲学诠释》（*The Confucian Analects*：*A Philosophical Translation*，纽约巴兰坦图书出版社）。2003 年出版中译本（余瑾译，中国社会科学出版社）。

1999 年　获加拿大英属哥伦比亚大学欧肯纳根校区荣誉文学博士。与郝大维合著出版《先贤的民主》(*Democracy of the Dead*：*Confucius*，*Dewey*，*and the Hope for Democracy in China*)。2004 年出版中译本（何刚强译，江苏人民出版社）。

2000 年 举办第八届东西方哲学家会议："新千年之际的技术与文化价值"。

2001—2002 年 北京大学哲学系"富布莱特"项目教授。任北京大学汤用彤学术讲座教授和蔡元培学术讲座教授。与郝大维合译出版《切中伦常：中庸的新诠与新译》(*Focusing the Familiar*：*A Translation and Philosophical Interpretation of the Zhongyong*)（夏威夷大学出版社，2001年）。2011 年出版中译本（彭国翔译，中国社会科学出版社）。

2002 年 出版《和而不同：比较哲学与中西会通》（温海明编，北京大学出版社）。

2003 年 与郝大维合著出版《道不远人：比较哲学视域中的老子》(*Daodejing*：*Making This Life Significant*)（纽约巴兰坦图书出版社）。2004 年出版中译本（何金俐译，邢文编，北京学苑出版社），其中第二章 *Correlative Cosmology*：*An Interpretive Context*（由彭国翔译为《〈道德经〉与互系性宇宙论》）被收入《世界与中国：世界哲学前沿问题选粹》（李小娟编，黑龙江大学出版社）。与孙有中、彭国翔合作编辑出版《美国哲学近代文献翻译丛书》（北京大学出版社），其中包含许多重要的关于实用主义的二手资料。

2005 年 举办第九届东西方哲学家会议："教育及其目的：文化间的哲学对话"。

2006 年 武汉大学与北京大学"富布莱特"教授。受聘为尼山圣源书院顾问。出版：《自我的圆成：中西互镜下的古典儒学与道家》（彭国翔编，河北大学出版社）。

2008 年 香港中文大学和北京大学访问教授。香港中文大学钱穆讲座教授。

2009 年 与罗思文合著出版《〈孝经〉的哲学诠释及英译》(*The Classic of Family Reverence*：*A Philosophical Translation of the Xiaojing*)（夏威夷大学出版社）。2010 年出版中译本《生民之本：〈孝经〉的哲学诠释及英译》（何金俐译，北京大学出版社）。

2010 年　获夏威夷大学艺术与人文学院卓越学术奖。

2011 年　出版 *Confucian Role Ethics：A Vocabulary*（香港中文大学出版社、夏威夷大学出版社合作出版）。即将出版中译本《儒学角色伦理学》（孟伟隆译，山东大学出版社）。主持"2011 年国际尼山儒学与中华文化师资班"（暑期、尼山圣源书院）。举办第十届东西方哲学家会议："价值与价值观：全球依赖时代的经济学与公正"。

2012 年　获夏威夷大学校董会颁发卓越学术研究奖。亚洲与比较哲学学会会长。主持"2012 年国际尼山儒学与中华文化师资班"（暑期、尼山圣源书院）。

2013 年　新加坡国立大学做林崇椰访问教授。获中国文化部与山东省人民政府颁发"孔子文化奖"。伦敦大学葛瑞汉讲座教授。

2014 年　"世界儒学文化研究联合会成立暨'儒学与变革中的世界文化秩序'"研讨会发起与主办者之一。

编选后记

作为安乐哲先生二十余年的学生以及他的学术造诣的受益者，对编选这本书，本人感到应当应分且责任重大。因感到时间仓促与势单力薄，现将完成编选过程的一些情况介绍于此，以供读者理解安乐哲先生学术思想的参考。

本书所选的安先生儒学研究学术精粹著述基本来源于20世纪90年代至2011年期间出版的九本书，书目已在参考文献中列出，此处不赘述。此外安先生近年来各处发表的论文及演讲十余篇，亦作为论文目录列出。

在此特别意欲说明的是：第一，为介绍安先生学术精粹的准确性，编选来源均为英文原著且亦使用英语原著页码。第二，本书中呈现的英文原著汉语翻译，情况比较复杂。虽然仍基于原书译为汉语之后在中国出版时译者们的成就，但在他们译本之上，出于对作者学术准确性考虑，做了尽可能的改动。特此说明如下：

《儒学角色伦理学》（原著为 *Confucian Role Ethics：A Vocabulary*. Honolulu：University of Hawaii Press，2011），原译者为孟伟隆（Ben Hammer），他的译稿尚未发表。本人作为校译者，在他译文基础之上，使用了我之前另一位校译者的改稿，他是夏威夷大学政治学系博士生黄田园。黄田园在孟伟隆译稿基础上做了序言、跋、目录和第一章（页1—40）、第四章（页159—210）、第五章（211—256）的校译，特此记录，以为致谢。

我曾将孟伟隆译稿作为我于2014年春季在中国政法大学讲授《中国哲学专业外语》课程教材。作为期末论文，我请学生分担完成孟伟隆对安老师 *Confucian Role Ethics* 一书汉语译稿的校正及再翻译工作，作为一次实际训练。在本书编选时，选用的是学生的校正与再翻译稿。他们有李晓帆（页211—256）、高雨龙（页128—158）和王康龙（87—127），特此记录，以为致谢。

郝大维、安乐哲1995年所著《期望中国：中西哲学文化比较》（原著书

名为 *Anticipating China：Thinking Through the Narrative of Chinese and Western Culture*. Albany，NY：State University of New York Press，1995），原译者为施忠连、何锡蓉等，由上海学林出版社 2005 年出版。由于译文艰涩难懂，本人曾于 2007 年春季在北京外国语大学讲授《中西学术思维》课程时作为期末论文，请学生分担完成该书汉语译本的校正及再翻译工作，作为一次实际训练。他们有潘妍（页 xiii—xviii）、王楚（页 211—220）、彭姝（页 1—12）、纪萌（页 12—24）、李晓燕（页 32—33、40、54—55、139—148）、郭石磊（页 56—66）、齐鑫（页 66—75）、徐俊（页 75—82）、郭丹瑞（页 82—91）、孙勇（页 91—109）、沈菁菁（页 111—123）、陈英杰（275—281）、董丽哲（页 xviii—xxiii）、梁远（页 191—202）、吴洲（页 268—274）等。特此记录，以为致谢。当然，大体上本人都进行了较大改动。

对其余七本著作，都使用了原出版译者译本。需指出的是，第一编至第三编，本人对所有选入译文均做过较大改动。而第四编内容，本人未能有充分时间加以校译，基本上使用的是原译者译文。

编选这样一本书，有大量文字摘录与编辑工作，北京外国语大学王璐在这方面做了大量工作。她辑入的部分有《汉哲学思维的文化探源》《孝经》和《论语》。此外她还做了翻译、读校、录音听写、查找中文译本、整理参考文献等工作，特此记录，以为致谢。

最后，对安乐哲老师本人在百忙中对编选此书的关怀、参与以及积极即时配合，亦表示衷心感谢。

田辰山
2015 年 5 月

图书在版编目（CIP）数据

孔子文化奖学术精粹丛书·安乐哲卷 / 杨朝明主编. —北京：华夏出版社，2015.10
ISBN 978-7-5080-8578-4

Ⅰ.①孔… Ⅱ.①杨… Ⅲ.①儒家—文集 Ⅳ.①B222.05-53

中国版本图书馆 CIP 数据核字（2015）第 207067 号

孔子文化奖学术精粹丛书·安乐哲卷

主　　编	杨朝明
编　　选	田辰山
责任编辑	董秀娟
出版发行	华夏出版社
经　　销	新华书店
印　　装	三河市万龙印装有限公司
版　　次	2015 年 10 月北京第 1 版 2015 年 10 月北京第 1 次印刷
开　　本	720×1030　1/16 开
印　　张	27.25
字　　数	415 千字
定　　价	98.00 元

华夏出版社　地址：北京市东直门外香河园北里 4 号　邮编：100028
　　　　　　网址：www.hxph.com.cn　电话：(010) 64663331（转）
若发现本版图书有印装质量问题，请与我社营销中心联系调换。